几 何

吕元礼　著

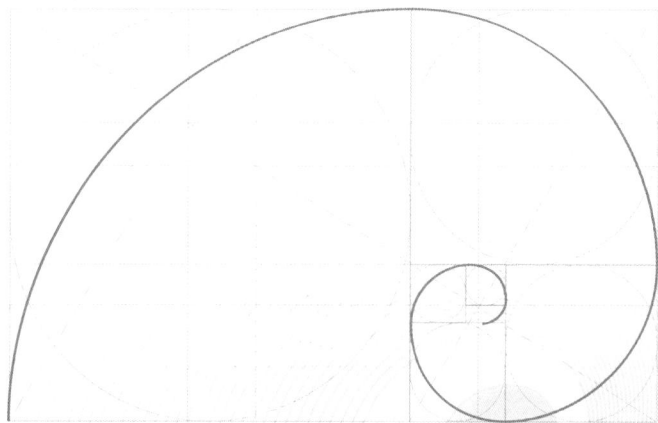

政 治 学

上

新 加 坡 国 家 梦 想 如 何 构 筑 ？

天津出版传媒集团

天津人民出版社

图书在版编目（CIP）数据

几何政治学.上,新加坡国家梦想如何构筑？ / 吕
元礼著. -- 天津：天津人民出版社,2023.8
ISBN 978-7-201-19133-1

Ⅰ.①几… Ⅱ.①吕… Ⅲ.①政治学 Ⅳ.①D0

中国版本图书馆 CIP 数据核字(2022)第 255055 号

几何政治学(上):新加坡国家梦想如何构筑？

JIHE ZHENGZHIXUE（SHANG）: XINJIAPO GUOJIA MENGXIANG RUHE GOUZHU?

出　　版	天津人民出版社
出 版 人	刘　庆
地　　址	天津市和平区西康路35号康岳大厦
邮政编码	300051
邮购电话	(022)23332469
电子信箱	reader@tjrmcbs.com

策划编辑	赵子源
责任编辑	赵子源
装帧设计	明轩文化·王　烨

印　　刷	天津海顺印业包装有限公司
经　　销	新华书店
开　　本	710毫米×1000毫米 1/16
印　　张	25.5
插　　页	1
字　　数	350千字
版次印次	2023年8月第1版　　2023年8月第1次印刷
定　　价	88.00元

几何学是研究图形性质及其相互关系的学问,从而也被称为"形学"。将几何图形系统全面地运用于政治领域的研究,或者说,用"形学"方法作论证的政治学,就是"绘形"意义的几何政治学。

序

　　几个月前，一家人散步时，父亲偶然对我说："等书付梓前，你写个小序吧。"我很错愕。晚辈作序，已是少见，何况我于政治、于几何、于新加坡研究，都绝非专家。借用社会科学研究惯于探讨的positionality（立场性，在社会关系中的位置）这一议题来说，若要作这篇小序，我的positionality何在呢？

　　默然想时，我们正走在深圳大学校园里高低错落的人行道上，又要穿过车道去往另一边。远处视野所及的天地交接处，寥寥几颗星辰，似在验证古人"天圆地方"的猜想——这是几何？

　　我于是记起十多年前，初读小学时，放学后若是父亲接我回家，回程总会穿过公园中的一片荔枝林。那时的我，还不知几何为何物，新加坡、政治也只是遥远陌生的名词。但早于这些名词的是诗歌和直觉。我们会在林中几个矮矮的树桩处坐下来，父亲就从包里掏出一本方方正正的《席慕蓉诗集》。我们大声诵读直至背出，中途会捡几个掉落的荔枝来吃。那些荔枝雪白浑圆，形状像古人描绘的天空。不远处立着一二间园丁住的小房子，白墙尖顶的轮廓我仍记得。也会有成群的鸽子在荔枝树下小驻，那是大自然遣来的伙伴们，左顾右啄，再呼啦一声飞上树顶。它们飞翔时翅膀在风中划过的弧线真美。现在回想，那也是几何。因此，欧几里得与后来人探索几何真理的精神固然可敬，却也不能道尽现实中那些方正、浑圆、弧线的纯朴与平实感。

　　对于新加坡，如许多同龄人一样，我与它最近的接触是研究生入学。去到那个赤道国家，才发觉任何立足全局的政治思考，忽然都显得空洞苍白，取而代之的，是组屋外墙上飞扬的星月旗，是炎热与大雨过后可贵的清凉，是咖喱煮螃蟹散发的南洋味。那种迎面逼来的真实感，强烈到让人如在梦里。可是，过后回想"那是新加坡"，又好像将竹篱上的阳光卷进一片树叶，而后将信将疑地说，这就是早晨。

我猜想政治科学固然不乏严肃高深，但也可以生动浅近。大至邦国天下，小至社区邻里，上至顶层设计，下至基层治理，都是政治学研究的范围。人能从柴米油盐的平常生活中抽身，看看世间的相关情境，思考如何知其然、知其所以然，如何在知行互促中取得规则进步、社会发展，是何其幸运。新加坡作为岛国，其格局有如大树缩微成了盆景，其组织又如大鹏变小成了金雀：一株虽微，形神自足；一只虽小，五脏俱全。而这也许在一定程度上能解释，观察、剖析新加坡政治的特别意义。

为何要用几何学方法研究人类政治呢？如果上苍是数学家，那么几何之于人类，可以是天地玄机、至理奥义，亦可是担水劈柴、寒来暑往；可以是飞虹在天、国疆庄严，亦可是荔枝的回味、檐下的雨滴。高妙与平常，理性与感怀，可以统于一体，这或许是众人所能，而天地之所不能？

聒噪至此，身为外行，我应收笔了。此时距春节不远，深圳大学校园里的学生多半已离校返家。夜雨骤降，在雨水、云层之上，应是清凉的月轮。几千里之外，新加坡依然热情。那么不再探求作此小序的positionality何在了。天圆地方，明月在天，华夏星洲，四海一家。天地环抱之中，还望诸君翻动书页，读将下去。

吕希言

2022年1月27日凌晨

写于深圳大学住所

自 序

　　本书开笔于2009年下半年。其时,社会与经济发展的中国经验已引发世人的广泛关注。新加坡前总理李光耀对中国发展有过不少预言和论述,其中有些观点就涉及中国经验,也关联新加坡实践。1974年,李光耀对印度某大财团首脑说,他自认为"对中国人的心理有一定的洞察力","中国人非常讲究实际,能刻苦耐劳,有智慧"。"他们所要的一切是政治稳定和有经济奖励的气候,使他们可以做出最大的贡献。"尽管当时中国的"经济增长率低得可怜,只有2.5%",但是李光耀预言:"中国人总有一天会向全世界证明,他们不光能同城市国家新加坡等小地方竞争,甚至还能同日本竞争,取得高得多的经济增长率。这样的日子不很远了。他们不需要依赖国家的拐杖,问题只是——我又回到自己的命题——最重要的是政治稳定,官僚信赖得过以及自由企业以社会为依归。"

　　李光耀的上述观点,是在肯定中国人务实、勤劳、智慧的国民素质的基础上,指出了中国经济的高速增长只待"政治稳定和有经济奖励的气候"。李光耀在治理新加坡的实践中发现:"民众的工作动力来源于想要提升自己和家庭……工人只有受到利益驱动,才能做出最好的表现。"换句话说,道德教育固然要将"利他"视为悬于头顶的标的,制度安排则必须将"利己"设为践于足下的基点。新加坡人所说的"为报酬而工作,为工作得报酬",就是对"有经济奖励的气候"的通俗注释。李光耀在重申中国经济高速增长所需要的上述条件时,又将它具体化为"最重要的"三个因素:第一,"政治稳定",当然真正的长期的稳定有赖于法治而非人治。第二,"官僚信赖得过",即行政官员必须诚实能干。为此,政府必须反腐保廉、举贤任能。第三,"自由企业以社会为依归"，即在实行市场经济的同时，强调社会第一，而不是个人第一。不过，社会在"成就大我"的时候，也应注意"尊重小我"。

回顾改革开放四十多年的发展历程，中国取得的让世人瞩目的增长发展，上述三个因素当是不可或缺的核心要素。李光耀之所以在中国经济腾飞之前的1974年就有上述洞见，甚至看到"这样的日子不很远了"，是因为这本来就是新加坡的重要经验，也是他自己的切身体会。从上述意义上说，中国经验与新加坡实践具有相通之处。2008年以来，我应深圳大学教务部门邀请，为学校开设的经典精读系列课程增开了"我读李光耀"一课。为了给人们观察了解新加坡多提供一个视角，我想将课堂讲授的内容整理成一本口语化的讲堂录，书名就叫《我读李光耀》。这便是本书的缘起。

本欲速成的书稿并未如期速就，而是在延宕中不断变化翻新。由于有城市在借鉴狮城的活动中提出过向新加坡"问计"的说法，我曾将书名更改为《问计李光耀》，后来又更新为《问策李光耀》乃至《问政李光耀》。"问计""问策"仅有借鉴的意思，"问政"则更有批判的立场。2010年，新加坡国庆庆典的"梦想"主题，引发了一场新加坡梦的讨论。李光耀生前也曾以"追逐彩虹"的比喻，鼓励新加坡人勇于追梦。因应时事的变化，我又将书名改进为《筑梦新加坡》《新加坡梦何以可能？》。后来，我阅读有关新加坡的时评，看到"新加坡究竟做对了什么"一句时怦然心动，想象过将书名改为《新加坡做对了什么？》。新加坡政府一贯强调"做对的事"，即只要是有利于国家和人民长远利益的事情，即使有民众一时不理解、不喜欢，也要择善固执地坚决去做，并最终赢得民众的支持。时移势易，随着民众参与、制衡意识的提高，新加坡政府在强调"做对的事"的时候，又特别注意选择对的时机，采用对的方式，掌握对的力度，将对的事情做对，进而"不只得到人民理智的支持，也得到他们衷心的拥护"。

写作过程中，本书书名发生过不下数十次的变化，思路也出现过不下数十次的调整。当书名改进为《筑梦新加坡》《新加坡梦何以可能？》时，我将新加坡梦的筑梦过程描述为"点动成线、线动成面、面动成体"的动态过程，从而与以点、线、面为构件的几何学联系起来，因此进一步将书名变更为《新加坡政治几何学》。从此，我会在课堂上对那些几何图形比画涂抹。黑板上的线条或许相当笨拙,骨子里的执拗似又有些可爱。我想,仅有这些点、线、面、体的勾勒,至多只是绘几何之形,但是没有传几何之神。就在我如切如磋、如琢如磨地思考几何学方法的那段日子,时间到了五六年前的某个晚上,地点就在属于我个人的那间小屋,一道亮光从脑海闪过,整个房间都灯火通明。我突然想到了《几何原本》的公理化方法。当时,我脱口而出一个也许深藏在脑海却从来没有想起的词汇:"尤里卡!尤里卡!"那是阿基米德发现浮力定律时喊出的词汇,意思是"找到了"。

于是,我将拙作分解为上、下两卷。上卷取名《新加坡政治几何学》,下卷取名《人民行动党几何政治学》。上卷勾勒点、线、面、体,意在描述新加坡梦的筑梦空间;下卷运用公理化方法,旨在论述新加坡人民行动党治国理政的公理系统。后来,为了扩大受众面,我又将"新加坡""人民行动党"移入副书名中,上、下卷的主书名分别叫《政治几何学》和《几何政治学》,并征求学生意见。学生们认同这一改变,认为这样的书名更为简洁和鲜明。最后,我将《政治几何学》淘汰,将两卷的主书名统一为《几何政治学》,并以副书名区分上、下两卷。

仔细寻思,"政治几何学"只能理解为以政治为视域的几何学。其所谓几何学,只有比喻的性质,而没有实际的意义。"几何政治学"则应理解为用几何学作方法的政治学。唯其如此,其几何学才脱离开比喻的性质,而真正有了方法论意义。荷兰哲学家斯宾诺莎的扛鼎之作——《用几何学方法作论证的伦理学》(*Ethica in Ordine Geometrico Demonstrata*),也称作《几何伦理学》。同样的,用几何学方法作论证的政治学,或者说,将几何学方法系统全面地运用于政治领域的研究,就是几何政治学。细加分辨,几何学方法可以区分为绘形、传神两方面。本书拟从上述两方面着力,并以新加坡政治为例,尝试构建形神兼备的几何政治学。

几何学是研究图形性质及其相互关系的学问,从而也被称为"形学"。将几何图形系统全面地运用于政治领域的研究,就是"绘形"意义的几何政治学。已有的政治学论著中或有零星运用几何图形,但未成体系。古希腊数学家欧几里得著、意大利传教士利玛窦述、明代科学家徐光启译的《几何原本》云:"凡论几何,先从一点始,自点引之为线,线展为面,面积为体。"点、线、面、体展示的逻辑上因果相连、时间上前后相继的上述关系，可以与太极生两仪、两仪生四象、四象生八卦的易学文化参照互补。太极就是只有一个极限的"点"，两仪好像具有两个仪限的"线"，四象有如含有四个象限的"面"，八卦代表拥有八个卦限的"体"。本书上卷尝试用易学象数来补充几何图形，力图阐释新加坡梦的筑梦空间如何才能点引成线、线展成面、面积成体。

《几何原本》最为典范地运用了公理化方法，即在明确定义（如"点是不可以分割成部分"）的基础上，从依据人的理性不证自明的公理（如"等于同量的量彼此相等"）、公设（如"过两点能且仅能作一条直线"）出发，按照一定规则推演出命题乃至定理（如"直角三角形的两条直角边的平方和等于斜边的平方"），公理化方法因此也叫几何学方法。将公理化方法系统全面地运用于政治领域的研究，就是"传神"意义的几何政治学。英国政治学家霍布斯试图将公理化方法引入政治领域的研究，其名著《利维坦》从"人由利益驱动并常常产生冲突"的基本假设出发，推导出"人类需要一个绝对权力来控制他们"的结论，展现出公理化方法的思路。本书下卷力图运用公理化方法解析人民行动党政府的治理之道。该党作为华人占据人口多数国家的东方政党，其治国理政的经验教训，在一定程度上可以为推动中国国家治理体系和治理能力现代化提供较为亲切、方便的借鉴。

几何学研究涉及死的物，便于用公理化方法推演出必然之道；政治学研究关联活的人，难于用公理化方法厘清或然之理。欧几里得构建了一个确定的几何世界，例如三角形的内角和必定等于180°。但是，政治世界并不像几何世界那样充满确定性，例如"得人心者得天下"固然是脍炙人口的政治命题，但是仔细检视，我们似乎也能在几千年的中外政治史中发现"不得人心者得天下"或"得人心者不得天下"的相反案例。有时候我们甚至可以说，不得人心（不一味迁就世俗人心）者得天下，或者说，得人心（一味迎合世俗人心）者不得天下。之所以如此，是因为人心固然属于凡心以及肉心，但也应该是良心乃至道心，有时还会是歹心甚至狼心。政治固然要顺应人心，但也不能一味迎合或迁就人心。可行的不一定让人叫好，让人叫好的不一定就对。因为前者，李光耀才会强调"政策的制定要以行得通为原则，而不要在乎理论上漂亮不漂亮"；由于后者，李光耀也会坚持"政府要做对的事,而不是民众一时叫好的事"。

有感于此,在撰写本书下卷时,我将英文legitimacy(合法性)三种不同的中文翻译——正当性、合理性、认受性,确定为合法性的三重意蕴,并将三者作为人民行动党治国理政的公理系统的核心概念。正当性强调正义、当然,关心"是不是、对不对"的是非性问题,要求坚守亘古亘今的天理;合理性强调理智、理性,关心"行不行、可不可"的可行性问题,要求切合此时此处的地势;认受性强调认同、接受,关心"好不好、中不中"的满意度问题,要求紧贴有血有肉的人心。本书下卷在区分合法性的三重意蕴,并明确正当性、合理性、认受性基本定义的基础上,揭示出人民行动党治国理政所应依据的以"天地人和"为内涵的公理、以"理性心智"为内容的公设,推演其布政施策所须遵循的以"帝王霸道"为法则的常道、以"德礼法治"为规范的定理。

公理化方法的运用都是以明确定义为起始。正当性、合理性和认受性定义的明确,固然是公理化方法(几何学方法)的开端,但是合法性三重意蕴的区分到底与几何学方法还有什么进一步的联系,我在当时却没有觉察。向出版社递交书稿之后,我对几何学的兴致了犹未了,并在学习欧氏几何的基础上又读起了非欧几何的相关读物。非欧几何的出现,打破了欧几里得构建的几何世界的确定性。例如,不同于欧氏几何的三角形内角和必定等于180°,在非欧几何(包括罗氏几何和黎氏几何)中,三角形内角和却是小于或大于180°。

三角形内角和等于、小于和大于180°的三个不同定理,以三种不同的平行公设(也叫平行公理)为前提:欧氏几何中的"三角形内角和等于180°",以"过直线外一点,能且仅能作一条直线与已知直线共面不交"的平行公设为前提;罗氏几何中的"三角形内角和小于180°",以"过直线外一点,至少可以作两条直线与已知直线共面不交"的平行公设为前提;黎氏几何中的"三角形内角和大于180°",以"过直线外一点,不能作任一直线与已知直线共面不交"的平行公设为前提。

这就是说,不同的平行公设推演出不同的三角形内角和定理。那么,"得人心者得天下""不得人心者得天下""得人心者不得天下"三个不同命题,是否也以不同的假设为前提呢?政治说到底是人的活动,也是对人的治理,因此有关人或人性、人心的假设（简称人性假设）就成为构建政治领域公理系统的前提。可以这样理解，不同的人性假设可以推演出"得不得天下"的不同命题。从"人多半是常人，人都有俗性、凡心"的假设出发，只有顺应而不违背人心，才能让人开心叫"好"，故"得人心者得天下"；从"人应该是天使，人当有善性、良心"的假设出发，只有提振而不迎合人心，才能让人诚心称"对"，故"不得人心者（不一味迎合人心者）得天下"；从"人可以是魔鬼，人会有恶性、歹心"的假设出发，只有防范而不迁就人心，才能让人放心说"行"，故"得人心者（一味迁就人心者）不得天下"。

数学家依据曲率的不同情状将欧式几何、罗氏几何、黎式几何加以区分：欧氏几何描述的是曲率等于零的平直空间，罗氏几何描述的是曲率小于零的双曲空间，黎氏几何描述的是曲率大于零的球面空间。非欧几何之所以必要，是因为地球乃至宇宙空间是流形（manifold）而非常形，是弯曲空间而非平直空间（弯曲空间可以包含平直空间，平面、直线可以理解为曲率为零的曲面、曲线）。流形可以视为近看起来像欧几里得空间（即平直空间）的空间。例如，作为流形的球面就可以理解为许多看似平直的微小"平面"折弯后粘连而成。站在湖边近看，人看到的有限湖面是一个平面。但是，如果这个湖足够大，那么升上高空远观，映入眼帘的整个湖面就会凸显为一个球面，其曲率与地球的曲率相等。因此，仅有欧氏几何，固可以应人事之常；有了非欧几何，才能够穷天地之大。

正如地球乃至宇宙空间是流形而非常形，政治世界也是流态而非常态。几何流形是近看起来像欧几里得空间的空间，人驻目眼前往往得出"三角形内角和等于180°"。同样，政治流态是近看起来像凡俗世界的世界，人驻目眼前往往认定"得人心者得天下"。但是拉开距离远观，就像三角形的内角和未必等于180°，得人心者（一味迎合或迁就人心者）也未必就得天下。例如，只是驻目眼前，片面追求增长发展的政策也许符合人都会有的俗性、凡心，得人心者往往得天下。但是拉开距离远观，不可持续的发展在时间上是今人剥夺后人的寅吃卯粮，在空间上是强者摧毁弱者的竭泽而渔，从而已贴近人也会有的恶性、歹心，更违背人应当有的善性、良心，并将在终极意义上失去天下。

为了表达上述新的认知，我在下卷的绪论中增加了"几何：确定性的丧失"一节,补写了"贯通天地人的公理系统"一节的前半部分,将如下两者联系起来:其一,基于不同的平行公设建立起来、依据曲率的三种情状区分开来的欧氏、罗氏、黎氏相补充的几何体系;其二,基于不同的人性假设建立起来、依据合法性的三重意蕴区分开来的天、地、人相贯通的公理系统。由于欧氏、罗氏、黎氏相补充,前者更能够描述和解释并不确定的现实世界;同样,由于天、地、人相贯通,后者也更能论述和分析更不确定的政治世界。

在发现并增补了上述新内容之后,我似乎可以说,本书下卷既有意识地借鉴了欧氏几何的公理化方法,也不经意间运用了非欧几何的创造性方法。实际上,本书下卷构建的"贯通天地人的公理系统",正是以正当性、合理性、认受性所蕴含的天、地、人指向为经,以从公理、公设推演出常道、定理的公理化方法为纬。由于政治世界的不确定性,本书下卷虽难以如欧氏几何那样将公理化方法掘深,却有如非欧几何那样将几何学方法拓宽了。在完成了上述工作的时候,我依然坐在那间一直属于我一个人的小屋。阳光透过窗户,洒到了靠窗的书桌。我再次在心里轻轻喊出了那个曾经喊过的词汇:"尤里卡!尤里卡!"

工欲善其事,必先利其器。几何学方法,器也;新加坡研究,事也。与我以往的新加坡研究大体一致,拙作着手虽在狮城,着眼实在中国。从本书书名的演变和思路的调整可以看出,拙作的确是追逐着时代的鼓点而起步,而奔跑,而加速,而冲刺。我曾撰联云:念兹在兹,笔析狮城而胸怀社稷;朝斯夕斯,开掘外围以反哺中央。与我以往的新加坡研究有所不同,本书以几何学方法作论证。最近十余年来,我对自然科学特别是几何学产生兴趣,并对古希腊哲学家"为科学而科学""为学术而学术"的精神心向往之。为学之道,大抵分为两类:"或明天道,而法传于后;或计功策,而效验于时。"后者多是"有所为而为",可以成就经世的近功;前者则是"无所为而为",更能实现超世的远德。

几何学的发生,固然来源于"有所为而为"的需要。几何学的英文写作geometry,是由希腊文geometria一词演变而来。其中,geo的含义是"大地",metria的意思是"测量",合而言之是"测地术"。因此,"几何是由埃及人首创且发生于土地测量。由于尼罗河泛滥,经常冲毁界线,测量便成为必要的工作。无可置疑,这类科学和其他科学一样,都发生于人类的需要"。几何学的发达,必然有待于"无所为而为"的追求。欧几里得对质数的个数是否无限的探究在当时并无实际用处。这里，数学的目的就是数本身，正如登山只因为山在那儿。一位学生问欧几里得："老师，学习几何有什么用处？"欧几里得思索了一下，要仆人拿点钱给这位学生，并讽刺说："给他三个钱币，因为他想在学习中获取实利。"

在"我读李光耀"的课堂上，我常常与学生交流本书的内容和方法，并在交流中教学相长。从这一意义上，本书可说是备课、讲课的心得和成果。在讲述本书下卷运用的公理化方法时，我会在板书中亦步亦趋地还原《几何原本》中某些简单命题的证明过程。每一个步骤，都是以明确的定义、不证自明的公理或公设，以及业已证明的定理为依据，从而"似至晦，实至明，故能以其明明他物之至晦；似至繁，实至简，故能以其简简他物之至繁；似至难，实至易，故能以其易易他物之至难"。徐光启在《〈几何原本〉杂议》中说："下学功夫，有理有事"，学习几何，"能令学理者祛其浮气，练其精心；学事者资其定法，发其巧思。故举世无一人不当学"。又云，几何有五不可学："躁心人不可学，粗心人不可学，满心人不可学，妒心人不可学，傲心人不可学，故学此者，不止增才，亦德基也。"

李光耀是新加坡建国总理，也是人民行动党主要创党人，被誉为"小国大政治家"。李光耀对新加坡影响甚大，以至于人们不太说"新加坡的李光耀"，而会说"李光耀的新加坡"。世人既称许李光耀及其政府的有效治理，又往往批评其威权政治。李光耀是一部复杂的书。"我读李光耀"，读之道有读解，有解读。读解着力于文本还原，其方法是我注六经；解读着眼于经世致用，其方式是六经注我。读解李光耀，意在描述眼中所见，其目标是回到原典，以便呈现一个本来的李光耀；解读李光耀，志在抒发心中所得，其目的是观照当下，从而贡献一个当然的李光耀。

"我读李光耀"，我注六经也——其我无我，因为"白发吾方醉六经"；"我读李光耀"，六经注我也——其我有我，因为"六经皆为我注脚"。求索于字里行间，跳跃于眉间心上，妙在无我，是"我读李光耀"之乐趣；"六经责我开生面"，"千古兴亡笔下陈"，贵在有我，是"我读李光耀"之期待。中华不老，几何常新。任重道远，绘形传神。嘤其鸣矣，求其友声。

吕元礼

2021年12月22日

目 录
CONTENTS

梦想空间

一、新加坡梦

新加坡 2010 年国庆庆典曾以"腾飞的梦想,飘扬的国旗"(live our dreams,fly our flag)为主题,并由此引发了一场有关新加坡梦的讨论。时任新加坡国务资政的吴作栋在马林百列集选区国庆晚宴上说,自己年轻时新加坡人的梦想可以归纳为"一二三四",即"一个老婆、两个孩子、三房式组屋、四个轮子"。伴随着经济腾飞,到了 20 世纪 90 年代,新加坡人的梦想进而变为追求"5C",即现金(cash)、信用卡(credit cards)、汽车(car)、公寓(condominium)和乡村俱乐部会员证(country club membership)。吴作栋认为,追求物质财富无可厚非,但不能成为新一代新加坡人的终极梦想。换句话说,新加坡梦不仅要有"物件",更要有"心件"(heartware);新加坡人不能仅是"经济人",还应该是"社会人"。否则,新加坡纵然经济发达,也只能沦为国人的"酒店",而不能成为国民的家园。吴作栋希望新加坡人反思"梦想"二字的意义。他说:"我现在的梦想不是自己的前途,而是新加坡的前途。如果要我重新塑造'5C',我的梦想是协助新加坡的一代人创造良好的职业(career)、生活舒适(comfort)、生儿育女(children)、关怀他人(considerate)及有善心(charitable)。"[①]

吴作栋的上述观点,代表着执政党及其政府对民众的期望;新加坡国民团结党发表的国庆献词,则反映了反对党对执政党及其政府的忠告。献词把2010 年形容为"一个令很多新加坡人感到沮丧的年头",理由是新加坡经济

---

① 蔡添成:《国务资政吴作栋:不要只关注物质,年轻人应积极追梦》,《联合早报》,2010年8月8日。

在全球经济危机之后虽然取得显著增长（如新加坡国内生产总值较前一年增长14.5%，增长率名列世界第二），但新加坡人的购买力却并未随之增长，生活质量因此无法获得提升。献词声称，政府为了追求亮眼的经济数字，不惜付出高昂的代价，例如不断引进越来越多的外国工人，对社会资源和生活空间造成巨大压力。因此，政府不应只追求高经济增长，而应在经济和政治两个领域平衡发展。国民团结党呼吁，人们在庆祝国庆之际，也应对现有的制度进行反思。①

与"腾飞的梦想，飘扬的国旗"的庆典主题相契合，作为2010年新加坡国庆庆典标志的图案是"看似弯月又像流星的线条，烘托出国旗上的五颗星星"。负责设计这一标志的吴绍平透露，庆典执委会希望庆典标志让人们闭上双眼也能清楚记得。于是，他从简单、典雅又能给人留下深刻印象的设计理念入手。作品灵感最终来自于一个人站在窗前向星星许愿的景象：标志上有如划破天际的五颗星星，象征着人们朝着梦想迈进并——实现的愿望。②

二、三维视角

回顾2010年国庆庆典主题及其引发的相关讨论，笔者认为，新加坡梦必须从多个维度加以探析：普通新加坡人的梦想侧重经济或"物件"的第一维（x轴），吴作栋的期望则要加上文化或"心件"的第二维（y轴），国民团结党的呼吁还要增添政治或制度（心、物结合的产物，也可称为"软件"）的第三维（z轴）。梦想仅有一维，难免单调乏味；梦想纵有二维，也显单薄肤浅；梦想要有三维，才能丰富多彩。2010年的国庆庆典早已成为过去，但是庆典提出的新加坡梦的课题，仍然发人深思、耐人寻味。

梦想的三维视角，使新加坡梦的画面有了立体感。我们生活在一个包含长度（前后）、宽度（左右）和高度（上下）的三维空间。按照通常说法，点

---

① 参见《团结党发表国庆献词：不应盲目追求高经济增长》，《联合早报》，2010年8月10日。
② 参见《国庆庆典标志设计灵感：站在窗前向星星许愿》，《联合早报》，2010年5月13日。

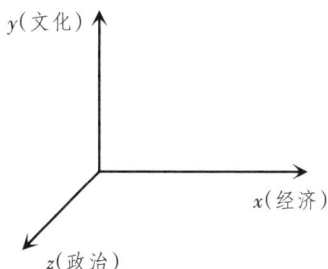

图绪-1 新加坡梦的三维:经济、文化、政治

是零维(没有维度)、线是一维(只有长度)、面是二维(有长度与宽度)、体是三维(有长度、宽度、高度)。从零维到一维再到二维乃至三维,意味着从低维到高维的递进。空间的维度越高,活动的范围越大。例如,当一只黄腰太阳鸟(新加坡国鸟)被绳索捆绑,固定在一个点上,不能动弹,其活动空间为零维;后来,它挣脱缠身的绳索,误入沾满泥浆的水管,限制在一条线上,只能前后移动,其活动空间为一维;再后来,它爬出水管,又被泥浆拖住了翅膀,局限在一个面上,仅能前后、左右爬动,其活动空间为二维;终于,它抖落了泥浆,展翅高飞,翱翔在一个体中,可以前后、左右、上下运动,其活动空间为三维。

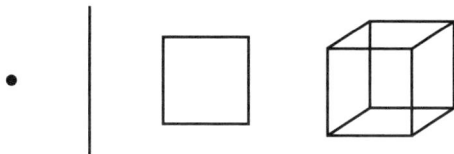

图绪-2 点、线、面、体

被称为"几何之父"的古希腊数学家欧几里得的巨著《几何原本》将点定义为"不可以再分割成部分",线(直线)是"点沿着一定方向及其相反方向无限平铺",面(平面)是"直线自身的均匀分布"①。遵循上述思路,体或许可以理解为"面的累积"。意大利传教士利玛窦口述、明代科学家徐光启笔译的《几何原本》,其中"界说三十六则"写道:"凡论几何,先从一点始,自点引之为

---

① [古希腊]欧几里得:《几何原本》,燕晓东译,江苏人民出版社,2011年,第2页。

线,线展为面,面积为体。"①点、线、面、体在逻辑上因果相连、在时间上前后相继的关系,又让梦想空间的构筑有了动态感:"筑梦空间"其实就是点动(引)成线、线动(展)成面、面动(积)成体的"动态空间"。

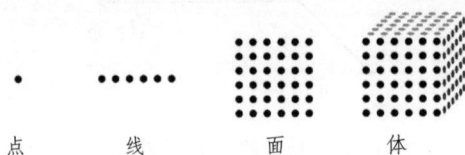

图绪-3 点引成线,线展成面,面积成体

中国文化典籍《易经·系辞传》的如下论述,更让点、线、面、体的"动态空间"有了生命力:"易有太极,是生两仪,两仪生四象,四象生八卦。"太极就是只有一个极限的点,两仪好像具有两个仪限的线(直线坐标系),四象有如含有四个象限的面(平面直角坐标系),八卦代表拥有八个卦限的体(立体直角坐标系)。太极生两仪、两仪生四象、四象生八卦的生生不息,又让梦想空间的构建成为由点生线、由线生面、由面生体的"生态空间",展现出生机勃勃的如下景象:一颗生命的种子(原生之点),正在生根发芽(由点生线),继而长大开花(由线生面),终于硕果累累(由面生体)。

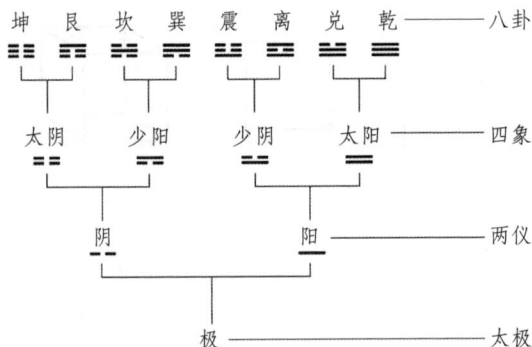

图绪-4 太极生两仪,两仪生四象,四象生八卦

---

① [古希腊]欧几里得:《几何原本》,[意]利玛窦述、[明]徐光启译、王红霞点校,上海古籍出版社,2011年,第15页。

三、点、线、面、体

新加坡花园城市建设是新加坡梦的重要组成部分和生动形象写照。1972年,新加坡旅游局给时任总理的李光耀打了一份报告,抱怨说:"中国有长城,埃及有金字塔,日本有富士山,美国夏威夷有十几米高的海浪,……而我们新加坡除了一年四季直射的太阳光外,什么名胜古迹都没有,旅游业怎么发展?"据说,李光耀看过报告非常气愤。他在报告上批了一行字:"你想让上帝给我们多少东西?阳光,阳光就够了!"后来,新加坡人就是利用一年四季直射的阳光种花植草,将新加坡打造成举世闻名的花园城市。连续多年,其旅游收入名列亚洲第三位。有人因此感慨说:"也许你曾抱怨上帝的不公。在同龄人中间,它送给别人美貌,送给别人金钱,送给别人地位;送给你的,却仅是办公室的一把旧椅子。然而,假如你有幸读到了李光耀的那句话,你也许会突然振奋起来——原来那把旧椅子是上帝有意送来的。既然如此,哪里还有理由不把它变成一件文物?"[①]从一定意义上说,新加坡打造花园城市的过程,正是筑梦成真的过程。新加坡花园城市的"筑梦空间",既是点、线、面、体的"动态空间",也是生生不息的"生态空间"。

点,指小块绿地、宅旁绿地。新加坡"点"的绿化表现为见缝插针、精细管理。为了让岛国新加坡在东南亚这个相对落后的区域凸显出发达国家的水平,李光耀及其政府执意要把它打造成为清洁、绿色的热带花园城市:干干净净,郁郁葱葱。1963年6月16日,李光耀拿起铁铲在花拉圈(现今荷兰村一带)种下一棵黄牛木,开启了他所推动的植树运动,也标志着当地绿化运动的开始。从那一年起,李光耀每年一有机会就会在全岛各处撒下一颗种子,种下一棵树苗,数十年如一日。有关部门本打算把植树节定在7月,但李光耀决定把它改到11月,因为那时是雨季,更适合栽种树木,也更能节省灌溉用水和人力。1971年以后,每年11月的第一个星期天成为新加坡的植树日。2014年11月2日(星期天),新加坡的空气污染指数从下午3时起超过100,属

---

① 《李光耀:有阳光就够了》,《合肥晚报》,2001年9月17日。

不健康水平。但是，91岁高龄且身体虚弱的李光耀还是参加了他所在选区的植树活动。活动以"环保"为主题。为确保用水不过量，活动改用仪器浇水。李光耀以新颖的高科技方式启动浇水仪器，为一棵罗汉松浇水。①四个多月之后的2015年3月23日，李光耀去世。这次植树，成为他参加的最后一次植树活动。

李光耀去世一周年纪念日，副总理尚达曼与300名居民及学生在裕廊湖公园湖畔一起种下53棵黄牛木，以纪念李光耀在53年前种下第一棵黄牛木。尚达曼致辞说，李光耀被誉为新加坡的"首席园丁"，经常向当时的公园及游乐署（新加坡国家公园局前身）提出大量建议。这些建议虽然有的行不通，但多数都能行得通。新加坡的人行天桥、围墙和栏杆都有花卉点缀。过往行人也许不会注意它们。但是，如果没有这些花卉树丛，人们一定会觉得不妥。"李光耀先生就是这样，总是搜寻不妥之处，从不安于现状，不断追求进步。我们的旅程也是如此，不自满，也总是相互讨论如何不断改进。"②

新加坡对树木的养护，细化到给直径达到一定长度的每棵树建立专门的电子信息档案，将这些树的地点、种类、树龄，以及施肥、修剪、喷药和责任人的情况一一记录。新加坡的路树也都有"身份证"号码，如"SR2017123"。其中，英文字母表示树种，七个号码包括年份和编号。新加坡国家公园局还积极栽培"接班树"，即在老树附近及时种植较年轻的树木，以备老树需要"退休"时方便顶替。2007年10月，樟宜机场第三搭客大厦正式启用之前，时任内阁资政的李光耀特地前往视察。新加坡民航局机场管理司司长符策民原本准备好许多有关建筑、运作的资料以及各方面的数据，但李光耀的问题还是在他意料之外。李光耀看到平时种在户外的榕树种到了机场里面，就频频询问它是否适应低湿度及少光线的冷气房？时间久了，榕树的根往哪里长，树叶如何清理？新加坡其他地方有没有像这样把榕树种在室内的？上述问题差点让符策民招架不住，也让他见识到李光耀对树木的认识与认真。③

---

① 参见魏洁莹：《91岁李光耀"高科技"植树》，《联合晚报》，2014年11月3日。
②《尚达曼：延续李光耀精神，不安于现状不断求进步》，《联合早报》，2016年3月24日。
③ 参见《前人种树，后人乘凉》，《联合早报》，2015年3月23日。

线，指道路绿化、滨河绿带。新加坡"线"的绿化呈现为连绵不断、目不暇给。到过新加坡的游客，都会对分立于大路两旁的两排高大妖娆、婀娜多姿的雨树难以忘怀。雨树原产南美洲、西印度群岛等地，树高可达 30 米，树冠展开可伸展至二三十米宽，其花为粉红兼白色，非常漂亮，已经在新加坡生长了五六十年。雨树又属含羞草科，其树叶为羽状复叶。在夜晚或阴湿天气，它的叶子会闭合，像含羞草一样下垂；等到天晴，太阳出来了，树叶张开，包裹在叶片里的露水又会纷纷落下，如雨飘洒——这正是雨树树名的来历。由于雨树的树叶是在太阳升起后一个半小时便慢慢张开、太阳下山前约一个半小时又渐渐闭合，马来人便根据其闭合的时间称它为"五点钟"（Pukul Lima），取意太阳快下山的时刻。烈日之下，行走在新加坡的道路两旁，那一棵连着一棵的雨树，就像是一把把撑开的伞，为行人遮挡阳光，向大地奉献绿荫。

在新加坡的道路绿化中，从机场到市区的沿路景观尤其引人入胜。据说，曾有外国官员向李光耀请教吸引外资的诀窍，得到的回答是，把从机场到市区的沿路打造成花园似的。新加坡的情况正是如此。李光耀说，如果外国政要或投资者从走出机场那一刻，一直到抵达总统府同他会面之前，一路上看到的都是整洁的环境，就会觉得这个国家的制度必定有过人之处。新加坡也将因此受到外国人青睐。不过，当年樟宜机场一带几乎有一半是填海而成，放眼所及都是黄土和一些灌木丛。于是，大家争分夺秒，日夜兼程。公共工程局在前面修建东海岸公园大道，公园及游乐署就紧跟着在后种树栽花。经过努力，当第一架飞机着陆时，机场附近已经满是整齐葱翠的花草树木。①

为了给鸟儿与蝴蝶营造更宜居的栖息地，促进生物多样化，新加坡国家公园局计划在建国之后的第二个 50 年更注重培植本土良木，将植树重点转移到土生乔木灌木，让不少原本生长在森林的植物"移步"城市道路旁。然而，自然界树木要远离潮湿宁静的森林来到钢筋水泥的市区，需要忍受炎阳烈日的直接照射和川行车辆的尘埃嘈杂，对其生命力是严苛考验。为了帮助土生树木适应城市环境，苗圃人员从培育阶段就开始加紧"锻炼"它们："一旦

---

① 参见《前人种树，后人乘凉》，《联合早报》，2015 年 3 月 23 日。

树苗根部成熟，有能力吸收水分，工作人员就会逐步增加树苗所接收的阳光，让它们更具韧性，往后较容易适应城市生活。"①

面，指公园、规划区内较大面积的山林地。新加坡"面"的绿化要求绿草如茵、繁花似锦。其实，大自然并不钟爱新加坡，生长在新加坡的青草也难以像生长在新西兰、爱尔兰的青草那样青翠茂盛。应新加坡政府要求，一位澳洲植物专家和一位新西兰土壤专家在调研新加坡的土壤后报告说，新加坡是赤道雨林地带的一部分，一年到头阳光强烈，雨水很多。树木被砍伐后，大雨便把土壤表层冲掉了。新加坡的土壤酸性太强，要让青草长得青翠茂盛，必须经常施肥，最好是用不容易被冲走的混合肥料，外加石灰。根据上述意见，管理人员在新加坡总统府草地上进行试验，草果然碧绿起来。于是，新加坡人用同样的方法处理所有学校操场和其他体育场，结果原本萎黄的草坪和足球门柱旁一块块寸草不生的泥地变得翠绿一片，整个城市也逐渐绿化起来。②

为了让绿化面面俱到，不留死角，李光耀曾指出立交桥下的空隙很不美观，应该种植花草树木加以美化。有关部门告诉他说，植物需要阳光和水分才能生长，立交桥下栽种植物就要用人造光。但李光耀认为这不可以，不能浪费能源。也有人提议用镜子来反射阳光，但这会对驾车者造成干扰，危及公路安全，也行不通。多方经过考虑，发现唯一的方法是升高立交桥，不同方向的行车道之间设至少1.5米的空隙，在空隙下方地面栽种植物，阳光和雨水也可以渗入。李光耀拍板同意。这便形成了后来新加坡立交桥的独特风景。虽然这会增加建筑成本，也会牵涉到财政、交通、公共工程和公园及游示署等多个部门和机构，但是由于成立了由多个政府机构代表组成的花园城市行动委员会来统筹、协调全岛的绿化行动，隶属不同部门的政府机构就有了共同合作的机制。这对花园城市建设起到了关键作用。③

---

① 《你不知道的树的故事》，联合早报网，2017年11月14日。

② 参见李光耀：《李光耀回忆录（1965—2000）》，新加坡《联合早报》，2000年，第203—204页。

③ 参见《前人种树，后人乘凉》，《联合早报》，2015年3月23日。

据说,新加坡的绿化覆盖率达95%,从空中俯瞰,看不到这个城市的道路和低矮房子。因此,新加坡又有了"黄土不见天"的美称。新加坡政府为绿化环境注入了建立平等社会的新内涵。李光耀说:"除了财政和国防,建立平等社会一直是我治国时优先考量的事项之一。如果无法让所有新加坡人都享有干净和绿化的环境,就无法贯彻这种平等的观念。"①这就是说,也许人们居住的房屋存在着两室、三室、四室或组屋、公寓、私人别墅的不同,但走出房子,户外的环境都是干干净净、郁郁葱葱。即便存在住房不平等的情况,人们仍然享有更大范围的室外空间的平等。

体,指空中绿化、立体绿化,包括任何与建筑结构融合的绿化建设,主要是空间立面绿化和房屋顶面绿化,以及庭院中的棚架、网架和住宅中的阳台、晒台等多层次的绿化。新加坡"体"的绿化追求重重叠叠、层出不穷。作为城市国家,新加坡土地资源缺乏,寸土寸金。为了克服上述不足,其绿化理念与实践正从过去主要在土地上的"点、线、面"绿化延伸发展到建筑物上的立体绿化。20世纪60年代,新加坡政府正忙于应付严重失业、住房、医疗和教育问题,但也就在那个时候,李光耀便极力主张植草种树。他认为,一个钢筋水泥的城市有损人类的精神文明,人们需要自然的绿化环境来提振精神。

有人将新加坡戏称为"新加坡有限公司",新加坡政府则执意要突破国土面积的"有限",走向国家发展的"无限"。立体绿化就表现出从有限走向无限的超越。为了突破有限面积,实现无限绿化,新加坡的一些主要旅游景区连路灯杆上也种了蕨灯植物,而路灯的上面又是遮天蔽日的芭蕉树。介绍新加坡史的画廊已经被藤蔓植被所掩藏。也许因为上面还有高大的雨树遮盖,这些藤蔓植物被称作立体绿化的第二层次。"南洋理工大学艺术设计媒体学院的教学大楼是一幢有绿色屋顶的建筑。从远处很难看出它是有五层楼的建筑物,无论是颜色还是造型,它都与周围的环境完美融合。大楼采用了大量的玻璃幕墙装饰,可以为室内提供充足的自然光照明。屋顶采用了绝缘材料,隔热降温的同时还可以收集雨水灌溉周围的植物,这一草地屋顶可作为

---

① 《前人种树,后人乘凉》,《联合早报》,2015年3月23日。

会议场地使用。"①

新加坡的花园城市建设激发了东南亚各国城市绿化的热情。人们争相仿效,有的已经成功,有的还在努力。"花园城市"也成为一些城市的金字招牌和许多城市的发展目标。李光耀认为,很多领域的竞争不仅无益,而且有害,甚至致命。但是,城市洁净绿化的竞争则只有积极意义。因此,"与其在其他领域竞争,不如争相成为亚洲绿化最好最清洁的城市"。②就像追梦的路途没有止境,在一个梦想实现之后又有新的梦想一样,新加坡的花园城市建设,也从"花园城市"向着"城市花园"迈进。前者的意思是"我家旁边有花园",后者的意思是"我家就在花园里"。

四、"心件"缺失了什么?

花园城市的打造多为反映新加坡梦的物质层面,优雅社会的建设更能体现新加坡梦的精神层面。新加坡梦的"物件"打造固然成绩斐然,新加坡梦的"心件"建设仍然有待加强。英国广播公司(BBC)前记者莎洛特于2014年3月14日在网上发文说,自己一直颇为享受在新加坡的生活,直到怀孕后,才深刻体会到新加坡人多么麻木不仁。怀孕初期的10周,她害喜严重。有一天,她刚踏上拥挤的地铁,就感到头晕恶心。她担心自己会昏倒,就蹲在地上,双手抱头。但是,一直到她下车的整整15分钟,竟完全没人理会她,更没有人愿意让座或是慰问她。她说:"新加坡第一次令我觉得不开心,我当时很脆弱,完全得依赖陌生人的善心,但新加坡人却令我失望。"她质疑:"我所看到的,是大规模缺乏同理心的表现,抑或是当天的其他乘客特别没爱心呢?"③

事后,莎洛特的新加坡朋友都表示有过类似经历,因此毫不惊讶。他们指出,新加坡人向来只为自己着想,只有钱是最重要的,帮助他人并不重要。时任新加坡人力部代部长的陈川仁也在脸书分享莎洛特的文章。他说,自

---

① 《那些酷炫的校园建筑》,《课堂内外(高考金刊)》,2016年第3期。

② 李光耀:《李光耀回忆录(1965—2000)》,新加坡《联合早报》,2000年,第205页。

③ 周自蕙:《英女记者撰文:国人缺乏爱心!》,《新明日报》,2013年3月16日。

己妻子怀孕期间一度因手受伤而缚上绷带，但地铁上的人们不是假装睡着，就是装着看不到，没人让座。李显龙总理为此在脸书上说："我们不需要全盘接受作者的看法，但这篇文章能很好地提醒我们，要对彼此更加优雅而有爱心。"①

李显龙的脸书留言，正视问题又不全盘否定自己，反省不足且更强调付诸行动。就在莎洛特在脸书发文的几天之后，一名六岁男童乘坐地铁的照片，让李显龙的脸上绽开笑容。这名男童乘搭拥挤的地铁时，一位年长妇女把半个座位腾出来让他坐。虽然挤了一点，但至少不必站。男童把自己坐在两名乘客中间、面露微笑的温馨照片发给总理李显龙，并说："在新加坡，许多人会关怀别人。"李显龙把这张照片上传到脸书，并为本地不乏善心人士表示欣慰。他呼吁，公众除了让座，也可用其他方式表达善心，并在今天就为别人做一件好事，让他们的脸上也出现笑容。"有善心的人会考虑到其他人的需要，并在别人对我们好时，表示感谢。"短短一小时内，就有三千多人为李显龙的这则留言点赞。②

新加坡素以清洁干净著称于世。但在2015年1月下旬，李显龙在脸书上发布了两张照片，其中一张记录了2014年某天的新加坡国家体育场。当时，缅甸队在这里举行的足球赛中输给了新加坡队，但看完球赛的缅甸球迷却主动留下，将看台上的垃圾收拾干净。另一张记录了此前不久在新加坡滨海湾花园草坪上举行的大型音乐会。活动结束后，一万三千名出席者留下了包括塑料袋、空瓶子在内的满地垃圾。李显龙呼吁，大家应该继续保持新加坡的清洁，让新加坡从"被打扫洁净"的城市（being a cleaned city）转变为"真正洁净"的城市（a truly clean city）。③

李显龙所说"被打扫洁净"和"真正洁净"的不同，可以从新加坡与中国台北、日本东京的比较中得到凸显。新加坡公共卫生理事会主席陆圣烈指出，新加坡五百多万人，便需要七万名清洁人员；台北市三百万居民，却只有五千

---

① 周自蕙：《英女记者撰文：国人缺乏爱心！》，《新明日报》，2013年3月16日。

② 参见《总理吁国人多关怀他人》，《联合早报》，2014年3月20日。

③ 参见林安娜：《自己的垃圾自己带走！》，《新明日报》，2015年2月2日。

名清洁人员。台北人垃圾不落地的习惯,一直是新加坡人做不到的。吴作栋也在脸书留言说,东京公共场所不见垃圾桶,也不见街上有垃圾;东京不用到处树立罚款告示牌,也能成为整洁美观的城市。反之,如果没有"外劳"(外来劳工的简称)清洁工,新加坡很可能成为一个"垃圾城市"。

值得欣慰的是,就在此后不久的2015年2月8日,"樟宜四美的金禧之夜"晚宴在新加坡东福坊旁的草地举行。当时,席开五十多桌,嘉宾五百多人。晚宴结束后,部分乐龄人士(老年人)自发地收拾桌子。他们除了将桌子收拾得干干净净以外,连地上也打扫得一尘不染。乐龄人士自行收拾垃圾的行为,让议员赞扬,令网民喊赞。①

乐龄人士自动打扫卫生,固然应该受到称赞;年长妇女主动给孩童让座,也会让人绽开笑容。不过,称赞之余,却需要反躬自问;笑过之后,更应该皱眉深思。自动打扫卫生的行为之所以特别让人称赞,不就是因为乱扔垃圾的事情常常发生吗? 主动给他人让座的举动之所以特别让人开颜,不也是因为无人让座的现象时时存在吗? 一个社会缺乏什么,它就会强调什么;反之,一个国家称赞什么,正显示它缺乏什么。

五、反对党议员的抱怨

新加坡经济增长广受世人称道,政治发展则往往受到批评。长期执政的人民行动党(People's Action Party,英文缩写"PAP",中文简称"行动党")在国会中占据绝大多数席位,反对党的发展往往举步维艰。新加坡人民党秘书长詹时中曾在国会发言中抱怨说,政府为了选举目的,在翻新旧组屋时把反对党选区排在最后。组屋是新加坡政府为居民建的公共住房。新加坡80%以上的居民居住在政府建造的组屋里。组屋翻新不仅让房子外观乃至周边环境焕然一新,也会对房子实质有改进。例如,有些旧组屋可能不是每一层都有电梯口,翻新之后就变成每一层都有电梯口了;有些组屋原本室内面积比

---

① 参见李毅思:《乐龄人士晚宴后自行收拾垃圾,议员赞扬、网民喊赞》,《新明日报》,2015年2月10日。

较小,翻新之后可能增加一个小房间,面积就变大了。翻新组屋的费用,住在组屋的公民只需付5%,剩下的95%都由政府支付。笔者曾见有报道说,某区域的组屋翻新之后,市值增长达27%。20世纪90年代初期以来的大选中,人民行动党有时会在竞选期间声称,在同等条件下优先翻新人民行动党获胜的选区。这样,有些选民也许本想投反对党的票,但想到组屋翻新的"房事",就可能违心地将选票转投给执政党。

反对党人抨击人民行动党的上述做法是利用公共权力谋取一党私利。人民行动党对此加以否定,理由是人民行动党在大选期间不仅推出了候选人,也推出了竞选政纲,即一旦当选,便翻新组屋。但是有些选区的多数选民不选人民行动党的候选人,说明这些选民对翻新组屋可能兴趣不大,政府总不能强迫这些选民翻新组屋!而且,翻新难免会有先后。政府也不是不给反对党选区翻新组屋,而只是在同等条件下优先翻新人民行动党选区的组屋,然后再翻新反对党选区的组屋。人民行动党指出,西方国家那些通过大选上台的执政党,都是在事实上通过不同方式优先照顾了投票给自己的选民的利益。例如,以提高个人所得税来"杀富济贫"为竞选口号的政党,多半会失去富人的选票,赢得穷人的选票。该党执政后落实上述口号,自然就剥夺了投他们反对票的富人选民的利益,照顾了投他们支持票的穷人选民的利益。对于人民行动党的上述回应,既有人觉得不无道理,也有人认为强词夺理。无论如何,此举对选民投票给反对党的阻吓确凿无疑。有感于此,詹时中指出,如果反对党选区的居民被困在电梯里,也会最后一个才获得拯救,这种阻吓是挺可怕的。①

2011年大选期间,人民行动党候选人曾多次批评反对党候选人只在选举时才出现,平日却不见踪影。工人党秘书长刘程强反唇相讥地说,如果反对党人真如人民行动党所说的"平日不见踪影",那也是因为政府通过人民行动党社区基金会(PCF)和人民协会阻挠反对党扩大基层根基。例如,反对党要向这两个获政府拨款的组织租用场地举办居民对话会或其他活动,都会遭

---

① 参见陈盈之:《詹时中国会讲故事》,《新明日报》,2009年8月20日。

到拒绝。他质疑，反对党议员不能使用民众俱乐部的设施来为居民举办课程或活动，但人民行动党的议员却可以。难道民众俱乐部是为照顾人民行动党利益而办的，而不是为社区而办的？刘程强指出，由于建屋局以低廉的价格将场地租给人民行动党社区基金会，该基金会再出租给人民行动党，所以每个选区都能看到人民行动党的支部。但是，工人党却因付不起市场租金租不下店屋而无法设立自己的支部。他有些气愤地说，就算自己这个后港区的当选议员，也必须在组屋楼下接见选民，人民行动党议员接见选民则有冷气房。此外，政府每次大选都重划选区，盛港西和榜鹅东也是最近才划出来的，请问，反对党要如何在原本不存在的选区出现呢？[1]

六、数学·几何

古希腊数学家、哲学家认为"万物皆数"，也说造物的"上帝是一位几何学家"。对上述观点加以引申，我们甚至可以说：事事有数学，处处见几何。新加坡梦想空间的构筑当然关乎数学，涉及几何。几何学是研究图形性质及其相互关系的学问，从而也被称为"形学"。将几何图形系统全面地运用于政治领域的研究，就是"绘形"意义的几何政治学。已有的政治学论著中或有零星运用几何图形，但未成体系。解析新加坡梦的筑梦空间，可以建构出点引成线、线展成面、面积成体的几何政治学。新加坡人力部前部长林瑞生在政治与行政活动中表现的别具一格的数学方法和几何思维，也可以为几何政治学的探索开辟思路。

首先，林瑞生数学方法新颖。2017 年 4 月 11 日，林瑞生曾同基层领袖分享新经济环境下劳动力市场的未来趋势，阐释政府推出的各项就业援助措施。他强调，未来经济增长不能单靠增加劳动人口来推动，提高生产力才是生存之道。林瑞生说：过去，劳动人口增长 4%，即便生产力没有增长，经济也会增长 4%；今天，"4 + 0 = 4"的模式已行不通。未来的新加坡经济必须改进为"1 + 2 = 3"的模式，即劳动人口增长 1%，生产力增长 2%，从而推动经济

---

[1] 参见郑凯文：《工人党要东海岸人帮林瑞生提早退休》，《新明日报》，2011 年 5 月 1 日。

增长3%。因此,雇主必须改变思维方式与作业模式,利用科技提高生产力。同时,如果员工愿意接受培训,从事高增值工作,薪金也会相应提高,进而提高员工的生活水平。林瑞生还指出,新加坡劳动队伍有340万人,其中本地人士230万人,外籍人士110万人,分别占2/3和1/3。新加坡需要将本地和外籍劳工的潜质都发挥到极致,确保2/3和1/3加起来大于1,而不是少于1。如果每家企业都用外籍员工取代本地员工,被取代的本地人就会因此失业,2/3加1/3会少于1。反之,如果引进的外籍员工有助于提升本地员工素质,达到相辅相成的效果,2/3加1/3会大于1。为了做到2/3加1/3会大于1,新加坡政府将那些雇主歧视本地员工的企业列入"公平考量框架"监督名单。企业一旦列入上述名单,申请就业准证将被更加严格审核。[1]"这是我们新加坡的'新数学'。"[2]林瑞生于2018年4月卸任前夕,李显龙总理写信致谢时曾称赞他的"新数学"。李显龙说,这"并非无聊的文字游戏或差劲的数学",而是"包含重要的经济和人力情况,并且以新加坡人能够理解、记得和实践的形式呈现"[3]。

其次,林瑞生几何思维敏锐。1997年7月30日,时任丹戎巴葛集选区议员的林瑞生在国会辩论教育部的财政预算案时,讲述了一则"壁虎的故事"。他说,一只壁虎想从国会议事厅天花板的一角走到对角的地板。它想以最短的路程抵达目的地。壁虎想起它在学校学到的"两点之间直线最短"的相关知识,便从国会议事厅的天花板一角沿着墙壁垂直往下走到地板,然后再沿着对角线直线爬到目的地。林瑞生说,这只壁虎的上述做法看似正确。但是,如果大家将国会议事厅看作一个纸盒,再将它摊开来铺成平面,然后再在壁虎的出发点和目的地之间画条直线,你会发现,其实最短路程应该是从壁虎的出发点沿直线直接爬到议长座位后的地板,然后再从那儿一直爬

---

[1] 参见周自蕙:《雇佣对本地人不公,500公司被监督,60家屡劝不听》,《新明日报》,2018年3月5日。

[2] 陈劲禾:《林瑞生:无须畏惧,国人应视科技为提升工作素质方法》,《联合早报》,2017年4月14日。

[3]《总理感谢林瑞生》,《联合早报》,2018年4月28日。

到目的地。林瑞生认为，懂得思考并创新，是新加坡迈向成功的关键。许多人把"创意"（creativity）和"创新"（innovation）混为一谈。其实，二者并不完全一样。要制造出创新的产品，不仅需要创意，而且需要称职的技能。只有这样，一个有创意的概念才能落到实处，从而实现创新。他吁请教育部在检讨课程纲要时重点研究如何培养出懂得灵活思考的学生，并教导学生如何将理论和实践相互联系，相互促进。有关"最短距离"的上述故事，就是"先将一个'立体'的问题，变换成一个'平面'的问题，然后再应用'平面'的方法，解决'立体'的问题"①。

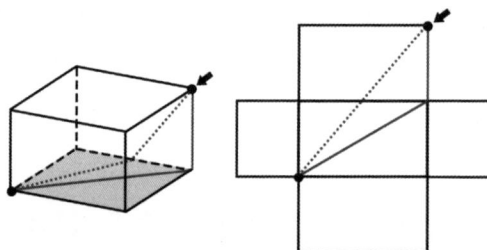

图绪-5　长方体空间中两对角间的最短距离

七、笛卡尔直角坐标系

筑梦空间是层层扩展的"动态过程"，新加坡梦想空间的构筑需要运用层层递进的坐标系：具有两个仪限的直角坐标系可用于辨析点引成线，含有四个象限的平面坐标系可用于分析线展成面，拥有八个卦限的立体坐标系可用于解析面积成体。在参照系中，为确定空间一点的位置，按规定方法选取的有次序的一组数据，叫作"坐标"。在某一问题中规定坐标的方法，就是该问题所用的坐标系。坐标系的种类很多，最常用的有笛卡尔直角坐标系。笛卡尔（1596—1650）是法国哲学家、数学家、物理学家。他对直角坐标系的创建，有如下有趣的传说。

话说笛卡尔因病卧床，头脑却一直没有休息，而是反复思考一个问题：几何图形非常直观，代数方程比较抽象，能不能用几何图形来表示代数方程呢？

---

①《林瑞生谈壁虎的故事》，《联合早报》，1997 年 7 月 31 日。

这里,问题的关键是如何把组成几何图形的点和满足方程的每一组数挂上钩。他拼命琢磨:要用什么样的办法,才能把点和数联系起来? 突然,他看见屋顶角上的一只蜘蛛。蜘蛛拉着丝垂了下来,又顺着丝爬了上去,并一会儿往左,一会儿往右,在那里上下左右拉丝结网。蜘蛛的"表演"使笛卡尔思路豁然开朗。

笛卡尔想,可以把蜘蛛看作一个点。它在屋子里上、下、左、右、前、后运动着的每个位置,能否用一组数确定下来呢? 他又想,屋子里相邻的两面墙与地面交出了三条线。如果把地面上的墙角作为起点,把交出来的三条线作为三根数轴,空间中任意一点的位置,不是都可以用这三根数轴上对应的三个数来表示吗? 反过来,任意给一组有顺序的三个数,例如$(3,2,1)$,可以用空间中的一个点P来表示它们。同样,用一组数(a,b)可以表示平面上的一个点,平面上的一个点也可以用一组有顺序的两个数来表示。于是,在蜘蛛结网的启示下,笛卡尔创建了平面、立

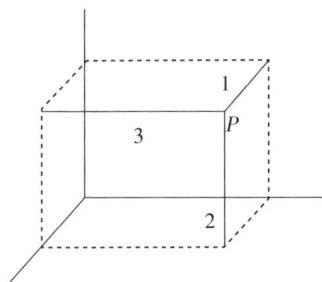

图绪-6　笛卡尔立体直角坐标系

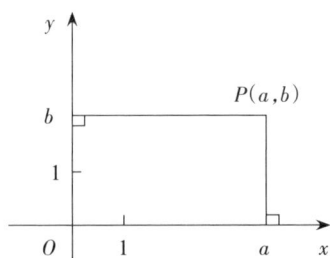

图绪-7　笛卡尔平面直角坐标系

体直角坐标系。直角坐标系的创建,在代数和几何之间架起了一座桥梁。它使模糊的形得以用精确的数加以描述,使抽象的数能够用具象的形加以表达,从而将数与形结合起来,先进的代数方法也就可以应用于几何学的研究之中。中国数学家华罗庚说得好:数缺形时少直观,形少数时难入微;数形结合百般好,隔离分家万事休。

八、《周易》的象数理体系

筑梦空间是生生不息的"生态空间",新加坡梦想空间的把握也可以运用生生不已的太极图。"易有太极,是生两仪,两仪生四象,四象生八卦。"要了解太极图的生成过程,有必要先读懂中华文化典籍《周易》的象数理体系。象可

以大致相通地换称为形,如《周易·系辞传》云:"在天成象,在地成形。"二者合而称为形象。《周易》的组成要素就包括象、数、理等方面。

"象"指爻象、卦象(其实也就是爻形、卦形)。爻是《周易》中组成卦的符号,爻象则是爻的图像。直通横线"—"为阳爻,间断横线"- -"为阴爻。"—"与"- -"分别就是阳爻和阴爻的爻象。每三爻合成一卦,可得八卦:乾(☰)、坤(☷)、离(☲)、坎(☵)、兑(☱)、艮(☶)、震(☳)、巽(☴)。乾、坤等是八卦的卦名,☰、☷等是八卦的卦象。八卦中的卦称作经卦。经卦两两相重(合六爻)得六十四卦,包括乾(䷀)、坤(䷁)、既济(䷾)、未济(䷿)等。乾、坤、既济、未济等名称就是六十四卦的卦名,䷀、䷁、䷾、䷿等图像就是六十四卦的卦象。六十四卦中的卦称作别卦。别的意思是类别,它由八个经卦经纬相织而组成。别卦下部的三条爻是主卦(也叫下卦),代表主方;上部三条爻是客卦(也叫上卦),代表客方。一个别卦代表双方关系形势的一个类别,六十四卦展示出主客双方关系形势下各种变化的可能性。

图绪-8　主卦、客卦

"数"指阴阳数、爻数。阴阳数是指阴与阳的数字呈现。奇数为阳,偶数为阴。与此不无联系,阳爻(—)便为直通成"一"(奇数)条的长线;阴爻(--)则为分开为"二"(偶数)段的短线。爻数是六爻在卦中表示其位次的序数,其顺序是自下而上排列。于是,位次最下的爻数为"初",往上数爻数分别为"二""三""四""五",但最上一爻的爻数不叫"六",而叫"上"。因为阳爻以"九"表示,"阴爻"以"六"表示,于是,从下到上为序,位次最下的阳爻称作"初

图绪-9　爻数

九"，位次最下的阴爻称作"初六"；位次第二的阳爻称作"九二"，位次第二的阴爻称作"六二"……位次第五的阳爻称作"九五"，位次第五的阴爻称作"六五"，位次最上的阳爻称作"上九"，位次最上的阴爻称作"上六"。图绪-9即乾、坤、既济、未济四卦的爻数。

"理"为义理，是给予象数的意义阐释，并具体表现在《易经》中的卦辞、爻辞和《易传》的言辞之中。如果说，象数是《周易》的符号系统和数量形式，卦辞、爻辞、言辞则是《周易》的文字系统。这些文字构成了《周易》中的理。举例来说，《易传》之一的《象传》对乾卦（☰）就有如下阐释："天行健，君子以自强不息。"如果说卦象是"圣人设卦以写万物之象"，那么《象传》则是"后人用文字以释万物之所象"。因为乾卦中的六爻都是阳爻，属于纯阳，象征天，所以《象传》对乾卦的上述阐释是说：天道刚健，运行不已（如日出日落，春去秋来）。君子观此卦象，应该以天为法，自强不息。

通过解读图绪-10中乾卦（☰）的爻象、爻数和爻辞，可以把握《周易》中的象数理的结合。六条相叠的直通横线，分别是乾卦中各爻的爻象。"九"是阳爻的称谓，初、二、三、四、五、上等则是各爻的爻数，也即爻位的序数。首先，爻辞对"初九"的义理阐释是"潜龙，勿用"，意思是说，潜藏的龙，不便施展。之所以如此，是因为"初九"之爻，其象虽为刚劲有力（直通横线）的阳爻，其数则是最小，其位实为最低。它喻示着事物发展之初，虽然势头较好，但毕竟比较弱小，因此当事人应该小心谨慎，不可轻举妄动。其次，爻辞对"九五"的义理阐释是"飞龙在天，利见大人"，意思是说，龙飞腾在天空中，有利于会见贵族王公。之所以如此，是因为"九五"之爻，其象为刚劲有力的阳爻，其数为较大的"五"，居上卦中位，也是整卦中接近最上但又不是最上的位次，有如花已开而未全开（全开了就会谢），月将满而未全满（全满了就会亏）。它隐喻着尊贵的君子所居适中，所处得当，可以一展抱负，大有作为。最后，爻辞对"上九"的义理阐释是"亢龙有悔"，意思是说，升腾到极限的高亢的龙会有灾祸之困，从而后悔莫及。之所以如此，是因为"上九"之爻，其象为刚劲有力的阳爻，其数为最大的"上"，居全卦之最高位，处全卦之最尽头，难免日中则昃，月满则亏。它警示着身居高位的人们福不可享尽，权不可揽尽，以免孤高无辅，大难临头。

乾

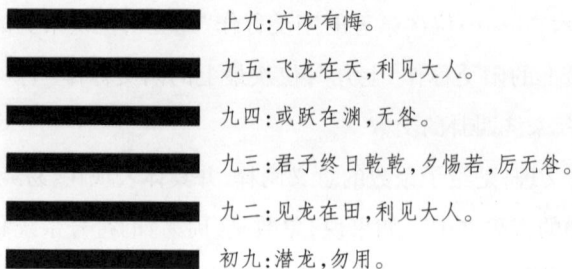

上九:亢龙有悔。

九五:飞龙在天,利见大人。

九四:或跃在渊,无咎。

九三:君子终日乾乾,夕惕若,厉无咎。

九二:见龙在田,利见大人。

初九:潜龙,勿用。

图绪-10　乾卦的象、数、理

《周易》的数虽然简单模糊,但其象数理三结合的表现方式却比坐标系将数与形两结合的表达方式更为丰富多彩。而且,《周易》中的卦象不仅表现为阴阳二爻叠置,也表现为阴阳二气滚动,进而"太极生两仪,两仪生四象,四象生八卦"地生成出八卦图,即阴阳鱼太极图。

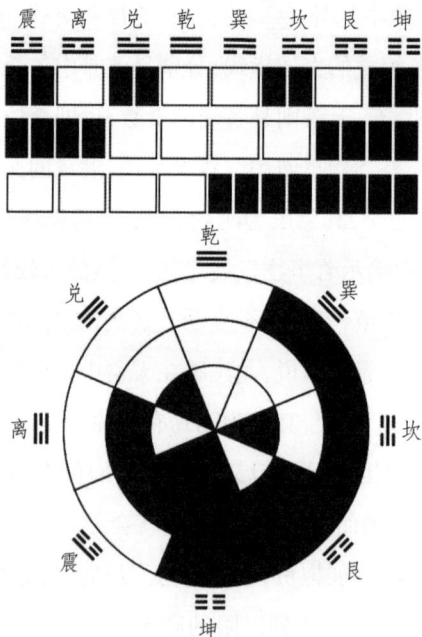

图绪-11　阴阳二气滚动①

————————

① 本图依照郭彧《谈所谓阴阳鱼太极图的来源》文中插图略有改进并重新制作而成。

图绪-12中的第五幅图就是阴阳鱼太极图。其中,白鱼代表阳,黑鱼代表阴,阴阳二鱼头尾相抱,意味着二者既相互对立,又相反相成——孤阴不生,独阳不长;白鱼的大头旁潜伏着黑鱼的小尾巴,黑鱼的大头旁依傍着白鱼的小尾巴,意味着阴极而阳,阳极而阴;白鱼长着黑眼睛,黑鱼长着白眼睛,意味着阳中有阴、阴中有阳;阴阳鱼相交互抱形成的S形曲线,又意味着阴阳和谐不仅是静态的对称,而且是动态的平衡;太极图的整体圆形,还意味着循环往复,以至无穷。所有这些,都体现了《太极图说》所概括的如下义理:"太极动而生阳,动极而静,静而生阴,静极复动。一动一静,互为其根。"①

图绪-12　阴阳二气滚动生成太极图②

九、林瑞生绘图"讲课"

新加坡梦的筑梦空间层层扩展、生生不息,坐标系和太极图正是本书解析筑梦空间的方法和工具。林瑞生曾有绘图"讲课"的故事。其所绘之图,就变相地运用了平面直角坐标系。2012年4月,新加坡南洋理工大学温斯敏经济学讲座教授、经济成长中心主任林崇椰提议展开"第二次经济重组",以解决收入差距扩大以及对廉价外籍员工过于依赖等问题。具体方案包

---

① 周敦颐《太极图说》中的太极图虽然不是阴阳鱼太极图,但所引文字的寓意,与阴阳鱼太极图相吻合。

② 本图依照郭彧《谈所谓阴阳鱼太极图的来源》文中插图略有改进并重新制作而成。

括：第一，让月收入1500元①以下的低薪工人首两年每年加薪15%，并在第三年加薪20%；第二，月收入1500元至15000元内的中等收入者，则每年加薪4%到5%；第三，月收入在15000元或更高收入者，则冻结薪资水平3年。他指出，这与推行"第一次经济重组"（ERI，1979年至1981年期间推行）之前所考虑的一样，对低薪工人大幅度加薪是为取得"震撼"作用。

针对林崇椰教授的上述建议，新加坡全国职工总会秘书长林瑞生化身"讲师"，绘出田字格图表，力求生动地解释以工资增长推动生产力提高的"风险"。在构成"田"字的四个格子中，右上角的格子代表"高生产力、高工资"，左上角的格子代表"低生产力、高工资"，左下角的格子代表"低生产力、低工资"，右下角的格子代表"高生产力、低工资"。林瑞生说，左下角格子代表的"低生产力、低工资"，是目前低薪工人的写照。大家都希望协助低收入者从这个格子提升到右上角"高生产力、高工资"的格子，也就是工作条件和待遇都更好。他认为，林崇椰教授的建议是要使低收入者先过渡到左上角"低生产力、高工资"的状况，再进入"高生产力、高工资"的情况；而劳资政三方的做法则是协助低收入者先过渡至右下角格子"高生产力、低工资"的状态，再推高到右上角去。林瑞生觉得，以工资增长推动生产力提高的做法，如果不能使生产力相应提高，就很可能导致工作岗位的流失和加剧结构性失业问题；相反，以提高生产力推动工资增长的方法，则面对工资增长速度不够快的问题。②

低生产力 高工资	高生产力 高工资
低生产力 低工资	高生产力 低工资

图绪-13　林瑞生绘制的田字格

林瑞生所绘的田字格可以转换成笛卡尔平面直角坐标系。田字格里的

---

① 本书中"元"均指新加坡元。
② 参见何惜薇：《林瑞生：担心"欲速则不达"》，《联合早报》，2012年4月14日。

十字,可以视为坐标系中的 X 轴和 Y 轴。其中,X 轴代表生产力,Y 轴代表工资。生产力和工资的高与低可以分别用数学符号正(＋)与负(－)加以表示。这样,田字格中的四个格子,就是坐标系中的四个象限。从右上角按逆时针方向转到右下角,其生产力、工资状况就可以分别表述为第一象限的"＋,＋"(高生产力、高工资)、第二象限的"－,＋"(低生产力、高工资)、第三象限的"－,－"(低生产力、低工资)和第四象限的"＋,－"(高生产力、低工资)。如果对新加坡生产力与工资的状况具有数量化了解,就能对新加坡的经济发展进行数量化描述乃至分析。经济发展的抽象之理,就能在具象的形和精确的数的结合中得到更为完美的阐释,从而实现形与数某种程度的结合。

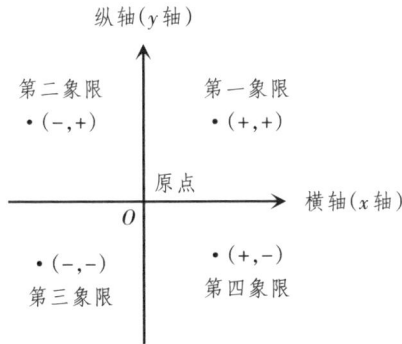

图绪-14 平面直角坐标系

十、四象图平面直角坐标系

平面直角坐标系仅有四个象限,立体直角坐标系则有八个卦限。与此相对应,四象图尚无黑白二眼,八卦图则有黑白二眼。在平面直角坐标系中,直来直去不拐弯:正就是正,负就是负;是正非负,是负非正。恰如以"赢"为目标的西方文化中常见的两极思维:非此即彼,有此无彼;针锋相对,势不两立。在四象图中,绕来绕去有变化:黑鱼大头处,白鱼的小尾出现了;白鱼大头处,黑鱼的小尾出现了。正像以"和"为核心的中华文化中常见的和合思维:阴极而阳,阳极而阴;相反相生,相辅相成。在已有的平面直角坐标系上加入一个四象图,对于新加坡经济发展之道的分析,就更富变化曲折,更为形象生动。例如,以平面直角坐标系中的原点为圆心,绘制一个四象图,原本坐标系中的四个象限就分别转化为太阳(⚌)、少阳(⚎)、太阴(⚏)、少阴(⚍)。太极静极生动，动极入静，一动(阳)一静(阴)中产生了阴阳相抱的S形曲线，也使得原本"直来直去，不会拐弯"的平面直角坐标系，转化为"绕来绕去，很会转弯"的四象图平面直角坐标系。

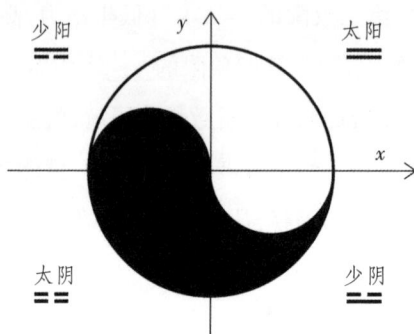

图绪-15 四象图平面直角坐标系

首先，在四象图平面直角坐标系中，一方面，阴能生阳，相反相生，因此林崇椰教授提出的让低薪工人三年内加薪50%的政策建议，固然是要缩小贫富差距，从而增强社会的凝聚力，但也因为工资的增加可以导致劳动热情和工作积极性的增加，转而可以提高生产力。另一方面，阳能生阴，相辅相成，因此授人以鱼不如授人以渔，只有通过培训等方式提高工人的生产力水平，工人收入的增加才有切实保障，工人工资的提高才能持续长久。

其次，在四象图平面直角坐标系中，一方面，月(代表阴)满则亏，物极必反。过快地提高低薪工人的工资，会加重本来就盈利不多的中小型企业的负担，最后只好以裁减员工甚至关闭企业了结，导致所在企业的工人部分乃至全部失业。另一方面，日(代表阳)中则昃，过犹不及。过于强调和依赖通过提高生产力来提高工人收入，就会让提高生产力的"远水"解决不了低薪工人过于偏低的"近渴"，也导致有些赚钱不少的雇主以生产力没有提高作为拒绝给工人加薪的借口。

林崇椰教授提出的让低薪工人三年内加薪50%的建议，是一个具有震荡效应的激进式薪金方案，产生了很大的社会反响。完全采纳上述建议，很可能月满则亏；完全拒绝上述建议，则可能日中则昃。只有将林崇椰的建议和林瑞生的思路结合起来,执两用中,取长补短,才可能相反相生,相辅相成。于是,就像阴阳鱼太极图中S形曲线所表现的蛇形路线图一样,林崇椰教授的建议本来是要先从坐标系中左下方的低生产力、低工资状态,推进到左上方的低生产力、高工资状态(顺时针方向);却引发了政府先进入右下方的高生产力、低工资状态的思路(通过S形曲线),并进而推动政府针对低薪工人的"渐进式薪金"政策的出台(逆时针方向),以期最终达到右上方的高生产力、高工资状态。①

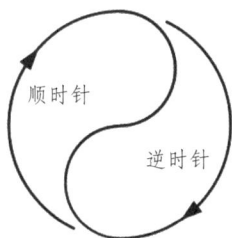

图绪-16

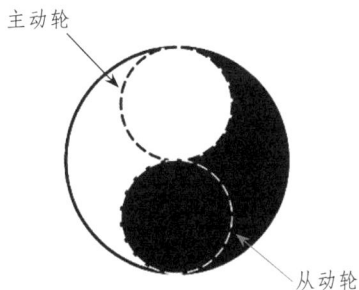

图绪-17②

十一、梦的反省

不同的人们怀揣不同的梦想。在经济腾飞中成长的一代新加坡人,对新加坡梦有着某种固定概念。他们"自小都被师长教导要努力念书、考上大学、找份高薪并稳定的工作、听从政府和公司的话、买房买车(最好是私人公寓和奔驰)、努力还债、结婚、生2.1个孩子③继续奋斗、期待发薪日、期待周末、盼望学校假期带小孩去旅行,如此周而复始",就成为他们"快乐的方程式"。他们"开始跌跌撞撞地往这条路上走。有些人还没有真正开始就掉队了。有些

———————————

① 详见本书"面的展开:协调阴与阳"一章中的第一节"无A不B:'竭尽所能—积极分享'"。

② 参见王经石:《太极图解析》,中州古籍出版社,2012年,第33页。此处两幅图依照书中插图略有修改并重新制作而成。

③ 新加坡2011年的生育率是1.2,即平均每对夫妻只生育1.2个小孩。新加坡政府经常提醒国民,在不引进外来人口的情况下,新加坡要维持现有人口数量,平均每对夫妻必须生育2.1个小孩。2.1就是新加坡的人口替代率。

人走到一半，渐渐地发觉这个新加坡梦其实根本不是自己的梦想。在这个时候再放手去做自己真正想做的事，要付出的代价可不小"①。

现在，已经有人对新加坡梦的上述固定概念进行反思反省。新加坡一位名叫胡爱妮的工程师对动画片《Up》情有独钟。影片中的一对老夫妻从小就梦想到南美洲去探险，可是他们一生劳劳碌碌，又遇上了接踵而来的倒霉事，一直都无法存够钱完成梦想。最后，老太太不幸病逝，留给老先生无穷的遗憾。类似于这样的故事情节，也在新加坡多有上演。看电影，想眼前，胡爱妮不免发出如下感叹："我们这一代人的新加坡梦是不是已经和上一代人不一样了？是不是我们已经不再相信政府会一直照顾我们？是不是我们已经看见太多为公司奉献一生，人到中年却被裁退的专业人士？是不是我们已经对'新加坡社会主流的体制和价值观'感到厌倦？又或者说，我们的社会可以更包容地对待另辟蹊径的人，对成功的定义可以更宽广。这个社会可以不必什么都觉得'过于敏感，不宜讨论'。公民社会的话语权不应该只属于少数人，也不应该由少数人来决定什么可以、什么不可以。不论我们这一代人的新加坡梦是否已碎，我倒是希望我们自己的梦已经醒了。"②

2012年2月18日，路透社就以《年轻人拒绝"新加坡梦"》的标题形容上文所说的"梦碎"和"梦醒"："王惠娟（译音）在新加坡的一家英国银行工作了近4年，却在2012年决定离开这个岗位，去追求同其他年轻人一起工作的激情。在这个以成就为导向的城市国家，这是一个不同寻常并且令人诧异的决定。现年25岁的王惠娟仅仅是日益增加的这类新加坡年轻人中的一员。这些年轻人正在拒绝人们长期怀揣的新加坡梦所带来的物质享受，去做他们喜欢做的事情，即便薪水要低得多，也在所不惜。王惠娟说：'我想摆脱朝九晚五的工作。这样的工作就是不断等着发奖金，或是盼着晋升，对我来说确实没有什么吸引力。'她也说：'我不需要大富大贵，只要有足够的钱能养活自己和家人就够了，而且我将和现在一样可以继续灵活支配自己的时间。'"③

---

① ② 胡爱妮：《新加坡梦》，《联合早报》，2010年10月27日。
③ 路透社：《年轻人拒绝"新加坡梦"》，参考消息网，2013年2月19日。

　　年轻人或许希望放慢节奏,但李显龙总理却明言强调:"我们绝不安于平庸。新加坡不能只是一个普通的国家。"①这不无道理。由于历史尚短和资源匮乏,新加坡成为一个国家不是理所当然,而是难能不易。新加坡必须比周边国家优秀,才有可能生存下去。据官方数据显示,新加坡2011年人均国内生产总值达到6.3050万新加坡元(约合5.0123万美元),是1960年的48倍。尽管如此,不愿吃老本的新加坡政府却在2012年1月又公布了一份近80页的"白皮书",呼吁提高劳动生产率,并预测到2030年,新加坡人口增长率将高达30%,即从现有的531万人,增长到690万人。

　　然而,新加坡的一些年轻人完全不支持这项举措。他们感到自己与未来将面临的传统发展轨迹格格不入。这条发展轨迹便是努力进入顶级学校,找到高薪工作,并希望子女能够将其获得的成就发扬光大。新加坡管理大学社会学副教授钟伟强(译音)说:"在新加坡的社会基础愈加稳固的时候,更加年轻的一代人有能力做出与主流不同的决定。"②例如,一名曾担任主控官、推事和验尸官的法律界人士,感叹人生只有一次,便执意要做自己喜爱的事,转行做起珠宝买卖;另一名诉讼律师放弃稳定的律师工作,投身舞台表演艺术;还有一名向来喜爱烹饪的律师在执业八年后,开起了餐馆;更有一名律师开店卖起了自己制作的巧克力。这些专业人士大胆转换人生跑道,要去塑造另一个人生美梦。③

十二、完整的新加坡梦

　　新加坡《新明日报》的热心读者张仕华在该报发文,探讨了不同时代、不同人的新加坡梦。文章指出,20世纪90年代,新加坡人为新加坡梦设定了"5C"的标准。这一梦想完全以经济挂帅,让人感觉似乎太市侩了。由于过于物质,梦想显得有些形而下。文章又说,国会议员谢世儒重新将新加坡梦定位为"5H",即快乐(happiness)、健康(health)、希望(hope)、家园

---

① 游润恬:《总理:会加倍努力协助公司和工人提升》,《联合早报》,2015年1月1日。
② 路透社:《年轻人拒绝"新加坡梦"》,参考消息网,2013年2月19日。
③ 参见傅来兴:《在梦与现实之间摇摆》,《联合早报》,2014年1月2日。

（home）及用心（heart）。"5H"似乎和经济没有挂钩，让人感到比较温馨，但又似乎有点脱离现实。由于超越形骸，梦想显得比较形而上。不同于上述梦想的形而下或形而上，张仕华心中的新加坡梦既不特别物质，也不超越形骸，可以归类为形而中。他将新加坡梦定位为"5S"，即安全（safe）、智慧（smart）、强壮（strong）、储蓄（save）、满足（satisfy）。这样的定位颇具新加坡特色，也非常符合逻辑。"新加坡人身安全一流，全岛已进入智慧型的运作方式，如果自己有健康的身体和足够的储蓄，应该就会很满足。这岂不是就很幸福吗？"[1]

其实，将张仕华所说的三种梦想结合起来，恰好构成了完整的新加坡梦。这里，"5C"的梦想有些形而下，可以成为新加坡梦的"物件"；"5H"的梦想比较形而上，可以成为新加坡梦的"心件"；"5S"的梦想属于形而中，可以成为新加坡梦的"软件"。"物件"的打造有赖经济或物质发展，"心件"的熔铸需要文化或精神提升，"软件"的优化有待政治或制度改革。

将筑梦新加坡理解为点引成线、线展成面、面积成体的动态过程，梦想才有了拥有三维的"六合空间"；将筑梦新加坡理解为太极生两仪、两仪生四象、四象生八卦的生态过程，梦想才有了兼具三才的"天地人和"。古人云："八卦成列，则三才之画具矣。"这里的三才，指的是天、地、人。需要说明的是，周易的象数理体系中的象，既是图像（如爻象、卦象），也指象征。乾（☰）、坤（☷）、离（☲）、坎（☵）、兑（☱）、艮（☶）、震（☳）、巽（☴），分别象征天、地、火、水、泽、山、雷、风。同样，在三爻重叠的八卦中，每一爻都有其象征。例如，上爻象征天，中爻象征人，下爻象征地。

图绪-18　上爻象征天，中爻象征人，下爻象征地

进一步说，如果将八卦中的阴爻用黑框来表示，阳爻用白框来表示，当框框相叠的八卦按照震、离、兑、乾、巽、坎、艮、坤的次序自左至右排列后折合成

---

① 张仕华：《新加坡梦的延续》，《新明日报》，2014年6月22日。

圆,又可以进一步软化(或演化)为二鱼相抱的阴阳鱼太极图。其中,白鱼象征天,黑鱼象征地,黑白鱼相抱而形成的S形曲线象征人。

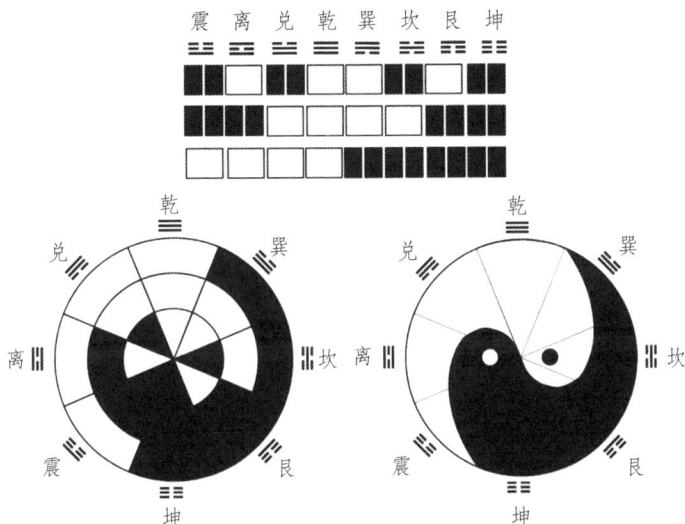

图绪-19 八卦相连法产生阴阳鱼太极图①

写到这里,让我们回到引言开端关于新加坡梦的讨论。可以这样理解,普通新加坡人追求现金(cash)、信用卡(credit cards)、汽车(car)、公寓(condominium)和乡村俱乐部会员证(country club membership)等"5C"新加坡梦,关注的是经济的"物件"。其脚踏的是实地,体现了地道。吴作栋希望协助新加坡的一代人创造良好的职业(career)、生活舒适(comfort)、生儿育女(children)、关怀他人(considerate)及有善心(charitable)的新加坡梦,是要在经济的"物件"基础上添加文化的"心件",以便将人从经济人提升为社会人,从物质的此岸提升到精神的彼岸。其坚守的是天理,体现了天道。国民团结党提出的应在经济和政治两个领域平衡发展的新加坡梦,是要让新加坡在获得经济发展的同时,扩大政治民主,并将这种政治民主固化在"心与物结合"的制度("软件")上。这是

图绪-20 天地人和

① 本图依照易真颜《易经易数》一文中的插图略有改进并重新制作而成。

民意所指，也是人心所向。其紧贴的是人心，体现了人道。三者结合，新加坡梦才有了经济、文化、政治三者齐备的三维空间，也才有天、地、人三方和谐的"三才"组合。

第一章

点的定位：“以民为中心”

《几何原本》将点定义为"不可以分割成部分"（即"至小无内"）。它是建构几何空间的最小单位和基本元素。几何空间的建构过程，可以理解为点引成线、线展成面、面积成体的过程。几何学认为，点是空间中的位置，没有大小，也没有长、宽、高等维度。亚里士多德说："在一切方向上都不可分也没有（确定）位置的称为单位，而一切方向上都不可分却占有位置的称为点。"①点的上述特性也被人概括为"有位置，无大小"。可以从两方面理解"无大小"：一方面，其本来意义可能是指没有了大小。因为点不可分，没有空间意义的长短、宽窄、厚薄（或高低），从而小到极致，也就没有了大小。另一方面，其引申意义可以是指无所谓大小。因为点或非点的称谓是相对而言的——如站在"千岛之国"印尼的立场来看新加坡，面积七百多平方公里的岛国新加坡则不过是一个"小红点"；站在太阳系、银河系乃至宇宙的立场看地球，"坐地日行八万里"的地球也不过是一个"小蓝点"。点也就成为可大可小的东西，即无所谓大小了。换句话说，点没有了大小，也无所谓大小，主要功能是表示位置。

新加坡梦想空间的构建，是在长期执政的人民行动党领导下进行的。人民行动党党名引入"人民"一词，并在后来的工作中强调"以民为中心"②或"以人民为先"③。"以民为中心"是就空间的位置而言，即将人民放在中心，而不是边缘；"以人民为先"是就时间的位置而言，即将人民放在前头，而不是后头。

---

① 转引自莫德主编：《欧几里得几何原本研究》，内蒙古教育出版社，2012年，第61页。

② 叶伟强、杨浚鑫：《张志贤：公务员应打破部门界限，思维行动以人民为中心》，《联合早报》，2017年11月9日。

③ 何惜薇：《李显龙总理在G20峰会促各国拥抱改变》，《联合早报》，2018年12月2日。

　　据人民行动党老党员马库斯回忆，该党原本拟取名新加坡民主阵线，当他1954年从英国回到新加坡后，才发现李光耀等人已将其改为人民行动党。人民行动党首任主席杜进才说，党名中的"行动"一词，是从领导本地公务员争取自己权益的联合行动理事会的名称中获得灵感。而党的行动要能取得成功，就必须发动群众，所以就在行动之前增加了"人民"一词，并终于有了"人民行动党"这一名称。

　　人民行动党建党乃至执政之初的20世纪50年代，李光耀领导的人民行动党人也热衷学习共产党人的群众路线。其强调的人民观是"把广大人民的苦难，当作自己的苦难，把被压迫人民的痛苦当作自己的痛苦。他的一言一语一举一动，都以人民的利益作为出发点，他以最真诚的爱，来爱护人民，以实际的行动去解除人民的苦难，甚至于他认为，心身是属于人民的，为了人民，自愿牺牲个人的一切。总之，他不以自己的荣誉名利为出发点，他只以广大人民的苦难幸福为前提"①。

　　1959年5月30日，新加坡举行了有史以来的第一次立法议会大选。赢得大选的人民行动党受邀组织自治邦首届政府。李光耀和其他内阁同僚一致决定，一反英国殖民官员的习气，采取亲民的作风，穿上普通的开领T恤衫上班，不打领带，以示和工人站在一起，团结一致。他们在政府大厦前的草坪上举行了人民大会，吸引了十万名群众参加，场面浩大，党和群众之间进一步拉近了距离。有一家华文报的报道这么说："140年来，这是人民与执政者打成一片的第一遭，也是人民代表回到人民当中来的第一遭。"②

　　人民行动党前议员白振华先生曾对笔者说过大意如下的话：人民行动党曾认真向当年"共产党人"学习，并受到当年"共产党人"影响。这里的当年"共产党人"，既可以是当年那些在组织上已经加入共产党的人员，也可以指当年那些虽然在组织上没有加入共产党、但在思想上已经加入共产党的人士。重温人民行动党的上述言行，我们似乎听到了当年"共产党人"的语言，

① 孙红鸥：《建立正确的人民观》，《行动周刊》，1959年第7期。
② 《团结一致，共创未来》，载于《行动50》，人民行动党，2004年，第29页。

感受到了当年"共产党人"的脉动。可以这样推论,就人民行动党的起名而言,共产党的影响也许没有进入起名者的显意识,但必定进入了他们的潜意识。正是高举人民旗帜的当年"共产党人"让"人民"的理念广为普及、深入人心,人民行动党的创建者们才会这样自然而然地想到"人民"一词,进而毫无疑义地用在党名之中。

人民行动党党名冠以"人民"一词,应该与当年"共产党人"的影响有所关联;人民行动党价值理念乃至新加坡国家精神的形成,则有其更为广泛的历史背景和东西方文化资源。以新加坡国旗图案的设计为例,新加坡独立建国的时间是1965年8月9日,新加坡国旗图案的产生则是在1959年。不过当时不叫国旗,而叫邦旗,直到1965年独立建国时才转而成为国旗。1959年,新加坡部分脱离了英国殖民统治,成为自治邦,即除了外交、国防和内部安全仍归英国人掌管外,其他权力归还给新加坡。在赢得立法议会选举的人民行动党政府领导下,自治邦开始设计邦旗。担任新加坡自治邦政府首任文化部部长的拉惹勒南回忆说,当时新加坡的政治气氛、潮流是反帝反殖,要求民族自主自决,不少群众热烈地倾向于民主社会主义的理想。

在此背景之下,新加坡文化部的一位美术家最初将新加坡邦旗设计为鲜红的旗面中有一颗巨大的金色五角星。这里,红色代表人类最崇高、最热烈的爱心和情怀,那颗代表忠诚纯洁的五角大星,角尖分别象征民主、和平、进步、公正、平等。由于金色不易找到,美术家在设计邦旗时暂时将金色改为黄色。不料,新加坡的某政党领袖在看到上述邦旗图案的第一眼时就叫了起来:红底配黄星,简直就是共产党的旗帜! 于是,也有人反其道而为之,建议将邦旗改为绿色的旗面上配以白色的巨星。这等于是要将邦旗伊斯兰化。不少左派工团及人民行动党内部的左派人士则不肯放弃原来"红底黄星"的设计。经过多次讨论、激辩,最后大家终于接受了先是新加坡邦旗、现为新加坡国旗的图案。

新加坡国旗由红白二色组成,左上角有一弯新月和五颗星星。新加坡2010年的国庆庆典以"腾飞的梦想,飘扬的国旗"为主题。新加坡《联合早报》刊登的一篇记录2010年国庆庆典的报道,展示出国旗蕴含的新加坡梦:"红色表示四海一家，人类平等，而白色象征纯洁。新月意指永远年轻的国家，五颗星代表民主、和平、进步、公正及平等的理念。这是我们最初的梦想，也是永恒的目标。我们会时刻牢记。"①可以这样理解，新加坡国旗图案中红色与白色的组合、新月与五星的相配，蕴含着东西方文化的理想和当年"共产党人"的精神。其中，白色与新月是东方文化的象征；五星所代表的民主、和平、进步、公正和平等，更多体现的是来自于西方的民主社会主义的理想；红色所代表的革命和热血的元素，则蕴藏着当年"共产党人"的精神。正是融合了东西方文化理想和吸纳了当年"共产党人"精神，才孕育出新加坡最初的梦想。

了解了新加坡国旗图案的设计过程及其体现的新加坡梦的寓意，可以帮助我们理解人民行动党党名的形成过程及其包含的丰富内涵。仔细分析，"新加坡民主阵线"（按马库斯说法）与西方的民主社会主义的理想相关联，体现的是包含竞争性选举的议会民主的"由民作主"理念。当李光耀等人将党名从"新加坡民主阵线"改为"人民行动党"后，"新加坡民主阵线"中民主的理念并未因此消除，而是可以而且必须融汇在"人民"的理念之中。当然，"人民行动党"中"人民"一词，更多凸显的还是当年"共产党人"所表现的"百姓是天，人民最大"的"认民作主"精神。人民行动党人将本党名称解读为"为人民而行动的政党"，又有意无意、或多或少地透露出东方社会"为民作主"的情怀。

这里，"由民作主""认民作主"和"为民作主"都包含一个"民"字，其意思就是"人民"。"法国大文豪雨果说过，当一个理念遇上恰当的实际，没有什么比它更强大的。在1959年，新加坡人民的这个新理念就是人民行动党。它的党纲誓言要建立诚实、廉洁和反应迅速的政府，……要创造更多就业机会、建更多学校、支持华文教育、团结一致的工会、低成本的公共住房，以及拟定《妇女宪章》。"②"这与群众的情感起了共鸣。"③换句话说，正由于人民行动党举起了"人民"的旗帜，即"以民为中心"（空间上的中间点）或"以人民

———————————

① 陈能端：《圆梦，再追梦》，《联合早报》，2010年8月10日。

②③ 叶添博、林耀辉、梁荣锦：《白衣人——新加坡执政党秘辛》（中文版），新加坡报业控股，2013年，第139页。

为先"(时间上的出发点),从而"与群众的感情起了共鸣",进而为新加坡梦想空间确定了一个拥有层层扩展的势能的奇点,确立了一个具有生生不息潜能的太极。

首先,"以民为中心"(或"以人民为先"),为新加坡梦的"动态空间"确定了一个拥有层层扩展的势能的奇点。代表宇宙原初状态的奇点(singularity/singular point,即奇异点)是时间的起点,是"没有昨天的一天"(太初);它在空间上无限小,却具有形成现在宇宙中所有物质的势能($E=mc^2$)。这些势能压缩在一个"能量量子"(atuantum of energy)里,成为一个"始原子"(primordial atom,即太一)。当奇点中势能的平衡一旦打破,轰的一声(big bang,"大爆炸"),开天辟地。于是,能量不断转换为物质,经过许多年的变化,便成就了今天的物质世界。

悬想大爆炸之前的奇点,是一个平衡适中的状态。用中华文化的语言来描述,就是"喜怒哀乐之未发谓之中"。其所以为中,是因为"这情未曾发动,也不着在喜一边,也不着在怒一边,也不着在哀与乐一边,无所偏倚"[1]。大爆炸之后的宇宙,逐渐走向规范,月亮绕着地球转,地球绕着太阳转,太阳系绕着银河中心转,无不中规中矩;而日出日落,春去秋来,又无不合节合度。所有这些,用中华文化的语言来描述,就是"发而皆中节谓之和"。其所以为和,是因为"及其与事物相接,发动出来,当喜而喜,当怒而怒,当哀而哀,当乐而乐,一一都合着当然的节度,无所乖戾"[2]。

进一步说,中是天命之性,是道之体。世间万物,莫不以此为根本;枝枝叶叶,也都是从这里生发出来。因此,它是"天下之大本",就像那个具有无限势能又能够产生天地万物的奇点,也像那个"遇上恰当的实际"便"没有什么比它更强大的"、能"与群众的感情起了共鸣"的人民的理念。和是率性之道,是道之用。依此行事,便处事顺当,应物合理。因此,它是"天下之达道",就像宇宙大爆炸之后合乎节度、中乎规矩的斗转星移,也像新加坡梦想空间确

---

[1] [明]张居正:《张居正讲评〈大学·中庸〉皇家读本》,陈生玺等译解,上海辞书出版社,2007年,第57—58页。

[2] 同上,第58页。

定了"以民为中心"的中间点（即"以人民为先"的出发点）之后，进而点引成线、线展成面、面积成体的动态过程。一旦达到中和境界（"致中和"），便天地各就各位（"天地位焉"），万物生长发育（"万物育焉"）。

　　其次，"以民为中心"（或"以人民为先"），为新加坡梦的"生态空间"确立了一个具有生生不息潜能的太极。按照中华经典的解释，太极是"天地未分之前，元气混而为一"的"太初"和"太一"。①"太初"就是时间上的"最初"，相当于《墨经》中所说的"始"。《墨经·经上》说："始，当时也。"即"始"是时间上的一瞬间或一刹那。换句话说，"始"就是时间上最为开初的那一"点"。"太一"就是空间上的"最一"，相当于《墨经》中所说的"端"。它"至小无内"（即欧几里得所说的"不可以再分割成部分"），堪称"微物"（"微物"被汉学家翻译成英文中的"原子"）②。因此，"端"就是空间上最为原本的那一"点"。因为太初是时间的"起点"，太一是空间的"原点"，所以代表太初、太一的太极，就是那个"不可以再分割成部分"的"点"的生动展示。

　　在欧氏几何中，点是空间中只有位置、没有大小的图形。同样，太极作为"万化之本，阴阳动静之理，虽具于其中，而其肇未形焉"③。一方面，因为太极"其肇未形"，无以描状，所以中国的古人往往画一个空心圆来表述它。这里，太极就是那个"有物混成，先天地生。寂兮寥兮"④又无可名状的"道"："大道无形，生育天地；大道无情，运行日月；大道无名，长养万物；吾不知其名，强名曰道。"⑤另一方面，太极含"阴阳动静之理"，所以又有人在空心圆的圆周上加上阴与阳的符号。圆周上的白色小圆代表阳（动），黑色小圆代表阴（静）。

---

　　①《易经》："易有太极，是生两仪，两仪生四象，四象生八卦。"唐代孔颖达《周易正义》注解道："太极谓天地未分之前，元气混而为一，即是太初、太一也。"
　　②屈原弟子宋玉的《小言赋》中有"无内之中，微物潜生"之句。英国汉学家阿瑟·韦利（Arthur Waley）将它翻译为"在不可分割的东西的内心深处所潜育着的原子"。
　　③《易禅传》。
　　④《老子·第二十五章》。
　　⑤《清静经》。

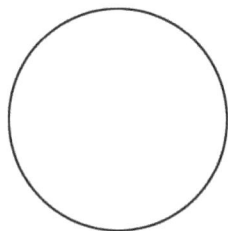

图1-1 一极图(空心圆)① 　　　图1-2 阴阳圆②

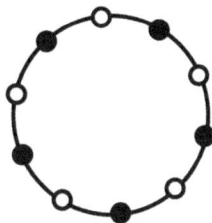

　　人民行动党"以民为中心"(或"以人民为先")的定位,造就了新加坡梦的"动态空间"的奇点和"生态空间"的太极。开掘这一奇点,开发这一太极,必须从由民作主、为民作主和认民作主三个方面来着手。从历史渊源的角度来考察,笔者对新加坡模式有如下解读:新加坡模式≈英国的制度+东方的传统+当年"共产党人"的作风。可以这样理解,"改装"英国制度,新加坡大体延续了英国的议会民主,表现出渐进发展的由民作主;继承东方传统,人民行动党政府抱持家长式情怀,表现出择善固执的为民作主;效仿当年"共产党人"作风,人民行动党学习践行群众路线,表现出着力坚持的认民作主。

表1-1 从历史来源的角度解读新加坡模式

来源	内容	精神
英国的制度	议会民主	由民作主
东方的传统	家长式情怀	为民作主
当年"共产党人"作风	群众路线	认民作主

① 一极意味着一个极点,相当于点。
② 宋代刘牧《易数钩隐图》中太极图解说:"太极无数与象,今似二仪之气混而为一画之,盖欲明二仪所从而生也。"

第一节　着力坚持的认民作主：
效仿当年"共产党人"作风

　　人民行动党建党之初,党内乃至新加坡社会存在着倾向于运用激进方法和温和方法改变现状的两股力量。前者多为受华文教育者,代表人物有林清祥、方水双等人,被李光耀称为"亲共派";后者多为受英文教育者,代表人物有李光耀、杜进才等人,被李光耀称为"非共派"。顾名思义,"亲共派"当然亲近共产党。他们阅读中国(乃至苏联)革命读物和毛泽东著作,并向李光耀热心推荐甚至具体指导他读这些书籍,其思想行为表现出与共产党人十分相似的一面。由于统治新加坡的英国殖民当局镇压马来亚共产党,"亲共派"人士固然多半没有在组织上入党,却往往已经在思想上入党。李光耀认为,这些"亲共派"人士与马来亚共产党有很多联系,甚至在关键问题上听命于马来亚共产党。正因为如此,李光耀有时也将"亲共派"人士笼统地称作"共产党人"。

　　与"亲共派"相对的是"非共派"。李光耀曾将自己的建党目的表述为"建立一个民主、非共和社会主义的马来亚事业"。所谓"马来亚事业",就是早日结束英国的殖民统治,建立一个包括新加坡在内的独立的马来亚。所谓"非共",固然与"亲共"相对,也与"反共"不同;其意为"不是共产主义",而不是"反对共产主义"。李光耀自命为"非共派",从而打出了"不是共产主义"的"非共"旗号,这是李光耀等人的复杂心态在当时复杂环境下折中调和的结果。

　　按照李光耀的说法,建党之初的"人民行动党基本上是革命者的运动,而不是改良主义者的运动"①。此处的"革命",就是逐出外国统治者,主要是欧洲统治者。正是为了结束英国的殖民统治这个近期目标,最终目标并不相同的"非共派"与"亲共派"走到了一起。李光耀将当时两派的关系形容为"共生互利"的关系。例如,一方面,没有"亲共派"的支持,"非共派"就难以让党组织拥有群众基础并得到民众支持,该党要在一人一票的大选中获得胜利也就非常困难;另一方面,没有"非共派"的掩护,"亲共派"就容易让党组织凸显共产党色彩,党组织也难以获得当局批准而成立,更难以面对以英文作为官方语言的立法议院、政府部门和法庭,进而施加影响和发挥作用。

"亲共派"加强了人民行动党的群众基础,可以从20世纪50年代亲共的华校生对该党的支持中得到印证。在当年的政治竞选中,"华文中学的学生会在群众大会上手拉手唱着歌,为人民行动党候选人打气。热情高涨、扎着两条辫子的女生,甚至在民众躲进厕所时,也敲门嚷嚷:'请投人民行动党!'直到对方回应才肯罢休。她们也会蹲在洗衣服的妇女旁边,先问候再劝请她们支持人民行动党"。当党工挨户家访时,"她们会先和居民打交道,然后才让男生进行竞选宣传。在那段竞选期间,很多学生都旷课,他们就那样穿着校服上街游说居民投票给人民行动党。为什么他们都支持人民行动党?根据前学生领袖孙罗文的说法,马来亚共产党曾表示应该支持人民行动党,因为他们被视为最进步的参选政党"。②

"非共派"为"亲共派"提供掩护,可以从下列事例中得到印证。由于共产党在英国殖民统治下的新加坡被定性为非法组织,所以人民行动党想要注册成立,其发起人当然要规避被指为共产分子的嫌疑。据说,当注册当局收到人民行动党的注册申请书后,就发信给以对付共产党为职责的政治部,询问该党是否有"不良记录"。在得到政治部"没有理由不批准"的回复后,注册当局才批准了人民行动党的注册申请。1954年11月21日,人民行动党在维多利亚纪念堂召开成立大会。党的领袖意识到政治部一定会派人来监视,便与

① [英]亚历克斯·乔西:《李光耀》,上海人民出版社,1976年,第140页。

② 叶添博、林耀辉、梁荣锦:《白衣人——新加坡执政党秘辛》(中文版),新加坡报业控股,2013年,第65—66页。

暗探开起玩笑,故意在台上放了一张桌子,上写"刑事侦查政治部办事处"。会议开始前,李光耀用幽默的语气开口邀请政治部官员上台就坐。可惜,台下没人回应。[①]为了避免触犯法律,建党大会的组织者没有让那些有共产党嫌疑的人进场。同样的理由,已在政治部监视名单上的"亲共派"领袖林清祥,也没有登上讲台并发言,而是和其他听众一起坐在台下。

人民行动党建党之初的党内"亲共派"与"非共派"既相互联合,又相互斗争。李光耀说,自己在应对"共产党人"的过程中,学到了很多东西。"非共派"人士既防共,也仿共。1961年,人民行动党内部的"亲共派"脱党后成立社会主义阵线。"共产党人"素来勇于领导工人与资本家的剥削作斗争,但为了赢得人心和选举,在一段时间里,人民行动党主导的工会所发动、支持的罢工次数,甚至比社会主义阵线发动、支持的罢工次数还要多。

李光耀等"非共派"人士向"亲共派"学来的当年"共产党人"的作风,主要是体现了"认民作主"理念的群众路线。认民作主的意思就是认人民为自己的主人,即"百姓是天,人民最大"。值得一提的是,上述理念既可以在马克思主义理论中找到根据,也可以从儒家学说中找到源头。孟子引用并赞同的"天视自我民视,天听自我民听"[②]的思想,就是将民与天等同起来,即百姓是天;孟子提出的"民为贵,社稷次之,君为轻"[③]的思想,就是把民的地位放在第一位,即人民最大。

群众路线的主要内容是一切为了群众、一切依靠群众和从群众中来、到群众中去。一切为了群众,一切依靠群众,讲的是群众观点。前者说的是目的,后者说的是手段。一切为了群众,是要把全心全意为人民服务作为一切工作的根本出发点和归宿;一切依靠群众,首先要相信群众能够自己解放自己,要尊重和支持人民群众的首创精神,既反对命令主义,又反对尾巴主义。从群众中来,到群众中去,讲的是领导方法和工作方法。这一方法同"从实践

① 参见叶添博、林耀辉、梁荣锦:《白衣人——新加坡执政党秘辛》(中文版),新加坡报业控股,2013年,第51页。

② 《孟子·万章上》。

③ 《孟子·尽心下》。

中来,到实践中去"的认识过程完全一致,即"将群众的意见(分散的无系统的意见)集中起来(经过研究,化为集中的系统的意见),又到群众中去作宣传解释,化为群众的意见,使群众坚持下去,见之于行动,并在群众行动中考验这些意见是否正确。然后再从群众中集中起来,再到群众中坚持下去。如此无限循环,一次比一次地更正确、更生动、更丰富"①。

由于群众路线中的"一切依靠群众"和"从群众中来"包含着听取、吸纳民众意见的内涵,体现了民众参与决策的民主精神,香港中文大学的王绍光教授将体现为群众路线的参与模式称为逆向式参与。王绍光指出:"当今对公众参与的讨论似乎假定,政策制定过程中存在一扇门,决策者在里面,公众在外面,建立公众参与机制无非是把原来紧锁的门改装成虚掩的单向弹簧门,公众参与就好比公众推开了那扇门,得以登堂入室参与屋内的游戏,不过,矜持的决策者却不会走出户外。毛泽东等中国革命的领导人对'参与'的理解截然不同,他们主张决策者必须走出户外,主动深入到民众中去,这就是著名的'群众路线'。"②

美国学者哈丁认为,群众路线与西方社会科学中的决策过程模式不谋而合,包括信息采集、议程设定、政策策划、政策确定、政策实施、政策评估等阶段,只是在用语上有所不同。不过,王绍光认为,用西方模式来硬套群众路线难以把握其精髓,有如下盲点:"第一,在群众路线的决策模式里……,整个决策过程被看作一个周而复始、无限循环的过程,由领导与群众的不断互动组成;第二,群众路线模式的首要条件是决策者具有群众观点,而这个条件必须在任何具体决策前形成,并在与群众的互动中不断深化;第三,与其他任何模式相比,群众路线模式对群众在决策过程中的作用更加重视,要求形成密切的干群关系;第四,在群众路线模式里,决策者的角色并不是拍板者,因为他们做出的决定还得拿到群众中去作宣传解释,化为群众的意见,并在群众行动中考验这些意见是否正确,以期未来的决策更加正确。总之,群众是群众

---

① 《毛泽东选集》第三卷,人民出版社,1991年,第899页。
② 王绍光:《不应淡忘的公共决策参与模式:群众路线!》,《民主与科学》,2010年第1期。

路线决策模式的主角。与目前流行的各种公共参与模式相比,群众路线可以说是一种逆向参与模式,它所强调的是,决策者必须主动深入到人民大众中去,而不是坐等群众前来参与。"①

"非共派"钦佩并效仿"亲共派"人士,根源于群众路线的精神观念和方式方法。首先,"非共派"对"亲共派"人士服务群众的精神观念深表敬意并加以学习。李光耀曾这样描述"亲共派"领导干部为民众献身的精神:林清祥和方水双等人整天东奔西跑,发表演说,同刻薄的雇主进行谈判,晚上就在工会总部的桌子上睡觉。"他们穿着朴素,三餐在小贩摊位解决,所得的薪水很少,因为他们向资方争取到的一切都归工人了。我可不知道他们挪用多少钱来供养更多的革命分子,但我却没看过他们私下拿过一分一毫,从他们的生活方式上可以肯定这一点。""亲共派"所过的斯巴达式的艰苦生活,对追随者产生莫大的影响。"大家竞相模仿,互相激励,以显示同样的自我克制精神。就连家境富有的年轻学生,虽然不是这个工会组织的核心分子,也愿意跟林清祥、方水双打成一片。有个巴士公司老板的儿子,把大部分时间花在替他们当义务司机,用的是他家的汽车。这就是他对革命事业的贡献。他为能跟这些革命干部交往而自豪。"②

相比之下,当年的"非共派"人士较为缺乏上述感染力,要寻找协助自己工作的人员也困难得多。当时,李光耀等人从工会和朋友当中吸收志愿人士。但是,他们都要回家用餐,要参加社交集会或赴私人约会,完全没有"亲共派"的追随者那种承担义务和献身事业的精神。"亲共派"的追随者们一个人就能承担"非共派"三四个志愿人士的工作。作为"非共派"中坚人物之一的拉惹勒南尽管不赞成共产党人的行为和想法,却指出他们"是受到理想的驱使","表现了无私奉献的精神,也真正同情受压迫和受屈辱者。不管怎么说,这些人可不是贪图小利的跳梁小丑。在这方面,他们远比许多只想招摇撞骗,没有理想,只求自肥的非共产党人来得高尚"③。

---

① 王绍光:《不应淡忘的公共决策参与模式:群众路线!》,《民主与科学》,2010年第1期。
② 李光耀:《李光耀回忆录(1923—1965)》,新加坡《联合早报》,2000年,第292页。
③ 拉惹勒南:《1984年向大学生演说》,载于《行动50》,人民行动党,2004年,第22页。

其次,"非共派"非常佩服"亲共派"联系群众的方式方法并加以学习。"亲共派"联系群众的方式方法主要表现在组织、发动群众等方面。李光耀曾用羡慕的口气描述过亲共的华校生们的组织纪律性:"5000名学生整整齐齐地坐在会场里,人人手上都有一盒蛋糕、包点、花生和香蕉,过后花生壳和香蕉皮都放回纸盒里,由招待员拿走。这样,在学生们离开会场坐巴士回家时,场内依然干干净净。这显示出卓越的组织能力。这一切都是按照15岁左右男孩和女孩通过扬声器发出简单利落的命令进行的。"①李光耀说,这样的表现,任何军队的参谋看了都会高兴。但是,他从来没有见过英校生也有这样的表现。英校生说话没有信心,缺乏自信,他们用非母语时存在心理上的障碍。②相反,华校出身的"亲共派"领袖林清祥的华语演讲总是信心满满,富有号召力。一位听过林清祥演讲的人员这样描述:"听众有4万人,几乎人人都被林清祥精彩万分的演说所迷住了。他打趣地说:'英国人说,你们不能自力更生,你们要证明给他们看,你们是有能力靠自己站起来的!'就这样,4万人刷地站起来——全部闪烁着汗珠,无数个拳头在空中挥舞着,大家齐声高呼:'默迪卡!'"③

佩服的同时,当然是学习。李光耀曾说,就像观看舞台表演一样,对于"亲共派"的工作方式和方法,自己是在幕后看,而不是在台下看,因此他也学到了。"非共派"骨干吴庆瑞也将林清祥等人称作"魔术师"。他说:"可以这么说,我们是魔术师的学徒。在斗争和政治组织方面,魔术师比我们有更多的经验和专长。他们对学生会、职工会、农民协会、妇女协会和其他团体的渗透和控制,是政治组织的奇观。他们对这些群众组织的操纵和斗争运动的指挥安排,表现出特出的手腕和技巧。作为魔术师的学徒,我们站在有利的地点,从那里观察到大师精湛的表演,因而从广大的观众群众,引发出阵阵如雷震耳的喝彩和掌声。我们不止一次告诉自己:'啊,原来这是

---

① 《李光耀传记之二:骑在虎背上》,联邦出版社、《联合早报》,2000年,第21页。

② 参见《李光耀传记之二:骑在虎背上》,联邦出版社、《联合早报》,2000年,第21页。

③ 《林清祥与他的时代》,朝花企业、社会分析学会,2002年,第105—106页。"默迪卡"意为"独立"。

这么做的!'"①

　　以组织群众为例,李光耀总结说,自己从同"亲共派"的交手中认识到,民众的总体情绪固然重要,但关键在于争取民众支持的机制和组织网络。当年,"非共派"人士到"亲共派"的地盘访问时,往往遭到当地居民的冷落。选区里的主要人物,包括工会领袖,以及零售商或小贩工会、宗乡会馆、校友会等机构的理事,全被"亲共派"的党干部编织到同一个网络中,使他们感到自己属于一支稳操胜券的队伍。"碰上他们,不管我们在竞选期间付出多少心血,仍始终无法取得显著的进展。他们牢牢地控制着基层,唯一对付他们的办法是年复一年地在大选与大选之间,坚持不懈地在同一基层下苦功。"②

　　"亲共派"争取民众支持的机制和组织网络,后来的确被"非共派"复制并有所发展。1984年参选国会议员的人民行动党党员吴俊刚初到选区的第一项工作,就是认识区内的各个基层组织。基层组织像个层层相因的金字塔:最高是公民咨询委员会,其次是联络所(后改为民众俱乐部)管理委员会、私人住宅区居民协会(后改为邻里委员会)、选区体育俱乐部、民房协调委员会。在这些较大的组织之下,还有许多其他委员会。一方面,人民行动党议员都被委任为这些基层组织的顾问,并要经常出席这些组织的常月会议。基层组织的委员多由当地居民中的志愿者组成,白天都有自己的工作,开会只能选择在晚上。因此,吴俊刚成为议员后,光是出席这些基层组织的会议,就要花去大部分的晚上时间,回到家里总是三更半夜了。另一方面,人民行动党议员也会担任许多民间团体的名誉顾问。每逢这些团体举办活动或庆典,名誉顾问就得作为贵宾"粉墨登场",或致辞,或颁奖。③通过担任顾问、名誉顾问和参加各类活动,人民行动党议员就如穿梭于一张精心织就的网络,从而融入民众,进而取得支持。

----

① 陈淑珊:《吴庆瑞传略》,八方文化创作室,2010年,第76页。
② 李光耀:《李光耀回忆录(1965—2000)》,新加坡《联合早报》,2000年,第142页。
③ 参见吴俊刚:《国会议员手记——你想知道的故事》,创意圈出版社,2006年,第17—18页。

以发动群众为例，李光耀认为“亲共派”善于“操纵”群众大会。“亲共”的华校生们组织、发动群众能力的培养，甚至贯穿到游戏之中。“我看过他们在野餐会上‘抓领袖’的游戏：二三十个学生围成圆圈，人人都摸鼻子、拉耳朵或拉衣袖，目的是要抓领袖者认出带头改变信号、使其他学生也立即跟着改变信号的人。队员合作的话，‘领袖’不是那么容易被抓到的。”[①]李光耀提到的野餐会和游戏，当时的华校生也有深情的回忆。一位当年的华校生就曾津津乐道地讲述过“传红包”“传口令”等各种游戏，其紧张、刺激和好玩的程度绝不会输给“抓领袖”。不过，这位华校学生指出，这些游戏纯属娱乐性质，并没有政治目的。他说：“李资政的想象力未免过于丰富了，游戏就是游戏，果真有如此大的作用，是我们这些游戏的‘始作俑者’所始料不及的。”[②]的确，就“抓领袖”游戏而言，做者可能无意，看者却是有心。正因为如此，李光耀这位有心人才能学到很多东西。

中国共产党提炼总结的“从群众中来，到群众中去”的群众路线被人民行动党学习吸收之后，又被表述为“来自于群众，又回到群众”的决策原则。该党强调政策的制定既可以由上至下，也可以由下至上。普通党员能够指清道明人民关心的课题和政策带来的冲击，而党的中央执行委员会则根据他们反映的意见思考分析，进行决策。例如，如果人力部部长说失业率已经下降，但帮助议员接见民众的普通党员却提出，在接见民众时还有人来要求帮忙找工作，那么这可能意味着就业机会虽然增多，但人们对这些工作并不满意。于是，政府就推出就业奖励花红，鼓励人们积极就业，甚至接受较低薪金的工作。[③]人民行动党从当年“共产党人”那里学到的群众路线，制度化地表现为议员挨街沿户走访居民、部长访问选区和议员定期接见民众的做法。

---

①　李光耀：《李光耀回忆录（1923—1965）》，新加坡《联合早报》，2000年，第220—221页。

②　张太永：《曾福华30周年纪念》，新加坡文献馆网，2010年4月4日。

③　参见《普通党员，肩负重任》，《行动报》，人民行动党，2006年7、8月，第35页。

一、议员挨街沿户走访居民："痛在脚底，甜在心头"

新加坡国会议员（包括朝野政党议员）必须在平日间到所属选区挨街沿户地走访居民（主要是选民）。其目的，一是要接近民众，以便与他们建立密切联系；二是要及时发现各种地方上的问题，并设法尽快解决。

首先，议员挨街沿户走访有助于与民众建立联系。新加坡前副总理吴庆瑞曾在20世纪60年代当选为牛车水区的议员。当时的牛车水是新加坡最穷的贫民窟之一，住在那里的贫民多是苦力、用人和流动小贩。他们连房子都租不起，只能与陌生人共租破烂店屋楼上的房间。六个人挤在一个小房间，每个人的"家"只有一个床铺位。有一次，吴庆瑞走访时来到一间店屋，准备上楼访问住在楼上的房客。当时，陪同访问的基层领袖们很焦急，担心出身有钱人家、拥有博士学位又当上高官的吴庆瑞忍受不了这样恶劣的居住环境。但是，吴庆瑞没有绕道避开，而是毫不犹豫地走上摇摇晃晃的楼梯，上门访问贫民。他不嫌肮脏地喝贫困房客递给他的水，吃他们请他吃的点心，耐心地听他们大吐苦水。[①]

时间来到2016年5月的一天，麦波申区议员陈佩玲在脸书上传了数张她当天上午走访居民和探望老人之家的照片。因为走访时陈佩玲一直抱着只有九个月大的儿子黄祺皓，所以照片相当"吸睛"。在走访的两个小时中，随行的小祺皓一直没有哭闹，陈佩玲也就未受影响地聆听居民的说话和诉求。陈佩玲打趣地说，带着孩子走访，是要让他知道妈妈在做些什么，也让他接触社区。不过，陈佩玲带着小祺皓走访民众的真正原因，是她所服务选区的很多长辈看着她初涉政坛，见证了她怀孕后挺着大肚子为社区服务的过程。生下孩子后，长辈每次遇到她时，都会很亲切地问："有没有带宝宝来啊？"因此，她才决定带孩子去探望他们。小祺皓的公开亮相给居民带来惊喜，也成了"安哥"（叔叔）"安娣"（阿姨）眼里的开心果。陈佩玲在脸书上传照片后短短

---

① 参见《当年访牛车水贫民》，《新明日报》，2010年5月18日。

五小时，就有上千名网友点赞，六十多个人留言给予鼓励。①

其次，议员挨家沿户走访有助于发现并解决问题。2011年5月大选中当选为议员的任梓铭时年29岁，是最新一批议员中最年轻的男议员。上任后，他接到不少投诉，双方虽是邻居却互不认识。其实，只要他们肯踏出第一步和对方做朋友，就能大事化小，小事化了。某次访问民众时，有居民申诉楼上邻居晾衣时滴水。任梓铭在进一步了解情况后发现，楼上住着一位老人家，因为没力气拧干衣服，才会滴水。于是，任梓铭又转过头来向楼下住户解释。听完解释，原本抱怨的楼下居民不但表示谅解，有时还上楼帮老人家拧干衣服。任梓铭觉得，现代人鲜少和邻居互动，就连笑容也变得吝啬，造成了彼此间的隔膜。他曾在社区颁奖礼上问出席者，有谁知道邻居的姓名，结果没人举手。因此，他希望通过各种努力，促进居民间的认知，加强社区凝聚力。他也说，只要大家以和为贵，就能减少邻里间发生不愉快的事。②

人民行动党前议员吴俊刚介绍说："居民大体是消极的。平时大家都过着自扫门前雪的生活。但当议员到访，他们就会乘机提出各种投诉，比如，路灯坏了、沟渠塞了；这里的电梯经常有人撒尿，那里的组屋鸽子满天飞，到处撒鸟粪，又滋生蚊子，很不卫生；还有，邻居家有很多噪声，路过的车辆速度太快，对孩子很不安全；这里停车位不够，那里没有足够的地方停放电单车；这里要一个银行自动提款机，那里要一张乒乓球桌；年轻人要有个足球场，乐龄人士要有个活动中心；爱鸟的要建几个鸟笼吊架，爱猫的投诉为什么组屋不准养猫……每一次访问选区过后，总是带回一大堆疑难杂症，回到支部，就得马上逐一处理，写信或打电话给各有关部门，传达居民的要求，或是召集基层组织成员，商讨各种可行的解决方案。国会同僚聚首，总会谈起各自访问选区的趣事。大家都知道这是苦差，但却是必须长期坚持的工作。因为如果你稍微松懈，居民就会在背后批评说：'只有在大选的时候才见到他，平时都看

---

① 参见黄志发：《他是安哥安娣的开心果，陈佩玲抱稚儿，访社区探居民》，《联合晚报》，2016年5月7日。

② 参见沈斯涵：《任梓铭把投诉变体谅》，《联合晚报》，2012年5月12日。

不到他。'"①

有人民行动党干部告诉笔者，20世纪七八十年代，人民行动党议员下访，会感受到民众浓浓的感激和尊重，但在90年代以后下访，却较难收获这种感觉。有时候，民众对议员说："好久不见！"那不一定是问候，反倒更像在告诉议员，你联系群众不够，小心丢掉选票！曾有一位人民行动党议员到某位民众家走访。那位民众说，上次你来我家，是两年前的事情了。语气中透露出议员走访不够勤奋的意思。笔者估算，每位议员服务的区域大约一万户人家。议员每星期走访大约一百户，便需要大约两年的时间将本区居民挨家沿户走访一遍。两年前走访了这位民众，两年后再次走访，在周期上是符合预定安排的。

如果说，国会议员平日间到所属选区挨街沿户走访像是马拉松长跑，那么议员候选人在竞选期间到参选选区挨家挨户走访则如百米冲刺。2020年大选前夕，为了能更好地结识民众和拉票，作为新人的人民行动党候选人王心妍每天马不停蹄地跑着走访民众。7月5日，她与团队走访直落布兰雅31街第92B座组屋，从顶层开始一路小跑，跟住户打招呼并交流。她自大选提名日起便开始走访民众，打算大选前走完88座组屋。王心妍负责走访的区域约有12000户居民。她每天花12个小时，走访约1000个单位。②同为人民行动党新人的苏慧敏走访组屋时为了不让居民久等，情不自禁地跑了起来，结果不小心在楼梯上踩空并跌倒，导致左脚骨折，不得不减少家访。尽管暂时无法上门拜访民众，但苏慧敏表示，自己仍会尽最大努力在其他地方（如咖啡店）尽可能地多见一些民众。与她出征同一集选区的其他团队成员在脸书祝她早日康复，并表示团队会在接下来的几天里替她上门家访。人民行动党候选人固然拼命走访，其他参选者同样走访拼命。无党籍候选人张炳华在2020年6月23日国会解散之前的体重是69千克左右，7月5日晚上再称体重已减到64.5千克，参选后的13天内体重减轻了4.5千克。张炳华选择马为自

① 吴俊刚：《国会议员手记——你想知道的故事》，创意圈出版社，2006年，第19页。
② 参见《誓大选前完成88座组屋，王心妍日跑12小时走访》，《新明日报》，2020年7月6日。

己的竞选标志，希望自己能像马一样勤劳奔走。①

走访民众不轻松，收获的却不一定都是感谢和肯定，有时也会是误解和批评。2020年竞选期间，人民行动党候选人赖添发走访民众时单膝跪地与居民亲切交谈的照片引发网民争论。有网友批评说，这是一种求票、做戏的行为，以这样的方式求票很不妥当。面对相关言论，赖添发在接受记者访问时颇为伤感。他说，自己平时看到坐在轮椅上的居民或小孩，都会很自然地蹲下与他们交谈；看到年老、坐着的居民也会很自然地俯下身子，以便可以平视着与对方交流。这也是对于他人的一种尊重。但是，他没有想到会有人这样恶意揣测。他只希望自己的家人不会看到这些言论。否则，他们会感到心疼。赖添发也说，他走访一座组屋要花上一个半小时，只有25%至30%的人在家，而且往往也只有一个人开门，因此并不能拉到什么票。走访的目的主要是与居民聊天。如果居民刚好有困难需要求助，他就能尽早想办法提供帮助。此前，网上出现过针对武吉巴督区人民行动党候选人穆仁理儿子的恶意攻击的帖文。谈及此事，赖添发一度眼眶泛红。他说：“我们都是在为居民服务，他或他的家人受到攻击，我也感同身受，希望大家看到我们对居民的付出，而不是出于政治目的或立场攻击我们。”②

曾任新加坡多个部门部长的许文远，在2011年大选期间每天走访17座组屋。由于走得多、走得急，他的脚起了水泡，非常痛，可他还是继续走。他用一句华人的老话形容自己：“痛在脚底，甜在心头。”③朱倍庆曾代表人民行动党参加2012年5月举行的后港补选。竞选期间，他挨家挨户地走访民众，嘘寒问暖，并发给居民写有如下藏头诗的传单：

> 诚心诚意排万难，
>
> 心系百姓负重担。

---

① 参见张千雪、李志扬、王嬟婷：《行动党新人组屋拜票，苏慧敏绊倒左脚骨折，将改在咖啡店等处多见一些民众》，《联合晚报》，2020年7月6日。

②《与民众交谈一动作遭人扭曲，赖添发哽咽说真相》，《新明日报》，2020年7月4日。

③《妙语如珠》，《新明日报》，2011年5月4日。

> 为国为民危不乱，
> 民望升腾齐颂赞。
> 始将宏图计周全，
> 终令民众开笑颜。
> 如日方升才扬帆，
> 一片丹心永灿烂。①

将这首诗每一句的第一个字连起来，就是其竞选口号"诚心为民，始终如一"。

议员访问居民时，陪同访问的基层领袖总会在组屋楼里爬上爬下地充当开路先锋，常常累得气喘吁吁，汗如雨下。他们先会敲门让居民准备一下，以便议员到来时即刻就可交谈。有时碰到居民不愿开门，他们还得费尽唇舌，劝说他们把握机会，同议员见个面，把心中的疑问、建议或要求提出来。采访2006年大选新闻的一位记者发现，居民在受访时说得最多的话，莫过于"我没见过候选人来拜访我""我从来没见过我的议员"，甚至是"我不知道我的议员是谁"。这让家住蔡厝港的这位记者也突然似有同感。于是，在采访蔡厝港区居民时，这位记者按捺不住地问一名女性基层领袖说，为什么这么多居民都反映说很久不见议员？是不是服务本区的刘绍济议员很少在选区走动？听了记者的上述提问，基层领袖直呼冤枉。她说，刘绍济每个星期日上下午都会挨家沿户拜访四座组屋的居民，她和其他基层领袖也都会陪同。记者才刚开口告诉她自己住在该区某座组屋，她便立即说到有一名相当著名的电台广播员和记者同住该座组屋。她上次陪同刘绍济访问时，便见到广播员一家。基层领袖的上述回应一点不错，那名著名广播员的确就住记者楼下。提问的记者突然感到内疚，说议员没拜访居民，连带着也抹黑了辛苦流汗的基层领袖。②

---

① 《基层顾问有局限性，朱倍庆希望入国会发声》，《新明日报》，2012年5月18日。
② 参见《造访民众大费周章》，《联合早报》，2006年3月30日。

既然议员勤于走访,为什么居民们却常常对议员或候选人感到陌生?原因之一可能是议员和候选人虽然挨家挨户走访居民,居民却并不一定就在家里。国民团结党秘书长谢镜丰登门拜访居民时,有可能多达七成住户不在家;即使有人在家,也可能只有一人。他也因此无法真正接触到他参选选区的所有居民。人民行动党议员颜金勇在星期日拜访居民时,也容易出现一半人家无人应门的情况。其中不少居民很可能是上巴刹①购物、到小贩中心吃早餐或全家出游去了。与上述情况不同,荷兰-武吉班让集选区议员张侦和将访问居民的时间安排在平日傍晚7时之后。这时候,不少人都下班下课回家了,每座组屋至少有七成住户有人在家。议员在这个时候访问,就能见到更多居民,达到更好效果。当然,无论哪个时段进行访问,议员也不可能见到所有居民。当议员到访却没人在家时,基层领袖一般会将一张传单塞进这户人家的门缝里,让居民知道议员或候选人曾来过。有居民开门时发现地上有传单,未细看就把它们揉成一团丢掉了。于是,一些议员改为分发印有自己照片的小巧年历卡。这样,附有照片的年历卡就容易被居民保存,也较能引起居民注意和达到宣传效果。②

二、部长访问选区:到全岛各地"走透透"

新加坡人民协会不定期地举办部长访问选区活动,即安排一位(后来发展到多位)内阁部长到自己所在选区之外的其他选区访问。这既可以让部长更近距离地聆听全国范围不同选区人民的声音,也有利于全国范围不同选区的民众更近距离地认识部长。部长访问选区作为人民行动党的政治传统活动,是李光耀20世纪60年代初期开创的。当时,新加坡还有许多乡村,因此部长访问选区的活动也被称为下乡访问。李光耀对自己访问选区的情形有过如下的详细记录:

1962年12月到1963年9月,是李光耀一生中最忙碌的时期。为了争取

---

① 巴刹,来自马来语pasar,指市场、集市。
② 参见《造访民众大费周章》,《联合早报》,2006年3月30日。

民众在下届大选时支持人民行动党,他到各个选区进行一系列访问。访问之前,政府官员先陪同该选区议员(如果是反对党选区,则由其他选区的议员代表陪同)到当地动员店主、已知的社区领袖和所有地方组织领袖,协助他们制定计划。过后,这些人会欢迎李光耀到他们的选区,并同李光耀一起讨论他们的问题和需求。通常,李光耀会坐着装有扬声器的敞篷吉普车前去。到达目的地之后,李光耀会手拿麦克风,向民众发表讲话。店主和基层领袖会用沉甸甸的大花环欢迎李光耀。华族代表会向李光耀献上绣了名字和表明支持人民行动党的金色字句的锦旗。锦旗收集起来之后,会悬挂在当晚举行露天晚宴的地方。晚宴是10人一桌,至少开20桌,有时多达50桌,由成功的店主出钱招待李光耀和他们选区的领袖。跟随李光耀一起访问选区的官员会采取后续行动,听取人民对铺路、开渠、供电、安装路灯和水龙头,以及设立诊所、学校和民众联络所的要求,并尽力加以解决。①

随着居者有其屋计划的逐步落实,李光耀访问选区的工作慢慢从下乡访问转变为走访新镇。他每隔几个月就会走访组屋新镇,目的是要接近民众、掌握民情以及了解人民的居住环境,时间通常是在星期天下午5时左右。为了安全起见,李光耀走访的路线都是预先安排好的。因为李光耀很注重房地产的维修和管理,所以得到他即将走访某个新镇的有关通知后,建屋局等有关部门就会将沿途的花草树木以及脱了漆的建筑物、楼梯扶手等修整一番。李光耀走访时,通常有夫人柯玉芝陪伴在旁。欢迎和接待他的人员多数是该选区的国会议员以及建屋局的相关职员。其中,负责新镇工程设施的专业人员一般都会陪伴随行,以备李光耀问到相关问题时可以提供解答。据说,李光耀走访期间,包括议员在内的许多在场人士都会有点紧张。不过,李光耀并不是专横跋扈的领导人。他虽然看起来很严肃,但是只要对方对他提出的问题解答有理,就不必惊慌。另外,回答问题的人千万不要为了想表现自己而不懂装懂,否则只会适得其反。②

---

① 参见李光耀:《李光耀回忆录(1923—1965)》,新加坡《联合早报》,2000年,第542—544页。

② 参见姚其骁:《追忆建国总理走访新镇》,《联合早报》,2021年2月27日。

　　一位经常陪同李光耀走访新镇的人士讲述过自己随行时见到的两件趣事:有一次,李光耀经过一个三房式组屋的公共走廊,一个居民站在门口欢迎他。李光耀问居民,住得是否满意?居民回答说,一切都相当好,只是门外的公共走廊有时没人打扫。听了居民的上述回答,李光耀伸头看了看居民家的客厅,发现里面非常清洁。于是他问居民,既然你把自己的地方打扫得这么干净,为什么不顺便把你门外的走廊也打扫一下呢?居民听了后手足无措,不知如何回答才好。临走前,李光耀又问他是做哪一行业的,在哪里工作。这位陪同人员相信,李光耀的上述问话,一定会让这位居民此后一整天都坐立不安。还有一次,李光耀经过一片草地时,发现有一个地方光秃秃的,就问为什么没有维修好。当时在场的所有人,尤其是建屋局区办事处的职员,一个个低着头不敢作声。这时,站在旁边的李夫人出面解围。她说,这是公共地方,又不是总统府。大家听了都在暗笑。这位陪同人员后来回忆说,大概只有李夫人敢这样回答他。这也是人们尊敬李夫人的原因所在。①

　　20世纪80年代,身为总理接班人的吴作栋也延续了部长访问选区的传统。他和多位当时的部长,几乎每个星期天都会出发到全岛各地"走透透"。部长们往往早晨出发,全天候地走访巴刹、小贩中心、庙宇、教堂、学校、私人机构等,到了傍晚,又会在联络所或学校礼堂举办对话会。当时,部长所到之处总是热闹非凡。居民们或来看热闹,或特意来请愿。常有居民突然冒了出来,拿了封信,要交给部长。90年代之后,随着社交媒体的广泛使用,民众请愿的方式和渠道越来越多。即便部长没有到访,居民们也有途径表达自己的诉求。于是,部长访问选区的频度便越来越低。②

　　2011年大选,人民行动党得票率创下建国以来的历史新低。这给长期执政的人民行动党提出了必须加强同人民群众联系的警示,部长访问选区的活动也有所增加。部长访问选区活动的目的之一,是让刚被委任的年轻部长

---

① 参见姚其骥:《追忆建国总理走访新镇》,《联合早报》,2021年2月27日。
② 参见林凤英:《部长访问选区》,《新明日报》,2012年1月17日。

们通过与居民互动,了解居民关心的问题,掌握社区的脉搏。2012年新年伊始,新上任的部长们陆续举行访问选区的活动。接待这些部长的基层组织顾问说,尽管社交媒体的广泛使用让人民陈情或请愿的渠道越来越多,但部长访问选区的活动还是有其价值。一方面,不是每个居民都善用电脑或社交媒体;另一方面,网上的交流远远比不上面对面的互动。

刚接待过社会发展、青年及体育部代部长陈振声的裕泉区基层组织顾问、裕廊集选区议员李智陞举例说,有个居民发电邮给他时,语气非常强硬。但当他与这名居民见面时,发现居民并不如想象中那么愤怒。他说,社交媒体充其量只是议员或部长与居民联系的辅助工具,部长亲自访问选区则可验证从基层领袖等各种渠道收集到的信息反馈。例如,陈振声访问裕泉区时,就听到居民提出地铁和巴士车站太拥挤的问题,也目睹一些居民家中混凝土剥落的情况。这让他更能明白并正视问题的迫切性,从而更为迅速地协助居民与相关政府部门接洽。李智陞说,平日自己挨家沿户走访居民时只有数名基层领袖陪伴,不可能找来不同政府部门或机构的官员相随。但是,部长访问选区时,一般会有不同部门的代表出席,更能让他们直接了解到居民所面对的问题,进而对症下药。①

负责协调部长访问选区活动的内政部部长马善高鼓励接待部长的一方以较轻松的方式欢迎部长,避开铺张的仪式和活动,以免打扰社区作息。陈振声在2012年1月打头阵走访裕泉区时非常低调,没有了以往迎接部长时舞龙舞狮、敲锣打鼓的造势,也没有人民行动党社区基金会幼儿园学生表演或夹道欢迎。访问选区时,陈振声与民众的对话会也不分台上台下,部长与人民平起平坐,一起讨论国家大事。即将在2012年2月接待总理公署部长易华仁的麦波申区基层组织顾问、马林百列集选区议员陈佩玲也说,为了确保部长访问选区成功地把触角伸向更多居民,组织活动的委员会打算采纳比较"非正式"的方式迎接部长,尽量不干扰居民和基层人员。

---

① 参见何惜薇:《基层组织顾问:部长访问选区有价值》,《联合早报》,2012年1月27日。

即将在3月接待教育部部长王瑞杰的亚逸拉惹区基层组织顾问、西海岸集选区议员胡美霞也打算呈现社区最真的一面：让部长出席区内乐龄人士快步走活动，让常年的人民行动党社区基金会幼儿园活动在部长访问选区当天举行，等等，以便部长能接触到参与活动的乐龄人士和家长、学生。由于该区商人还是倾向于保留以醒狮团迎接部长的传统，那便成了唯一一个较铺张的欢迎方式。①

2018年3月25日，社会及家庭发展部部长李智陞早起后走访亨德森-杜生区。这是他前一年升为正部长后第一次访问选区。亨德森-杜生区是丹戎巴葛集选区在上届大选重组成立的新分区。全区44000名居民，年龄50岁及以上者占35%。负责该分区的丹戎巴葛集选区议员祖安清心接待了到访的李智陞。祖安清心向李智陞介绍区内的不同计划。其中一项计划是2017年9月创建的快乐温馨健康餐计划。根据这一计划，每个星期天会聚集一组六七名年长义工到红山景巴刹买菜，再到亨德森民众俱乐部下厨，为40名孤寡老人及行动不便人士烹煮热腾腾的营养午餐，并送到他们家门口，让他们既温饱肚子，也温暖心房。共有六组义工每周轮流下厨。义工黄日美介绍了上述计划的起因：他们在友伴计划（Project CARE）下定期带年长者出外散步，从而发现有些年长者早上买了菜饭，晚上还在吃。由于担心年长者营养不足，他们决定每个星期天准备两菜一汤的营养午餐送给弱势年长者。②在部长访问选区的活动中，李智陞和祖安清心帮忙分配热粥，并和年长者一同坐下用餐。

以往的部长访问选区活动都是一名内阁部长到不是自己所属的集选区或单选区走访。2018年7月15日，部长访问选区活动更新为数名部部长一同走访选区。这是由第四代领导团队"领跑者"之一的教育部部长王乙康主导推动的部长访问选区的新形式。目的是让更多民众见到部长，反映民情，

---

① 参见何惜薇：《基层组织顾问：部长访问选区有价值》，《联合早报》，2012年1月27日。

② 参见李熙爱：《李智陞访亨德森-杜生区，义工买菜下厨，老人肚饱心暖》，《联合晚报》，2018年3月25日。

也让更多部长走访选区,听取民情。7月15日一早,在负责裕廊中区基层事务的裕廊集选区议员洪维能的陪同下,教育部部长王乙康、国家发展部部长兼财政部第二部长黄循财与人力部部长杨莉明一同走访裕廊中选区,与居民互动。访问中,民众分别将自己面临的问题向相应的部长反映。例如,居民因孩子上课或补习等方面遇到问题,就征询教育部部长王乙康的意见;与就业和工作相关的疑问,就向人力部部长杨莉明反馈;在申请组屋上遇到问题,就直接向国家发展部部长黄循财求助。针对部长访问选区接下来还会采取何种模式的询问,王乙康表示,参与的部长数量并没有一个特定的"神奇数字"。部长们工作繁忙,很难确保每次走访选区的人数都一样,只能根据每个人的行程因时制宜地进行规划。①

李显龙总理在提及第四代领导团队时一再强调团队的重要性。改由数名较年轻部长一同走访选区的形式正是团队精神的体现。不过,据跟随部长集体访问选区的记者反映,在沿途访问的居民中,近半数的人们认为新形式效果有限,一些居民在接触部长后仍不知道他们的确切身份以及负责什么部门。摊贩张宝珠认得陪同部长访问裕廊集选区的议员洪维能,因为他一年走访好几次。她也认得出杨莉明这位少有的女部长,但认不出王乙康和黄循财。她说,他们上前握手聊天时并没有自我介绍,也只问她"鱼肉贵不贵"这些简单的问题,没有深聊。专利法务人员张建民对三位到访的部长都有印象,但要用手机上网查询后才能确定他们的名字和职务。他说,部长集体走访社区有助于加深居民对他们的认识,但是如果他们只是简单寒暄或打打招呼,就难以真正聆听居民的想法。他希望居民日后有机会同数名部长一起进行对话,一次性地反映更多的课题。②

三、议员定期接见民众:"有责任处理人民关心的大事和小事"

新加坡国会议员(包括朝野政党议员)不仅挨家沿户走访居民,也每周一

---

① ② 参见叶伟强、许翔宇:《采用新方式,数部长集体访社区更全面体察民情》,《联合早报》,2018年7月16日。

次在固定地点接见民众(主要是选民)。由于人民行动党从当年"共产党人"那里学来了群众路线,所以在开展上述活动时所秉持的理念是"我们从人民中来,就得回到人民中去,孜孜不倦地、持续不断地为人民服务"①。新加坡居民住房按价格从高到低大体区分为私人别墅、公寓(商品房)和组屋(政府为民众所建公共住房)。80%以上的居民都住在组屋。议员接见民众的场所,也就毫无例外地设在最接地气也最有人气的组屋区。新加坡组屋底层一律空着,从而为居民提供了较为空阔的休闲、社交乃至婚丧嫁娶等活动的场所。组屋底层空地砌上几间房间,就成为人民行动党社区基金会幼儿园所在地。白天是幼儿园,晚上就成了该党议员接见民众的场所。新加坡前副总理吴庆瑞接见民众的某张照片呈现如下场景:作为国会议员的吴庆瑞正襟危坐、洗耳恭听,两位被接见的民众反倒神态随意轻松——其中一位中年男子左腿架在右腿上,举手比画讲述着;另一位年长女性则似半盘着双腿坐在凳上。照片中的场景并不十分特殊,而是比较平常。

2009年5月,笔者所在的某课题组获安排观摩新加坡副总理黄根成先生接见民众。因为要见副总理,课题组在前一个晚上拟好了一些准备向黄副总理请教的问题,并交代随从人员做好摄像准备,注意多拍一些黄副总理的镜头。但是,走进黄根成副总理接见民众的场所,我们竟有些分不清哪位是等候接见的民众,哪位是帮忙的义工,哪位是黄根成副总理。工作人员将我们带到黄副总理面前,他同我们一一握手,并高兴地回答课题组成员的问题。笔者看到,黄副总理身材不高,态度慈和,身穿T恤衫,比我们课题组任何成员都显得普通,谦和得像协助接见的义工一样,朴素得和等候接见的民众一样。大家完全忘记了眼前站着的就是一国的副总理。课题组负责摄像的随从人员,整个晚上基本上都是背靠副总理,面对着其他人摄像,同样忘记了要对着副总理多拍些。人民行动党党刊文章中常提及党的干部要与民众打成一片。上述场景就是打成一片的经典写照。同时,我们也明白了为什么人民行动党议员接见民众时总是身着便装,态度低调。如果穿着一身名牌或西装

---

① 《非常新加坡式的为人民服务》,《联合早报》,2007年12月11日。

革履，无形中便与民众拉开了距离，也就很难做到同民众打成一片。

2008年，中国《南方日报》的一篇报道曾对李显龙总理接见民众的场所进行了细致的描述："这是一间称得上简陋的小屋，约十平方米，除了一张颇为平常的桌子和几张半新的折叠椅外，没有其他摆设。墙上的电风扇来回摆着头，屋里有些热，李显龙不时拿出手帕擦汗。"①新加坡地处赤道附近，气候炎热。但是，李显龙接见民众的场所竟然用的是电风扇而非空调，的确有些出人意料。这就无怪乎《南方日报》的文章会将李显龙接见民众的小屋描述为"简陋"。不过，相对于反对党议员接见民众的场所，李显龙接见民众的小屋乃至于其他人民行动党议员接见民众的场所也许只能叫"简朴"，反对党议员接见民众的场所才真叫"简陋"。

由于缺乏资源，新加坡少有的几个反对党议员接见民众时连这样简朴小屋也没有。他们在组屋底层竖起几块木板或铁板，围成一个没有封口的口字形，里面放上一张桌子和几把椅子，就算是自己接见民众的场所。不过，场所简陋丝毫无损反对党形象，反倒不利于执政党形象。人们会说，执政党将资源垄断了，反对党贫穷得连议员接见民众的房间都租不到或租不起，从而也更为同情、支持反对党。虽然李显龙接见民众的小屋没有空调，但笔者去过的其他人民行动党议员接见民众的场所，多半有空调。工人党秘书长刘程强就曾抨击人民行动党议员接见民众时可以享受有空调的房间，而反对党议员接见民众则只能在没有空调也没法子用空调的组屋底层。

2005年5月的某个夜晚，笔者前往波东巴西选区的反对党议员詹时中先生接见民众的场所观察。由于早就在新加坡报纸图片中熟悉了他的形象，因此笔者离接见民众场所还有数十米开外，便一眼认出了正在那里行走着的詹时中先生。他身穿T恤衫，衣衫的背面已经被汗水浸湿了。当他坐在用铁板围住的办公桌前接见民众时，我慢慢地从旁边走过，透过没有被铁板围闭的出入口眺望他。他抬头看见了我，注意到我的存在，便热情地举起手来，向我招手致意。当时，我感觉非常温暖。新加坡人说，詹时中接见民众时，是用心

---

① 母发荣、郭芳：《李显龙：得不到民心，就得不到选票》，《南方日报》，2008年7月2日。

听老百姓讲话。

新加坡的议会制度来源于英国,英国议员也接见民众。但是,笔者未听到有人说新加坡议员接见民众的做法是从英国学来的,反而说是从共产党那里学来的。原来,英国议员虽有接见民众的场所,但并不像新加坡议员那样风雨无阻甚至雷打不动地定期定点地等候在那里,而往往是先有民众预约,议员才会到场。而且,民众求见议员大多并非因为自己有什么具体困难需要解决,而多半是因为对公共事务有什么建议要向议员提出。反之,新加坡民众求见议员,则多是为了请议员帮助解决自己的实际困难。议员接见民众,类似于共产党所说的"急群众之所急,想群众之所想,解群众之所难"。

2020年12月,一位带着7岁女儿的妇女就在每周一次议员接见民众的时候见到了榜鹅西单选区议员孙雪玲。这名妇女来自越南,2012年在新加坡旅行时认识了现任丈夫并结婚,2014年怀孕后便移居新加坡。后来,夫妻俩感情生变,丈夫要与她离婚,并将她赶出家门。在当地无依无靠的她被丈夫抛弃后,只好住到收容所,身上也只剩下85元。由于担心女儿开学后无法承担生活开销,她只好向孙雪玲议员求助。妇女向孙雪玲哭诉时,身旁的7岁女童显得茫然无助。这让孙雪玲的眼眶不禁泛起泪光。当时,圣诞节即将来临。孙雪玲将原本买来招待义工的一些糖果和饼干给了这对母女,还将接待民众办公室中所能找到的现金和礼券也送给了这对母女,希望尽可能地协助这对母女暂时渡过眼下的难关。由于这对母女没有了住处,孙雪玲就替她们写信给建屋局求助,并为她们成功申请到租赁组屋。母女俩有了房子却没钱买家具,孙雪玲后来又在自己的脸书帖文中向居民们发出呼吁,希望在农历新年来临之际,若有人想更换家具,可以把旧家具捐出来,具体包括床垫、书桌、冰箱、洗衣机、沙发、风扇等。孙雪玲的呼吁引起居民的热烈回响。帖文发出后不到10分钟,看到帖文的居民就捐足了妇女所要的家具。由于这对母女已经搬离原来的住家,妇女担心女儿无法就读靠近住家的学府,孙雪玲又给女孩原来读书的学校写信求助,女孩也得以在该校继续读书。为了照顾女儿,这名妇女辞去了原来在酒店担任安保的工作。为此,孙雪玲在写给女孩就读学校的信中,还为女孩申请到了学校附设的托管中心的服务。女孩下课后，如果母亲没有及时来接孩子，女孩就可以留在托管中心待着，好让母亲能有更充足的时间放心在外面找工作。功夫不负有心人，后来这位妇女也找到了新的工作。①

如果说住房、工作和孩子读书是事关民众切身利益的大事，那么人民行动党前议员吴俊刚先生接见民众时亲历的如下故事，则无论如何不能算是大事：

过期了

做杂工的阿嫂买了万字票，票据却不知道哪儿去，开奖时，中了入围，两百五，但找来找去，就是找不到。一天天过去，领奖期刚过一天，她儿子突然把票据给找到了。但是博彩公司不付钱，因为期限过了。因此要求议员写信。②

房客

三十多岁的男子，要替一位拿工作准证的马来西亚女子申请永久居民居留权。问清楚，两人没关系，声称女的是他的房客，女孩子勤快，深得男的老妈欣赏，因此替他出头。反正请议员写信是免费的。③

普通议员需要处理上述鸡毛蒜皮的民众日常琐事，已经司空见惯；担任更高职务的部长、总理还要处理抓猫、救狗之类的事情，也在情理之中。在2011年国庆群众大会的讲话中，李显龙重提"部长抓猫"的旧事之后，又亲口讲述了一则"总理救狗"的新闻。几个星期前，人们讨论过"部长抓猫"的事情。一位《联合早报》的读者说，许文远部长有更重要的事要办，不应该为抓猫的事烦恼。李显龙对这位读者的观点表示理解。不过，他在自己服务的德义区接见民众时，也应一位居民的要求而不得不亲自处理一件救狗的事。原

---

① 参见刘丽敏：《母女被赶出家门身上仅剩85元，孙雪玲帮助成功申请租赁组屋》，《新明日报》，2021年1月28日。

② 吴俊刚：《国会议员手记——你不知道的故事》，创意圈出版社，2003年，第20页。

③ 同上，第22页。

来,这位居民偶然碰见一只野狗,非常喜欢,但又没办法领养。后来,这只狗被当局抓走了。按照有关规定,三天之内如果找不到狗主,这只狗将会被人道毁灭。于是,这位居民马上展开救狗行动,要求李显龙帮助她,希望当局多给这只狗几天时间,救救它的命。李显龙听说之后,心生同情,便写信给相关部门请求救助。幸好,这只狗及时被人领养,"总理救狗"的行动因此大告成功。①话到此处,听众发出欢喜的笑声,报以赞扬的掌声。

李显龙在讲述上述故事之后总结说:"无论是'部长抓猫'还是'总理救狗',我们都有责任。我们都有责任处理人民关心的大事和小事。"②从某种程度上说,将人民关心的大事和小事放在心上,正是李光耀等人民行动党人从当年"共产党人"身上学到的精神。应该承认,人民行动党人从当年"共产党人"的所作所为中看得真切、记得牢靠。值得注意的是,李显龙在上述演讲中提出"我们都有责任处理人民关心的大事和小事"之后,又不无纠偏地指出:"希望大家体谅的是,有些问题、有些纠纷政府未必管得了,也未必做得好。在未来,我希望政府能够少管一点事,人民能够多办一点事。一般来说,人民的主动性越强,社会的应变力就越强,使我们更有信心应付国际竞争,克服各种困难和挑战。"③

时任三巴旺集选区议员的林伟杰医生曾把议员接见民众的场所比作"社区诊所",目的是为居民解决各种困扰着他们生活的"病痛"。有时候,"病人"会对"诊所"提出不切实际的要求。例如,有人本不住在林伟杰服务的选区,但因他是眼科医生,便跨区来到他接见民众的场所,以求他为自己免费看诊或提供治疗意见。对于这样的居民,林伟杰不会将他拒之门外,而会向他耐心解释,也希望对方以后不要这么做。时任卫生部部长的三巴旺集选区议员许文远每周一晚上接见民众。排队求见的居民人数平均多达80人,有时超过100人。为了确保每个人的问题都能快速获得解决,他会把简单个案交由

---

① 参见《部长捉猫,总理救狗……》,《联合早报》,2011年8月15日。

②《部长捉猫,总理救狗……》,《联合早报》,2011年8月15日。

③《李显龙总理在2011年新加坡国庆群众大会上的讲话》,新加坡新传媒8频道,2011年8月14日。

基层领袖处理，自己每次只接见约50人。许文远同样将接见民众比作门诊，议员就如普通科医生：情况轻微的，只须听听症状就立刻知道该配什么"药"；情况严重的，则需要花多些时间仔细"诊断"。因此，一些简单问题，许文远只需花几分钟就可以搞定；有的难题，他可能会花上一个小时的时间来聆听，以便一层一层地找出问题症结，并最终提出解决方法。①还有人将求见议员的民众比作政府政策的受害者，而在接见民众活动中帮忙的党员就如负责包扎伤口的医务人员。时任人民行动党第二助理秘书长的张志贤肯定这一比喻在某种程度上是正确的。不过，他不认为这些民众全都是政府政策的受害者，因为政策之外的其他状况也可能让人受伤。他觉得，帮忙的党员倒真的像是医务人员。②

民众求见议员是要求议员帮助解决问题。能当场解决的问题，议员会当场解决；不能当场解决的问题，议员会写信给有关部门求情，请示协助解决。如果问题的产生是由于民众本身的过错，议员是否会为了避免得罪他们，而照样为他们写信向当局求情呢？对于上述情况，不同的议员有不同的处理方式，也反映出各自的性格特征。曾任外交部部长的杨荣文不会拒绝任何居民求见的要求。即使情况看似没什么希望，他也还是会为对方写信求情。当然，他也会告诉对方，求情信虽然写了，但得到帮助的希望不是很大。时任碧山-大巴窑集选区议员的杨莉明也宁愿相信每个前来求助的居民都态度真诚。她认为，如果民众想要通过隐瞒什么来骗取帮助，将无助于问题的解决，最终还是浪费了他们自己的时间。与杨荣文、杨莉明的上述做法不同，许文远会坦率指出这件事情上民众自己的错处，并清楚解释为何这些要求无法办到，也在必要时解释问题背后的政策原因。议员接见民众，不可能解决他们提出的任何问题，只能在合乎法律制度规定的范围内替民众请求协助。虽然议员不能帮助民众解决所有问题，甚至只能解决其中小部分的问题，但是议员与民众面对面地对话，拉近了自己与民众

---

① 参见《非常新加坡式的为人民服务》，《联合早报》，2007年12月11日。

② 参见《普通党员，肩负重任》，《行动报》，人民行动党，2006年7、8月，第35页。

的距离,倾听了民众的呼声,交流中可以对民众起到心理按摩的作用。从上述意义上说,议员接见民众的场所,既是"事务诊所"(或"民事诊所"),也是"心理诊所"(或"民心诊所")。

笔者于2007年8月观摩杨莉明议员接见民众时,就曾听她讲述过有关心理按摩和心理诊所的上述观点。杨莉明所在选区的一位老妇每星期都会在她接见民众的时间前去找她,每次都向她投诉楼上的住户。有时说楼上人家不断敲地板,有时说楼上人家发出噪音。杨莉明请这位老妇所在的居委会人员前去了解情况。居委会多次与老妇接触后才知道,原来这位老妇是独居老人。她生活虽然不成问题,却很少和孩子们联络,因此心灵非常空虚。她每次在议员接见民众时来找杨莉明,为的是要找个人聊天,暂时消除心灵上的空虚。上述情况并非特别罕见,而是时有发生。除了这位老妇之外,杨莉明所在选区还有一个居民经常向她投诉被邻居下"降头"。随着社会发展步伐的加快和人们心理压力的增强,一些跟不上节奏或承受不住压力的人们就会精神失衡。为此,杨莉明在国会中呼吁政府探讨社会上不同群体的需求,以便协助那些感到寂寞并需要关心的老人。卫生部政务部长王志豪在答复中说,政府成立了一个由卫生部常任秘书领导的跨部门工作小组来探讨有关精神病跨领域的课题。[1]李显龙认为,由于每个民众或居民都有自己的苦衷,所以不是每个问题都有解决答案。执政党及其政府的重要任务,是要在了解情况后,通过制度设计,系统化地解决问题。[2]

尽管人民行动党议员的形象在新加坡民众以及普通党员的心中并不尽善尽美,但是该党议员以及反对党议员坚持不懈地接见民众的制度化做法,却不能不让人深表钦佩。一位新加坡议员曾告诉笔者,就他所知,有史以来只有一个晚上议员接见民众的活动被取消了,那就是2008年8月8日晚上,正值北京奥运会开幕式直播。当时,所有的居民都看电视直播了,没有人来求见议员。原定在当晚举行的议员接见民众的活动也就没有开展。《南方日

① 参见《为了找人聊天,寂寞老人每周特地找事情向议员投诉》,《联合晚报》,2007年3月17日。

② 参见《非常新加坡式的为人民服务》,《联合早报》,2007年12月11日。

报》记者也在2008年向李显龙询问，议员接见民众这一特别的制度为什么能够在新加坡风雨无阻地坚持四十多年？李显龙回答说："因为基层活动对治理国家很重要。基层搞不好，民众不支持我们的议员，在下次大选中就很难获胜。民众选择谁，不仅仅是看政策的对或错，而且还要看议员是否经常关注他们，是否友善、和蔼、可亲。选票掌握在民众手中，得不到民心，就得不到选票。"①正是由于选票的压力，在李显龙上述问答又过去十多年后的今天，新加坡议员（包括朝野政党议员）接见民众的做法仍然风雨无阻地坚持着，看不到丝毫懈怠，未见有任何动摇。

---

① 母发荣、郭芳：《李显龙：得不到民心，就得不到选票》，《南方日报》，2008年7月2日。

第二节　择善固执的为民作主:继承东方家长式情怀

　　人民行动党人将本党名称解读为"为人民而行动的政党",其意蕴既融入了当年"共产党人"的认民作主的情愫,也包含着东方文化的为民作主的情怀。新加坡作为东方社会和华人占人口多数的国家,其民众的传统思维大体是以求得一个爱民如子的"父母官"为政治理想,其政府的惯性思维也容易以成为为民作主的好家长为政治目标。在人民行动党议员哈里古玛主持的一场对话会上,一名与会者说:"还我公积金! 我要全部花掉。"哈里古玛说:"如果钱都花光,谁来照顾你?"这位与会者说:"神会帮我。"旁边的另一名与会者解释说:"他的意思是'政府'会帮他。"①有人说,新加坡人遇到问题时喜欢"哭父哭母"。人民行动党党员卡蒂尼却认为,新加坡人其实也很喜欢"哭政府",因为很多人都有要政府解决问题的想法。卡蒂尼指出,这样的态度虽不健康,但也说明人们信赖人民行动党政府能负责任地解决问题。她希望政府能继续保持负责任和可信赖的特质,及时回应民众的诉求,并在眼前需求和长远需求之间取得平衡,确保国家的生存和发展。②为民作主强调为了国家的长远利益或整体利益,即便有些政策民众一时不理解或不乐意,政府也要勇于推行。换句话说,政府必须敢于"做对的事"(即实际上正确的事),而不一定是老百姓一时喜欢的事(即政治上正确的事)。为此,新加坡政府常常以

---

　　① 王润、黄顺杰:《公积金与居者有其屋两政策支撑国人退休生活》,《联合早报》,2014年8月18日。
　　② 参见游润恬等:《社会需求变化不断,行动党采纳新决议与时俱进》,《联合早报》,2013年12月9日。

"择善固执"①自勉自励。

一、为民作主的必要性：民主的时空局限

在人民不能自主的专制社会，民众只好仰赖明君的出现，以便让他来为民作主。在人民能够自主的民主社会，是否还需要英明的领导人为民作主？对此，学术界存有争议，甚至加以否定。一般来说，西方文化倡导民主，其精神是由民作主；中华传统高扬民本，其实质是为民作主。由民作主与为民作主虽有不同特性，却非彼此对抗，而是相辅相成。例如，制度设置必须由民作主，以便让官员敬民如天；行政管理必须为民作主，以便让官员爱民如子。各就各位，就能各得其所。为民作主和爱民如子，往往会被今人批判为封建意识或专制思想。为民作主的思想和爱民如子的情愫产生于传统社会。我们在批判传统的时候，有必要回归传统，对传统给予同情性理解。李光耀曾说："身居迅速变化的时代，我们希望在探索走向未来的同时不割断与过去的联系。在告别过去的时候，我们有一种深刻的不安，失去传统会使我们一无所有。"②

实际上，即便有由民作主的政治制度，也需要为民作主的行政管理。重要原因是民主具有时间和空间的局限性。民主意味着由人民来作主。人之常情，最关心的是在时间、空间上与自己关系切近的事情。随着时间、空间的渐行渐远，人们对这些事情的关心程度也越来越低。例如，就时间而言，我们可以按照人们关心的程度从高到低依次区分为当前、十年后、百年后、千年后，乃至万年后；就空间而言，我们可以按照人们关心的程度从高到低依次区分为家人、乡人、国人、人类，乃至全球生灵。如图1-3所示，在以时间为横轴、空间为纵轴的坐标系中，每个方格中或多或少的点表示的是关心程度。点数越多，关心程度越高；点数越少，关心程度越低。由图可知，时间上处于当前、空间上位于家人的一格，得到人们最多的关心；时间上处于十年后、空间上位于乡人的一格，得到人们的关心相对变少，如此等等。以此类推，时

---

①《礼记·中庸》。

②［美］法里德·扎卡里亚：《文化决定命运——李光耀访谈录》，载于《经济民主与经济自由》，生活·读书·新知三联书店，1997年，第201页。

间、空间距离越远，得到的关心越少。

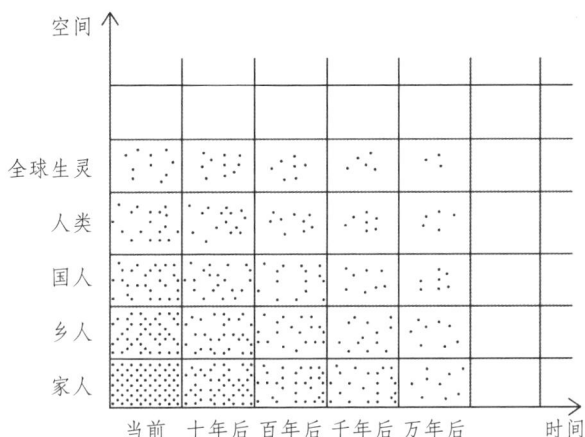

图1-3　人的关心程度与时空的关系图

　　民主意味着由民作主，并主要通过公民投票来实现。由于投票之民是当时当地之民，因此，一方面，现实中的民主仅是“一代民主”（即当代之民参与投票的民主），而非“世代民主”（即包括当代与后代的世世代代的人民都来参与投票的民主），从而具有时间的局限性，反映的只能是“一时”的民意。另一方面，现实中的民主仅是“一国民主”（即一国之民参与投票的民主），而非“全球民主”（即全世界人民乃至全世界所有生灵都来参与投票的民主），从而具有空间的局限性，反映的也仅是“一地”的民意。由于民主表达的仅是“一时一地”的民意，而不能代表最广大（空间广大）人民的根本（时间长久）利益，所以具有时空的局限性。

　　仅能反映“一时一地”民意的民主，很有可能在满足“一时一地”民意的同时，违背最广大人民的根本利益。例如，一些有利于生态环境和子孙后代的环保方案可能在现实世界中难以有效推行，因为环保方案可能妨碍一些国家当下的经济发展，这些国家的政府领导人就可能在下届选举中因违背民意（即“一时一地”的民意）而落选。相较时间上更为长久、空间上更为广大的根本利益和整体利益，民众可能更为关心“一时一地”的眼前利益和局部利益。不可持续的发展导致强者挤压弱者（就空间言）、今人剥夺后人（就时间言），需要变"一国民主"为"全球民主"，变"一代民主"为"世代民主"。

从"一国民主"扩大为"全球民主"，不仅意味着从让一国之民参与投票扩大到让全世界人民参与投票，而且意味着要让全世界所有生灵都来参与投票。其所以如此，与人类能力的迅猛发展相关联。如果人类的能力未能突破作为自然界生物链中一环的地位，即人类对地球资源的索取仅仅有如狼吃羊、羊吃草，那么人类无需也无力对自然负责。在这种境况下，人类生活对自然造成的破坏，自然会通过生态平衡加以调节，并最后达到"万物并育而不相害，道并行而不相悖"①的境界。但今天，人类作为类的能力，可以而且正在破坏整个生物链甚至生物网。例如，人类可以通过原子武器摧毁整个地球的生命，也正在通过难以节制的发展破坏全球生态。于是，体现民主的公民投票，就不能仅仅扩展到全球之民，还应该扩展到人类之外的其他生灵。因为一国以外的外国人民不可能，人类以外的其他生灵更是无法参与投票，于是只好寄希望于具有"爱民如子"（乃至于泛爱其他生灵如子）情怀的"家长"来为民作主。古人所谓的"不谋全局者，不足谋一域"，正合此意。

从"一代民主"延伸为"世代民主"，是因为当今人类对自然资源的索取，不仅动用了属于今人的资源，还掠夺了属于后人的资源。人类在动用地球资源的时候，应该只动用它的利息，而不应动用它的本金。唯其如此，人类才能在这个星球上生生不息。动用地球资源的利息，用的就是属于今人的资源；动用地球资源的本金，用的就是属于后人的资源。当人类砍树的速度低于树生长的速度，用的就是地球资源的利息；当人类砍树的速度高于树生长的速度，用的就是地球资源的本金。树木还属于可再生资源。当人类对煤炭、石油等不可再生的资源毫无节制地加以动用的时候，用的就是本金中的本金了。人类由于过度砍伐树木而动用了地球资源的本金，也因为肆意挥霍煤炭、石油而动用了本金中的本金。于是，体现民主的公民投票，就不能局限于当代公民，而应该延伸到包括子孙后代在内的世代公民。由于当代之后的子孙不可能参与今天的投票，就需要能为子孙后代"计深远"（即考虑长远）的

---

① 《礼记·中庸》。

"家长"来为民作主。古人所谓的"不谋万世者，不足谋一时"，正合此意。

在由民作主的情况下还需要为民作主，可以从孟子的如下论述中得到启示。孟子认为，国君进用人才，在不得已的情况下，很可能会使地位低的超过地位高的，关系远的超过关系近的。因此，必须格外慎重。其具体的操作程序应该如此："左右皆曰贤，未可也；诸大夫皆曰贤，未可也；国人皆曰贤，然后察之，见贤焉，然后用之。左右皆曰不可，勿听；诸大夫皆曰不可，勿听；国人皆曰不可，然后察之，见不可焉，然后去之。"①意思是说，左右侍臣都说他好，还不行；大夫们都说他好，也还不行；全国的人都说他好，然后对他加以考察，见他确实是好，这才任用他。左右侍臣都说不行，不要听信；大夫们都说不行，不要听信；全国的人都说不行，然后对他加以考察，见他确实不行，这才罢免他。

左右近臣往往阿谀奉承，其言固然不可相信；诸大夫之言，应该可以相信了，但仍有可能被一己之私所蒙蔽；全国的人的话，当然全面公允，但仍然需要加以考察，原因是"人有同俗而为众所悦者，亦有特立而为俗所憎者"②。所谓"同俗而为众所悦者"，可以理解为今天所谓的民粹主义者，其主张往往是迎合一时的民意，但很可能不利于人民长远利益和国家整体利益。所谓"特立而为俗所憎者"，当然包括李光耀倡导的"敢于做正确的事，而不是'政治上正确'的事"的人，也就是敢于违逆一时民意而做有利于人民长远利益和国家整体利益的事的人。那些迎合一时民意的人也许暂时被全国的人都称贤说好，但可能有违长远整体利益。因此，领导者还必须再加考察，"亲见其贤否之实，然后从而用舍之；则于贤者知之深，任之重，而不才者不得以幸进矣。"③即亲自了解对方贤或不贤的实际情况，然后决定任用或不任用。这样就可以对贤者认知得很深入，任用得很郑重。那些没有才能的人也就不会被侥幸地提拔到领导岗位。

上述操作程序，不仅适用于进退人才，也适用于惩治坏人。孟子接着说：

---

①《孟子·梁惠王下》。

②③《孟子集注·梁惠王章句下》。

"左右皆曰可杀，勿听；诸大夫皆曰可杀，勿听；国人皆曰可杀，然后察之，见可杀焉，然后杀之。故曰国人杀之也。"①意思是说，左右侍臣都说可杀，不要听信；大夫们都说可杀，不要听信；全国的人都说可杀，然后加以考察，见他确实可杀，这才杀掉他。所以说，是全国的人杀掉他的。这就是所谓的"天命天讨，皆非人君之所得私也"②。在上段文字中，孟子的原意可能是要强调君主必须服从民意，也即一定意义或一定程度上的由民作主。但是，孟子在讲完"国人皆曰"可用、可去、可杀之后，并不主张立即就用之、去之、杀之，而是"然后察之"，即还需要君主亲自加以考察，见他确实可用、可去、可杀后，才用之、去之、杀之。换句话说，在有了一定意义或一定程度的由民作主之后，还要加上领导者的为民作主，才算完善妥帖。在阐述了上面的程序或观点之后，孟子说："如此，然后可以为民父母。"③意思是说，这样才可以算是百姓的父母，也就是我们今天所说的"家长"。

与孟子的上述思维大体类似，人民行动党领导人认为，政府决策应该了解、尊重民意，但是任何国家都不可以单凭民意来行政。因此，"当你选择了一个政府，那么这政府便负责制定政策。这些政策在国会里辩论，而没有与人民咨询，除非这些政策是非常重要而需要全民投票"④。从一定意义上说，政府的工作方式与医生相似。例如，有朋友告诉你减肥药对他们很有效，你便把这个意见转达给你的医生。你的医生不仅不同意，而且告诉你，减肥药可能产生严重的副作用，并劝你少吃巧克力、冰淇淋等东西，多做运动。试想一下，他不开减肥药给你，错了吗？或者说，他应该听从你的意见而无视你的长远健康？毫无疑问，医生必须运用他的专业判断，而不是盲目地听取那些非专业的意见。同样，政府必须运用它的知识和经验、征询专家意见、收集民意，然后开出深思熟虑后认为最好的"药方"。经验告诉人们，政府纯粹跟随民众的意愿办事，从不推行任何不受欢迎的政策，是很容易的事情。⑤但是，

① ③《孟子·梁惠王下》。
②《孟子集注·梁惠王章句下》。
④《吴作栋对一些重要问题的看法》，《联合早报》，1986年1月1日。
⑤ 参见《谁说政府不听取民意》，《联合早报》，2002年8月19日。

政府只有敢于做正确的事,即有利于人民长远利益的实际上正确的事,而不是"政治上正确"的事,即能够博得民众一时喜欢的看上去正确的事,才是真正的负责任的政府。

随着民主意识的逐渐增强,对于为民作主的好官的期待也许正在走出新加坡人的显意识,但仍然深藏在他们的潜意识。李显龙在 2014 年国庆群众大会上讲述过如下故事:白沙–榜鹅集选区的人民行动党议员张思乐就曾碰到一位六十多岁的大姐。她告诉张思乐,现在样样东西都起价,钱不够用。她问:"政府为什么紧紧收住我的公积金? 我都老了,不知道会活到几时,可能明天就走了,现在就把钱还给我。"张思乐回答说:"大姐,你的精神这么好,肯定健康长寿。"他也说,政府是为大家着想,使大家老了以后不必为钱烦恼,担心没钱还这个还那个。大姐回应说:"多谢了,但还是请你让我取回我的公积金吧,不用你们操心。"张思乐问:"你是不是现在就想把你和你老公的公积金全部提出来? 这笔钱花完之后怎么办?"大姐马上回答说:"还我的就好了。我老公的,不要给他,他会乱花。"①

二、为民作主的可能性:政府是"可能的善"

西方文化倾向于视政府为"必要的恶",其理念是"最好的政府,最少的干预",其对政府的角色定位是"守夜警察";东方文化倾向于视政府为"可能的善",其理念是"最好的政府,最多的关爱",其对政府的角色定位是"操心父母"。海外新儒家的代表杜维明先生指出:"政府可不可以扮演一个积极的作用? 在西方一直有一个毛病,就是认为政府是一个不可避免的罪恶,是 inevitable evil 或者 neccessary evil。但是,在东方社会,人们认为政府可以扮演积极的作用,就是贤人政治。贤人是通过人的自我人格发展,到了个人力量增加了以后,就要对社会群体负起责任。换句话说,政治的责任感和个人的道德素养可以配合。"②杜维明所谓的东方社会,主要是指儒家文化圈社会;杜

---

① 李蕙心、陈劲禾:《华族文化已有"南洋风"》,《联合早报》,2014 年 8 月 18 日。
②《杜维明教授谈东西方价值观》,《联合早报》,1995 年 4 月 9 日。

维明所谓的"政府可以扮演积极的作用"，其实是将政府视为"可能的善"。政府是由人组成的。儒家孟子一派认为人性本善或人性中有善端，因此通过努力，"人皆可以为尧舜"；儒家荀子一派虽然认为人性本恶或人性中有恶端，但认为人能够而且应该化性起伪(伪即人为)，通过后天人为变恶为善。因此通过努力，"涂之人可以为禹"①，意思是说，路上的普通人可以成为禹，也即通过教育，人人可以成为像大禹那样的圣人。综上所述，儒家中孟荀两派，对人性的认识虽有性善性恶之分，但都认为人通过努力可以成为君子乃至圣人。于是，由人组成的政府当然是"可能的善"。

表1-2　东西方政府观

	以美国(自由主义)为代表的西方	以中华(儒家)为代表的东方
政府	必要的恶	可能的善
理念	最好的政府，最少的干预	最好的政府，最多的关爱
角色	守夜警察	操心父母

（一）为民作主可能性的空间意义的理解

从空间的意义来理解，为民作主之所以可能，政府之所以是"可能的善"，是因为当政府由品质高尚的君子组成或主导，就能够推己及人地亲亲而仁民、仁民而爱物，进而造福人民乃至众生。这里，君子与小人相对立，因此君子也就相当于先儒王阳明所谓的"大人"。王阳明认为，"大人"就是"以天地万物为一体"②的人。所谓一体，就是情同手足，十指连心。因为手足、十指与心连为一体，所以如果针扎了手指或刀砍了手足，我们的心就知道痛。当然，如果你周身痿痹，即便十指被针扎或手足被刀砍，你的心都不知道痛。这叫作"麻木不仁"。这里的"不仁"，其实就是不能连为一体。因此，"仁者爱人"的实质内涵就是"以天地万物为一体"，即把天地万物视为"情同手足"，视如"十指连心"。这时候，刀砍针扎在别人身上，痛落到自己心头。

①《荀子·性恶》。
②《大学问》。

用王阳明的话来说,就是"其视天下犹一家,中国犹一人焉"①。由于"大人""视天下犹一家",所以当"大人"成为官员,他就是对天下生灵一视同仁(掌心掌背都是肉)的"家长";由于"大人"视"中国犹一人",所以当"大人"成为官员,他也就成了视一国民众为亲同骨肉的"父母",即能够为民作主和爱民如子的"家长"。

现实中的人不一定都是王阳明所说的"大人"(即君子),但每个人都有成为"大人"的潜能——因为每个人都存有"以天地万物为一体"的仁心,真真切切,不假外求。孟子曾举例说,如果今天有人突然看见一个小孩要掉进井里面去,必然会产生怵惕(惊惧害怕)恻隐(同情怜悯)之心——这不是因为他想要和这孩子的父母拉关系,也不是因为他想在乡邻朋友中博取声誉,更不是因为他厌恶这孩子的哭叫声才产生这种怵惕恻隐的心理,而是一种本能的反应。由此看来,"无恻隐之心,非人也"②。换句话说,每个人都有恻隐之心。而"恻隐之心,仁之端也"③,即恻隐之心,是仁的开端。由此可知,人性本善,或者说,人性中有善端。

王阳明对孟子的上述观点引而申之,阐而发之,指出:当人看见小孩掉进井里,必然产生怵惕恻隐之心,这便是那颗"以天地万物为一体"的仁心与孺子连为一体了;孺子还是人的同类,当人看见鸟兽哀鸣觳觫,必然产生不忍之心,这便是那颗"以天地万物为一体"的仁心与鸟兽连为一体了;鸟兽还是有知觉的东西,当人看见草木摧折,必然产生悯恤之心,这便是那颗"以天地万物为一体"的仁心与草木连为一体了;草木还是有生意的东西,当人看见瓦石毁坏,必然产生顾惜之心,这便是那颗"以天地万物为一体"的仁心与瓦石连为一体了。由于上述那一系列反应是每个人都会有或都能有的反应,所以无论"大人"(君子)、小人,每个人都生而具有那颗"以天地万物为一体"④的心。

儒家经典《大学》云:"大学之道,在明明德,在亲民,在止于至善。"南宋朱熹根据程子的观点,将其中的"亲"读作"新",其意是更新、革新。但王阳明认

---

① ④《大学问》。
② ③《孟子·公孙丑上》。

为,"亲"仍然是"亲",其意是亲近、亲爱。在王阳明看来,"大学"就是大人之学,而大人则是"以天地万物为一体"的人。"明明德"就是"去其私欲之蔽,以自明其明德,复其天地万物一体之本然而已耳"①。这就是说,一旦人们回到那种"以天地万物为一体"的原初状态,找回那颗"以天地万物为一体"的初心,如果他为官,其第一反应必然是去"亲民",即亲近人民,爱护人民。于是,"在亲民"的亲,就是亲近、亲爱的亲,而不是作为假借字的更新、革新的新。这里,亲是热的,而新是冷的。这时候,对老百姓有利的事,他就会去做;对老百姓不利的事,他就不会做。一辈子只为老百姓做好事,不做坏事。他就达到了最高境界,而且不松懈,不动摇,即"止于至善"了。虽然"至善"的境界常人难以企及,但可以不断接近。由于现实中的民主(由民作主)只是"一国民主",即由一国公民投票;而非"全球民主",即由全球万物生灵投票。因此,就需要通过选贤任能推举出能够"以天地万物为一体"的"大人"来为民作主,替全世界人民乃至全世界生灵投票。

　　"以天地万物为一体"的"大人"能推己及人,将爱在空间上层层推演,圈圈扩大。这很容易让人想到传统中国社会的差序格局。差序格局一词由社会学家费孝通先生提出,旨在描述按离自己距离的远近来划分亲疏的人际格局。换句话说,差序格局是"以'己'为中心,像石子一般投入水中,和别人所联系成的社会关系"。它"像水的波纹一般,一圈圈推出去,愈推愈远,也愈推愈薄"。费孝通指出,儒家最考究的是人伦,伦就是从自己推出去的和自己发生社会关系的那一群人里所发生的一轮轮波纹的差序。根据《释名》的解释,沦的意思是"伦也,水文相次有伦理也"。凡是有"仑"作公分母的意义都相通,共同表示的是条理、类别、秩序的一番意思。伦重在分别,即区分贵贱、亲疏、长幼、上下等差等。"不失其伦"就是尊重、遵循这种有差等的次序。②

　　不过,将爱在空间上层层推演、圈圈扩大的推己及人与费孝通先生的差

---

①《大学问》。
② 参见费孝通:《乡土中国》,北京出版社,2005年,第34—35页。

序格局虽有形式上的相似,却又有实质上的区别。前者是要努力地将爱扩大出去,后者则是狭隘地将爱缩小回来。《墨子》一书对儒家仁爱的某个误会阐释,恰好说明了这个区别。书中虚构了一位名叫巫马子的儒者。他对墨子说过大意如下的话:我不能兼爱(兼爱指平等地无差别地爱一切人)。我爱国人胜过爱人类,爱我乡人胜过爱国人,爱我家人胜过爱乡人,爱我的父母双亲胜过爱家人,爱我自己胜过爱父母双亲。①

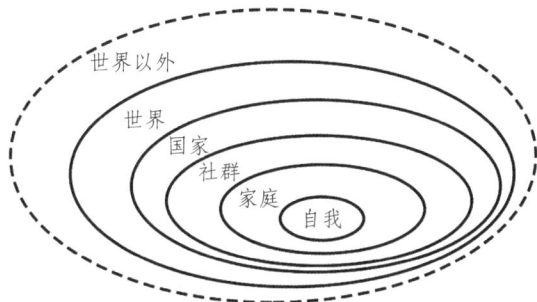

图1-4 自我的扩充过程②

墨子虚构的巫马子所说的上述话语,反映了儒家仁爱的部分真实,即爱有差等。但是,儒家爱有差等的实质不是叫人将爱缩小回来,而是让人将爱扩大出去。因为墨子误认为儒家仁爱是缩小回来,所以他虚构的巫马子所说的上段话语中的最后一句——"爱我身于吾亲"(爱我自己胜过爱父母双亲),就完全违背了儒家精神。按照儒家精神,爱父母应该胜过爱自己。这本身就包含着一种突破小我的超越。正是通过爱父母胜过爱自己这种既超越自我又符合自然的行为,进而"老吾老以及人之老,幼吾幼以及人之幼"③,儒家仁爱才能推己及人,博施济众。王阳明说得好:"仁是造化生生不息之理,虽弥漫周遍,无处不是。然其流行发生,亦只是个渐,所以生生不息。"譬如树木,"其始抽芽,便是木之生意发端处"。同样,"父母兄弟之爱,便是人心生意发端处;如木之抽芽。自此而后仁民,而爱物,便是发根,生枝生叶"。相反,"墨

① 参见《墨子·耕柱第四十六》。
② 参见杜维明:《杜维明文集》第2卷,武汉出版社,2002年,第229页。本图依照书中插图重新制作而成。
③《孟子·梁惠王上》。

氏兼爱无差等,将自家父子兄弟与途人一般看,便自没了发端处。不抽芽便知得他无根,便不是生生不息,安得谓之仁?"①因为儒家仁爱具有大本大源,所以能够生生不息,爱无止境。

生生不息、爱无止境的儒家仁爱是一个"亲亲而仁民,仁民而爱物"的层层推演、圈圈扩大的过程。这里,亲亲(亲爱亲人)就是那个"一石激起千层浪"的石子,处于层层推演、圈圈扩大的水中涟漪的最核心的那个圆圈,仁民(仁爱民众)则是第二圈,爱物(爱惜万物)则是第三圈。三者是条件关系,即亲亲才能仁民,仁民才能爱物;也是递进关系,即亲亲而且仁民,仁民而且爱物。其能够层层推演,圈圈扩大,有赖于儒家不断深化的人格修养。这里,人格修养的深化,有如投入池水的那颗石子。人格的不断深化,犹如石子的不断冲击;仁爱的日益扩大,又如涟漪的不断扩展。于是,人格的修养越深化,仁爱的范围越扩大。儒家经典《大学》说:"古之欲明明德于天下者,先治其国,欲治其国者,先齐其家;欲齐其家者,先修其身;欲修其身者,先正其心;欲正其心者,先诚其意;欲诚其意者,先致其知,致知在格物。"这是说仁爱范围的扩大有赖于人格修养的深化。《大学》又说:"物格而后知至,知至而后意诚,意诚而后心正,心正而后身修,身修而后家齐,家齐而后国治,国治而后天下平。"这是说人格修养的深化有利于仁爱范围的扩大。

新加坡地处东南亚,却属于儒家文化圈。李光耀说:"亚洲的国家非常不一样,因此让我们只针对中国、韩国、日本,以及那些原属中国文明,采用了中国文字,受过儒家文化影响的国家来谈。这个系统重视人的自我完善。人可以把自己的命运掌握在手里。只有在这样的情况下,好的家庭才会产生,而从好的家庭再延伸到大家庭、宗乡,最后是人民与统治者之间的良好关系。我本身相信这个儒家系统能够经得起时间的考验。"②李光耀所说的"重视人的自我完善",意思就是注重人格的修养;所说的"人可以把自己的命运掌握在手里",意思也是通过人格修养,就能够成为见利不忘义的君子;所说的家

---

① 《传习录上》。
② 《李资政接受德〈经济周刊〉访问》,《联合早报》,1997 年 12 月 15 日。

庭乃至于统治者与人民的关系，是一种家国同构的体系，即家是缩小了的国，国是扩大了的家；懂得了如何处理好家庭关系，也就懂得了如何处理好社会关系和国家中的各种关系。

日本实业家松下幸之助提出过"卖货品要像嫁女儿"的观点。他说，女儿大了，父母要把她嫁出去。眼看着从小就费尽心血养育的可爱女儿，已经成年而且将要自立、出嫁，在他们的心中，必然有一种复杂的感觉，一是不愿意女儿离开的寂寞感，二是有缘结到一个亲家的喜悦感，三是希望女儿一生幸福的祝福之情。在女儿出嫁后，父母则会随时关心女儿婚后的生活是否美满。他们担心，对方的家人是否都喜欢她？她是否精神饱满地做事？这大概是一般父母的心态。松下接着说，对买卖来说也是一样。每天所经手的商品，就像是自己多年来费尽心血养育的女儿；顾客购置商品，就等于娶了自己的女儿。因此，商店和顾客，就成了亲家。如果能这样想，那么自然就会关心顾客的需要，会想到："顾客使用后是否满意？""是否出现了故障？"甚至经过顾客家门口，会想到"既然我到了这里，干脆进去看看，听听他们的意见吧"等想法。这跟嫁了女儿，还依然不舍得的心情是一样的。如果每天能抱着这种态度做买卖，就能跟顾客建立超越纯粹买卖关系的相互信赖感。一旦到了这个境界，必然会受到顾客的欢迎，进而使生意日益兴隆。

如上所述，用处理家庭关系的方式、情感去处理社会关系，关系就容易理顺。同样，由于家庭伦理蕴含政治伦理，家庭秩序关联政治秩序，家庭伦理与秩序的建设也就具有政治意义和功能。例如孝顺父母的孝、尊敬兄长的悌、关爱子女的慈，本来属于家庭伦理。但推而广之，就能够成为政治伦理。古人所说的"孝者所以事君也，弟（悌）者所以事长也，慈者所以使众也"等，就是家庭伦理推及社会政治领域的写照。与上述观念一脉相承，李光耀致力于维护儒家所重视的五伦。所谓五伦，就是五种最基本的人与人的关系，具体包括父子有亲、君臣有义、夫妇有别、长幼有序、朋友有信。李光耀说："我们必须做的，就是加强这些强调五伦……的东方价值观。但是，我们也必须给予这些价值观一种现代化的表达方式。"①例如，君臣有义就可以有新的理解。李光耀说："在受到儒家国家影响的国度里，你发现股东固然重要，但……也许它们的工人更重要。美国的那种雇佣后随时解雇的制度对我们来说是难以想象的。我们亚洲人相信自己必须履行对家庭及朋友的义务。也许美国的经济模式比较有效率，但尽管如此，我不认为这个制度在中国、日本或者新加坡会行得通。"②

在李光耀看来，日本的员工不会轻易跳槽，雇主也不会轻易解雇自己的员工，就是君臣有义。这里，李光耀其实是把雇主与雇员的上述关系比作君臣有义的关系。而君臣有义略同于父子有亲。当一个人树立了父子有亲的观念之后，就容易由此及彼地在社会中做到君臣有义。儒家五伦所指称的五种关系，其中三种是家庭关系，如父子关系、夫妇关系和长幼（指兄弟姐妹）关系。其他两种虽然不是家庭关系，但也可以比附为家庭中的某种关系。如君臣略同于父子，朋友略同于兄弟。进一步说，"天下一家"，"四海兄弟"，整个社会就是一个大家庭。家庭伦理培养好了，社会伦理也就顺理成章地培养好了；家庭关系处理好了，社会关系也同样处理好了。综上所述，"老吾老以及人之老，幼吾幼以及人之幼"不悖人之常情，人人都可以通过空间上的推己及人成为君子；"以天地万物为一体"属于人之本心，人人都可以通过空间上的自我扩展成为"大人"。通过选贤任能，君子就可执政，"大人"就能掌权，政府就成为"可能的善"，为民作主也就有了空间意义上的可能性。

（二）为民作主可能性的时间意义的理解

为民作主的可能性，即政府是"可能的善"，也可从时间意义上来理解。政府要成为"可能的善"，官员要能够为民作主，就不能只考虑自己一代，还要考虑子孙后代，换句话说，要为子孙后代"计深远"（即考虑长远）。"计深远"一说出自《战国策》名篇《触詟说赵太后》。篇中的左师触詟对赵太后说："父母

---

① 《中国的经济发展前景一片大好》，《联合早报》，1992年8月31日。
② 《亚洲国家能解决问题以更强实力卷土重来》，《联合早报》，1997年12月5日。

之爱子,则为之计深远。媪之送燕后也,持其踵,为之泣,念悲其远也,亦哀之矣。已行,非弗思也,祭祀必祝之,祝曰:'必勿使反。'岂非计久长,有子孙相继为王也哉?"其意是说,父母爱子女,就要为他们长远考虑。老太太您送女儿出嫁时,她上了车,您还握着她的脚后跟为她哭泣,惦念、伤心她的远嫁。这够伤心的了。送走之后,您不是不想念她了,但是每逢祭祀,您一定为她祈祷:"一定别让她回来啊!"这难道不是从长远考虑,希望她有子孙相继为王吗?之所以如此祈祷,是因为按照古代礼制,诸侯的女儿嫁到别国,只有在被废或亡国的情况下,才能返回本国。这是作为母亲(即家长)的赵太后所不愿看到的。正因为如此,她才会在日夜思念远嫁他国的心爱女儿的同时,仍然要祈祷"一定别让她回来"。这正是要为女儿"计深远"。

真正的父母,固然关注子女的眼前利益,但更关心子女的长远幸福。先儒先贤们愿意用"民之父母"为君王、官员进行角色定位,就是为了勉励他们"爱民如子",为民作主,成为为民众"计深远"的"家长"。由于现实中的民主(由民作主)只是"一代民主",即由一代公民投票;而非"世代民主",即由包括当代乃至子孙后代的公民都来投票。因此,这就需要通过选贤任能推举出能够为民众"计深远"的"家长"来为民作主,替当代乃至子孙后代投票。

新加坡第二任总理吴作栋把"新加坡式民主"称为"托管式民主"。其相关论述体现的正是为民众"计深远"的为民作主的精神。他解释说:"政府像人民的信托人,一旦在选举中受委托负责看管人民的长期福利时,它就以独立的判断力来决定人民的长远利益,并以此作为它的政治行动的根据。实际上,新加坡政府的政策从来就不是由民意调查或人民投票来决定的,因此在执行正确的长期政策时,有时难免会收到'良药苦口'的反应。但是,正因为新加坡采取了这种'托管式民主'模式,它才能成功地推行一些虽不讨好但有利于经济长远发展的政策。"①这里,"良药"之所以为良,是因为它符合人民的长远利益;"苦口"之所以为苦,是因为它可能损害人们的眼前利益。在选票压力下,民选政府为了讨好选民以获取选票,往往回避那些有利于人民长

---

① 《吴总理:新加坡政治是托管式民主模式》,《联合早报》,1995年9月18日。

远利益的政策,实施一些合乎人们眼前利益的做法。这只能得到民众一时的喜欢,而不能赢得民众最后的尊重。正因为如此,李光耀才将"要受人尊重,不要讨人喜欢——拒绝避重就轻"视为人民行动党政府必须竭力坚持的治国原则。

为民作主要求领导者能够超越眼前利益,看到长远利益。为了防止车辆拥堵,新加坡政府采取了拥车证制度,即购车者必先通过竞投购买到有限发放的拥车证,才有资格购买车子。从眼前看,上述制度无疑让爱车一族不满;从长远看,它又的确有效地防止了因为车辆太多而造成的拥堵现象。时任总理的吴作栋在拥车证制度上既左右为难又断然决然,很能反映一时民意不能代表长远民意,由民作主不能代替为民作主。他说:"拥车证价格上涨,最不高兴的是我,而不是一般的买车者。这将对我造成政治上的伤害。因为我必须面对选举。但政府如果把每月发放拥车证的比例从3%提高到6%,把价格压低,可能过不了多久,就会出现交通堵塞,事故就会增多。那时,人们将把问题的产生归咎于政府。我不愿到那时才想办法。"①这就是说,仅有由民作主的机制,政府就可能只考虑如何"面对选举"和如何避开"政治上的伤害",从而通过提高拥车证发放比例来迎合一时的民意,甚至不惜出现交通堵塞、事故增多;兼有为民作主的情怀,政府才可能为民众"计深远",通过压低拥车证的发放比例来避免交通堵塞、事故增多,甚至不惧违逆一时民意所导致的"政治上的伤害"。前者的做法属于"政治上正确",后者的作为才是实际上的正确。

人要做到"以天地万物为一体",官员要能够为子孙后代"计深远",就必须提高人格修养。新加坡政府倡导儒家伦理,并于20世纪80年代在中学开设了"儒家伦理"课程,编写了合计两册的《儒家伦理》教材。教材中有篇课文《理想的人格》,讲述的正是人格修养的不断深化。一方面,这种人格修养的不断深化是与时间维度的推移相伴随。课文以孔子为例说:

---

① 成茹:《新加坡以拥车证抑制车辆数量》,《交通世界》,1996年第4期。

孔子说:"吾十有五而志于学,三十而立,四十而不惑,五十而知天命,六十而耳顺,七十而从心所欲不逾矩。"这是他的自述。他十五岁立志向学,所要学的自然不仅仅是知识,而是做人的道理。到了三十岁时,他打好了学问的基础,同时确立了自己的人生方向,那就是作为一个人,必须面对现实,在活着的有限时间内,接受现实的种种考验,然后通过道德实践,建立自己的理想,开拓无限的精神生命。他"四十而不惑",因为不惑,所以能明辨是非,能坚守原则。

孔子有了正确的人生方向和丰富的生活经验,同时对自己也有了充分的了解。他深切地明白,自己在社会中能做些什么,应该做些什么,于是便尽心尽力地去做。就这样,孔子建立了他的自我人格,发挥了他乐观进取的精神。他不怨天,不尤人,对困难的环境和不如人意的命运,一点不感到失望与彷徨。这就叫作"乐天知命"。孔子说他"五十而知天命",就是说他自己到了五十岁时,才达到了"乐天知命"的境界。他"六十而耳顺",耳顺是属于了解别人的功夫。别人说的话,从耳朵听进去,便跟自己的心灵相沟通,这就是耳顺。有了心灵的沟通,才能将心比心,才能推己及人,有效地发挥恕道精神,真正地做到己立而立人,己达而达人。

一个人能有己立而立人、己达而达人的高度表现,必然是已经有了高度的道德修养,这时候,无论想什么、做什么,都自自然然符合道德标准,而不会超越规矩法度。这就是孔子在七十岁时"从心所欲,不逾矩"的境界,也就是人格修养的最高境界。

另一方面,这种人格修养的不断深化也与空间层次的升华相一致。《理想的人格》一文也以孟子为例说:

有一次,浩生不害问孟子:"乐正子是怎样的人?"
孟子回答说:"他是善人,也是信人。"
"怎么叫善? 怎么叫信?"

　　孟子说："一个人的行为，有值得人家喜爱的地方，便叫作善。他的善行，并不是外表的装作，而是内心真诚的呈现，便叫作信。"

　　善和信只是人格修养的初步层次罢了，所以孟子接着说："一个人能尽量充实自己的善行，以达到完美的地步，便叫作美。善行既充实完满，还要能够把它发扬光大，不论在道德上或事业上，都有光辉的成就，便叫作大。既发扬光大，又能融会贯通，便叫作圣。圣德到了神妙不可测的地步，便叫作神。乐正子的表现，只是达到善和信这两个层次，至于美、大、圣、神的层次，他还没有达到。由以上的对话，我们可以知道孟子把人格的发展，分为善、信、美、大、圣、神六个层次。这六个层次，是有连贯性的。它可以给我们一个启示，那就是人格的发展，是一个逐步提升的过程。所以，我们必须继续不断地实践道德，继续不断地力争上游，才能一步步走上高尚人格的境界。

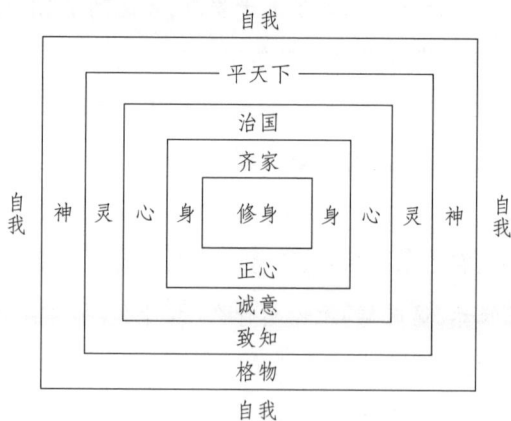

图 1-5　自我的深化过程①

　　将孔孟所讲的人格修养的境界提升和《大学》所说的格致诚正修齐治平相联系，可以在参考上图之后，演绎出"人格的不断升华"的下图。

_____

　　① 参见杜维明：《杜维明文集》第2卷，武汉出版社，2002年，第232页。本图依照书中插图重新制作而成。

平天下
治国
齐家
十有五而志于学
修身 善 信 美 大 圣 神
正心
诚意
致知
格物

七十而从心所欲，不逾矩 六十而耳顺 五十而知天命 四十而不惑 三十而立

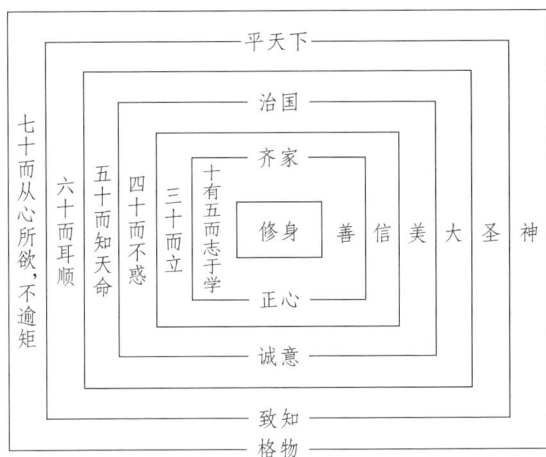

图1-6 人格的不断升华

也许有人会说，孔子、孟子是圣人，我们是常人。圣人的人格境界，常人是难以企及的。但是，《理想的人格》一文指出：

　　人格的修养，全凭自己主动地去努力，真诚而不自欺。主动和真诚，是人人都做得到的，做不到的只是因为不做，并不是因为难；而且不必等待机会，随时随地都可以开始去做。所以，我们只要决心做个品格高尚的人，立刻拿出刚毅的意志来，改变随俗浮沉的生活态度，尽自己的本分去做自己应该做的事，那么不论站在哪一种岗位上，都可以显现我们的价值，发出我们的光辉。

　　以前，王阳明曾经用纯金来比喻圣贤的人格。他认为从质来说，颜回和尧、舜都是纯金；从量来说，尧、舜当过国君，有丰功伟业，分量上比较重。但是人格的高下在质不在量，所以颜回虽然没有丰功伟业，却可以跟尧、舜一样成为圣贤。每个人，尤其是青少年，都有成为纯金的潜能，至于发展的结果所形成的量是多是少，对社会的贡献是大是小，这是谁都无法预料的。

　　王阳明的上述观点，与孟子所说的"人皆可以为尧舜"，甚至荀子所说的"涂之人可以为禹"的观点一脉相承。因为儒家抱持着任何人都可以成为圣

贤的信心和领导人更应成为圣贤的信念，政府当然就被视为"可能的善"乃至"应该的善"。

新加坡曾在中学三四年级开设儒家伦理课程的事迹颇负盛名，其教材开门见山地指出："儒家伦理是一套中国古代传下来的做人的道理，这是由孔子建立起来的道德标准和理想，后来又经过历代的儒家学者的继承和发扬，流传到今日，成为一套人人适用的人生哲理。"阅读《儒家伦理》教材，笔者的感受是"择焉虽精而语焉尤详"。将博大深厚的中华儒家伦理浓缩在薄薄两册书中，当然需要择其精要。但是，这种择其精要并未让人感到语焉不详，非全局在胸，曷克臻此？例如，书中一篇题为《人民与国家》的课文写道："儒家的政治理想是天下为公……如果领袖变得残暴无道，给人民带来祸害，有贤德的人就可以领导人民，把他推翻。"上述儒家观点很容易被人简单地表述为"人民就可以把他推翻"，但课文却详明地阐释为"有贤德的人就可以领导人民，把他推翻"。这种"语焉尤详"的阐释，才算完整准确表达了以孟子为代表的儒家思想。在孟子看来，暴君虽然可以讨伐，但必须由"天吏"（全尽天理的人，即有贤德的人）领导民众来进行，以暴易暴并不值得提倡、鼓励。

《儒家伦理》教材的另一特色，是编写组主任刘蕙霞博士所说的"对儒学做了新的有选择的诠释，以配合现代社会需求"。刘博士举例说："当前是男女平等的社会，对女子地位不利的过时的儒家观念，我们摒弃不用。又如在处理五伦的人际关系时，我们给予现代的诠释，着重每一伦内双方的'双程交通'与相互的职责关系。"[①]《儒家伦理》教材指出："权利和义务的关系是相对的，有权利就有义务。只希望自己享受权利而不尽义务，那是蛮横无道；只要求别人尽义务而不给予权利，那是无理剥削。蛮横无道和无理剥削都会造成社会的不公平。"

新加坡中学推行儒家伦理教育的举措，1990年便告结束。据说原因是新加坡作为一个多元种族、宗教和语言的国家，政府过分强调儒家伦理教育，

①刘蕙霞：《刘蕙霞论文集》，友联书局（私人）有限公司，1997年，第41页。

将引起其他少数族群的忧虑,从而不利于种族团结和国家安定。为消除新加坡少数族群对开设儒家伦理课程的担心,也为消除开设多门宗教课程而致使各教派之间的摩擦,儒家伦理课程和六门宗教课程一并停止。笔者为课程取消而深感惋惜,并认为将儒家伦理课程与其他宗教课程等而视之的做法未免过于简单。儒家文化具有一般宗教难有的兼容性,就像《儒家伦理》教材所说:"儒家伦理本身具有爱己爱人的宽大精神。它不但和各种宗教或文化没有抵触,而且还能和各种宗教、文化互相融合。"弘扬儒家伦理不仅不会增加宗教摩擦,而且可以增进种族和谐。

三、为民作主的可行性:从"父母官"到"老夫老妻"

为民作主是一种家长情怀。家长的典型代表是父母,因此家长情怀在一定意义上说也就是父母官意识。父母对于子女,既有热诚爱护,也有严格管教。这与作为行政部门的政府要求具有的服务、管治功能颇为相通。如果政府真能像母亲热诚爱护子女那样服务民众,像父亲严格管教子女那样管治社会,大体会成为让人称道的好政府。从一定意义上说,弘扬政府的家长情怀甚至比强化官员的公仆意识更为周到管用——因为仆人对待主人,难能像父母对待子女那么情真意切。而且,仅仅将政府官员的角色定位为公仆,则只有服务的责任,没有管治的权威,存在着顾此失彼的不足。当然,观念上弘扬官员的家长情怀,不能妨碍制度上明确人民的主人地位。由于官员也是有血有肉的人,也可能犯普通人会犯的错误,而且绝对的权力导致绝对的腐败,因此为民作主的情怀必须有由民作主的制度来保障。

母亲爱护子女最具热诚,特别细致周到。这可以从新加坡人的如下讲述得到亲切了解。李光耀的女儿李玮玲曾以感性笔触描绘她如何梦见当时正卧病在床的母亲。梦境中,一个怪物突然出现并袭击她。正当她奋力与怪物挣扎的危险时刻,母亲突然出现,什么都没说,只做了个把怪物打发走的手势,怪物便掉头跑了。李玮玲心想,这是妈妈解决问题的方法。不必说无谓的话或做无谓的事,静静地把事情做好就行了。李玮玲并不惊讶母亲在她梦中出现,因为妈妈和自己向来都有某种默契。有段时间,李玮玲住在哥哥李显龙家，发现牙刷用久了该换了。很少购物的她，通过电邮告诉母亲，需买新牙刷。母亲回电邮说："我有'心灵感应'，刚为你买了牙刷。但有一天，我这个'军给部'（commissariat）会不在的，若不懂commissariat是什么，去查字典。"李玮玲询问哥哥李显龙后获悉，该名词指的是军队里为军人提供粮食、物资的部门。①

父亲管教子女最应严格，不能没有权威。这可以从新加坡人的如下表现中获得真切感知。时任贸易与工业部政务部长的张思乐曾在议员接见选民的活动中处理过如下事情：一位居民要为念中二的儿子转校，父子俩来找他写陈情书。不过，儿子的态度很恶劣，对人不理不睬，也显得不耐烦。父亲非常关心儿子，想向身为议员的他多说一些情况，以方便他更好地向相关部门写陈情书。但是，儿子却很没礼貌地打断父亲，骂父亲多事。父亲看起来实在无助和难过，只能小声叫儿子不能在议员面前这么说话。张思乐看不过去，认为儿子这种自以为是的态度非常不对，便忍不住斥责这名儿子，叫他必须向父亲道歉，自己才愿意写陈情书。儿子当时在气头上，便用眼神凶狠地瞪着张思乐。这时，张思乐又转换态度，面带笑容等着他道歉。双方僵持了5分钟后，儿子才不情愿地向父亲道歉。张思乐事后说："我觉得，父母实在不能太过溺爱孩子，必须有适当的管教，而孩子要懂得珍惜父母，不要等太迟了才来后悔。"他在自己的脸书上与大家分享这个故事，从而引起共鸣，一天内被转发近百次，有上千人点赞。②

严格的管教和管治往往体现为一种权利和权力，热诚的爱护和服务常常表现为一种义务和责任。儒家文化既重视权利与权力，更注重义务和责任。例如，孔子所说的"君君，臣臣；父父，子子"，固然赋予了君、臣、父、子各自的权利或权力，更赋予了他们各自的义务和责任，即"为人君，止于仁；为人臣，止于敬；为人子，止于孝；为人父，止于慈"。所谓"止"，就是"必至于是而不迁"。因此，作为"父母官"，"为民作主"首先必须"爱民如子"。这种"爱民如

① 参见《李玮玲心疼母卧病受苦》，《联合晚报》，2010年8月29日。

② 参见周自蕙：《为儿转校见议员，男生竟骂父多事，张思乐要男生向父道歉》，《新明日报》，2014年6月10日。

子",就如先人汪龙庄所说的那样:"治堂下百姓,当念家中子孙。将治士子,则念子孙有为士子之日;将治白丁,则念子孙有为白丁之日。自然躁释矜平,终归仁恕。"这就像笔者身为老师,过去可能不经意地严词批评过犯了错误的学生。但是,当自己的女儿在学校也因犯错而受到老师的严词批评,才会在心疼女儿的同时,也反省自己过去批评学生时的"不足"甚至"不是",从而对学生更加和气耐心。有道是"医者父母心",为师乃至为官又何尝不需要"父母心"(即家长情怀)呢?

白沙-榜鹅集选区的人民行动党议员颜添宝的表现,则显示出严父慈母的家长情怀。他在看到张思乐议员讲述的上述故事后说,确有孩子因为自尊心作祟而容易觉得难为情,甚至不愿意和父母一起见议员。接见居民活动有"季节性",一般在考试放榜前后常会遇到许多父母来为孩子陈情,有时甚至孩子并不一同前往,而只由父母单方面来见议员,替他们提出要求。对于这样的孩子,颜添宝说:"我不怪他们,其实这是可以理解的,就算是与父母前来的孩子,也容易觉得难为情,而阻止父母多讲,嫌他们啰嗦。不过,天下父母心,都希望为孩子争取最好的,而我相信孩子其实也可以了解父母的苦心,只是不懂得表现。"为了替孩子打圆场,颜添宝会安慰父母们不需要担心,鼓励他们讲述更多详情,以便自己能更好地为他们陈情,让父母与孩子都能安心。①

有了严父慈母的家长情怀,就能以情感人,以理服人。2014年6月15日的父亲节,时任新加坡社会及家庭发展部部长的陈振声与大家分享了如下一段感人短片:一名年迈的父亲指着一只麻雀,多次问已成年儿子"那是什么"。儿子被问得不耐烦而发脾气。于是,父亲默默回到屋内,拿出一本旧日记,要儿子大声念出来其中一篇。原来儿子在三岁那年,曾指着麻雀问父亲一样的问题多达21次。父亲不曾生气,每一次都耐心回答并拥抱儿子。短片结束前,儿子给父亲一个深情的拥抱。陈振声说:"这让我想起我的孩子总是一脸

---

① 参见周自薰:《为儿转校见议员,男生竟骂父多事,张思乐要男生向父道歉》,《新明日报》,2014年6月10日。

好奇地不断问我同样的问题。不管他们问了多少次，他们还是那么可爱，总是能照亮我的日子。"①

人民行动党政府往往被视为家长式政府，李光耀也常常被称作新加坡的"大家长"。李光耀曾说，他的至爱是"我的家庭，我的国家"。有关家庭，他可以放心让自己的太太去全权打理；有关国家，他必须全力以赴地加以照顾。《成长在李光耀时代》的作者李慧敏是1965年新加坡建国后生人，其成长的时代也正是李光耀时代。她说自己从小被灌输的观念是"政府很厉害，凡事交给政府就行了"。她读小学时，其英文课本中就有《Father Knows Best》(爸爸最清楚)的课文。课文讲述了一个小男孩准备同他的小伙伴们到海边玩，爸爸却不让他去。他想不通，但爸爸并不解释。妈妈便说，爸爸这么做，是为你好。爸爸见多识广，听他的话没错。于是，小男孩只好憋气地待在家里。下午，刮起了海风，下起了大雨。电视里的新闻说，下午有几个小朋友到海边玩，不幸淹死了。小男孩仔细一看，这几个小朋友正是自己的小伙伴。这时候，小男孩在为伙伴的不幸而痛心的同时，也为自己幸免于难而庆幸，并感激爸爸的确见多识广，的确为自己好，听他的话的确没错。②

"这个故事中没有太多太强烈的说教色彩，但篇章里的人物和价值观都折射出非常传统的家长式管理的思想——掌控权力的父亲自始至终没有向小男孩解释不让他外出的理由，而贤惠的妈妈也只是不断地在一旁劝孩子听爸爸的话。故事里的爸爸就像神人似的，最了解外头的危险情况，而这也成了限制小男孩外出的理由。"李慧敏后来在书中说："我们的领导者李光耀不就像是课文中父亲的形象吗？他非常威严，也最清楚外面世界的情况。对于这种父亲形象，大家是又怕又敬。但是眼看大家的日子逐渐好转，我们知道政府所做的一切，都是为了我们好。"③

因为东方社会"认为政府可以扮演积极的作用"，视政府为"可能的善"乃至"必要的善"，所以政府应千方百计地对社会"行善"，也充当着"操心父母"

① 苏文琪：《李总理：感谢父亲在成长过程中的陪伴》，《联合早报》，2014年6月16日。
② 参见李慧敏：《成长在李光耀时代》，玲子传媒私人有限公司，2014年，第23—24页。
③ 李慧敏：《成长在李光耀时代》，玲子传媒私人有限公司，2014年，第24页。

的角色。新加坡政府倡导三世同堂及其相关政策举措，就体现出"操心父母"的心态和思维。李光耀认为，祖父祖母应该在孙子孙女身边养老，才能享受天伦之乐；孙子孙女只有在祖父祖母身边长大，才能接受传统传承。传统之所以重要，是因为经过了时间考验。秉持着"住在一起或住靠近，会加强家庭凝聚力"的理念，新加坡政府采取了如下积极举措：第一，公民购买政府组屋，假如以与父母甚至祖父母同住的方式联名购买，就能比夫妻联名购买享受更多的津贴和优惠。第二，子女所买组屋离父母房屋不超过5千米，政府提供1万元的津贴；子女购买组屋与父母所住组屋同属一个小区，还可以享受多出一倍的抽签选房机会。据说，新加坡有45%的子女与父母住在同一小区。第三，那些既有意通过大屋换小屋来套现（套取现金）、又希望在熟悉的环境养老的年长者，建屋局就会让想住回同个市镇或住家距离新小型公寓项目2千米内的申请者享有较高的抽签机会；如果已婚子女也住在同一区或附近，申请者等于同时符合原地养老优先计划与已婚子女优先抽签计划，可享有多达四次的抽签选房机会。而一般申请者只有一次机会。第四，推出多代同堂型组屋和混合毗邻式组屋。前者由多房式主体组屋与一间单房公寓组成，各有大门直通外面走廊，内有一道门相通。后者是在已有的大型组屋旁增建一间单房公寓，内有一道内门相通。两者功能大体相同，已婚子女可住在多房式主体组屋，年老父母则住在与之毗邻相通的单房公寓，双方可以相互照顾，又有各自的独立空间。上述组屋的申请者在选购房屋时，可享有比其他购屋者更低的首期付款。第五，将幼儿园与老人日托所毗邻而建。这样既方便接送老人和孩子，也方便白天待在老人日托所的祖父祖母到毗邻的幼儿园看望孙子孙女。

为了让组屋居民在探访另一个组屋区的亲人时方便停车和减少停车费用，新加坡建屋局于2007年10月1日起推出半价家庭停车月票。已购买自家停车月票的居民，可以以半价即32元5角（露天停车场）或45元（多层停车场）购买家庭停车月票。申请半价家庭停车月票的条件是已购买自家停车场月票以及住在另一区的家人是父母、孩子、兄弟姐妹、祖父母或有姻亲关系的家人。第一次购买半价家庭停车月票的车主可向任何建屋局分局或服务中心提出申请，并在申请时出示出生证、结婚证等能够证明其家人关系的证明。半价家庭停车月票车主享有同普通月票车主一样的待遇，可以把车停在停车月票专用车位。不过，普通月票居民仍享有优先权。建屋局只在有足够停车位的情况下才会接受半价家庭停车月票申请。①

　　由于由民作主中的民意具有"一时一地"的局限性，仰赖在空间上能够考量整体、在时间上能够考量长远的领袖来为民作主就有现实的必要性。当然，在行政上强调为民作主的同时，也应该在政治上不忘由民作主。由于民主（即由民作主）已成为时代趋势，即便是能够为民作主的好政府、好领袖，也要在实施为民作主的行政行为时，表现出更多的民主作风。新加坡人的惯有作风是怕输、怕死、怕政府以及听老婆的话、听政府的话。怀抱家长式情怀的新加坡政府也许乐意继续将民众当作小孩一样来关心，但是年轻一代的新加坡人则已提醒人们"小孩不笨"，用不着政府过多地管这管那。新加坡著名导演梁智强执导并在 2002 年上映的电影《小孩不笨》，就曾嘲讽新加坡人过于听话，也提示大家不要过于听话。电影开头有影无声，静默而又循序投射出如下一排排字幕："影片即将放映，请赶快坐下。""请关掉手提电话。""来点掌声如何？""谢谢，大声一点好吗？""再大声热烈一点好吗？""谢谢！"可以想象，听话的新加坡人会随着字幕的提示而坐下、关机、鼓掌乃至于热烈鼓掌。不过，没等观众热烈的掌声停下，屏幕却显示如下一排大字："你们怎么那么听话啊？！"

　　正因为年轻一代新加坡人不想再当听话的小孩，所以李显龙总理在历年国庆群众大会的演讲中才不会将自己扮演成高人一等的家长。在 2013 年、2014 年国庆群众大会的讲话中，李显龙分别将自己化身为民众的"房地产经纪""财务顾问"，为大家处理"房事"、理财养老出主意。经纪、顾问不同于家长，出主意不等于拿主意。2014 年 10 月，建屋局制作发布题为《承诺》的短片，不是将政府与民众的关系比喻为位分高低的父子关系，而是隐喻为地位

---

① 参见王珏琪、刘丽仪：《建屋局下月推出半价家庭停车月票》，《联合早报》，2007 年 9 月 20 日。

平等的夫妻关系。人民行动党执政以来，一直致力打造安居工程。政府通过"居者有其屋"计划，帮助民众拥有自己的住家。已有超过90%的新加坡人实现了拥屋梦，是全球住房拥有率最高的国家之一。短片《承诺》刻画了一对情侣买下第一间组屋，结婚生子。儿子长大后则搬到更大的组屋。丈夫每次问妻子"觉得自己的屋子怎么样"，妻子都微笑不语。两人年老之后，妻子患上阿尔茨海默病，认不得回家的路，甚至连丈夫都不认识。但是丈夫还是无怨无悔地照顾妻子，不肯搬离妻子熟悉的家，去跟儿子同住。短片结尾，妻子看到用了多年的钥匙扣，突然想起丈夫是谁，还想起他在结婚前就送她的那个钥匙扣，向她承诺要尽力给她最美好的一个家——而他已实现了这个承诺。妻子对丈夫说："这些年来，你都在尽力。谢谢你，给我最美丽的家！"这时，夫妻俩都感动得泪流满面。①

　　建屋局在网上说，这则故事反映了"居者有其屋"计划不仅仅为民众提供了栖身之所，还让新加坡人可以在岛国生根、组织家庭以及创建美好的回忆。短片导演任锦添说，在"居者有其屋"计划开启五十周年的时候，他想用这则故事感谢建屋局职员多年来的努力，激励他们继续精益求精。"短片中的丈夫代表建屋局职员，多年来努力提供一个美好的家园，但总是得不到一句谢谢。而妻子则代表人民，虽然之前没有说出口，却终会想起对建屋局的感激。"短片在一次研讨会放映时，很多与会人员都泪湿眼眶。②2014年11月4日晚，李显龙将短片放到自己的脸书上与大家分享，并感性表示"心在哪里，家就在哪里"。他说："我们长大、定下来、成家、带大孩子、然后变老。许多宝贵回忆都紧系着我们的住家。受委制作短片的建屋局已帮助数百万名新加坡人，拥有又好又安全又舒服的家园。"许多观看短片的新加坡人也感同身受，纷纷点赞。截至第二天中午12时，已有约3500人点赞，570多人分享帖文。③

---

　　①②参见柯欣颖：《总理赞扬：温馨故事，宣传居者有其屋，建屋局宣传短片感人！》，《新明日报》，2014年11月5日。

　　③参见《组屋见证成长变老，李总理分享建屋局感人短片》，《联合晚报》，2014年11月5日。

正如好家长都会省吃俭用地为子女"计深远"，好政府也必须谨慎处理财务，才会有盈余分发给国民。前任财政部部长王瑞杰常常笑称"钱不够用"，说自己是个"瘦财神爷"。他在2019年2月公布的财政预算案中，虽然没有大派红包，但整体而言，其对在任政府的"加分"还是大大超过"减分"。不过，民众的看法则往往多元。对于政府每三五年与民众分享盈余的做法，那些人民行动党的"铁杆粉丝"当然心存感恩，那些理性中立的大多数人也会肯定当政者的量入为出，以及在推行长远惠民政策时不忘关照眼下弱势同胞，但是那些对政府抱持怀疑态度的人们则总是认定那是大选前为收买人心而派发的"糖果"。有感于后者的上述态度，义顺集选区议员李美花在国会发言中，声情并茂地讲了一个"阿公和阿成"的小故事：

我家隔壁有个男孩，他的名字叫阿成。他有一个非常爱他的阿公。阿公总是省吃俭用，衣服破了，总是补了又补，把钱一分一分地储蓄起来。每三五年，阿公都会拿出一笔钱给他心爱的阿成。比如，阿成上大学的时候，阿公给他一笔钱；阿成要出国参加浸濡活动的时候，阿公又给他一笔钱；阿成要娶老婆的时候，阿公也给他一笔钱；阿成和他的朋友要出来做小生意的时候，阿公又给他一笔钱。

有一天，阿成问阿公："阿公阿公，你为什么总是每隔三五年才给我一笔钱？你为什么不每年都给我钱？"这时候，阿公听了非常伤心，也非常生气。阿公用他的福建方言破口大骂："你这个死鬼！你这个败家子！你有一个很好的阿公，你都不知道。你的阿公省吃俭用完全是为了你，别人的阿公会有这么好吗？"

讲完上面的故事之后，李美花接着郑重而诚恳地说道："议长先生，我的居民都很了解，我们有一个很好的政府，非常细心、谨慎地处理我们的财务，我们才会有预算盈余、财政盈余，才会有建国一代配套、立国一代配套。这不是每个政府都做得到的。因此，我要在此代表义顺南的居民向我们的财政部部长，向我们的政府，说一声谢谢！"

李美花自称"义顺阿花",一直以最接地气和敢怒敢言著称。她每周都到咖啡店找居民喝茶,了解大家关心的课题,也根据群众反映在国会中提出过加盖有盖走廊、提高巴士服务等许多深得民心的建议。她将政府比作给钱的阿公。人民若不懂感恩,则被说成忘恩负义的死鬼仔。这样的说法在老一代新加坡人言谈之中并不陌生,也能够接受。但是,在新一代新加坡人听来则十分刺耳。李美花的上述发言在网上传开后,引发了网民热议。有网民评论说:"她本末倒置了,她忘了我们才是她的阿公,是我们给她薪水来办事的……拿了阿公这么多钱,干吗还骂阿公?"也有人提到不应把老百姓当成败家子、把国库当成"阿公"的私有财产。当然,也有多名网民表示,李美花向来勤恳做事,说话也很接地气。她的话并无恶意,只是提醒大家钱要省着用。①不过,多数人还是认为,即使李美花用心良好,但也应该使用更为可行的表达方式。有人在报章评论中转发了以处事待人为主题的如下帖文:"把'谢谢'改成谢谢你,把'随便'改成'听你的',把'我不会'改成'我可以学',把'听明白了吗'改成'我说明白了吗',沟通就会让人感到温柔的尊重。"评论的结尾写道:"这句'温柔的尊重'很耐人寻味,阿花可读了?"②

---

① 参见温伟中:《"死鬼仔""败家子"用词引发网友争议》,《联合晚报》,2019年3月8日。
② 林方伟:《话要怎么说? 店小二 vs 阿公》,《联合早报》,2019年3月13日。

第三节　渐进发展的由民作主：
"改装"英国的议会民主

　　民主是新加坡国家信约中的理想目标。追根溯源，"民主"（democracy）一词来源于古希腊语，其词根为"demos"（意为人民）和"kratein"（意为治理），合而言之，民主就是人民的治理，即由民作主。尽管人民的内涵、外延与治理的真实程度在各种社会不尽相同，但人民的治理或由民作主始终是民主的核心内容。新加坡的由民作主主要体现为议会民主，其运作方式是：由年满21岁以上的公民一人一票选出国会议员，并由国会中获得多数议席的政党执政。执政党的议员推选其领袖为总理，再由总理委任执政党的议员出任内阁部长，组成内阁。内阁提出新的议案或修正现有法律，在得到国会通过后，成为国家法律，也就成为执法和司法的根据。执政党以外的其他政党也便成为反对党。反对党议员可在国会参加辩论与质询，负起监督执政党的任务。

　　新加坡的议会民主脱胎于英国的议会制度，又在长期执政的人民行动党主导下依据国情和需要进行了种种"改装"：1963年，新加坡修改宪法，规定以某一政党党员身份参选并当选的国会议员，一旦退出该党或被开除出党，其议员身份自动丧失。这一规定避免了国会议员当选后跳槽到其他政党，从而有利于政治的稳定，但也一定程度地限制了议员的政治自由。1984年、1988年和1990年，新加坡相继创设了非选区议员制度、集选区制度和官委议员制度：非选区议员制度可以确保国会里有一定的反对党的声音；集选区制度让少数种族在国会里拥有最低限度的代表，避免国会在异乎寻常的选举结果中成为单一肤色或单一宗教背景的国会；由国会选出并代表不同领域的官委议员可以时时提出多元化、建设性的意见，一定程度地丰富了国会辩论的内容。

不过，有一利便必有一弊。一方面，非选区议员制度和官委议员制度由于可以保证国会存在不同于执政党的反对的、独立的声音，也就有可能弱化选民投票给反对党的愿望，从而某种程度地有利于执政党候选人在大选中当选；另一方面，集选区制度由于要求选民在集选区中选一组人而非选单个人，那些不尽如人意的候选人也就可能在大选中跟着领衔的部长"混入"国会，从而有利于执政党。当然，有一弊也必有一利。新加坡对于英国议会制度的种种"改装"，固然包含丰满的理想对骨感的现实的种种妥协，但也使得纯粹的理念在粗糙的尘世得以落实。

一、投票选举机制："得不到民心，就得不到选票"

选举权利的真实履行是由民作主的体现，也对执政党及其政府造成压力，迫使其保持认民作主的心态和为民作主的作为。新加坡的选举制度虽然存在有待改进的方面，但因有关程序尽力确保了选民投票是秘密的，从而大体保证了投票选举的公正性。按照规定，选民投票必须来到投票隔间，在想投选的候选人名字和标志旁的白格子内画个叉；选民不能在选票上签名或留下任何字迹，也不能将选票出示给他人看。为防止选民在选票上乱涂乱画，选举局在2015年大选中将选票改为黑底白字，以确保供画叉的白色空格更加显眼。画完叉后，将选票打叉一面朝里对折后投入投票箱，并在值勤人员的指示下立即离开投票站。选票统计后都会密封起来，储存在最高法院的保险室六个月。之后，所有选票和相关选举文件都将在多方监督下被销毁。只有在判定有舞弊行为并影响选举结果的情况下，法庭才会批准检查选票的申请。选举局告知民众，选票上印有编码是为了确保民主选举的公正，而不是为了要知道选民所投的对象。只有在非常严格的情况下才能批准检查选票的要求。即便如此，仍有足够的保障确保任何人都难以查出个别选民的投票决定。①检讨新加坡大选的程序设计，需要注意如下细节。

---

① 参见邓华贵、叶伟强等：《六步骤确保投票过程顺利》，《联合早报》，2015年9月11日。

(一)大选日期的确定

大选日期(即投票日)的确定,必须遵循一定规定。例如,新加坡的第十二届大选在 2011 年 5 月 7 日举行,选出的第十二届国会于 2011 年 10 月 10 日开幕。根据宪法,第十二届国会必须不晚于 5 年之后的 2016 年 10 月 10 日解散,并须于 3 个月内的 2017 年 1 月 10 日前举行大选,选出第十三届国会,由新一届执政党组成政府。概而言之,第十三届大选必须在 2017 年 1 月 10 日前举行。大选具体在什么时间举行,则由总理决定。总理可以依据有利于本党赢得大选的原则决定大选日期,并在法律允许的最后时限宣布大选日期,从而让反对党措手不及。以 2020 年大选为例:2020 年 3 月,新加坡当局发布选区划分报告;4 月 15 日,更新选民名册;6 月 18 日,公布大选竞选规则。按照惯例,进行了以上步骤,就算是听到了大选的脚步声。但是,具体什么时候举行大选,还有待进一步明确宣布。6 月 23 日,总统解散国会并颁布选举令状,这才公告了大选的具体时间:6 月 30 日为提名日,7 月 1 日至 8 日为竞选期,7 月 9 日为冷静日,7 月 10 日为投票日(参见下表)。

表 1-3　2020 年大选选举时间表

日期	事件
3 月 13 日	发布选区划分报告
4 月 15 日	选民名册更新
6 月 18 日	公布大选竞选规则
6 月 23 日	总统解散国会并颁布选举令状
6 月 30 日	提名日
7 月 1 日至 8 日	竞选期
7 月 9 日	冷静日
7 月 10 日	投票日(当地公共假日)

相对于其他议会制国家,新加坡大选从提名到投票的时间相对较短。人民行动党作为长期执政的政党,已经在其执政的过程中被选民了解接受。反之,反对党长期未能执政,也少有抛头露面的机会,很难被选民真正

了解。如果大选时间长，反对党候选人可以利用大选期间法律所允许的召开竞选群众大会等做法，获得选民了解熟悉，从而有利于当选。反之，如果大选时间短，则反对党通过竞选群众大会抛头露面而被选民了解熟悉的机会就少，也就不容易在大选中获选。人民行动党政府认为，公众没必要将太多的热情沉浸于政治及选举，而应该用更多的精力专注于经济及发展。因此，新加坡的国会选举一般是将竞选时间控制在法律允许的最短时间之内，从2020年大选选举时间表可以看出，执政党政府从宣布大选到正式投票只有18天，从候选人提名到投票日只有11天。其他的大选也大抵如此。这就使反对党没有足够的时间召开更多的群众大会，也难以有充分时间去争取选民。

（二）提名

按照规定，准候选人须在提名日当天上午11时至中午12时，到有意角逐的选区所属提名站呈交提名表格。除了正确填写提名表格，候选人、提名人、附议者和至少四名赞成者也须在表格上签名。其中，提名人、附议者和赞成者必须是该选区的合格选民。2006年大选，在野的工人党首次挑战阿裕尼集选区，却因提名表格未填上所要竞选的选区而丧失竞选资格。当时，工人党虽承认疏忽，但认为不过是技术问题，并向选举局提呈了请愿书，最后未果。之所以如此，是因为提名程序中有所谓"致命失误"和"非致命失误"。例如，名字拼写错误属于非致命失误，只要看得懂就行。反之，提名表格须在宣誓官的见证下填写并签名盖章。若有一栏空白，便是致命错误。即便有意竞选者立刻填写，只要没有宣誓官见证，提名表格依法仍得作废。在严格按照法律行事的新加坡，有意竞选者若是在提名程序中犯下致命错误，选举官便没有酌情处理的权利。不过，从那年以后，选举局改变了做法，开始在提名日当天，为提名中心安排由最高法院指派的宣誓官。如今，除非法院派不出人手在场，提名中心一般会有三名宣誓官，分别负责英语、华语和马来语监督。2015年全国大选中，九个提名中心就各有至少一名宣誓官。此外，来自会计署的出纳员也会在提名中心待命，方便有意竞选者临时缴付保证金（也叫按

101

柜金）。选举局还提供电脑和自动照相棚，以应对各种突发状况。[1]

（三）写票

选民投票必须来到投票隔间，在想投选的候选人名字和标志旁的白格子内画个叉。之所以要来到隔离间，当然是因为避免将自己的写票情况被他人窥见。之所以画叉而非画钩，是因为如果画钩，造假者只要将线条加以适当延伸，很容易将钩篡改成叉，但是画叉则不容易被人篡改。有时候，选民不在空格内画叉，却在候选人照片或党徽上画钩。为了尽量避免废票，以便尽可能地算上每一张选票，新加坡选举局告诉选举官员，只要能从选票中明确看出选民投票意象，便允许计票人员接受这类选票。当然，这一做法也会带来麻烦，即导致在旁观察计票过程的候选人及其竞选代理人，不时会质疑计票人员的决定，甚至发生争执。为解决这一问题，选举局在2015年大选中将选票从白底黑字改为黑底白字，以确保供画叉的白色空格更加显眼，方便选民填写。[2]

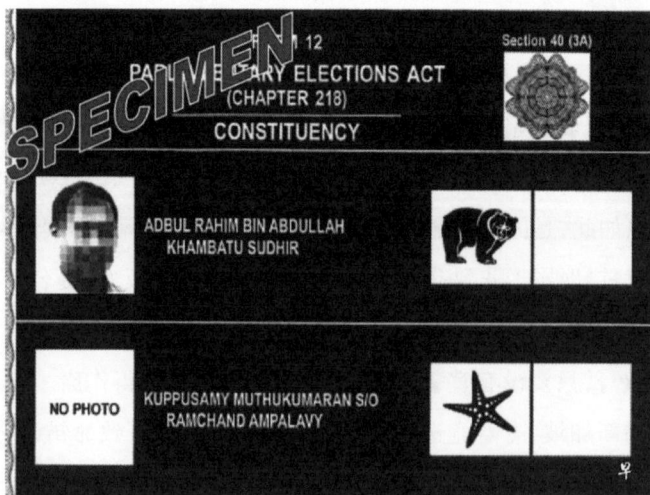

图1-7　2015年新加坡大选选票票样（选举局提供）

---

[1] 参见叶佩蓉：《走过70周年，选举局执着每场大选公平公正公开》，《联合早报》，2017年12月25日。

[2] 参见《成立选举委员会以改进选举程序》，《联合早报》，2017年12月25日。

(四)投票

选民画好叉后,必须将选票画叉的那面向内对折,然后投入票箱。可以想象,如果允许画叉的那面向外,就可能出现如下情况:第一,那些有影

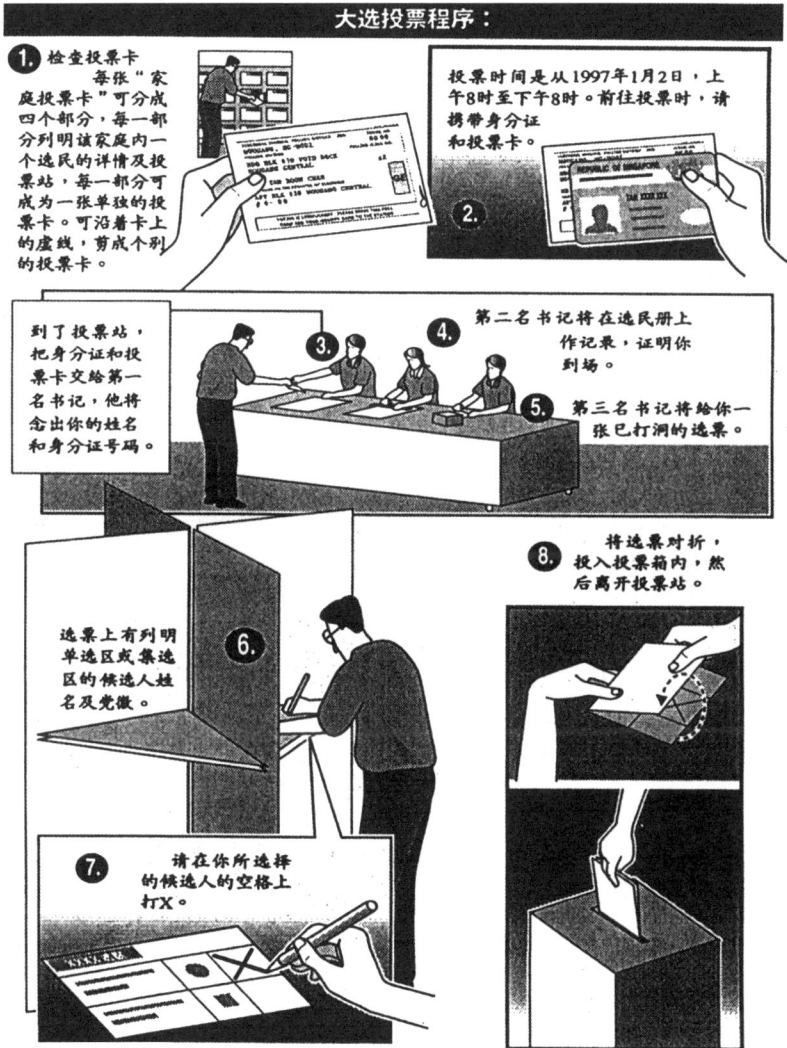

图1-8　大选投票程序①

---

① 《大选投票程序》,《新明日报》,1996年12月31日。

响力的人物可能故意将画叉的那面公之于众，以影响他人的投票取向。第二，那些投票给执政党的人可能故意将画叉的那面加以公开，以表明自己投了执政党一票，并以此来讨好执政党。第三，那些本想投票给反对党而又有些怕执政党的人，就不敢投票给反对党。因为其他人将画叉的那面公之于众，自己由于投票给了反对党而不敢将选票公开，就显得自己行为"有鬼"——一定是投票给了反对党。于是，他只好违心地将选票投给执政党。

（五）计票

在往届选举中，票数最高的候选人和其他候选人之间的票差若在两个百分点的差距以内，候选人必须提出要求，选举官才会进行重新计票。1991年大选，曾发生候选人及其竞选代理人离开计票中心而选举官找不到人的情况。为避免找不到人的情况重演，2017年2月通过的总统选举（修正）法案规定：只要票数在两个百分点的差距以内，即便候选人不提出要求，选举官仍须重新计票。[①]2011年大选，人民行动党候选人司徒宇斌以114票（占总票数的0.72%）险胜新加坡人民党的罗文丽，当选波东巴西区议员。同年的总统选举，陈庆炎博士在超过200万张有效选票中，以7269票（占总票数的0.34%）险胜陈清木。两次都是差之毫厘的距离，但重新计票结果却都一票不差，分别依旧是114票和7269票。计票结果的准确性和一致性，显示出选举官员的团队合作和专业精神。[②]

（六）选票编号

为了避免有人投入伪造选票，新加坡国会选举中的每一张选票上都注有编号，以便在开票后用以对照与发出的选票数目是否相同。由于选票存根上也印有编号，通过存根又可以获得投票人有关信息，所以从理论上说，如有机会在开票后核对选票和存根上的编号，便可得悉投票人的身份。然而，检查

---

① 参见《成立选举委员会以改进选举程序》，《联合早报》，2017年12月25日。
② 参见《因微差重计票，再重算仍一票不差》，《联合早报》，2017年12月25日。

选票必须符合严格的条件。计票工作一旦完成，所有选票、存根和大选相关文件将在多方监督下被封入盒子中，存放在最高法院六个月，然后在多方监督下被销毁。在六个月的存放期间，唯有获得庭令才有权查看这些文件。法院唯有在确认有伪造选票造成选举成绩受影响的情况下，才会发出庭令。到目前为止，上述情况从未出现。[1]

不过，由于每张选票都印有编号，通过一定方式，就可以根据编号查找出与之对应的选民。这便给投票的选民带来心理压力。例如，他们可能担心，如果自己投票给反对党后，万一被执政党发现，会受到执政党打压。当然，普通民众也许不容易有此担心。但是那些在政府部门工作的公务员，却可能担心投票给反对党被发现后不利于自己升迁；那些做生意的选民，也可能担心投票给反对党被发现后被政府刁难。虽然还不能证明这种担心确有其事，但是有反对党人士认为，选票印有编号的做法，难免给选民的投票带来心理阴影，从而影响到投票的秘密性、客观性和公正性。回看前文中的大选投票程序图，其第三环节是“到了投票站，把身份证和投票卡交给第一名书记，他将念出你的姓名和身份证号码”。曾有新加坡人告诉笔者，在听到书记念你的姓名和身份证号码的时候，你会有一定的紧张感。笔者心想，之所以让人感到紧张，也许是因为这好像在提醒选民，你的选票和你的姓名、身份证号码存在某种联系。由于这种紧张感，那些本想投票给反对党的选民，有可能因此而不敢投票给反对党。

当然，选民的上述紧张更有可能是一种多余的担心。在2001年大选期间的民主党竞选群众大会上，裕廊集选区民主党候选人甘迪安巴南以过去的公务员身份，呼吁公务员“敢敢”出来投反对党。他说，过去他一直都投反对党，不仅工作没有受影响，还从编辑擢升为总编辑。他还看着在场的镇暴警察说道：“连警察都应该敢敢投反对党。”民主党秘书长、裕廊集选区候选人徐顺全的妹妹徐淑真也叫公务员投该党候选人一票，她说：“作为‘流氓’的妹妹，我每一届大选都投反对党，我的工作不但没有受影响，在教

---

① 参见邓华贵：《关于选举，你不得不知的……》，《联合早报》，2015年8月26日。

育界十二年,还被提升了几次。"徐淑真也是裕廊集选区候选人。她表示,许多公务员担心投反对党,工作会受到影响,但她却没有这种担心,还曾当过主任。竞选丰加集选区的民主党候选人黄汉照也告诉在场的支持者"不要怕"投反对党,最重要的是自己认为"需不需要反对党进国会"。他说:"这一代怕,下一代也怕,永远就是这样怕下去……后港现在是反对党区,难道该区居民都要被抓去枪毙?"①

新加坡的反对党人对本国国会选举制度中的集选区制度、非选区议员制度、官委议员制度、选区划分制度等时有批评,也对选票印有编号的做法时有异议,但笔者未曾见有反对党人士公开批评人民行动党在选举中有过违规舞弊的行为。在2011年大选结束时,笔者曾听一位正在新加坡访问的中国学者说,他询问过新加坡民主党领袖徐顺全:如果选票对人民行动党不利,人民行动党会不会"做手脚"舞弊? 徐顺全明确回答说:"不会。"徐顺全多次被李光耀等政府领导人以诽谤罪告上法庭,并被法庭判处赔款,还曾陷入破产、坐牢的境地。他与人民行动党过节很多,结怨颇深,矛盾挺大。从他口里说出上面的话,应该可信。

(七)海报张贴

2020年大选,新加坡人民党与人民行动党对垒角逐波东巴西单选区议席。新加坡人民党向选举局投诉,人民行动党张贴在波东巴西单选区的竞选海报高度不够,不符合选举局关于所有竞选海报必须张贴在最少2.2米高的位置的规定。选举局接到投诉后,向代表人民行动党角逐该区议席的司徒宇斌的代理人发出通知,要求按规定加以更正。违例的海报也随即得到更正,按规定高度挂起。选举局说,日后若再次违例,就会采取行动。根据选举局条例,每张竞选海报和横幅必须贴上选举局官方贴纸,以限制每个政党在个别选区张贴的数量。民主党副主席李健铨于2020年大选期间在脸书发文投诉,人民行动党张贴的一些竞选海报未见选举局的官方贴纸。虽然帖文中没

---

① 《民主党呼吁公务员"敢敢"投反对党票》,《联合早报》,2001年11月3日。

说明在哪个选区看到这些海报,但脸书上发布的照片显示,这些海报来自碧山-大巴窑集选区。选举局并未接获人民党就该事件提出的任何投诉。不过,一名自称负责张贴人民行动党海报的网民在李健铨的帖文留言解释说,虽然他的团队在张贴前会尽量确保每张海报都有官方贴纸,但是不能排除有队员忘记为一些海报贴上贴纸的可能性。这名网民为这次的疏忽道歉,并透露他的团队已于第二天下午完成检查,确保所有海报(包括此前将贴纸贴在后面的海报)正面都有官方贴纸。①

(八)按柜金制度

为了把没有诚意和心怀玩耍诡异心态的候选人拒之门外,国会选举法令规定:候选人要想参加大选必须交纳一定数额的保证金,即按柜金。每名候选人所须支付的按柜金,是根据国会议员所获得的固定每月津贴,舍入至最接近的500元。例如,如果每月津贴是1100元,那么按柜金就"舍"至1000元;如果每月津贴是1900元,那么按柜金就"入"至2000元。任何候选人的得票率若少于12.5%,按柜金将被没收。按柜金的设置,的确能把心怀鬼胎的人挡在参选门外,但同时也给一心一意参加竞选的候选人带来经济压力。

在1991年的大选中,出现过三角战的五个选区各有一名候选人的按柜金被没收。在这五位候选人中四人是独立人士,其中下场最为"悲惨"的候选人的得票率仅为1.23%,其获得的选票只有可怜的163张。在2015年大选中,有三名候选人失去了按柜金。这次大选的按柜金是14500元。他们都涉足三角战,其中两人是无党籍独立人士。每次大选的按柜金并不完全相同。例如,1991年大选的按柜金为6000元,2015年大选的按柜金为14500元。由于独立人士背后没有政党的支持,得票率很容易低于12.5%,所以按柜金制度的实行,极大限制了独立人士的参选。2006年大选,反对党未能参加所有选区的竞选。竞选期间,人民行动党向反对党喊话,认为

---

① 参见李思敏:《人民党指行动党竞选海报位置违例》,《联合早报》,2020年7月3日。

众反对党应该派候选人角逐国会的全部议席。民主联盟候选人詹时中回应说，反对党无法参与所有议席的竞争是因为过高的竞选按柜金。这次大选的按柜金为13500元。詹时中说："如果你(指人民行动党政府)愿意减少按柜金的数额，我们就会考虑。你若用计算机来算一算，13500元乘以84①，将超过100万元。"他同时强调指出，即使对于一个中等收入的人来说，13500元也并非是个小数目，要每个候选人一时交出这么多钱，这不是很容易的事。②

表1-4　1991年大选按柜金被没收的候选人③

候选人	政党	选区	得票数
顾鲁	独立人士	东陵单选区	163
梁兆宗	独立人士	红山单选区	181
沙尼	独立人士	武吉知马单选区	371
柏帝斯	马来民族机构	裕廊单选区	1489
莫哈末阿旺	独立人士	蔡厝港单选区	1611

2017年12月29日是新加坡选举局成立70周年的纪念日。这个由公务员组成、在幕后默默策划每一场选举的政府机构，不时会在能否秉持公正立场和不涉党派立场方面遭到质疑。时任非选区议员的谢镜丰曾在国会辩论时建议成立独立选举委员会，以便向国际机构展现新加坡有一个公正、自由的选举制度。这个委员会可由退休法官领导，由退休总裁、前官委议员、执政党和反对党议员组成。④有感于人们的相关质疑，前选举官杨雅镁指出，选举局面临的挑战是，不仅要做到公正无私，还要"表现出公正无私"。正因为如此，在现实生活中总是面带笑容的杨雅镁，却在2011年大选时选择以木讷的表情和机械的语调宣布选票成绩，给人以不偏不倚、无偏无党的感觉，从而

① 当时新加坡国会共84个议席。
② 参见《詹时中要留守波东巴西》，《联合早报》，2006年3月10日。
③ 《五人按柜金被没收》，《联合早报》，1991年9月1日。
④ 参见《没必要成立独立选举委员会》，《联合早报》，2005年3月3日。

意外爆红,引发了所谓的"杨雅镁效应"。实际上,选举官负责监督整个选举过程,确保公平、公正、公开,选票也得计算正确,以反映人民意志。[1]根据新加坡主流媒体或官方媒体报道,截至2017年12月,新加坡选举局成立70年来共组织69场选举。其中,有48场是在1965年新加坡独立后举行,包括5场总统选举、12场全国大选和31场补选。所有选举所落实的选举程序均未受到质疑。

(九)竞选开销

为了确保竞选的公平,当局对每名候选人的竞选开销都设定了限额,以避免资源较宽裕的政党在宣传和助选方面占尽优势。按照规定,单选区和集选区的候选人竞选开销是每名合格选民不得超过3元。例如,一个选区的合格选民是20000人,候选人的竞选开支就不得超过60000元。超出这个开支标准等于触犯选举的条规,候选人可被罚款最多300元,并且在三年内不可投票和参加国会选举及民选总统的选举。候选人或他们的竞选代理必须在宪报公布大选成绩之后的31天内,向选举官呈报竞选开销。[2]

在议会民主的体制下,政党获得执政地位的关键是赢得国会中的多数议席,议员的当选则取决于能否在选举中获得本选区内相对多数选民的支持。我们可以通过人民行动党领袖对选票的渴求来感受投票选举机制的压力作用。李光耀曾做客中国中央电视台《对话》节目。当李光耀出场时,观众报以热烈掌声。主持人询问李光耀以前有没有遇到过这么经久不息的掌声,得到的回答是"难说的"三字。李光耀的回答不是客套,而是事实。一方面,在新加坡国庆庆典时分,当李光耀出现时,往往全体起立,掌声雷动。另一方面,新加坡大选前夕,在长期执政的人民行动党举办的竞选群众大会上,听众相对不多,掌声相对寥寥。反之,反对党召开的群众大会,

---

① 参见叶佩蓉:《走过70周年,选举局执着每场大选公平公正公开》,《联合早报》,2017年12月25日。

② 参见《大选,你不能不知道的信息》,《联合早报》,2006年4月21日。

往往人山人海,掌声热烈。换句话说,李光耀并不是时时处处都能获得最多掌声。2011年大选期间,初出茅庐且年龄最小的反对党候选人佘雪玲在网上的人气就曾一度压倒李光耀而高居榜首。当然,李光耀的粉丝们也不甘示弱,最终将李光耀的网上人气推到第一名。但是,佘雪玲的人气还是把其他政府政要比了下去。

回到《对话》节目,在接下来的对话中,主持人先是面对观众说:"如果我们现场评选偶像的话,李资政能当选吗?认为能当选的请举手一下。"这时候,场上的观众都举起了手来。于是,主持人又面向李光耀说:"这是又一次的调查了,您看,您是这么多人的偶像,当偶像的感觉一定很好,对吗?"李光耀顿了顿,笑着说:"如果你们是新加坡公民,可以投我一票,那我会比较高兴。"李光耀这番看似随口说出的话语,实为发自内心的声音。李光耀固然强调执政党及其政府要敢于"做对的事情",即只要是有利于国家整体利益和人民长远利益的事情,即便有民众一时不理解、不喜欢,也要择善固执地坚决去做。但他很可能接着又会补充说,也要注意让这些"对的事情"五年内见效,以便在下次大选来临时能够赢得选举。

李光耀曾搭乘新加坡航空公司的班机回国,见到空姐戴着结婚戒指,便问对方是否有孩子。空姐回答说还没有。李光耀又问她在等什么?她说在等组屋。李光耀接着问她买了吗?她说买了,是达士岭48楼的组屋,而且是在首次申购时以最低价买到的。达士岭组屋地处李光耀长期担任议员的丹戎巴葛集选区,拥有两个世界之最(最长的空中花园和最重的空中桥梁),成为新加坡地标性建筑物。购买了达士岭组屋的这位新加坡空姐,将会是李光耀所在选区的选民。听了空姐的回答,李光耀"提醒"说:"到了投票的时候,请记得这个好处。"①意思是说,请不要忘了人民行动党政府"居者有其屋"的惠民政策,大选时请投我一票。

因为有投票选举的压力,李显龙作为现任总理,也不得不放下身段,向民

①郑凯文、林俐贤:《李资政:让国人增财富怎会有问题?若无法辩护,马宝山大选该输》,《新明日报》,2010年1月28日。

众示好。2006年大选前夕的某个早晨,宏茂桥地铁站出现了"白茫茫"的一片。原来,衣着全白的几十名人民行动党党员正在地铁站外分发一份份印刷精美的人民行动党政纲以及其他竞选宣传材料。其中,李显龙总理也在地铁站外,跟赶地铁上班的人们握手问好,并说:"你好。请支持我们,请投人民行动党一票。"李显龙和其他候选人在人群中耐心地向每个愿意停下脚步的选民问好,并期待得到对方的认同。结束地铁站的访问后,李显龙和其他候选人步行到宏茂桥10道的静山熟食中心。在访问选民的过程中,李显龙也遇到一些上前"请愿"的选民。从女佣政策到外国籍妻子的居留问题,李显龙都仔细聆听,并吩咐基层的助手记录下来。李显龙告诉记者,人民行动党的另一个竞选策略是沿户拜访。他所在的集选区团队共六人,各自都有自己的班子,计划在竞选期间的九天内能至少走过每户人家的大门一次。如果有人在家,他们肯定会进去拜访;如果屋内无人,他们会留下一张卡片,表达自己的歉意,并吁请居民支持他们,投他们一票。当记者问他如何平衡总理日理万机的工作以及人民行动党秘书长的重任时,李显龙表情轻松地笑答:"双管齐下,希望能两全其美。我的选区受到挑战,因此竞选工作从这里开始,要确保一切顺利。"①

在2006年大选中,与李显龙领导的团队竞争的工人党团队是几个没有显赫学历和从政经验的年轻人。他们竟然敢与总理"领衔"的执政党团队竞争,从而被民众称为"敢死队"。但是,就是这么一支"敢死队",让政绩不俗的李显龙总理必须亲自去街头拉票。而且,大选结果显示,这几个毛头小伙子组成的"敢死队"竟然获得了超过33%的选票。这就是说,在这个集选区中,每三个选民就有一个投票给了反对党。

伴随时代变迁,在越来越大的选票压力下,长期执政的人民行动党人也越来越表现出公仆应有的谦卑和低调。2006年大选期间的一个午餐时分,人民行动党在新加坡河畔莱佛士坊金融区的大华银行大厦广场举行竞选群众大会。当时,数百民众在炎热的天气下走到新加坡河畔参与大会,人民行

---

① 林义明、曾昭鹏等:《天刚破晓,总理率队访问选民》,《联合早报》,2006年4月29日。

动党候选人则穿着洁白的衣服坐在设在广场阴凉处的演讲台上。五年之后的2011年大选,人民行动党在同一地点、同一时分举办同样的竞选群众大会。这次演讲台背向新加坡河,人民行动党候选人坐在太阳下的白色帐篷里,帐篷下挂着风扇呼呼地吹;观众则站在相对比较舒服的大华银行大厦的阴凉处。演讲台位置的改换只是一个并未引起很多关注的小细节。李显龙在这个演讲台上发表的36分钟的演讲则产生了较大反响。时任《海峡时报》言论版副主编的蔡美芬说,一般人都认为,身为一名人民行动党部长就等于你永远都不用说对不起。但李总理演讲五分钟时,就说了第一声对不起。李显龙举了两个出乎政府预料的例子,一是组屋需求在全球金融危机后强力回弹而后激增,二是公共交通一度因人口一时增长过快而显得拥挤,以说明政府有时也会因情况转变过快而措手不及。他说:"当这些问题让你烦恼、打扰到你、打乱你的生活,请多多包涵,我们正尽最大努力为你服务,若我们做得不好,我很抱歉,但我们下次会试着做得更好。"①

数分钟后,李显龙又明确针对"逃马"事件、乌节路淹水向国人道歉。他说:"没有一个政府是完美的。我们向来是尽力而为,但还是出了一些疏漏,例如让马士沙拉末从拘留所逃跑,以及乌节路在一场倾盆大雨后泛滥成灾。我们不时也会犯下其他错误,我敢肯定这偶尔还会再发生。我只希望不要太频繁,但是我们犯了错之后必将承认错误,并向民众道歉,承担责任和纠正问题。如果须要采取纪律行动,我们也会这么做。而且我们必须吸取教训,绝不再犯同样的错误。"②

挤满大华银行大厦广场的数以千计的上班族对李显龙的柔性演讲相当认同,多次报以热烈掌声。蔡美芬说,这36分钟的演讲让她感动。在她过去20年采访新加坡政治新闻的生涯中,从未听过一名人民行动党部长这么说过。与李显龙向民众道歉的态度相一致,蔡美芬细致地注意到,丹戎巴葛集

---

① 《〈海峡时报〉副主编赞扬总理公开认错》,《新明日报》,2011年5月4日。
② 周殊钦:《政策偶有偏差会尽力纠正,并寻求人民谅解》,《联合早报》,2011年5月4日。

选区议员陈振声当时也在群众大会上。"他并不是与大头坐在舞台上，或与其他的人民行动党活跃分子坐在旁边的小型帐篷里。他站在大太阳下，拿着一些装着候选人演讲稿的信封。他的样子就像一名与人民站在一起的议员，是为居民服务，而不是对居民称王的。"①换句话说，包括总理在内的政府工作人员只是人民的公仆，人民才是主人。作为仆人的政府工作人员做事不力或做错了事，理当向作为主人的人民道歉。李显龙是在大选投票的前几天向民众道歉，当然与大选压力直接相关。目的是要缓解民众的不满情绪，以期获得选民选票。

正是因为有了选票的压力，人民行动党及其政府才会放下身段，不敢将自己视为高高在上的家长，而是将选民比作苦苦追求的恋人。人民行动党议员傅海燕曾用痴情男儿苦苦追求矜持女孩的比喻，把人民行动党议员候选人司徒宇斌与选民之间的关系形容得淋漓尽致。波东巴西单选区自1984年以来一直由反对党人士詹时中连任议员。司徒宇斌在2001年大选中第一次代表人民行动党征战波东巴西未果后，又在接下来的2006年大选中继续到该区挑战。在2006年大选期间，人民行动党裕廊集选区议员傅海燕到波东巴西单选区的群众大会上为高中同学司徒宇斌站台，并巧妙地替老朋友向波东巴西选民"求婚"。她在台上逗趣地说，司徒宇斌已苦苦追求波东巴西六年了，追了一年后（即2001年举行的上届大选）向这个女孩求婚，她却不肯。但是，司徒并不轻易放弃。他还是继续追：送花、送情书、打电话、带她去吃鲍鱼粥、喝鱼翅汤，还带她去马六甲。现在，他觉得时机成熟了，可以说："请你嫁给我吧！"这时候，听众的情绪被带动起来了。傅海燕见气氛沸腾，立刻乘胜追击地补充说："不过，单方面的追求是很累的，也是很难持久。这样的男士很难找了，又聪明、又能干。你们再不答应他，他一定会很失望的。"她大声问："你们愿意嫁给他吗？"于是，全场一遍又一遍地热烈回应说："我愿意！"傅海燕与司徒宇斌相识26年。这两名人民行动党党员在华中初级学院念书时同是学生理事会成员。司徒宇斌的"好好先

---

① 《〈海峡时报〉副主编赞扬总理公开认错》，《新明日报》，2011年5月4日。

生"形象给傅海燕留下深刻印象。她回想起当时担任学生福利组组长的司徒宇斌，每逢下雨天都把伞递给被困在巴士站的同学，自己反被淋湿一身。她说，单凭这股精神，就已注定司徒宇斌一生要为人民服务。傅海燕告诉听众，现在痴情郎司徒宇斌等待的就是赢得美人归。她期望波东巴西的选民能把"我愿意"的承诺转化为投票时的行动。①

2015年大选的竞选期间，代表人民行动党参选的孙雪玲女士在竞选群众大会上发言时，感性地道出执政党与人民的关系与情谊，将其比作一对金婚夫妻，获得民众赞赏的掌声。原来，2015年是新加坡的金禧年，即新加坡建国50周年。新加坡自1959年自治以来一直由人民行动党执政。不过如果从1965年建国算起，也可以说人民行动党已经与人民"结合"了50年，"像是结婚很久的夫妇"。作为代表人民行动党的参选人，孙雪玲站在人民行动党的立场，对着人民，以老妇对老夫的口吻，用让许多年长一代感到亲切的福建话说：

> 我们在一起50年了。你看到我时，可能觉得我头发白了，皮肤皱了，牙齿没有了，穿什么衣服也不美了。可能我们的家庭很大……有时，我因为要带孙去学校忘记为你准备饭……你可能觉得我很吝啬。你跟我说，一世人要过去了，留这么多钱，做什么呢？我说，老的啊，我担心啊，担心我们走了之后，谁来照顾我的子孙？你知道我的为人，你知道我的心。久了有些话说不出口，但我希望你要相信我，我一生会待在你的身边。我有一口气的一天，我就会照顾你……相信我做什么都为了你。②

孙雪玲在受访时坦言，竞选期间大多数时间都在拜访居民，没有太多时间准备演讲。演讲时说的也都是些心里话。当时，有人告诉她，出席群众大

---

① 参见《傅海燕代司徒宇斌向波东巴西选民"求婚"》，《联合早报》，2006年5月1日。
② 《执政党与民如金婚夫妇》，《新明日报》，2015年9月9日。

会的群众年龄较大，"我自然而然就想起了我的阿嬷，所以选择用方言演讲。至于内容，心里怎么想，就怎么说了。"①可以想象，孙雪玲的上述讲说为她赢得选举取得了加分的效果。

如果说，孙雪玲有关老夫老妻的上述讲说是非常温柔的比喻，那么前文中李美花所讲的"阿公和阿成"的故事则是有些僵硬的比方。两相比较可以发现，一方面，其诉说的意思颇为相通，即都是说自己（即执政党及其政府）如何省吃俭用为对方（即人民）好。另一方面，其表达的方式却完全不同，李美花将政府与人民的关系比作爷爷（阿公）和孙子（阿成），而孙雪玲则将执政党与选民的关系比作老夫老妻：爷爷对孙子的训斥义正词严、威风凛凛，老妻对老夫的告白苦口婆心、温情脉脉。于是，大致相通的意思，由于表达方式不同，便带来了非常不同的效果。而孙雪玲之所以能有这么温柔动听的讲说，原因之一无疑是为了赢得选民手中的一票。

有了投票选举的压力，一旦执政党及其政府贪污腐败，从人民的公仆变质为人民的老爷，就会在定期举行的下轮选举中落选下台。其实，殷鉴不远。1959年，人民行动党之所以能够在大选中击败执政的人民联盟，是因为人民联盟政府出现了严重的贪腐。大选期间，人民行动党的竞选口号是"扫除贪污"，并在竞选活动中高举起具有象征意义的扫把。人民行动党领袖在竞选前夕揭发人民联盟违规领取美国人所给的50万元津贴。经过调查，其政府部长周瑞麟又将这些津贴据为己有。周瑞麟承认，在合计80万元的所获经费当中，他提出5.1万元，用他太太的名义购买了一栋房屋；另外又提出25万元，以另一个党员张先生的名义，投资在某矿物有限公司。他还考虑再以张先生的名义，在另一家矿物公司投资3万元。他也把矿物公司的5万元股份，送给某位政府部长的夫人。调查结果充分证实了人民行动党领袖的揭发正确无误，并在大选前四天公布；调查报告又在大选前两天刊登见报。选民们原本就知道人民联盟政府贪污腐败，调查结果进一步证实了这一点。②两天

---

① 林心惠：《911大选聚焦5女将，毅力勇气赢掌声》，《联合晚报》，2015年9月21日。
② 参见李光耀：《李光耀回忆录（1923—1965）》，新加坡《联合早报》，2000年，第340页。

之后的投票结果,人民联盟在大选中彻底落败,人民行动党首次登台执政。反之,1959年执政后的人民行动党之所以能够连续赢得十余次大选,固然是由于其制度的设置一定程度地有利于执政党,但更为重要的原因,还在于其政府着力实现并努力保持了廉洁、高效和为民等特性。

二、政党监督机制:在"勾心斗角"中"同舟共济"

多党并存竞争必然带来政党之间的监督,特别是反对党对于执政党的监督,从而有利于防止执政党人从人民的公仆变质为人民的老爷,进而实现由民作主。工人党秘书长刘程强指出,律师有律师公会监督,医生和上市公司也分别有医药理事会和新加坡交易所监督。人民行动党人不是圣人,也会犯错。没有反对党的牵制,执政党容易为所欲为。人民行动党和工人党互相监督、互相制衡,而最后获益的将是民众及其子子孙孙。刘程强说,民主应该是"人民作主",但是人民行动党的民主只是"为民作主"。[①]

在国会中,反对党往往扮演民众化身,对执政党进行严密监督。新加坡国会中朝野两党议员对如下判案展开的辩论,体现出反对党对于执政党的监督与制衡:超速行驶的整形医生吴某某被控在2005年9月和2006年11月两次教唆诊所员工关某某(83岁)替他顶罪,要关某某提供误导性资料给交警,谎称自己是超速行驶汽车的司机。吴某某因此被法庭判处罚款1000元。有人对吴某某只被罚款而未判坐牢感到困惑,认为他之所以能逃过牢狱之灾,是因为财力雄厚。律政部部长尚穆根就此解释说,刑事法典在2008年才将给交警提供假情报视为更严重的罪行,妨碍司法公正、贿赂证人或受贿者,可被判监禁。但是,吴某某是在2008年前犯案。你不能在当时还没有这条法令的时候,用该项法令下的罪名提控一个人。而吴某某之所以是在教唆罪名下被提控,是因为提供不正确资料的人是关某某,而非吴某某本人。对于他为何只被罚款,没被判坐牢,是因为控方并没找到金

---

① 参见《世界级民主政府须有反对党监督制衡》,《联合早报》,2006年4月30日。

钱交易的证据。①

2012年8月,律政部部长尚穆根在国会中回答工人党主席林瑞莲的口头询问时说,林瑞莲提问的潜台词是吴某某应被判更重刑罚,并影射吴某某因为有特别的身份,所以没被重判,整个事件有偏袒的嫌疑。但是,尚穆根指出,发生在2004年至2009年的六起判案都涉及驾车者提供误导性资料给交警,甚至在没有驾照和保险的情况下开车。但他们最终都只被罚款。例如,2004年,许某某在法定时速50千米的道路上超速驾驶,时速112千米,从而被控在没人监督的情况下驾驶和只持临时执照、无有效保险情况下驾驶、向警方提供假资料以及超速驾驶,被判罚款;又如,2009年,王某某被控开车时用手机、无照驾驶、无有效保险情况下驾驶以及向警方提供假资料,被判罚款;如此等等。②在陈述了六起判案之后,尚穆根两次向林瑞莲发问:"请问身为律师的林小姐是否同意,吴某某案件的判决跟他所列举的案例是否大致相同?"③

面对尚穆根的发问,林瑞莲回答说,自己向律政部提问,是因为有公众质疑新加坡法律系统是否公平。虽然她清楚有些案例只涉及罚款,但也有其他案例包括了监禁。对这方面法律较熟悉的律师告诉她,对吴某某的判决轻了。林瑞莲还说:"我不是在质疑总检察署。我请部长澄清,他是否在质疑我提问的动机?"尚穆根回答说:"我只是认为,议员在国会上辩论和讨论课题时,不要掺入政治。我只是希望,身为律师的我们俩,能通过透明、公开的方式,平息人们(对总检察署和法律系统)的指责。"尚穆根所说的"不要掺入政治",是说林瑞莲不要因为自己是反对党,就不顾事实地为反对而反对,以便讨好民众,在政治上捞取分数。接着,尚穆根又说:"我第三次问她,她是否同意,吴某某案件几乎所有的因素都跟我列举的六个案例有些相似?"④

---

① 参见刘婵:《整形医生罚1000元,尚穆根:刑罚合理》,《联合早报》,2012年6月17日。

② 参见沈越等:《尚穆根列举六案说明吴志良循例受刑,整形医生案引爆舌战》,《联合早报》,2012年8月14日。

③④《尚穆根、林瑞莲针锋相对》,《联合晚报》,2012年8月14日。

　　同处议事大厅的尚穆根和林瑞莲都以第三人称的"她"或"他"称呼对方。国会发言的一个规矩是议员之间的辩论必须以向议长说话的方式呈现，以避免相互间发生面对面的直接言语冲撞。因为是对议长说话，论辩的对方成了第三者，本该被称为"你"的对方自然成了被称为"她"或"他"的第三方了。听完尚穆根的上述质疑，林瑞莲回答说，自己询问过那些熟悉这类法律的律师，他们认为根据这样的案情，应该判处监禁。尚穆根就此回应说："与其引述一些不知姓名的律师，林小姐自己是一名律师，何不自己研究和根据事实判断，让我们知道她的看法？"①

　　从党内职务来说，林瑞莲是工人党主席，刘程强是工人党秘书长。与人民行动党的情况相类似，党主席虽然会在排名时放在第一位，但秘书长才是党的实际第一把手。当时，工人党是新加坡国会中最大的反对党。眼看着尚穆根对林瑞莲的步步紧逼，工人党秘书长刘程强似乎看不过去了，表现出反对党领袖的心态，出面为林瑞莲进行辩护。他说，这是口头询问时间还是辩论时间？林小姐只是问了一个公众有兴趣的问题，律政部部长有必要掀起一场辩论吗？难道这是一种恐吓？尚穆根回答说，这跟恐吓没有关系，希望不要随便使用"恐吓"这个字眼。②而林瑞莲在要求尚穆根对其答复做出澄清之前，更指出尚穆根似乎质疑其资格和能力。当时，刘程强也附和说："是的，是的。"③

　　审视上述国会中口头询问时间出现的朝野两党的辩论，我们可以看到，反对党议员林瑞莲对吴某某案件判决的公正性的质疑也许有"为反对而反对"的嫌疑，但也的确代表着部分民众的声音。能够有人在国会中替这部分民众发出声音，正是民主即由民作主的体现和要求，也能够一定程度地防止执政党徇私舞弊、以权谋私。当执政党及其政府相对较好地体现了执政为民的理念，反对党的监督功能有时候似乎处于一种"设而未

---

① 《尚穆根、林瑞莲针锋相对》，《联合晚报》，2012年8月14日。
② 参见《尚穆根、林瑞莲针锋相对》，《联合晚报》，2012年8月14日。
③ 何惜薇：《议事新氛围》，《联合早报》，2012年8月14日。

用"或"用如无用"的状态。但是,这并未减少这种监督功能的存在意义:正如没有监控,盗贼就会乘虚而入,没有监督,执政党的蜕化变质也将在所难免。

2006年的新加坡大选,人民行动党派出候选人刘锡明、司徒宇斌分别角逐后港、波东巴西选区的议席。由于上述两个单选区多届以来都是反对党人刘程强、詹时中赢得选举,所以曾任人民行动党秘书长的吴作栋对选民说,如果刘锡明和司徒宇斌在这次大选中当选,人民行动党也许会让他们不受党督的约束,在国会中扮演反对党的角色。在议会民主体制下,任何党派的议员在国会投票中都必须贯彻本党的决定,无论自己内心对本党提出的议案是否同意,都必须在投票中表示支持,否则就会受到党督的处罚。而执政党解除党督对本党某议员的约束,该议员就可以在国会投票中听从内心的决定,对本党提出的议案投反对票,从而扮演了反对党的角色。进一步说,不受党督约束,扮演反对党角色,还包括在国会发言中尽情表达自己的意见,特别是那些与本党意志不一致的意见。

如上所述,吴作栋之所以要让两人扮演反对党角色,是因为执政党在国会中所提出的议案,不一定符合每个选民的意愿。这时候,选民中就会有人希望国会中有反对党议员替自己说话,以制衡执政党。在人民行动党议员占据国会绝大多数议席的情况下,更容易激发新加坡人投票给反对党。如果刘锡明和司徒宇斌当选后能扮演反对党角色,民众就可能弱化投票给刘程强、詹时中的意愿,转而将选票投给刘锡明、司徒宇斌。因此,吴作栋的上述说法,其实是在为刘锡明和司徒宇斌拉票,从而有助于他们当选。

不过,吴作栋的说法并不能服众。例如,一些观察家和反对党议员便对其说法持保留态度。新加坡政策研究院高级院士许林珠认为,如果选民投票支持反对党,是想要有一股外在力量来监督和制衡执政党,那么刘锡明和司徒宇斌将很难满足选民这方面的要求。理由是"被委任"为反对党议员和"被推选"为反对党议员毕竟不同。两位执政党候选人本来就不属于反对党,又怎么能从反对党的角度看问题、提意见呢? 反对党人詹时中则质疑不受党督约束的蜜月期到底能维持多久？而且，为夺回反对党选区而让执政党中的少数人享有扮演反对党角色的"特权"，对其他人民行动党议员也不公平。官委议员倪敏认为，虽然执政党在让国会有另一种声音的问题上想出了许多极有创意的点子，包括设立官委议员和非选区议员等，但最好的反对声音还是来自选民推选出来的反对党议员。①

有评论家撰文说，让执政党议员扮演反对党的角色的说法，类似于中国战国时期的雄辩家公孙龙的"白马非马"说。公孙龙要牵马过城关，守关的官吏说，人可以过关，马就不行。公孙龙便说，白马不是马。官吏问他为什么白马不是马？公孙龙反问说，可以说马是白马吗？官吏摇头说，好像不能这么说。公孙龙说，既然不能说马是白马，又怎能说白马是马？官吏说，可是白马明明是马呀！公孙龙说，这不一样。白马是由白色和马两部分组成的，它不仅含有马，还含有白，因此既不能说白马是白，也不能说白马是马。"白马非马"是公孙龙偷换概念的诡辩。守关官吏虽然觉得"白马非马"的说法很怪，可是又说不过公孙龙，只好连人带马让公孙龙过关。这位评论家认为，让执政党议员扮演反对党角色，就像说"白马非马"一样。因为白马其实还是马，所以扮演成反对党角色的执政党议员，骨子里仍然是执政党。在新加坡，人民行动党和反对党界线分明，一点也不含糊。因此，人民行动党议员再怎么样不受党督约束和畅所欲言，人们也始终难以接受人民行动党议员会是"称职的反对党议员"②。

2011年大选期间，工人党领导人在竞选群众大会中告诉选民，以目前反对党的实力，还不足以取代执政的人民行动党。因此，反对党之所以要奋力参选并赢取议席，并不是要赢取执政地位，而是要在国会发出更大声音，以便对强大的执政党给予更多监督。他说，治理国家就像驾驶一辆车子，执政党是主驾驶，反对党是副司机。有了副司机的提醒，就可以让主驾驶避免出现疲劳、懈怠的情况，从而让车子在正确的路线上安全行驶。工

---

① 参见《翻不翻新的两难处境》，《联合早报》，2006年4月2日。

②《翻不翻新的两难处境》，《联合早报》，2006年4月2日。

人党将自己比作副司机的说法,其来有自。工人党在2011年大选中提出的竞选口号是"迈向第一世界国会"。其潜台词是说,作为新加坡立法机构的国会只是落后的"第三世界"。理由是此前的国会中共有84个议席,执政的人民行动党占据82席,反对党只有2席,可谓一党独大,很难听到不同的、反对的声音。内政部部长兼律政部部长尚穆根指工人党提出"第一世界国会"的概念是"想当副司机","坐在前座,抢驾驶盘"。针对上述言论,工人党秘书长刘程强在工人党第一场群众大会上直言:正是因为新加坡人民都坐在同一部车子上,如果发生意外,大家就会同归于尽,所以才需要反对党这样的"副司机"坐在前座。单是系上安全带,希望司机把大家安全送到目的地是不够的。当前路颠簸不平时,坐在前座的副司机就可以在司机驾歪或打瞌睡时捆他一巴掌;当司机很负责任地驾驶时,副司机也能通过同他说话而不让他打瞌睡。刘程强指出,新加坡目前的问题是,在没有副司机的情况下,大家上了同一部车子,且只能靠一个司机开车,并由他主导方向。如果没有"副司机",新加坡人民可能被这个唯一的司机带去兜风(taken for a ride)。①

按照刘程强的说法,副司机的责任是:当正司机操作正确时给予肯定,当正司机出现懈怠时给予提醒,当正司机发生错误时给予批评。刘程强有关屋价飙涨百姓难负担的如下演讲,就可视为"副司机"职务竞选者对"正司机"的提醒和批评。刘程强说,数据显示,与五年前相比,盛港的三房新组屋的价格的涨幅介于21%至46%;在榜鹅的四房新组屋的价格,涨幅则介于46%至56%。由于一般国人薪水并没有相应幅度的增长,组屋价格的飙涨将给年轻人带来负担。政府虽然说年轻人能负担得起买组屋的首期和每月房贷,但他们必须用20至25年的时间才能缴付完房贷。这必定影响他们为退休生活储蓄的能力。此前,工人党只有刘程强一人当选为国会议员。刘程强呼吁选民在大选中给予支持,因为他"一个人在国会真的是很难顶"! 他也保证,工人

---

① 参见许翔宇、陈诗雨:《刘程强:新加坡需副司机,可捆醒打盹司机》,《联合晚报》,2011年4月29日。

党在这次大选中推出的23名候选人中若能多有几位选入国会，将来他们在进行辩论时，不会为反对而反对，而是为捍卫国人的权益而努力。回到自己提出的新加坡需要"副司机"的论点，刘程强说，如果没有"副司机"，就只能完全靠一个司机主导方向。因此，国人应开始寻找有潜能的"副司机"，给予适当培训与支持，让他有朝一日能负起"副司机"的责任。他强调，可以担起"副司机"责任的工人党目前"还没有驾驶执照"。他说："我们能不能考到'驾驶执照'，全靠选民的支持。"①

李显龙在人民行动党竞选群众大会上驳斥了刘程强的"副司机"论。他说，行车有所谓的副司机，可能帮倒忙。万一正副两个司机闹意见，一路吵吵闹闹，甚至争夺方向盘，那很快就会遇上意外。因此，请大家小心选择司机。李显龙指出，人民行动党是富有经验、身经百战的司机。大家坐上这位司机驾驶的车子便能一路顺风、平平安安地到达目的地。假如你聘请了这位司机，发现他的表现不如人意，你尽可更换司机。②

针对李显龙的反驳，刘程强回应说，副司机不是去争驾驶盘，而是去协助并时不时提醒司机，确保他头脑清醒地走完全程。如果巴士司机在睡觉，你会过去问他为什么在睡觉吗？当然是打他啦！他进一步举例说，一架由两个机师驾驶的商业飞机，他们并没有抢驾驶盘。其目标都是把乘客安全送到目的地。工人党候选人韩苏美也要交通部部长林双吉解释，2006年大选后，本地两家公共交通公司在盈利增加的情况下，为什么还一再调高车资？公共交通公司曾表示，调高车资是因为油价上升。但是，油价在2008年底下跌时，车费并没有下调。当时，林双吉解释说，车费不一定与油价挂钩，通货膨胀和国人薪金也会影响车资。不过，韩苏美并不接受上述解释。他隔空喊话说："林双吉部长，我知道你是交通部部长，但请不要带我们去兜风。"③

---

① 许翔宇、陈诗雨：《刘程强：新加坡需副司机，可捅醒打盹司机》，《联合晚报》，2011年4月29日。

② 参见蔡添成、陈宇昕：《"副司机"可能帮倒忙》，《联合早报》，2011年4月30日。

③ 郑凯文：《工人党要东海岸人帮林瑞生提早退休》，《新明日报》，2011年5月1日。

新加坡执政党议员曾将政党之间的摩擦讥讽为"勾心斗角",反对党议员则将这种摩擦褒扬为"同舟共济"。上述观点的争端产生于如下背景:新加坡社交网络曾广泛流传这么一个只能提供"三选二"服务的说法,即"好和省钱的服务不会快,好和快的服务不会省钱,快和省钱的服务不会好"。但是,新加坡全国职工总会秘书长林瑞生却主导了一个"更省、更好、更快"(cheaper, better, faster)的计划,鼓励企业引进自动化机械和提升工人技能等来提高生产力,并与职员分享生产力红利。可是,这个计划却因"更省"(cheaper)一词而被许多人解读为鼓励雇主剥削员工。2011年10月21日,林瑞生在国会中不厌其烦地重申,这个概念针对的是产品和服务,而不是劳动队伍。他说,人们希望有"更省、更好、更快"的饮食,因此欢迎在邻里建新的小贩中心;他们希望公共组屋价格合理,等候时间不太长,也希望公共交通和医疗服务都"更省、更好、更快"。针对林瑞生的上述观点,刘程强乘机以部长拿高薪说事,幽了林瑞生一默。他说,这或许正是出现更好、更有效率(即"更快")部长的开端。而在检讨部长薪金的工作完成后,部长们也会更"便宜"(即"更省")。刘程强指出,政府往往以政治考量来权衡得失,使得人民认为政府更关心部长的高薪,而不是人民的福利。林瑞生认为,刘程强在字里行间影射政府为了保障高薪而节省各种开支。他吁请国会议员不要成为关心个人或政党利益的"政客"(politician),而应负起身为"政治领袖"(political leaders)的责任,确保新加坡是个不断进步和取得成功的国家。①

林瑞生因此讲述了如下寓言:小岛上有两个居民,一个叫"勾心",一个叫"斗角",双方是死对头。一天,两人在沙滩上找到一盏神灯,擦了擦神灯,灯魔出现了。灯魔说:"我可以满足你们两个人一共三个愿望。"勾心和斗角争论了半天,最后同意让勾心许两个愿望,斗角许一个愿望,但斗角的愿望是比勾心所获得的事物多出一倍。勾心向灯魔要求拥有世界上所有

---

① 参见谢燕燕、何惜薇等:《林瑞生:要当为民的政治领袖,不做只为选票的政客》,《联合早报》,2011年10月22日。

美好的事物。在灯魔帮他实现其愿望后，勾心对斗角获得双倍的美好事物感到很不开心。等到许第二个心愿时，斟酌了很久的勾心许愿说，他要求灯魔把他打成仅剩半条命。这样，获得多出一倍事物的斗角就会丢掉整条命。林瑞生说，这个寓言是要说明如下道理：找到神灯对人民来说原本是件好事，但如果大家不懂得怎么使用神灯，彼此勾心斗角，最终只会落得"你死我半条命"的下场，好事就会变成坏事。他也借此表示，希望反对党不会在执政党推出不讨喜的政策时加以批评，在出现赢得人心的政策就赶紧领功。刘程强听后澄清说，他没有就人民行动党政府所做的事情领功劳，而是赞赏执政党积极地以行动回应人民在大选过后的反馈。他也说，要领功劳的应该是选民，因为是他们把反对党选入国会。或许这会让执政党认真地作出检讨。①

国会休会后，工人党议员陈硕茂在脸书上以"同舟共济"的如下故事回应林瑞生"勾心斗角"的寓言：小岛有两个居民，一个叫"同舟"，一个叫"共济"。某天晚上，两人在海滩上找到一盏灯。灯魔出现后说："你们难道不知道世上没有灯魔，一切得靠自己吗？如果你们肯自食其力的话，我答应你们每人一个愿望。""那太好了。"同舟说，"我块头大，经验多，我来负责掌灯，造福岛民。我希望这工作我能做到省、快、好（cheap, good and fast）。"共济说："那么，我帮忙监督他，希望他能做得再好一倍——更省、更快、更好！为我们的小岛带来光明。"②陈硕茂是将"块头大，经验多"和"负责掌灯，造福岛民"的"同舟"比作执政的人民行动党，将"帮忙监督"的"共济"比作在野的反对党。同舟而又共济，就能好上加好。

新加坡一党长期执政，却又多党并存竞争。上述两种情况既可以相互矛盾，也可以相辅相成。美国阿拉斯加州涅利斯自然保护区里生活着大量的鹿。当地居民常常可以看到狼把鹿群追得四散奔逃，许多鹿被咬得鲜血淋

---

① 参见谢燕燕、何惜薇等：《林瑞生：要当为民的政治领袖，不做只为选票的政客》，《联合早报》，2011年10月22日。

② 蔡永伟：《刘程强开炮，部长议员反击》，《联合晚报》，2011年10月22日。

漓。人们为了保护鹿群,便对狼进行大肆围剿。不久,狼被消灭了。鹿因为没有了天敌的威胁,一下子繁殖了很多。一段时间之后,由于生活安逸,懒于运动,导致体质退化,疾病蔓延,鹿群面临着严重的生存危机。为使鹿免于灭绝,当地居民特地请来动物专家医治鹿群的"衰退症"。动物专家在自然保护区内观察了一段时间后,开出了把狼"请"回来的"药方"。

原来,狼与鹿存在着相反相成的关系:一方面,狼的抓捕,迫使鹿奔跑起来,反而让鹿得到锻炼,从而更为健康;另一方面,狼吃鹿,往往吃掉的是那些奔跑不快的"老弱病残",客观上对鹿起到了一种"优胜劣汰"的作用。于是,当狼被"请"回来之后,鹿群又因生存挑战而迸发出生机,自然保护区的生态也恢复了平衡。古人所谓的"天假其私而行其大公"和"万物并育而不相悖",说的就是这个道理。生物界的上述现象,也可以给人类社会带来启示。

新加坡原高等法院建筑正面上端有泰美斯女神塑像。泰美斯女神是古希腊神话中的正义之神。塑像右手握着利剑,左手提着天平。天平象征着公正,利剑则寓意斩除罪恶、匡扶正义。这是英属殖民地时期的新加坡高等法院建筑上的塑像,体现了英国乃至西方对法的理解。其意要求正义、公平和斩除邪恶。

与英国乃至西方对于法的理解相类似,中华文化对于法的理解也包括上述三层要求。汉字"法"的古字写作"灋",最早见于金文,字形由"氵(水)""廌""去"三部分组成。根据《说文》的解释:"灋,刑也。平之如水。从水,廌所以触不直者去之,从去,会意。"原来,"灋"在古代专指刑法,后引申为法律。其中,"氵(水)"意指(法律)像水一样平正,所以从水,相当于泰美斯女神手中的天平,象征着公平。"廌"是传说中的独角神兽,能辨别是非曲直。当公堂上的官员理不清孰是孰非、辨不明谁直谁曲时,廌就会挺身而出,用角去顶触理屈情非之人。因此,廌相当于泰美斯女神,代表着正义。去是去除,相当于泰美斯右手所握的利剑,意味着斩除邪恶。

综上所述,东西方文化在对法的理解上,虽有形式的不同,却有实质的相通。例如,西方社会更早进入商品经济社会,所以用天平代表公平;中国社会长期处于自然经济之中,所以用水代表公平。但是,要求公平的价值取向,东西方却相通。正因为如此，钱锺书先生曾说："东学西学，道术未裂，南海北海，心理攸同。"由此带来的启发是，由民作主（即民主）虽然产生于西方，却具有全人类共同价值的性质，因而也可以被东方社会所接受。当然，东方社会要真正落实由民作主，又必须找到适合自己国情的实现方式。

第二章

线的延伸：从上天到落地

点引成线。按照《几何原本》的定义,线(直线)是"点沿着一定方向及其相反方向无限平铺"①。可以将"一定方向"理解为正向(+),"相反方向"理解为负向(−)。在新加坡的筑梦空间中,正向"无限平铺"可以理解为向高处着眼,需要对政治理念进行正向追问,以便让眼睛看清目标;负向"无限平铺"可以理解为往深处落脚,要求对民主内涵进行反向思考,以便让行动符合实际。

图2-1 线(直线)

从中华文化的角度来理解,点沿着正负两个方向"无限平铺"的"动态过程",可以转换成"太极生两仪"的"生态过程",即"太极动而生阳,静而生阴。分阴分阳,两仪立焉"。这里,阳喻天,阴喻地。②其哲学意蕴可以演绎为"盘古开天地"的如下神话故事:"天地混沌如鸡子,盘古生其中。万八千岁,天地开辟,阳清为天,阴浊为地。盘古在其中,一日九变,神于天,圣于地。天日高一丈,地日厚一丈,盘古日长一丈,如此万八千岁。天数极高,地数极深,盘古

─────────────

① [古希腊]欧几里得:《几何原本》,燕晓东译,江苏人民出版社,2011年,第2页。
② 《易经》:"是故易有太极,是生两仪。"唐代孔颖达《周易正义》注解道:"不言天地而言两仪者,指其物体;下与四象(金、木、水、火)相对,故口两仪,谓两体容仪也。"

阳

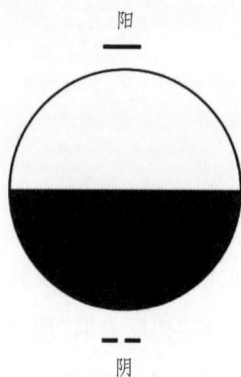

阴

图2-2 两仪图

极长……故天去地九万里!"①阳喻天,天阳的作用是要头顶蓝天,把理念高扬到天上;阴喻地,地阴的功能是要脚踏实地,将制度落实到地上。

"太极生两仪"的"生态过程"虽然使"点引成线"的"动态过程"变得生动,但不够精确。如果以两仪图的中心为原点,再加一个直立着的数轴,形成一个两仪图直线坐标系,就能在"生动"之上更加精确。画一条水平直线,在直线上取一点表示0(叫作原点,origin),选取某一长度作为单位长度(unit length),规定直线上向右的方向为正方向(positive direction),就得到数轴。所有的实数都可以用数轴上的点来表示。从原点出发,朝正方向的射线(正半轴)上的点对应正数,相反方向的射线(负半轴)上的点对应负数,原点对应零。当物体在一条直线上运动,需要建立直线坐标系,也就是数轴,以定量描述物体的位置及位置的变化。有了数轴,就可以对"点引成线"的动态空间乃至太极生两仪的生态空间进行更为科学、准确的分析。

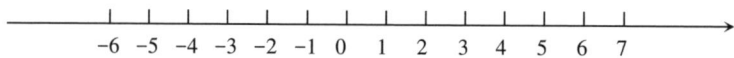

-6 -5 -4 -3 -2 -1 0 1 2 3 4 5 6 7

图2-3 数轴

在两仪图中,阳仪代表天,阴仪代表地。中华治道圆融,正在于顶天而立地。老子云:"失道而后德,失德而后仁,失仁而后义,失义而后礼。"②在老子看来,最高者道,退而求其次,依次是德、仁、义、礼。按照上面的句式,延续老子的思想,似乎可以再加一句:失礼而后法。这样依次排列出的道、德、仁、义、礼、法,就是从天上落实到地上;反之,则是从地上成长到天上。如上所述,以两仪图的中心为原点,加一个直立着的数轴,就形成了两仪图直线坐标系。在两仪图直线坐标系中,从天上落实到地上的动态空间抑或从地上成长到天上

①《三五历纪》。
②《道德经·第三十八章》。

的生态空间,就可以给予更为精准的标识。

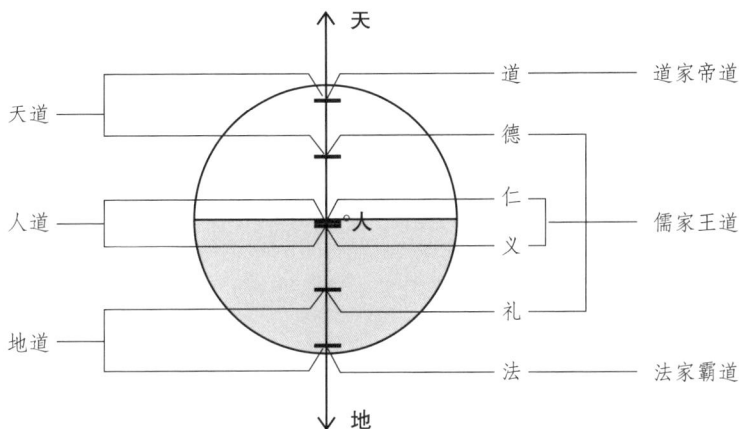

图2-4 两仪图直线坐标系

道为道家帝道所奉行。道循自然,无为者帝,道家帝道顺应的是天时,体现了最为崇高的天道。法为法家霸道所实行。法用刑赏,强力者霸,法家霸道追求的是地利,体现了最为切实的地道。德、仁、义、礼为儒家王道所推行。王道通三,参通天地人为王,儒家王道就包含了天、人、地三道:首先,王道连天(王字的上面一横代表天)。孔子主张"道之以德"——德是人之所"得"于天者,即人的天命之性,孔子德治高举的是天道。其次,王道接地(王字的下面一横代表地)。荀子强调"齐之以礼"——礼是一定地域内历史形成、习惯认可的礼仪、礼节和礼俗,荀子礼治躬行的是地道。最后,王道抱人(王字的中间一横代表人)。孟子呼唤仁义——仁者爱人,义者惠民,孟子仁义拥抱的是人道(处于天地之间)。由于人道在王道中占据中间(核心)地位,所以王道关注的是人和。正因为王道连天接地抱人,跨越了天地人三界,所以具有较大的伸缩性,也就更能在中国历史上较长时间地占据主导地位。不过,王道虽然连天,即"道之以德"高举的是天道,但未及顶到最高之处的道(道尚无为);王道虽然接地,即"齐之以礼"践行的是地道,但不如立在最深之处的法(法重刑赏)。由于中华文化倡导儒道互济、礼法互用,治道圆融就不能局限于连天与接地,而应超越为顶天与立地。由此带给我们如下启发:应该向最高处着眼,以期眼望星空;必须往最深处落脚,以便脚踏实地。

第一节　向高处着眼：以理念作为标杆
——对于国家信约的正向追问

点引成线的"正向平铺"是要向"仰之弥高"的高处着眼，要求对纯粹的理念进行正向追问，以便让眼睛看清目标；"太极生两仪"中的阳仪象征天，天阳的作用是通过批判现实，从而将理想高扬到天上。由于理念体现着心目中的应然，理想反映了心灵中的期待，于是让人高处着眼的理念和需要高扬上天的理想就为世人树起了一个标杆，确立了一个标准，也就相当于立了一个极。极的本义是"屋脊之栋"，"在屋之正中至高处"，是房子至高无上、独一无二的那根梁。因此，极也引申为最高的标杆、标准。郭沫若《满江红》词云："有雄文四卷，为民立极。"其所谓"立极"，意思就是树立标杆，确立标准。

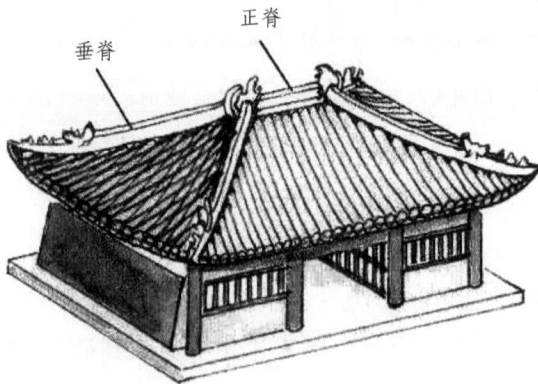

图2-5　正脊、垂脊①

---

① 《浩宇小讲堂第101期：古建筑小知识之屋顶样式》，"浩宇三维"公众号，2021年1月5日。

　　某类事物的最高标杆或标准，也就是某类事物的理（即这类事物的定义或理念）。理使这类事物成为这类事物。作为某类事物最高标杆或标准的理，也就成为这类事物至高无上、独一无二的极。某类事物虽然体现了这类事物的理，但不可能完全穷尽这类事物的理。例如，现实中的圆或民主之所以称为圆或民主，是因为它体现了圆或民主的理，即圆或民主的定义（如一中同长为圆，民主就是由民作主）。但是，现实中的圆难免有不圆之处，没有任何弯折的纯粹的圆，只有圆的定义。同样，现实中的民主都有不够民主之处，没有任何缺陷的纯粹的民主，只有民主的理念。这里，圆的定义或民主的理念，就是它们的"应然"，即应该的样子。画圆或建设民主，必须秉持其应然的定义或理念，并借此对现实不断给予批判、校正。唯其如此，才能画出日益圆满的圆，建成日臻完善的民主。由于新加坡国家信约（也称公民信约，即所有公民必须信守的约定）要求公民建设公正、平等的民主社会，实现国家的幸福、繁荣与进步，从而为新加坡公民确立了社会发展的目标，即将公正、平等、民主、幸福、繁荣和进步等理念，尽可能地转化为客观现实。于是，公正、平等、民主、幸福、繁荣和进步等理念，也就成为新加坡社会发展的一个一个标杆或标准（即极）。

　　2009年8月9日，新加坡建国44周年的庆祝活动有一项特殊安排。当晚8时22分①，全国各地拉响警报，呼吁新加坡人一起宣读信约。全岛每一个角落的新加坡人，无论在家看电视、听电台广播，还是在餐馆和家人吃晚餐，都暂时放下手中的事情，起立宣读信约："我们是新加坡公民，誓愿不分种族、言语、宗教，团结一致，建设公正、平等的民主社会，并为实现国家之幸福、繁荣与进步，共同努力。"

　　宣读信约导致相关手机短信传播得热火朝天。新加坡当时正如火如荼地向民众推广做个优雅乘客的运动，由此编写而成的"地铁信约"写道："我们是地铁乘客，誓愿团结一致成为怕输一族，不管孕妇、长者和小孩，当车门打

---

　　① 之所以将时间定为当晚8时22分，是因为8分别除以两个2，得两个4，合为44，与新加坡建国44周年正好吻合。

开时，立即冲入，为争取座位、睡眠和休憩，共同努力。"另一则"买多多信约"同样让人叫绝："我们是新加坡公民，誓愿在星期一、三、四、六或星期天，不分多多、万字票或大彩，都对 quickpick、system 7 至 system 12、大彩彩票进行投注以期赚点外快，并为实现利我之'5C'（现金、汽车、信用卡、公寓及乡村俱乐部会员证），共同努力。"①

8 月 9 日当晚，庆典开始之前的大屏幕上播放的一则热场搞笑短片，很能展现新加坡人的自嘲精神：一名父亲开车载儿子到兵营，沿途说了一些不满政府的风凉话，如"为什么害儿子要把长发剪短"等等。到了停车场，这名父亲贪图小便宜，将 8 点 20 分的固本撕成 8 点 30 分，结果被女稽查员逮个正着。他试图狡辩，但女稽查员不为所动，坚持开"三万"（罚单），还不忘引用信约："不分种族、言语、宗教（照罚不误）。"闻风而至的警察不听其父的辩解，也引用信约指出，这样的处罚是基于"公正、平等"。②因为有了反复宣传并即将进行的宣读信约的背景，短片的效果自然令人捧腹。宣读信约的活动固然让一些新加坡人觉得搞笑，但对更多新加坡人来说，应该是收获感动，引起思考。当然，更为深切的反思和更加严肃的辩论则发生在九天之后的新加坡国会的议事大厅。

九天之后的 8 月 18 日，新加坡国会复会。由于担心国家过于专注克服周而复始的经济挑战，忽略了对更为深刻的立国宗旨进行思考，官委议员维斯瓦在复会当天提出动议，要求国会重申"政府在对各项国策——尤其是经济政策——进行辩论时，都要坚守公民信约中所提出的各项建国原则"。维斯瓦认为，由于新加坡有个能干的政府，确保了国家在过去五十年取得令人难以置信的发展，人们因此对一些更为深刻的非经济课题已失去焦点。这些问题就包括人们是否扎根于此、爱国主义、公民自由及和谐幸福。他说："如果我们不充分注意这些问题，而把所有的精力都用在应付诸如经济衰退和创造就业机会等问题上，那么我们可能会落得赢得战役却输了战争的下场。"③

---

① 周殊钦：《特别的八月》，《联合早报》，2009 年 8 月 15 日。

② 参见高健康：《搞笑"小红点"，观众会心一笑》，《联合晚报》，2009 年 8 月 10 日。

③ 周殊钦：《国会今天复会，议员将要求重申建国原则》，《联合早报》，2009 年 8 月 18 日。

维斯瓦悉心讲述了提出动议的起因:一个半月前,国庆庆典主席陈川仁准将邀请维斯瓦写一篇有关国家信约对自己有何意义的文章。两人相当深入地交换了有关信约的这个课题。他们谈到为什么要重新给信约注入新的活力,让它成为新加坡人活生生并呼吸着的口号,也谈到信约中的美妙文字,以及无法落实其微言大义在政策上,将是多么可惜的一件事。维斯瓦说,自己是在动笔之后,才发现这个信约的力量,以及它对自己精神上的启发,写作过程中的百感交集,好的或不太好的都杂糅成自己作为公民对这个体制的一个基本信念:"国家信约成就了我们是谁以及为何独一无二地存在。……它定义了我们;在这个急遽变幻的世界保留我们的根,它代表我们的信仰,是我们一生的追随。"①

维斯瓦的演讲极能渲染气氛,极善铺陈情感。他回顾了2009年国庆日当晚8点22分新加坡人宣读信约时的那种澎湃之情:全国人民几乎共呼吸了。维斯瓦10岁女儿玛雅告诉他说,她好像回到第一次读信约,完全是带着感情说出来的;他的太太也说,今年的国庆庆典能够亲临现场,带给她希望,让她更加坚信,在心灵深处我们是一个团结的民族;他的一位身份为永久居民的生意伙伴说,宣读信约的环节,让她觉得能够成为新加坡人很自豪。维斯瓦说:"宣读信约是不能心存侥幸或附带功利,每次在我们背诵它的时候,我们都要相信这些付出是值得的。由此,我们有必要让所有公民,从小开始就明白它深层的意义。更重要的是,今天我们在国会里必须以身作则,任何与国家信约精神相违背的政策或法案都不能让它通过。如果我们能够重申国家信约的原则,让它作为国家政策、特别是经济策略的基石,那是再好不过了。"②

一般认为,人民行动党政府领导下的新加坡不讲意识形态,实用主义是其口号和指南。但维斯瓦认为,信约就是新加坡的国家意识形态———一套不可取代的价值观,也是新加坡人的道德指南。"要是失去它、忽视它或者错用

---

① ② 维斯瓦·萨达斯万:《维斯瓦在国会发言文稿》,冀居·谢译,新加坡文献馆网,2009年9月13日。

它，将带给我们灾祸。"今天的新加坡，已经出现这种端倪。维斯瓦说："如果情况恶化而我们国家的生计蒙上阴影，我们有足够的新加坡公民，更不用说永久居民，挺身来维护这个我们称为家的地方吗？我希望我能大声地说出一个'是'，可是实际上我没有把握。"①

维斯瓦接着列举了如下几项令人堪忧的数据：2007年，新加坡理工学院曾对800名年龄介于15至20岁的年轻人进行问卷调查。这些年轻人都在新加坡学校接受教育，并且强制上过国民教育的课程。根据调查，37%的人认为自己不爱国，超过50%的人认为有机会的话会考虑移民。这项调查的结果和许多针对年轻人、年轻在职人士、海外新加坡人和国民服役人员的调查相去不远。根据"体验2009"（一个常年主办美国教育展的单位）的一份主要调查，受访对象是153名新加坡海外留学生，其中79%认为毕业后要留在美国工作。2009年初，时任国务资政的吴作栋在中正中学建校70周年的庆祝活动上透露，那些在1996年至1999年剑桥A水准会考中表现优异的学生，如今，也就是十年之后，已经有超过五分之一没留在新加坡工作。

因此，新加坡面对如下挑战，即国人有多少热忱和向往来为这个国家当家作主，而不再把自己当成一个过客？维斯瓦说："我们需要扪心自问，我们是一家'公司'还是一个国家？如果我们满足于把这里当作一家'公司'，那么我们的首要任务就是要保证给股东的投资有足够的回报率。如果我们要成为一个国家，那么我们在量化回报和主要表现指数之外，还要加入以情感为基础的因素，诸如种族与宗教和谐、稳定与幸福。……我们需要风雨与共的情怀，能够在飘摇的日子一起走过。"为此，"我们需要国家信约的原则来支撑和发展这种韧性、坚毅和自立"，并把它"内化成一种信仰"；"我们需要保证国家信约的重要位置，因为唯有它能团结国人"②。于是，维斯瓦将国家信约区分为四个要旨，并用各个要旨蕴含的理念去对照新加坡的现实。换句话说，他是用"定义了我们"以及"代表我们的信仰，是我们一生的追随"的信约作为

---

① ② 维斯瓦·萨达斯万：《维斯瓦在国会发言文稿》，冀居·谢译，新加坡文献馆网，2009年9月13日。

标杆来审视、批判尚未达标的现实（再美善的现实也只能无限看齐或趋近于标杆，而不能完全达标），以便让现实日臻完善，日渐完美。

一、身份批判："我们是新加坡公民"吗？

新加坡国家信约的第一要旨就是第一句话——"我们是新加坡公民"。官委议员维斯瓦在2009年的国会发言中首先从公民的意义谈起。所谓公民，是指具有一国国籍，并根据该国法律规定享有权利和承担义务的人。公民概念指称的是一个人在公共生活中的角色归属，也就是对在公共领域中涉及的"我是谁""我应当做什么"等问题的回答。相对而言，臣民多有服从的义务，公民更有参与的权利。例如，公民依法享有参与国家政治生活的权利，包括选举权及被选举权，参与国家管理的权利。而政治参与的基本条件是拥有知情权。

正是立足于公民概念的上述理解，维斯瓦在反观新加坡的现实时，发现其存在的不足。例如，新加坡公民权利的最重要体现，只是在大选时可以投票。由于人民行动党一党独大，反对党力量薄弱，使得反对党人常常没有足够力量参与所有选区的竞选，甚至有时候出于竞选策略的考虑而主动放弃一半以上议席的竞逐。于是，那些没有反对党竞逐的选区的人民行动党候选人，便在未有竞争对手的情况下自动当选。这些选区的选民，也就失去了投票的机会，其作为公民权利之一的投票权也就难以真正享受。上述情况往往让人不能接受，难以理解。维斯瓦指出，当政府不能顾及国民看法和利益时，它必须解释其中原因。"是的，这样做是很累人，并且有时会拖慢政府的办事效率，不过它是唯一的方法。同时，公民在挑战政府看法时，政府的回应必须要诚恳，而不是施威甚至恐吓一些人，有时又冷酷和傲慢以对。"[1]

"公民要有自由表达和免于恐惧的自由。"维斯瓦指出，"白色恐怖"一直延续到20世纪80年代。今天，这种"白色恐怖"虽然已不多见，但他还是不时

---

[1] 维斯瓦·萨达斯万：《维斯瓦在国会发言文稿》，冀居·谢译，新加坡文献馆网，2009年9月13日。

听到有些人说,因为害怕遭到报复,所以敢怒不敢言。"他们半开玩笑地说,他们是定时洒水的花洒头。不过也止于半开玩笑而已,政府已经努力改善这个问题。"但维斯瓦认为,政府可以做的还有更多。"因为恐惧的气氛,无论多么温和,还是会腐蚀我们的认同感和生于斯、死于斯的情怀。政府应该为有人敢站出来提出异议而感到高兴,因为这表示有人对你在乎。""当你看到愤怒,其实你可以从中找到热情和承诺。政府其实还可以放下更多身段,甚至厚脸皮一点。……政府自60年代与人民确立的'社会契约',应该要剪裁来适合今天更高要求的公民了。"立足于公民概念的固有内涵,维斯瓦从应然的高度来规定政府的所作所为:"政府应该要对这些问题有更快、更好的反应,当然不是为了延长执政的寿命,而是这么做是对的和应该的。"①

工人党主席林瑞莲于2001年加入反对党。有鉴于过去与人民行动党作对的人们有被提控、遭破产或受监禁的命运,父亲忍不住在当时就向女儿说出自己的担忧。他半开玩笑地告诉林瑞莲,自己以后会到监狱探监。其意是说,女儿林瑞莲有可能因为参加了反对党而关进监狱。他说:"当你参与反对党政治,你不会知道路的尽头会是什么。"②了解新加坡著名反对党政治人物惹耶勒南的如下坎坷经历,可以窥一斑而知全貌,从而有助于理解林瑞莲父亲的上述看法和忧虑。

惹耶勒南于1926年出生于一个定居在马来亚(今马来西亚)的贾夫纳泰米尔人家庭,其父在柔佛的公共工程部门服务。年轻时,惹耶勒南负笈英国,后入读伦敦大学学院法律系,遇到他未来的妻子。回返新加坡后,惹耶勒南在1952年受委为初庭推事(magistrate),后来擢升为地方法庭法官。由于仕途出现了瓶颈,他在1963年辞去地方法庭法官职务,以执业律师身份活跃于本地社会,还一脚踩进了政治的大门。1971年2月,惹耶勒南成为新加坡国民党(National Party of Singapore)的主要创始人之一。但是,他只在这个从未

---

① 维斯瓦·萨达斯万:《维斯瓦在国会发言文稿》,冀居·谢译,新加坡文献馆网,2009年9月13日。

② 郭秀芳:《11年前加入反对党,林瑞莲父亲担忧将到监狱探监》,《新明日报》,2012年10月4日。

参加过任何选举的政党待了约四个月。其后,惹耶勒南离开该党,转而加入几乎处于"冬眠"状态的工人党,并出任该党秘书长,努力将该党带出"冬眠"状态。1972年大选时,新加坡国会议席只有65个。惹耶勒南领导的工人党却在这届大选中派出了27名候选人。这与此前一届大选中工人党仅有两名候选人参选的情况形成天壤之别。

正当惹耶勒南在反对党政治的路途上勇往直前的时候,却在1980年遭受个人的最大打击。当年4月,他的妻子玛格烈患乳癌去世,留下两个儿子由他照顾。当时,他们的幼子菲立年仅16岁。丧偶后一年的1981年,屡败屡战的惹耶勒南参加了自己生平中第四次选举的安顺区补选,并在三角战中脱颖而出,击败了人民行动党候选人冯金兴和人民联合阵线(United People's Front)候选人夏万星,一举打破人民行动党垄断国会15年的局面,成为新加坡独立以来第一位赢得竞选、进入国会的反对党议员,从而翻开了新加坡政党政治的新篇章。1984年大选,惹耶勒南蝉联安顺区议席。进入国会后,他利用其语言天赋,通过咄咄逼人的演讲与发问,树立了争强斗狠的强烈个人风格,也引起人们褒贬不一的评价。

1981年9月21日,身为工人党秘书长的惹耶勒南接受民主党秘书长詹时中邀请而出席该党成立大会,并在会上发表演讲。惹耶勒南演讲完毕离场时,约200名出席成立大会的人员跟着离开。针对这一情况,时任人民行动党组织秘书和政府部长的吴作栋在补选投票前的一次记者招待会上指出,这不是群众的自发行为,而是惹耶勒南精心设计的阴谋诡计。吴作栋认为,假如真是群众自发行为,这对民主党也并非好事。它说明,那批跟着离开的群众仍然把惹耶勒南暂时视为反对党领袖。不过吴作栋说,他相信群众离场是工人党领袖策划的,目的是要向外界显示:惹耶勒南才是现阶段的反对党领袖。对此,詹时中不可能轻易忍受。①

吴作栋的上述发言引起了惹耶勒南的愤怒。他认为,这是把他指为卑鄙的机会主义者,目的是要破坏他的名誉和品格,从而具有诽谤性。于是,

---

① 参见《告吴作栋诽谤,惹耶勒南败诉》,《联合早报》,1984年11月29日。

惹耶勒南将吴作栋告上法庭，以期还自己一个清白。1984年10月1日，新加坡高院开庭审理了安顺区议员惹耶勒南状告部长吴作栋诽谤案。吴作栋及其代表律师在庭上否认惹耶勒南指他为诽谤的指控，认为自己当时是以人民行动党组织秘书身份针对安顺区补选所作的一种公平评论，受到"合格特权"的保护。但惹耶勒南认为，吴作栋的评论并不公正。就连本以为会对惹耶勒南表示不满的民主党秘书长詹时中也在该案中做证说，惹耶勒南当晚演讲后离开并非一种诡计。实际上，民主党中委已经预先知道惹耶勒南会提早离开会场。

1984年11月28日，新加坡高院驳回了惹耶勒南的起诉。法官认为，虽然吴作栋的谈话具有诽谤性，但没有恶意，并未对原告构成任何损失，更没有对原告进行人身攻击，或贬低原告作为工人党秘书长的身份。法院驳回了惹耶勒南的起诉，并要求其支付吴作栋的诉讼费。针对该案的一审判决结果，惹耶勒南后来向英国枢密院提出上诉。英国枢密院于1989年7月25日驳回了惹耶勒南的上诉，判决吴作栋在记者会上的发言不是诽谤行为。①应该说，英国枢密院的上述判决符合西方言论自由的标准，而新加坡高院对于惹耶勒南起诉的驳回也大体体现了上述言论自由的标准。

1986年11月，新加坡国家发展部部长郑章远在受到贪污调查局调查后写信给李光耀说："我很抱歉事情发展到此地步，让人民行动党政府名誉受到影响。我错信了朋友，他利用了我。我愿对此行为负全部的责任，我将接受你可能做的任何的决定。"写信之后的第二天，郑章远服毒自杀身亡。1988年8月25日，工人党秘书长惹耶勒南在国会竞选群众大会上质疑上述事件。他指出，新加坡政府应该告知民众，郑章远如何取得毒药，并且应该调查郑章远的自杀行为是否与李光耀的建议有关。当年8月31日，李光耀通过代表律师发送律师信给惹耶勒南，指他就郑章远自杀事件的演讲构成了严重诽谤，要他两天内公开道歉并赔偿自己的名誉损害，否则将把他告

---

① 参见张彭强：《新加坡政治问题的司法解决：政府领导人处理诽谤事件研究》，深圳大学硕士论文，2016年。

上法庭。由于惹耶勒南未按照要求道歉赔偿，李光耀于同年9月2日正式起诉惹耶勒南诽谤。其诉状指惹耶勒南的演讲质疑郑章远的自杀与李光耀的怂恿有关，暗指李光耀在执行总理职务时存在不诚实和不检点行为。

被告上法庭的惹耶勒南为自己辩护说，宪法承认言论自由，政治争议所发表的言论应受最大程度的保障；批评总理行为的言论具有公共利益，应享有言论免责权，且此种特权还应扩张到对政府、部长和公务员的所有评论。为此，惹耶勒南引用了美国"纽约时报诉沙利文案"和欧洲人权法院在"林根斯诉奥地利案"的判决。美国联邦最高法院认为，应该禁止联邦法律为任何一位公务员，就有关其公务行为所受之诽谤或不实的批评言论获得损害赔偿，除非他证明该言论是怀有真实恶意而为。欧洲人权法院认为，言论表达自由是民主社会的基石，是民主得以运行的基本条件。对于那些具有侵犯性和冲击性的言论，尤其是对政治人物的行为给予批评的言论，崇尚多元的民主社会必须能够容忍。惹耶勒南认为，他对李光耀的批评言论是针对公务人员职务行为的评论，因合乎公共利益而应该享有免责权。

针对惹耶勒南的抗辩理由，新加坡法院拒绝引用美国和欧洲人权法院的判例，认为新加坡宪法第14条"言论、集会和结社自由"和诽谤法第十四条的规定不同于欧美。新加坡法官认为，外国判例目的是促使民主政治发展，政治人物应比普通人更能忍受外界批评；新加坡宪法基于保障公民名誉权，政治人物不应比普通人更能忍受外界批评。法官还认为，新加坡《诽谤法》第十四条规定："限制选举中发表的言论，不可因该言论为选举重要议题为由，而免除其诽谤责任。"法院最终裁定，不能依照宪法第14条来扩大相对免责权，惹耶勒南要对群众集会上对李光耀的不实诽谤负侵权责任。惹耶勒南也因此被判必须赔偿26万元（不包括堂费）。惹耶勒南因此宣告破产，陷入穷籍。①

惹耶勒南的政治生涯一直官司缠身。他自1974年在一起诽谤官司中败

---

① 参见张彭强：《新加坡政治问题的司法解决：政府领导人处理诽谤事件研究》，深圳大学硕士论文，2016年。

给行动党议员郑文滔之后，每隔几年就同诽谤诉讼扯上关系，也因其他案件
被判罚款和坐牢。1976年大选，惹耶勒南被时任总理的李光耀指为在竞选
群众大会上发表诽谤性言论，即惹耶勒南指李光耀贪腐，并利用职权为李及
李律师馆谋利，滥用总理职权，缺乏正直和廉洁。法庭裁决惹耶勒南必须赔
偿名誉损失135000元。1986年，惹耶勒南因工人党账目发假誓案被法庭判
罚5000元和坐牢一个月，并因此失去议员资格，5年内不得参加大选。据曾
是惹耶勒南政治助手并在后来成为工人党秘书长的刘程强回忆说：下判后，
惹耶勒南回到律师楼，从容地解下蝴蝶结。看得出，他即使得坐牢，也还是有
决心继续奋战到底。他对刘程强说："你要好好照顾这个党。"[1]当时，刘程强
满腹怒火，深感不平，只好在无能为力中勉力而为。

　　1997年大选，惹耶勒南曾连同当时的工人党主席陈民生医生和邓亮洪
等人，在静山集选区对垒以李玉全部长为首的人民行动党团队。惹耶勒南虽
以45.18%的得票率落败，但在落选的参选人中得票率最高而成为国会中的
非选区议员。不过，也就在1997年大选时，他又被吴作栋等10名人民行动党
领袖起诉为诽谤。原来，吴作栋得知邓亮洪代表工人党竞选静山集选区议席
后，曾公开发言说邓亮洪不适合担任国会议员。吴作栋说，新加坡有今日的
成就和局面，是经过许多年努力的结果。基于这一原因，也为了珍惜这一成
就，吴作栋称邓亮洪为危险人物，会给社会带来问题，因此"我决定阻止他这
么做"[2]。

　　针对吴作栋的上述言论，邓亮洪在《海峡时报》的访谈中表示，吴作栋等
领导人在中伤其名誉。他不仅会起诉吴作栋等人，还会向警方报案，起诉他
们犯了刑事罪。针对此事，工人党秘书长惹耶勒南在群众大会上说："邓亮洪
刚刚把他向警方报案的两份记录交给我看，你知道的，这是他针对吴作栋先
生和他的同僚所报的案。"[3]吴作栋认为，惹耶勒南通过群众大会发言方式指

---

　　①《刘程强：对反对党阵营是个损失》，《联合早报》，2008年10月1日。
　　②《为阻邓破坏社会成就，吴总理决定亲自投入静山选战》，《联合早报》，1997年5月7日。
　　③《女皇律师汤姆希尔兹：惹耶毫无根据的指责毁损总理名誉与品格》，《联合早报》，
1997年8月19日。

责他及其内阁涉嫌刑事犯罪，具有诽谤性，对他们的诚实正直品格造成了损害。吴作栋通过代表律师向惹耶勒南发出了律师信，希望惹耶勒南道歉并赔偿名誉损失。惹耶勒南未按照律师信所写的要求行事，吴作栋便按法律程序以民事诽谤侵权名义将惹耶勒南告上法庭。法庭下令惹耶勒南需支付名誉损失赔偿，一审判赔偿吴作栋2万元，二审判赔偿吴作栋10万元。①

2001年，惹耶勒南因无法偿还几次诽谤案中共欠下的547508元的名誉赔偿损失和堂费，被法庭判入穷籍，并失去了他在国会中的非选区议员的资格。欠下诽谤赔偿金数十万元的惹耶勒南透露，工人党新主席陈民生和秘书长刘程强不愿帮他偿还。他也从此退出工人党。惹耶勒南宣布和工人党脱离关系时，曾一度引起轰动。后来，惹耶勒南还上庭起诉陈民生和刘程强，双方关系因此出现裂痕。

破产后的惹耶勒南常常到地铁站卖书以补贴家用。直至2007年5月，惹耶勒南在支持者的赞助下才还清债务。脱离穷籍4个月后，惹耶勒南于当年9月恢复律师资格，重返阔别7年多的律师界。2008年1月，他首次在高庭亮相，代表前国民团结党中委黄泗荣上诉后，罚款从2000元减至1200元。黄泗荣是因无执照经营职业介绍所而被控，只有罚款少于2000元才能保住竞选资格。虽然罚款只降低了区区800元，但因此而保住了黄泗荣的政治生命。2008年4月，摆脱破产约一年后的惹耶勒南在政治上卷土重来，申请成立一个要为国人争取"在国家宪法下应有的公民权利"的新政党——改革党。他积极筹组党务，招收党员，准备参与下届国会选举。

在7月举行的改革党成立仪式上，新加坡反对党代表纷纷前去道贺观礼。惹耶勒南在成立会上宣称，在这个时候组织政党，是为了纠正国家体制的弊端，为人民争取应有的公民权利和尊严。他说："眼见人民毫无权利可言，使我很伤心。我深信人性的尊严，我所要做的一切，都是为了维护人性的尊严。"②透过上述话语行为，人们可以想见这位反对党人固执己见的个性和

---

① 参见张彭强：《新加坡政治问题的司法解决：政府领导人处理诽谤事件研究》，深圳大学硕士论文，2016年。

②《一个锲而不舍的政坛老手》，《联合早报》，2008年10月1日。

坚定不移的信念。正是这种个性、信念,成为他锲而不舍的动力。惹耶勒南表示,他目前没患任何重病,既没有糖尿病,也没有哮喘病。下次大选时如果健康良好,他便一定参选。可是,言犹在耳,2008年9月29日下午,惹耶勒南为其客户到法庭打官司时,突然感到身体不适而返家休息;30日凌晨,因呼吸困难被送进陈笃生医院,终因心脏衰竭,经急救无效而去世,享年82岁。

惹耶勒南原本还要在2008年10月15日上高庭代表裕廊集选区一名居民陈词,表示裕廊集选区前议员翁执中博士过世后造成议席悬空,政府必须在三个月内举行补选。裕廊集选区议员翁执中博士在2008年7月14日去世后,人们针对政府是否该举行补选进行热烈议论。官委议员张黎衍和吕俊旸医生更于8月在国会上联名提出动议,要求政府制定明确的补选条例。一方面,支持动议者认为,议员是人民选出来为他们在国会发声的代表。议员不在,选民就失去其在国会中代言的声音。另一方面,张黎衍更指出,议员的职责是照顾选民。他走了以后,就算同个集选区的其他议员愿意分担责任,但在精力有限的情况下,选民得到的照顾绝对不如以前细致。这个道理似乎有点像一名古代妇女从众多追求者当中选一人做丈夫,丈夫不幸早逝,妇女无依无靠,婆家不让她改嫁,却指示已成家的小叔子照顾她。①

李显龙听后反驳说,当新加坡选民投票时,他们选的不只是候选人本身,也是在表示对他们的政党的支持。候选人是在政党旗帜下竞选。无论是选举表格还是候选人名字旁,都会出现政党标志。议员当选后必须忠于政党,若脱离所代表的政党,就丧失议席。因此,当这个议员不在时,同一政党的其他议员负责照顾他的选区,是选民能够接受的。他指出,新加坡采纳"以党为本"的选举制度,是要避免议员滥用本身议席进行要挟或被人收买,造成国会动辄举行补选,影响国家的稳定。②在这一制度下,执政党通过获得选民授权而领导国家,直至下次大选为止。如果有议席悬空,总理有权决定是否补选,因为议席悬空并不影响人民对整个政党的授权,也不影响政府表现能力。即使执政党丧失占过半议席的优势,只要国会没通过不信任动议,它依然能

---

① ② 参见游润恬:《不会停止的辩论》,《联合早报》,2008年8月28日。

执政。

不过，2008年9月18日，惹耶勒南以惹耶勒南律师事务所的律师身份发表文告，表示有人已向高庭提出申请，声称按照宪法第49(1)条的规定，裕廊集选区因议员翁执中博士逝世而悬空的议席，必须在三个月内举行补选。他将以代表律师身份，在10月15日上庭为这名申请者陈词。其实，宪法第49(1)条在字面上并未明确指出补选时限，只是规定当任何议席因国会解散之外的原因悬空时，须根据当时关于国会选举的有效法律的规定举行补选。国会选举法第24(2A)条则明确表明，除非一个集选区的所有议席都悬空，否则将无须举行补选。国会选举法第66条也只针对国会解散，规定必须在解散后三个月内举行大选，没提到补选。①

翁执中博士是集选区议员。其去世所导致的议席悬空，根据宪法可以认为需要补选，根据国会选举法则可以认为不必补选。因此，要不要补选，是一个可以讨论的问题。不过，根据调查，一般选民更希望举行补选。"网上公民"调查显示，参与调查的478名新加坡网民当中，就有60.1%认为裕廊集选区应该举行补选。参加调查者当中，有312人是这一集选区的居民，当中有56.8%认为应举行补选。②因此，惹耶勒南代表居民要求补选的做法，体现了相当部分选民的愿望和要求。而惹耶勒南的去世，也导致其出师未捷身先死的结局。不过，正是这种悲剧性结局，反而更能彰显其屡败屡战、永不放弃的精神，成为他卒章显其志的绝笔。从踏入政坛到2008年去世，惹耶勒南的类似故事书不尽书。他虽然屡战屡败，但总是越挫越奋。

惹耶勒南去世后，李显龙总理在写给惹耶勒南两名孩子的唁函中，透露了一段鲜为人知的往事：1993年，惹耶勒南的大儿子肯尼斯曾写信给时任总理的吴作栋，提到雇主因为他父亲的政治背景而不愿聘用他。吴作栋在回信中表明，政府对他并无成见。雇主应像对待所有求职者那样，公平地衡量他的能力。这是因为政府需要每个有才能的人发挥所长。他还表示，肯尼

---

① 参见周殊钦：《翁执中悬空议席须在三个月内补选？》，《联合早报》，2008年9月19日。
② 参见《总理：裕廊集选区不会补选》，《联合早报》，2008年8月28日。

斯可以把这封回信交给未来的雇主看。吴作栋在回答记者询问时也说,他当时身为总理,是不允许人民行动党与惹耶勒南的斗争对他的儿子造成任何影响。因此,除了回信给肯尼斯,他还邀请惹耶勒南的次子菲立共进午餐,以传达同一信息。事实上,惹耶勒南的两个儿子目前都在社会上业有所成。长子肯尼斯是银行家,次子菲立是当地著名律师。李显龙在唁函上说:"我很高兴看到你们两人都已在新加坡闯出名堂。"吴作栋也说:"即使我不同意他的政治目标,不过,我仍然尊敬他为目标而奋战的精神,他也愿意为此而付出代价。"①

　　吴作栋能够给惹耶勒南的儿子回信,说明其行政风格还算开明;惹耶勒南的儿子需要给吴作栋写信,又说明新加坡公民权利有待于进一步的制度化保障。反对党中行为激进的代表人物惹耶勒南的政治道路可谓艰难坎坷,反对党中态度温和的代表人物詹时中的政治生涯也非平步逍遥。2011年大选,被认为是新加坡政治生态走向更多参与、制衡的"新常态"的分水岭。此时,曾为民主党秘书长的詹时中也早已经转而担任人民党秘书长。这届大选前夕的5月4日,人民党碧山-大巴窑五人竞选团队在大巴窑中心巴士转换站走访。作为团队领袖的詹时中所到之处,都会吸引大批人潮。前来支持者多是詹时中的粉丝。大家纷纷上前与他握手,祝他身体健康,并称赞他是"勇敢的人"。女居民高喊:"我不怕爱你!"詹时中过去多年曾是波东巴西选区议员。这次大选,他走出多次当选的波东巴西单选区,组团来到了碧山-大巴窑集选区参与竞选。一名波东巴西的女居民跟足詹时中一个半小时,不时拿宣传单替他扇风,合影留念,还高喊:"我爱你,我也不怕爱你!"她过后担心詹时中体力不支,又从隔壁快餐店借来椅子让他坐下休息。大家拿出相机和手机,要求跟詹时中合影留念、签名的居民也络绎不绝。詹时中的女儿詹惠丽除了照顾父亲,也不时充当业余摄影师,应粉丝要求帮忙拍照。②这里,詹时中广受欢迎及被称赞为"勇敢的人",说明参加反对党曾有风险,但风险已经

①《总理及国务资政:对惹耶两子政府无成见》,《新明日报》,2008年10月1日。
②参见钟芝娜:《詹时中访选区,粉丝热情陪伴》,《联合晚报》,2011年5月4日。

越来越小；居民们对詹时中说"不怕爱你"，也说明亲近反对党曾经可怕，但已经越来越不可怕。

二、状态批判："不分种族、言语、宗教"了吗？

新加坡国家信约的第二要旨是其第二句话："誓愿不分种族、言语、宗教，团结一致。"官委议员维斯瓦在2009年的国会发言中指出，在过去数年，新加坡作为一个民族，其国民似乎越来越介意自己的种族身份。在这里，几乎处处都在唤醒人们的种族意识，从身份证开始，举凡学校、求职、结婚、俱乐部等各种申请表格，乃至上民众俱乐部参加烹饪班，都要问及你的种族身份。即使媒体报道罪案时，也特别要提及作案者的种族身份，并进一步形容他（她）的肤色是深还是浅。目前，新加坡还需要小心维持着各族人口的平衡，新加坡人是不是能够接受一个少数种族的总理都是问题。①

在认可维斯瓦所说的新加坡尚未完全实现"不分种族、言语、宗教，团结一致"的观点之前，必须先看到新加坡多元种族、语言、宗教政策取得了足可引以为豪的成就。新加坡作为多元种族、宗教和语言的国家，曾经发生过非常严重的种族冲突。1964年7月21日，一场有关宗教的游行演变为不同种族之间的流血暴动，历时10天，有23人丧命和400多人受伤。一个多月后，冲突又起，历时三天，造成13人丧命。此后，人民行动党政府对于种族关系的处理更为小心谨慎。为了加强种族间相互交流和融合，防止国民在购买政府组屋时按族群聚居，新加坡在20世纪80年代开始实行各个种族在公共住房（即组屋）中按比例混居的政策。

不同种族的国民混居在同一座组屋，有时也容易出问题。新加坡组屋底层一般都是可以供居民活动的敞开式空地。曾有一名华族老婆婆去世后，家人还没办好申请使用手续，就在隔壁组屋底层布置灵堂。但是，那个地方已被一户马来族家庭预订为举行婚礼的场所，婚礼请柬也已经发出。

---

① 参见维斯瓦·萨达斯万：《维斯瓦在国会发言文稿》，冀居·谢译，新加坡文献馆网，2009年9月13日。

于是，市镇理事会出面调解，劝华族家庭另选地方。但华族家庭认为，把灵堂拆除会带来霉运。红白两件事情纠缠在一起，如果情绪失控，就会发生矛盾冲突。经过基层领袖和议员调解，那户马来族家庭大方地同意将婚礼举办地点转移到附近组屋底层去。而市镇理事会也免除其使用组屋底层的费用，还帮忙张贴海报，通知婚礼地点更换的消息。这一可能发生争执的事件从而和平落幕。[①]

在新加坡，大约每300个丧礼就会出现一起与上面故事相类似的情况。由于人民行动党政府持续致力于维护种族及宗教和谐，力争做到一视同仁，不偏袒任何一个群体，避免了日常事件演变成种族或宗教冲突，新加坡种族和谐、宗教宽容的局面得以形成。例如，某选区内有个华族家庭在组屋底层办丧事，却碰上一个马来族家庭在同一个地方唱卡拉OK庆生。这个华族家庭并不介意，但要求对方每小时调低声量约15分钟，好让他们诵经祭拜。马来族家庭也欣然配合，两家最终和睦共用同个组屋底层。[②]

新加坡不同种族、宗教之间的和谐状态，往往是以区分不同的种族、宗教为前提。成长于建国之前的老一辈新加坡人没有经历国民教育。他们在"色盲"的时代长大，不同肤色的孩子们混在一起玩时，很少会有人去注意你是什么人或者他信什么宗教，其意识形态也不会逐个把彼此贴上某个种族或宗教的标签。然而，这种"色盲"时代的和谐往往比较脆弱。没有刻意去了解其他种族或宗教的习俗、价值观及想法，就容易埋下摩擦的种子。一名资深评论员刚出道时曾随意写文谈自己为什么不需要懂得母语，结果出乎意料地受到许多读者的严厉批评。这也让她恍然明白"根"对一些族群是很敏感的课题。现在，新加坡的学校都会向学生介绍不同族群和宗教的特征及差异，新加坡人也完全认同新加坡是个多元种族、多元宗教的社会。立足于上述基本认知，辨别得出"我跟你不同"，人们再朝更高的境界努力，学习"我们虽不同，但可以在一起"[③]。

---

① ②《李总理：国人应关注新旧公民断层线》，《新明日报》，2012年7月22日。
③ 游润恬：《社会不要高压锅》，《联合早报》，2009年8月29日。

要做到"我们虽不同,但可以在一起",就必须对彼此的不同给予小心辨识,保持高度敏感,避免无意中给不同种族和宗教的人们造成伤害。2020年新加坡种族和谐日(7月21日)即将来临之际,网友Umm Yusof从国家图书馆借出了一本"极为带有种族歧视"的当地儿童绘本《谁赢了?》,让他觉得很讽刺。根据Umm Yusof上传到网络的照片,《谁赢了?》里的校园霸王毛毛是一个"皮肤黝黑和有一头油油鬈发"的小孩,从不把包括老师在内的任何人放在眼里,也经常欺负故事主角皮皮。Umm Yusof透露,书中故事情节没有依照常见的霸凌者被人误会或主角让霸凌者改邪归正并成为朋友的思路来展开,毛毛由始至终都没有悔改。这促使皮皮学习武术。最后,两人在食堂大打出手,被送到校长办公室。显然,Umm Yusof认为该书将毛毛形容为"皮肤黝黑和有一头油油鬈发"有影射异族同胞的嫌疑。他在帖文中标注了国家图书馆和出版商名创教育(Marshall Cavendish Education)的脸书账号,说自己还书时将附上纸条,要求国家图书馆将此书下架。这则于7月17日发出的帖文在网上广为传播,引起了不小讨论。有网友跟帖质疑:"为什么出版商名创教育会出版一本故事书,当中唯一的深色皮肤角色无比顽劣,而这个角色的外貌与故事情节完全没有关联?"7月19日,名创教育在这则帖文下留言,感谢网友提出的反馈,并说公司将尽力解决这个问题。与此同时,国家图书馆也正对该书进行审核,审核过程将会征询独立委任及成员来自社会各阶层的外部咨询小组。根据程序规定,当局在审核过程中已经下令将各图书馆的所有《谁赢了?》下架了。①

新加坡人对于种族宗教问题的高度敏感,既表明了民众维护种族宗教和谐的较高自觉性,也说明了新加坡的种族宗教和谐还有赖小心呵护的脆弱性。维斯瓦所说新加坡"几乎处处都在唤醒人们的种族意识"的现象,早有新加坡人指出:2006年2月9日晚上,在李显龙总理主持的1700人出席的"社区参与计划对话会"上,一位女士提出了为何雇主总在应征表格上设"种族"一

---

① 参见卓彦薇:《华文童书被指涉种族歧视,国家图书馆下架审核》,《联合早报》,2020年7月20日。

栏的问题。此前几年的早餐讲座上,也有新加坡国立大学学者在发问时提出类似问题说:我们都是新加坡人,为何需要在身份证上注明"种族"。从正面的角度来理解,上述问题的提出,表现了新加坡国民意识教育的成功,说明人们希望淡化种族意识,强化国民意识。但是,新加坡政府认为,质疑种族身份的存在,其实是"一厢情愿"的想法。李显龙说:"我们不能假装我们都是一样的。"他指出,假装也没有用。这类问题以后肯定还会一直有人问,就像直到现在时不时还是有人质疑,新加坡为什么必须设立不同种族社群的自助会?为什么需要有以加强华族文化传统为背景的特选学校(SAP Schools)? ①

不同族群的新加坡人既有共通的国民意识,也有各自的族群认同。各个族群在新加坡总人口中所占比例的此消彼长,难免对社会心理产生震荡。这就是维斯瓦指出的"新加坡还需要小心维持着各族人口的平衡"。在李显龙总理与马来社群的对话上,有与会者询问,本地越来越多的来自印度和中国的新移民,是否可能会导致马来人口比例逐年减少? 李显龙回答说,整体而言,目前的新加坡种族人口的比例并没有显著改变。由于华族和印度族的生育率向来偏低,因此来自中国和印度的外籍移民,实际上并没有造成两族人口比例大幅上升。印度人口虽有微幅上升,约占新加坡人口的8%,但仍然远低于约占15%的马来人口的比例。实际上,新加坡政府致力于持续保持各族群人口比例的稳定性。李显龙说:"政府的政策是避免种族人口比例出现大变化,因为这会让人感到不安。我们无法保证人口比例维持在一个固定不变的水平,但我们并不要有任何大的改变。"②

维斯瓦所说的"新加坡人是不是能够接受一个少数种族的总理都是问题",也常被其他新加坡人提起。2008年11月,有人向李显龙提出新加坡未来是否会出现一个非华族总理的问题。李显龙说,选举结果取决于民意,任何族群的候选人只要能获得多数选民的信任与认同,他就有可能赢得选举。但是,这个过程中牵涉的一些情感因素,需要经过一段时间才会有所改变。即

---

① 参见《因"正常"故"异类"》,《联合早报》,2006年2月11日。

② 邓莉蓉:《我国会出现非华族总理吗?》,《联合早报》,2008年11月9日。

使人们不愿讨论,甚至希望自己不是这样想的,但这些情绪将长期存在。新加坡人必须对这名能够担任总理的候选人感到自在,并且认同他,认为他是个全民的领袖。李显龙认同新加坡未来可能会出现一个非华族总理,但不认为非华族总理会很快出现。他指出,新加坡的社会情况在发生改变,但要所有人都不再受种族和宗教影响是很困难的。世界上任何一个国家都不可能达到这个水平。李显龙强调,每个族群都有其独特的文化和传统,但作为新加坡人,任何有意愿担任政治职务者都必须把国家利益摆在第一位。他说:"你不是来代表你的族群,同其他族群对立来为你自己的族群争取利益。"①

2016年,亚洲新闻台和新加坡政策研究所委托商业与公共政策研究公司黑箱研究(Blackbox Research)对2000名年龄在21岁以上的新加坡人展开调查,了解他们对种族关系的看法。这项涵盖范围相当广的调查显示,新加坡人在社交场合很愿意与异族来往。例如,他们不介意邀请异族到家中做客吃饭,也不介意孩子或孙子与异族玩耍。不过,在推选总理和总统的问题上,虽然多数人都能接受异族出任新加坡总理或总统,但是更多的人希望总理或总统来自同族。例如,在选总统的问题上,华人受访者中有59%能接受马来人出任总统,68%接受印度人当总统,但96%希望总统是华人;马来人受访者中有84%能接受华人当总统,75%接受印度人当总统,但94%希望总统是马来人;印度人受访者中有87%能接受华人总统,73%接受马来人总统,但92%希望总统是印度人。选总理的问题也相似,华族受访者中有53%能接受马来人当总理,60%能接受印度人当总理,但98%希望总理是华人;马来人受访者中有86%能接受华人当总理,75%能接受印度人当总理,但93%的人希望总理是马来人;印度人受访者中有88%能接受华人总理,70%能接受马来人总理,但89%希望总理是印度人。②笔者认为,新加坡人可以认同一个德才特别突出的异族人士担任总理或总统。但是,在德才同等的情况下,他们还是倾向于选择本族人士担任总理或总统。

① 邓莉蓉:《我国会出现非华族总理吗?》,《联合早报》,2008年11月9日。
② 参见谢燕燕:《89%国人认为种族不是成功致富障碍》,《联合早报》,2016年8月20日。

调查还显示，89%受访者同意新加坡是个唯才是用（meritocracy）的社会，只要勤奋努力，人人有平等机会成功致富。73%的人不认为种族是决定一个人成功与否的重要因素。不过，持这种看法的印度人和华人比较多，占75%，只有66%的马来人同意种族不是决定成功与否的要素。另外，在受访者中，10人中有6人听过带有种族歧视的言语。其中，61%出自朋友之口，45%是在职场听到，23%出自家人，还有21%源自网友。在听到带有种族歧视的言论时，65%的人采取不予理会的姿态，17%的人表示赞同，只有29%的人会和对方争辩有关言论是否具有事实根据。①

李显龙在2016年国庆群众大会演讲时一度感觉晕眩，无法站稳，在中断演讲休息后才返场完成演讲。在此背景之下，出于对总理身体和国家政局的担忧，新加坡民间出现了支持副总理尚达曼接任总理的议论。尚达曼在新加坡出生长大，祖先是来自斯里兰卡的印度人。他拥有伦敦大学的经济学学士学位和剑桥大学的硕士学位，再获哈佛大学肯尼迪政府管理学院公共行政学硕士学位。在2007年至2015年担任新加坡财政部部长期间，新加坡的经济稳步发展，尚达曼也成为备受推崇的"新加坡经济的掌门人"。2013年，国际金融领域权威杂志《欧洲货币》把尚达曼评为年度"最佳财政部部长"，认为他正带领新加坡过渡到新的经济模式。在2015年9月举行的大选中，尚达曼领军的团队竞选裕廊集选区议席，以接近80%的得票率成为这次大选的"票王"。特别被人称道的是，他在几次选战中都表现出对对手的尊重，一直强调"君子之战"，而且身体力行，并一向以十分亲民的形象深得人心。新闻网站"雅虎新加坡"委托商业与公共政策研究公司黑箱研究就有关问题进行民调。结果，高达七成的新加坡人支持尚达曼出任总理，超过五成的受访者更视他为下任总理的第一人选。②

在华人占人口多数的多元种族的新加坡，有这么大比例的民众认同并支持尚达曼，表明唯才是用的理念已深入人心。不过，针对各界揣测与期待，尚

---

① 参见谢燕燕：《调查：89%国人认为种族不是成功致富障碍》，《联合早报》，2016年8月20日。

② 参见《如果不是尚达曼，新加坡下任总理会是谁》，新加坡眼网，2016年10月3日。

达曼在多个公开场合清楚表明不会接任总理职务。他说:"我知道坊间出现这些议论,所以我要清楚表明,我不是总理人选。我斩钉截铁地说,不是我。我了解自己,我知道自己的能力,这不是我。我擅于制定政策,我擅于为年轻同事提供咨询并辅佐总理,但我不擅于担任总理。这不是我的志向,这不是我。"①尚达曼的上述言论,可能是真实情况,更可能是自谦之词。新加坡总理人选不是由前总理指令,而是由同侪推举。有可能是由于尚达曼只比现任总理李显龙年轻约6岁,与李显龙大体属于同代领导团队的成员,更可能是由于尚达曼属于在新加坡占据人口少数的印度人,而不属于占据人口多数的华人,于是尚达曼也就从未进入准备接班的第四代领导团队的"领跑者"之列,一度被认为是第四代领导团队的三位"领跑者"都是华人。

比尚达曼年轻约4岁的财政部部长王瑞杰是第四代领导团队三位"领跑人"之一。受到新加坡政府部部长中的第四代同侪的推举和人民行动党干部党员的认可,他于2018年11月出任人民行动党中央执行委员会第一助理秘书长(秘书长是李显龙总理),从而确立了其总理接班人第一人选的地位。2019年3月28日晚,王瑞杰受邀出席南洋理工大学常年部长论坛。有参会学生向被视为总理接班人的王瑞杰提问说:一方面,政府强调国人应该"不分种族、言语和宗教";另一方面,政府又特意为少数种族制定总统选举"保留机制"(即一旦某一种族在五届总统任期内没有担任总统,下一届总统选举将优先保留给该族候选人),并说新加坡还没准备好接受少数种族总理。这不是自相矛盾吗?换句话说,既然"不分种族、言语和宗教",就应该不问出身,唯才是用,而不需要特意将总统职位保留给少数种族,也不应该拒绝接受少数种族人士(即非华族人士)担任总理。上述尖锐的提问引发出全场约700名出席者的掌声。

针对学生提问,王瑞杰当场询问在场学生对于有关问题的态度。结果,绝大多数同学举手表示愿意接受非华族总理。王瑞杰就此指出,年轻人有这样的态度是好现象。但是,根据他同各种年龄和背景的国人接触的经验,他不认为新加坡已做好了接受少数种族总理的准备。如果大家觉得自己已准

---

① 黄顺杰:《尚达曼:我不是下任总理人选》,《联合早报》,2016年9月29日。

备好了，并能以另一种方式行事，将会犯下轻率莽撞的错误。他正告同学，如果政府在上述问题上停止做出某些特别考量，他所遇过的一些人将会感到非常担忧。他指出，现有的意在保证少数种族能够定期当选总统的总统选举"保留机制"，以及意在保证少数种族能够当选议员的集选区制度，同"不分种族、言语和宗教"的原则或理想并不矛盾。正因为政府意识到新加坡还没达到"不分种族、言语和宗教"的境界，所以人们就必须对此加以强调，并在体制内建立相关的保障机制。他认为，只要年轻人在校园等地与更多人自在交谈，更高意义的"不分种族、言语和宗教"以及少数种族担任总理的这一天也终会来临。[1]不过，王瑞杰的上述观点未必能够服众。就在这次论坛上，南洋理工大学某助理教授提醒参会人员说，有调查显示，新加坡人最支持副总理尚达曼当总理接班人。而且，尚达曼在大选的高得票率也证明他非常受欢迎。但是，为什么新加坡人就见不到"尚总理"呢？他因此询问王瑞杰："是新加坡还没有做好接受一个非华族总理的准备？还是人民行动党还没有做好准备？"[2]

新加坡作为多元种族、多元语言和多元宗教的国家，人们有着不同的背景、利益、信仰和目的。要让这些人团结起来实属不易。但是，官委议员维斯瓦在2009年的国会发言中说："我们不能轻易就说我们办不到兼容并蓄。这个集体不是为了什么经济或物质层面的获得，而是基于相信无论我们要从这里出发到什么地方，这个系统都是值得我们信赖的。它非关什么利益分享，而是有一个核心价值是我们共享的。从那里可以找到自我、价值、认同和抱负。它让我们成为一个民族时如沐春风，知道除此之外别无他寻。它也有力量去抚平你我有关社会、政治和经济的差异。"[3]可以这样理解，强调"利益分享"是经济人的表现，强调"价值共享"是社会人的要求。超越斤斤计较的经

---

[1] 参见李熙爱：《迎接首位非华族总理？王瑞杰：整体尚未准备好》，《联合早报》，2019年3月29日。

[2] 沈泽玮：《非华人总理，新加坡你准备好了吗？》，新加坡红蚂蚁网，2019年3月29日。

[3] 维斯瓦·萨达斯万：《维斯瓦在国会发言文稿》，冀居·谢译，新加坡文献馆网，2009年9月13日。

济人,成为谦谦君子的社会人,就必须有如维斯瓦所说的那样:要超越表象,超越约定俗成的因循。

维斯瓦指出,与其问自己做什么"最拿手",不如问"作为一个民族,我们的要求是什么"。"按照商业的说法,我们要从'执行任务'改成'遵守信条'。"①这里,做自己"最拿手"的事情,是斤斤计较之后的工具理性的选择,其原则是两利相权取其大,两害相权取其小;有利则行,无利则止;用最小的成本获取最大的收益。做"作为一个民族""要求"做的事情,是不计利害的价值理性的选择,其行动原则是最后结果在所不计,良心才是评判的最高标准。进一步说,"执行任务"是有所为而为,为达目的的行动本身只是手段,没有内在价值,其目的是完成任务;"遵守信条"是无所为而为,符合信条的行动本身就是目的,具有内在价值,其宗旨是服从信条。实际上,效忠国家是心灵和感情问题。"我们可以用数字衡量身高和体重,却不能这么衡量人们对国家效忠的程度。这实际上是心灵和感情的问题,也是一种本能的反应,关系到彼此之间能不能互相信任的问题。"②

三、行为批判:"建设一个公正、平等的民主社会"了吗?

新加坡国家信约的第三个要旨是"建设一个公正、平等的民主社会"。官委议员维斯瓦在2009年的国会发言中承认,新加坡政府通过机会均等、任人唯贤和理性务实的政策使国家在经济建设上取得了长足的进步。但是,他对新加坡人缺乏表达自由和政府对权力紧握不放、对不中听的话无心聆听的情况深表遗憾。他指出:"既然进步的结果就是培养出富裕、受教育和成熟的选民,或许我们要学会接受社会契约也有讨价还价的余地。"换句话说:"政府创造所有成功的因素,今天,则要反过来继续管理这个成功,以及它所带来的高

---

① 维斯瓦·萨达斯万:《维斯瓦在国会发言文稿》,冀居·谢译,新加坡文献馆网,2009年9月13日。
② 《效忠国家是心灵和感情问题》,《联合早报》,2001年3月4日。

期望值。"①曾长期担任新加坡常任秘书的严崇涛引述过的如下精妙比喻，可以帮助人们更好理解维斯瓦的上述观点：过去，新加坡选民有如一只瘦小的猴子，几粒花生米就可以让它随着节奏跳舞；"现在，你给了它太多的花生，猴子已经变成了大猩猩，你就不得不随着它的节奏跳舞了。"②

因此，政府不能无视民众新的更高的期望。这些期望表现在政治领域，就是对于更多的政治竞争的公平和政党之间制衡的期望。维斯瓦认为，在政治领域里，竞选期间应该有较公平的选举章程和媒体报道。现在，越来越多的人们要求公平和公义的实现。他们不再满足于表象，而要看到更多实质的内容。他呼吁，政府应该担起实际的责任，而不是口头敷衍越来越多要求民主、言论自由和选择的民意。"当然，要一党独大的政权制造机会给反对党，给他们多几个议席进入国会根本是一种妄想。但是，人民要求的是执政党应该自制，不应该用不公平和不民主的手段阻止反对党进入国会，例如，最后一分钟更改选区版图，不让媒体报道反对党，有时甚至是帮倒忙的负面报道。"维斯瓦说："一个负责任的政府应该促进选民对于政治的兴趣和分享。不然的话，人民唯有疏远和冷漠以待——更糟的是——变得犬儒。而我怀疑这已经发生。"③

维斯瓦对于新加坡政治的上述批判，引起了反对党议员詹时中的共鸣。他在后来的发言中讲述了自己所在选区的"一棵树的悲惨命运"：20世纪90年代，詹时中所在的波东巴西选区的市镇理事会刚刚成立。一名园主为表祝贺，将一棵开花和结果都很美丽的"七姐妹树"树苗送给他。当时，波东巴西区办事处的空地相当空旷，恰好政府又提倡绿化环境，詹时中希望把树种植在办事处附近的斜坡上。他写信给部长，希望得到部长的同意。他的申请被转交给管理公园与树木的部门处理。但是，当局拒绝了他的申请。詹时中没有放弃，而是继续尝试。他再次向部长提出申请。最后，建屋局以他的区办

---

① ③ 维斯瓦·萨达斯万：《维斯瓦在国会发言文稿》，冀居·谢译，新加坡文献馆网，2009年9月13日。

② 严崇涛：《新加坡发展的经验与教训——一位老常任秘书的回顾与反思》，汤姆森学习出版集团，2007年，第184页。

事处外的泥土不适合栽种这类植物为由,拒绝了他的申请。詹时中不想再走浪费时间的正常程序,便自作主张,栽种了树苗。但是,就在种下树苗的当天晚上,一些流氓竟然将幼苗连根拔起,将它丢弃在他的区办事处门前。屡经挫折的詹时中仍不放弃,反而下定了种树的更大决心。他找来一个大花盆,将幼苗种植在花盆里。皇天不负苦心人,幼苗逐渐茁壮成长,最后还开花了。可惜,好花不常开。不久后,竟有人将漂白水倒入泥土。那棵"七姐妹树"还是经不住恶作剧者的破坏,枯萎死了。眼看着快要结果的植物突然枯萎,大家都觉得可惜。詹时中说,如果政府没有树立榜样,那么国家又怎能如信约里所说的"团结一致"呢?而只要政府一日不公平地对待反对党,新加坡便很难实现国家信约的理想。相反,如果政府公平地对待反对党,或许执政党还能夺回波东巴西的议席。不过,詹时中也提到,现在已经不会发生类似于上述树苗命运的事件了。听着詹时中讲述小故事,包括李光耀在内的部长和议员都笑了起来,场面相当轻松。①

针对詹时中讲述的申请种树不被批准的往事,多名执政党议员在接受记者采访时说,政党归政党,政府归政府,两者不能混为一谈。当议员提出一项申请时,有关部门还是得顾及到费用、实际需要以及涉及的工程是否会影响附近居民等因素,以决定他们到底批不批准某项申请。实际上,执政党议员也曾遇到要求被驳回的事。例如,三巴旺集选区议员林伟杰医生要求建设临时停车场的申请就被拒绝。林伟杰所在区内第319座组屋底层的民众俱乐部举办活动时总会出现停车位不足的现象。他看见附近有块空地,就向建屋局提出建设临时停车场。建屋局在观察后表示,附近有多层停车场,足以应付需求,并建议若有需要,可以向附近的学校暂时借用停车场。②

维斯瓦所谓的"最后一分钟更改选区版图",说的是新加坡的选区并不完全固定,每届国会选举都可以在一定程度上重新划分选区。有人认为,被人民行动党"操纵"的选举委员会有时会按照有利于人民行动党的原则划分选

---

① 参见陈盈之:《詹时中国会讲故事》,《新明日报》,2009年8月20日。

② 参见陈盈之:《我们的申请也未必会批》,《新明日报》,2009年8月21日。

区,通过选区调整和重组分散反对党票源。如果反对党在某选区的支持率很高,极有可能在下次大选中胜出,那么选举委员会就会把该选区分割成几个不同的单选区,或把这个选区的一部分与其他选区合并成新选区。例如,在1991年大选中几乎快要落到反对党手中的武吉巴督和樟宜等两个单选区,就在1997年大选中分别并入了武吉知马集选区和东海岸集选区;与此同时,反对党一直热烈角逐的友诺士集选区也在1997年大选中被临近的集选区"瓜分"。①2001年大选之前,民主联盟本打算到文礼、甘榜格南竞选,也曾到这两个选区活动,以便为竞选做准备。但是,大选来临的时候,这两个单选区已经消失,民主联盟的努力也随之付诸东流。2001年新设的义顺东、武吉知马和如切三个单选区原本是个别集选区的一个部分,无力攻打集选区的反对党人一般不会想到在这些选区活动。但是,2001年大选,上述三地都"突然"变成单选区,让反对党人措手不及。而在1997年大选中人民行动党险些输掉的静山集选区,也毫无悬念地在2001年大选中被其他集选区瓜分而不复存在。2011年大选,阿裕尼集选区29000个选民也被"割"到宏茂桥集选区。②

与选区划分相联系的还有计票模式的改变。过去,新加坡大选的选票是根据选区来计算。但从1997年开始,则通过区域来计算。由于一个选区可以细分为多个区域,虽然投票是秘密的,但通过区域计算选票的方式,却能够让人民行动党知道哪一个区域甚至哪一座组屋的反对党票数较多,进而让他们在划分选区时占尽优势。③正是通过这种选区划分以及计票模式的改变,执政党不断把反对党的支持者洗牌、换掉。民主联盟主席詹时中指责人民行动党利用变化不定的选区划分打击反对党。他比喻说:"我们在踢一场足球赛,但人民行动党却没有固定的龙门(球门)。他们是用流动的龙门,所以我

---

① 参见《反对党说11月3日大选"来得仓促"》,《联合早报》,2001年10月19日。
② 参见《假设我走出去,刘程强:后港人会祝福我》,《联合早报》,2011年4月17日。
③ 参见黄建业:《刘程强:只有反对党强大才能改变行动党》,《新明日报》,2011年5月6日。

们很难瞄准射球。"①

新加坡一家名为"尊严"(Maruah)的民间组织后来建议,政府应提高选区划分的透明度,例如成立独立委员会检讨选区范围,并仔细解释重新划分一些选区的原因。这家组织在一份报告中指出,由于选区划分频繁,一些居住在加基武吉的居民虽然在过去五届大选都没有搬家,却因选区划分而前后属于四个不同的选区。这些情况不利于居民对居住地的归属感。此外,政府也应该公布每个分区的得票率,以便消除人们对某些选区重新划分具有政治考量的质疑。②

当然,选区的划分只能在有限范围内合理进行,不可能肆无忌惮地任意划分。例如,人民行动党在2011年大选中以382票微差胜出的如切单选区,就在2015年大选之前合并到马林百列集选区。因为集选区都有部长领衔,人民行动党的整体势力也相对强大,所以人们有理由怀疑,上述调整是为了避免如切单选区在下届大选中落入反对党之手。但是,上述调整也有其他理由,而不全是为了人民行动党赢得选举。例如,早前已有不少观察家指出,拥有22752个选民的如切单选区有99%是私宅单位,算是"不寻常"选区。如果并入集选区,相信是因为政府认为,个别选区应该反映新加坡人民的社会经济结构,而不是让议员只代表某一个群体。而且,通过选区划分来赢得选举的作用是有限的。换句话说,重新划分选区的做法,必须是执政党在总体上确占优势的情况下才有意义。如果执政党在总体上已经失去民心,那么无论如何划分选区,它也难以赢得选举。

新加坡国家信约强调建设的民主社会,是以公正、平等为前提。为了增进社会的公正平等,新加坡政府推出了确保民众不按收入及阶层聚集的政策。首先,政府会在同一组屋区建造三房式或五房式等不同式样的组屋,使来自不同教育及就业背景的居民可以住在一起。这也意味着每个组屋区不难找到有领导能力的人,来领导区内的各个基层团体,造福邻里。其次,政府

①《民主联盟:若有29反对党议席,政府将不能随意修宪》,《联合早报》,2001年10月28日。

② 参见叶伟强:《人权组织倡议市长改由民众选出》,《联合早报》,2014年10月10日。

还在一些组屋区加建公寓。公寓是价格比组屋更贵的商品房，一般都建有围墙，里面设有游泳池、健身房等。在新加坡，家庭月收入如果超过一定金额，就没有资格购买组屋，而必须去购买公寓。在组屋区加建公寓，就不会出现工人住一个地方、专业人员住另一个地方的情况。他们同住一个地区，可以互相交流，从而避免了印度新德里的某政府住宅区中居民按类别分配住房的情况：做粗工的人集中在一个区域，搭同一种特定巴士；只要你排队等那种巴士，别人就知道你来自哪个公共住房区。最后，政府也在地价显著高于其他地区的中央区建造组屋，确保人们在购屋时有更多可供选择的地点，并促进组屋居民与高档住宅区的住户之间交流与融合。①

新加坡政府确保民众不按收入及阶层聚集的政策，初衷是为了体现社会公平，结果却并不尽如人意。新加坡国立大学李光耀公共政策学院政策研究所于2016年1月至2017年10月间，对3000人（其中82.2%为新加坡公民，其余为永久居民）进行的抽样调查显示，新加坡人在密友圈子中不乏不同性别、年龄、种族和宗教信仰的人，但住房类型和教育背景差异所造成的社会分化似乎较难跨越。当受访者被划分为"居住在私宅者"和"居住在组屋者"两个组别时，有至少一半的受访者只同与自己相同组别的人关系密切。换句话说，一个居住在组屋的人，在与他关系亲密的亲友当中，可能没有一个是私宅居民。同样的情况也发生在"名校生"和"非名校生"之间。由此可知，教育背景和住房类型已成为新加坡社会断层线，无论是住私宅者或住组屋者、名校生或非名校生，大家都倾向于与同属一个社群的人交往。②按照逻辑推论，当社会已形成"组屋圈"与"私宅圈"、"名校生圈"与""非名校生圈"的隔阂，便容易发生富贵与贫穷、精英与平民的阶级矛盾与对立。而当社会形成"世袭贵族"与"世袭贫民"的对立或"拼搏还不如拼爹"的情况，"低端人口"便再怎么拼搏也无法向上移动成为"中端人口"或"高端人口"。这时候，新加坡公民信

---

① 参见叶添博、林耀辉、梁荣锦：《白衣人——新加坡执政党秘辛》（中文版），新加坡报业控股，2013年，第585页。

② 参见杨浚鑫：《政策研究所调查：名校和住房类型已促成社会分化》，《联合早报》，2017年12月29日。

约确立的"建立公正、平等的民主社会"的目标，就会离现实越来越远。①

对于住房类型、教育背景相同的新加坡人倾向形成各自小圈子的现象，新加坡文化、社区及青年部部长傅海燕表示，政府已经关注，但不过分担忧。她认为，国人较常与自己背景相似的人接触，也是人之常情。政府不想生硬地将这类小圈子拆开，而是要继续为跨社群交流提供平台，确保不同出身背景、社会阶层的所有新加坡人，都有机会参与文化艺术、体育活动和志愿服务项目，从而扩大各自的社交圈子。身为部长的傅海燕也是裕华区议员，每周参与本区内一项跑步活动。她发现，跑步小组包括不同背景的本地公民、新移民和永久居民。其中的一些成员不住裕华，而是因为朋友或同事介绍而加入跑步行列。正是这类兴趣小组让人们扩大了社交圈子，同平时少接触的人成了朋友。这也显示，推广体育及艺术活动，鼓励人们投身志愿服务，能真正让人们的社交网络更加多元化。②

文娱、体育活动是很好的润滑剂，可以增进社会的凝聚力。名校学生也许在课业方面比邻里中学学生更为领先，私宅区人士也许在事业方面比组屋区人士更为成功，但在文娱、体育方面并不一定更有优势。开展文体活动，双方就可以在同一起跑线上切磋各种球艺、歌艺和才艺，施展各自的才华，展现不同风采。正因为不同教育背景和住房类型的人们在文体活动上站在了同一条起跑线上，就像将原本区分你我的两个泥人打碎了，再加水重新融合，再捏一个你和我，最终有望达到"你中有我，我中有你"的效果。为了让不同背景的学生累积共同经历，文化、社区及青年部于2017年试行以中三学生为对象的为期五天的外展训练中心活动，来自不同学校、不同阶层的6000名学生有机会合作克服各项挑战，锻炼领导能力。2020年，所有中三学生都能参与五天外展训练营。当然，评估各项计划是否发挥成效，不能只看数字，更要注重活动能否吸

---

① 参见沈泽玮：《精英 vs 平民：新加坡将进入一个阶级对立的社会？》，新加坡红蚂蚁网，2017年12月29日。

② 参见许翔宇：《回应政策研究所调查报告，傅海燕认为小圈子乃人之常情，应提供更多交流机会》，《联合早报》，2018年1月20日。

引不同阶层民众参与，以及能否让他们感到有意义，愿意长期参加下去。①

确保民众不按收入及阶层聚集的政策，初衷是为了体现社会公平，却带来意想不到的其他后果。李光耀公共政策学院政策研究所社会研究室（IPS Social Lab）主管梁振雄博士及其团队发现，居民经济能力和家庭背景差异较大的地区，犯罪率往往较高，反之则犯罪率相对较低。例如，马林百列向来被视为高档住宅区，不少人会认为这里的罪案相对较少；而义顺是个较多低收入者居住的地区，而且不时出现负面新闻，容易让人以为这里拥有更多罪案。但是，调查结果显示，马林百列的犯罪率为0.096%，在新加坡的28个规划区中排名第五；义顺的犯罪率则为0.044%，排名第十三。可见，马林百列未必比义顺"安全"，"富人区"的犯罪率不一定就比较低。那么，导致上述出乎意料的结果的原因是什么呢？梁振雄认为，居民经济背景存有差异，容易出现反社会行为。他分析说，住房类型是反映社会成员经济背景的元素之一。马林百列的居民住房类型非常多元，既有一二房式的租赁组屋、三至五房式的组屋，也有不少公寓和有地住宅；义顺的住房类型则同质性较高，大多数居民住在组屋。多数人都住在组屋里意味着大家更会守望相助，从而培养更高的社会互信，也就减少了包括犯罪在内的反社会行为。收入低的人住在大家眼中的"富人区"，既较易产生攀比心理，也因为"富人区"餐饮开销等生活费较高而承受更大经济压力（例如，马林百列的居民到小贩中心吃饭时，普遍得承担更高的餐饮费用），从而容易出现反社会行为。②

有关"犯罪率与住房类型多元化的关联"的图表，更能显示犯罪率与住房类型多元化的正相关关系，即住房类型越多元，犯罪率越高。上述研究结果凸显出平衡推动各种族互动和培养社会资本之间的两难。梁振雄建议，政府在发放经济援助给贫困和弱势人士时，不仅要考虑协助个人，同时也要拨款

① 参见许翔宇：《回应政策研究所调查报告，傅海燕认为小圈子乃人之常情，应提供更多交流机会》，《联合早报》，2018年1月20日。
② 参见何惜薇：《本地整体罪案率低，居民经济条件悬殊地区犯罪率较高》，《联合早报》，2017年12月4日。

给整个市镇的管理。而且，每个规划区还有许多分区。它们的情况可能与整体的规划区不同。因此，政府还应进一步了解相关数据，让社会经济背景更多元的分区获得更多资源去正视和解决问题。不过，芽笼与加冷的居民住房类型的多元指数虽然一样，芽笼却比加冷的犯罪率高出许多。这或许就得归咎于历史因素。芽笼是新加坡历史形成的红灯区，夜生活特别忙碌，犯罪率自然相对更高。①值得一提的是，在新加坡，人们不以住组屋为耻。人民行动党政府长期致力于改善和提升社区环境，有计划地防止旧组屋区沦为贫民区。实际上，许多邻里小公园可以媲美私人公寓里的花园，组屋区内也提供了各种生活上的便利，其中的咖啡店、小贩中心就是各阶层人士交流互动最为方便的地方。②

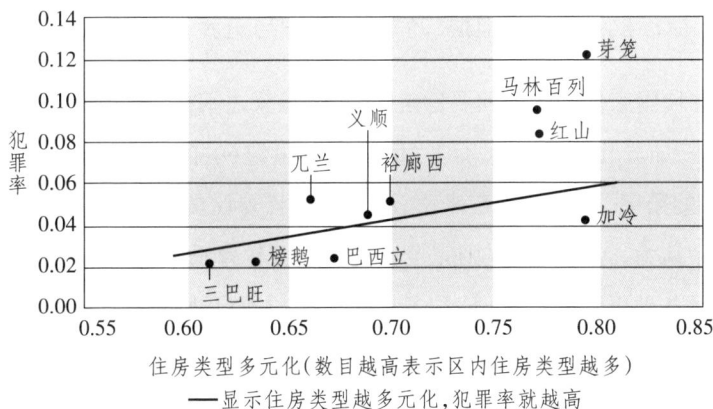

图 2-6　犯罪率与住屋类型多元化的关联③

诚实廉洁、任人唯贤是人民行动党强调坚守的核心价值。这些价值无疑符合正义的原则。为了维护和实现这些价值，人民行动党政府实行以薪养廉的政策。凡有反对党人声言人民行动党政府贪腐，也会被要求拿出证据；拿不出证据，就必须道歉，否则，将被人民行动党政府告上法庭，并被判处金钱赔偿。上述举措难免让民众感到疑惑甚至不满：担任政治职务官员

---

① 参见何惜薇：《犯罪率高低与种族是否多元没关联》，《联合早报》，2017年12月4日。

② 参见严孟达：《因为不平，所以不齐》，《联合早报》，2017年12月30日。

③ 何惜薇：《犯罪率高低与种族是否多元没关联》，《联合早报》，2017年12月4日。

的薪金是否太高？官员高薪是否有悖于为民服务的宗旨？以诽谤罪将反对党人告上法庭是否有打压反对党和妨碍言论自由之嫌？针对上述情况，官委议员维斯瓦在2009年的国会发言中指出，正义的概念源自于公平。如果正义的实现乖离了常人眼中公平和合法性的准则，那么政府就有必要倾听来自基层的声音，对民众的不安和不满给予妥善处理。当然，维斯瓦并不认为自己是在建议政府走民粹主义的道路，为了讨好选民而换掉好的政策。他说："这个政府赢得国内外的普遍尊敬，在于能够不断地创新政策和果敢地实行。"因此，他建议政府不妨找出一些政策和做法会引起民众反弹的原因；政府在推行重大政策时，要更加不厌其烦地用理性说服人民，在必要时，甚至检讨政策。①

四、目标批判："实现国家之幸福、繁荣与进步"了吗？

新加坡国家信约的第四要旨是"为实现国家之幸福、繁荣与进步，共同努力"。在新加坡开国元勋撰写国家信约的20世纪60年代，生活与期望相对简单，经济的繁荣、进步确能带来幸福。但是，官委议员维斯瓦在2009年的国会发言中认为，今天的情况则完全不同。随着教育水平的提高、民众的见多识广以及各种思潮的冲击、日益多元的选择，人们开始对以往的发展模式进行反思、质疑，也更敢于选择前人从未走过的路径，甚至牺牲经济效益来达到个人的最大满足。从越来越多成功的专业人士投身艺术、社会工作或者社会企业就足以证明这一点。同时，很多人在见证"贪婪"造成全球经济崩溃之后而幡然醒悟。许多人开始追求一种平衡的生活方式，其中不少人还从宗教和哲学方面寻求答案。②

"先有国，后有家。"这是人民行动党政府倡导和许多新加坡人信奉的理念。基于这一理念，新加坡得以确立为一个国家。但是，维斯瓦指出，在今天的形势下，"我们是不是应该开始注重每个国民的意愿？毕竟国家是由他们

---

① ② 参见维斯瓦·萨达斯万：《维斯瓦在国会发言文稿》，冀居·谢译，新加坡文献馆网，2009年9月13日。

组成的。如果每个国民都认为自己有一份成就和贡献，又会回过头来影响我们这个国家的快乐指数，其结果将会带来更多的繁荣和进步"。或许，人们有必要把因果关系颠倒过来：传统思维认为，经济的繁荣可以用来"定义"快乐，现在则有研究显示，快乐的人比较有生产力、更主动，在生活中更容易成功。于是，追求快乐就更能师出有名，因为这是维持经济成功的因子。维斯瓦说："不管经济繁荣是因还是果，但总有一样是不变的：快乐永远是最高的目标，不是吗？"①

如果是这样，新加坡人就有必要检讨现有的经济政策是增进还是减少快乐。国内生产总值永远是个经济指标。维斯瓦承认，新加坡的人均国内生产总值在建国以来的44年里有着骄人的增长。根据官方的统计资料，新加坡的人均国内生产总值从1965年的1567元跃升至2008年的53192元，应该在全世界名列第一。"毋庸置疑，我们应该感到骄傲和感谢人民行动党政府。"但维斯瓦指出，根据资料，利润收入构成新加坡国内生产总值的46%，而大半部分的高利润所得其实属于在这里营运的外国公司。换句话说，这块国内生产总值大饼剩下的让新加坡人得益其实不多。"……这就是为什么新加坡的人均国内生产总值虽然比香港高出11%，但是我们的人均消费额却要比香港低了21%。如果我们拿个人消费额作为福利的一项指标，也就等于说高经济增长并不保证带给新加坡人较高的福利成果。"②

根据美国中央情报局世界现状报告的一些数据，新加坡是世界上收入差距最高的国家。收入差距的大小一般用基尼系数来表示，基尼系数越高，收入差距越大。联合国有关组织规定：基尼系数低于0.2表示收入平均；0.2—0.3表示相对平均；0.3—0.4表示相对合理；0.4—0.5表示收入差距大；0.6以上表示收入差距悬殊。通常把0.4作为收入分配差距的警戒线。超过这条警戒线时，贫富的两极分化就容易引发社会各阶层的对立，甚至带来社会动荡。根据2008年的报告，新加坡的基尼系数达到0.48。维斯瓦指出："收入差距

---

① ② 维斯瓦·萨达斯万：《维斯瓦在国会发言文稿》，冀居·谢译，新加坡文献馆网，2009年9月13日。

不可能是件受欢迎的事物，它当然不能促进社会的快乐程度。"伦敦一家名叫"平等信赖"的研究组织对世界上23个国家的研究显示，新加坡有着世上最大的收入差距，并在人民互信方面位列倒数第二。维斯瓦说："当然，有人可以辩说我所举的数据并不可靠或者只是众多研究结论之一。我们姑且就当作这样的情况吧，但是我们就能无视这些研究吗？如果得出的结论有一部分是真实的呢？如果快乐和公义真的是更高层次的要求，而经济增长和就业只是达到这个目标的手段，那么我们就有必要检讨这些事物的顺序了。我们当然不必全盘推翻，但是一些调整是不可或缺的了。"①

新加坡的国家信约是以幸福、繁荣和进步为目标。一般来说，繁荣和进步会给人民带来幸福，贫困和落后则给人民带来痛苦。新加坡实现从第三世界到第一世界的经济腾飞之后，人民的快乐感或幸福感却未完全成正比地增长，究其原因，包含现实原因和心理原因两方面。其现实原因是收入差距扩大。新加坡收入最低的20%的家庭并非总能从经济增长中获益，其收入有时甚至还有所下跌。新加坡统计局的调查显示，当地收入最低的20%的家庭，月收入从1998年的933元下跌到2003年的795元，平均每年下跌3.2%；这些家庭的月开销从1998年的1270元下跌到2003年的1259元，平均每年下跌0.2%。一方面，上述开销数字表明，收入最低的20%的家庭入不敷出。例如，2003年，他们每月只赚795元，但其开销却是1259元。另一方面，上述收入数字显示，新加坡竟然有20%的家庭月收入少于800元，即每5户家庭就有1户家庭的月收入少于800元。新加坡政府的确总在推出帮助低收入家庭的措施，但效果却并不太理想。新加坡政府一贯强调不要成为福利社会，即不要追求结果的平等，而应实现机会的平等。"虽然政府无法保证所有人民都抵达最终的富裕目的地，却有义务保证大家都有同样的机会赶上经济火车。"不过，有关评论指出："这些低收入家庭一开始就已经欠债累累、入不敷出，又怎能确保他们有同样的机会，搭上这趟成功列车？"②

---

① 维斯瓦·萨达斯万：《维斯瓦在国会发言文稿》，冀居·谢译，新加坡文献馆网，2009年9月13日。

②《帮得还不够》，《联合早报》，2006年2月12日。

2002年，新加坡《联合早报》连续发表过多篇讨论新加坡人快乐不快乐，以及如何让新加坡人更快乐的文章。其中一篇指出：快乐并不一定和大量金钱挂钩。即使是权力，也不一定是快乐的保障。传说阿育王在攻打到印度时，碰到一个在太阳底下晒太阳的印度人。印度人问阿育王有什么打算和终极关怀，阿育王说："我先攻下你们这个郡。"印度人再问："然后呢？""然后我就统一印度。"印度人又问："然后呢？""然后我继续攻打，再去统一中国。"印度人还问："然后呢？""然后我就班师过一种快乐的生活。你呢？"印度人在太阳底下伸了个懒腰说："我正在过一种快乐的生活。"文章指出，尽管这种犬儒式的追求并不一定为所有人采纳，但它说明，快乐并非要兜一个大圈或者一定要拥有大量金钱。①话说回来，那位晒太阳的印度人的快乐方式固然能够给人启发，但是他之所以能够快乐，大体是因为他能吃饱肚子。如果饥肠辘辘，即便有太阳，也没有工夫去享受太阳，他的快乐就会荡然无存了。

当然，在吃饱饭后，能否还有闲暇享受太阳，就会成为决定人们是否快乐的更为重要的因素。有研究显示，一旦国民的人均所得超过5000美元，金钱对于快乐的贡献就会减少。这时候，真正能够影响快乐的，98%来自非金钱因素。这就是为什么人均所得超过26000美元的新加坡人，反而不如人均所得更少的他国人民快乐的原因。新加坡国立大学经济系吴庆瑞讲座教授黄有光认为，在实现小康之后，社会不应过于强调GDP（国内生产总值）或GNP（国内与国民总产量），而要特别注意GNH。这里，GNH是Gross National Happiness的缩写，直译是"总国民快乐"。不过，黄有光认为，作为比较精确的指标，GNH并不完善。应该极大化的不是总快乐，而是净快乐。这里，快乐是指一个主体（例如一个人）的主观感受中感觉为好的或正面的感受（positive affective feelings），包括肉体上的快感与精神上的欣慰。快乐的反面是痛苦。与此相对应，痛苦是指一个主体（例如一个人）的主观感受中感觉为坏的或负面的感受，包括肉体上的痛感与精神上的苦恼。净快乐则是快乐减去痛

---

① 参见李剑峰：《让新加坡人更快乐》，《联合早报》，2002年10月24日。

苦所得的差。①黄有光提出以"4F"作为快乐的四个要件,包括信仰(faith)、健康(form)、家庭(family)和朋友(friend)。②

"新加坡已经走到了一个转折点。"官委议员维斯瓦在2009年的国会发言中说,"这是一个行动的契机。需要把一些妨碍我们前进的偏差纠正过来。这个政府已经多次证明有能力为了我们全民的更高利益而改变。"当然,这么做存在风险。但是,"改变没有不带风险的,所以只要我们认为是对的,就不能成为我们不行动的借口。不做任何事不该是选择之一"。维斯瓦呼吁:"让我们展现对国家信约的无比信心,相信它如一盏明灯照亮我们的路途。我们有理由相信,这个在44年前由建国元老用热情、信念和远见而下笔的信约将会再次带领我们迎向胜利。"③

听着维斯瓦以国家信约中的各项原则为基调的慷慨陈词,包括李显龙总理在内的许多国会议员都微微仰起头来,深思着这一严肃的课题,视线就落在国会大厦议事大厅宽阔的天花板上。李光耀在走访多国之后发现,一些将国会大厦建得高大雄伟的国家,其经济发展与社会建设水平并不尽如人意,从而与大厦的外观形成巨大反差。也许是因为上述原因,新加坡的国会大厦建得一点都不高大。不过,坐在议事大厅的座位上抬头仰望,还是能够感觉到大厅顶部米黄色天花板悬得非常高,就像维斯瓦立意高远的言论,也像一些听者被鼓得很高的情绪。即便是在此旁听的记者,其思绪也被维斯瓦的动人话语"带上了天花板,在那里不断盘旋"④。

---

① 参见《黄有光:快乐、幸福与环保负责的快乐国家指数》,凤凰网,2010年12月31日。

② 参见郑英豪:《你快乐吗? 新加坡人》,《联合早报》,2002年10月5日。

③ 维斯瓦·萨达斯万:《维斯瓦在国会发言文稿》,冀居·谢译,新加坡文献馆网,2009年9月13日。

④《理想与现实》,《联合早报》,2009年8月19日。

第二节　往深处落脚：以现实作为基石
——对于民主内涵的反向思考

　　点引成线的"负向平铺"是要往"钻之弥坚"的深处落脚，要求对民主的内涵进行反向思考，以便让行动符合实际；"太极生两仪"中的阴仪象征地，地阴的作用是要通过贴近现实，以便让制度落实到地上。2009 年 8 月 18 日，官委议员维斯瓦在新加坡国会发言中对于信约条文的有关阐释发挥，是要站到理念的高度，用纯粹丰满的理想来批判粗糙骨感的现实。也许是维斯瓦向着理念的巅峰攀爬得有些太高，而工人党秘书长刘程强（后港区议员）和人民党秘书长詹时中（波东巴西区议员）又在反对党人中相对务实，因此即便抱持理想来批判现实是反对党人的天然倾向，上述两位反对党议员在指出新加坡并未完全落实国家信约中所提出的各项原则的同时，也都不很认可维斯瓦对信约拆开来逐字逐句地"过度"解读。倾向于立足现实以反思理想的人民行动党议员，更是纷纷出手，反驳维斯瓦发言中的种种批评。

　　针对维斯瓦的高调陈词，一段时间以来很少参加国会辩论的李光耀发表了自己的看法。李光耀是当时国会中唯一全程经历新加坡建国历程的议员。他特地向议员们忆述了开国元勋拉惹勒南当年是在新马刚刚分家、新加坡的马来族一夜之间从多数种族变成少数种族这一敏感背景之下写下了信约，从而为国会关于信约精神与原则的辩论增添了历史感。李光耀希望议员在辩论时能回归现实。他说："信约是什么？是种意识形态吗？不是，那是个抱负。我们可能实现吗？我不知道，但我们必须一直努力尝试。我们是个国家吗？是转变中的。"①

新加坡共和国宪法152条和153条规定政府有责任肯定马来族作为新加坡原住民的特殊地位，并确保他们在政治、教育、经济、宗教、社会、语言及文化等多方面的权益。宪法赋予原住民特殊地位和给予原住民特殊照顾，意味着新加坡的法律并未彻底贯彻人人平等的原则。李光耀指出："我们明确地在宪法中列明政府有不平等地对待每一个人的义务。因为平等原则并非现实，也是不实际的。如果我们完全遵照这一原则行事，将造成严重而且无可挽回的损害。所以，这只能是我们的抱负。"因此，他强调，政府治理国家如果不以微妙的现实情况作为依据，而仅是依仗理想化的原则，只会自欺欺人。例如，如果少了回教社会发展理事会等组织去处理马来族社群的事务，包括说服他们同意政府不履行让他们拥有免费大学教育的特权，而将资源用以帮助贫困的马来同胞，单靠华族或印度族部长，是不可能在不勾起种族情绪的情况下纾缓马来社会所面对的诸如早婚、少年怀孕等敏感问题。李光耀说："我们正在设法争取实现一个让所有的人都公平竞争的环境，但是这将需要几十年，甚至几个世纪的时间，或是我们可能永远都无法达到这个境界。"②

为了进一步阐明现实与理想之间的差别，李光耀还将美国与新加坡的宪法加以对比。他指出，与新加坡宪法不同，1787年制定和通过、1789年3月4日生效的美国联邦宪法虽然规定天赋人权，也没歧视黑人，但美国的现实情况却是：美国黑人一直到20世纪60年代的民权运动之后，才被赋予投票这一最基本的民权；在美国独立近250年后，才选举了一位有一半黑人血统的总统。"因此，维斯瓦所依据的论点是虚假和有缺陷的，完全不是事实，而且毫无依据可言。所以，我想我也许应该把国会带回到现实中，并提醒大家我们的起点和基础是什么。如果我们不认清这是我们的起点和基础，我

---

①②周殊钦：《李资政罕有地参加国会辩论并提出修正动议》，《联合早报》，2009年8月20日。

们将会以失败告终。"①教育部部长兼国防部第二部长黄永宏在李光耀之后也参加辩论。他朗读了辞藻优美的卢旺达国歌的歌词，并指出歌词无论如何让人动容、理想多么崇高，也改变不了这个非洲国家曾发生胡图族和图西族的冲突，导致80万条人丧生的事实。"我们珍惜文字简明扼要的信约，因为它体现了可作为指导标杆和道德意识的共同道德理想与抱负，使我们建立了这个国家并取得进展。但是，只有当人们言行一致时，力量与共鸣才可能产生。"②

一般来说，革命党乃至在野党倾向于从应然的高度批判现实，表现出超越现实的激进态度，其立场往往偏向左的一端；执政党或者在朝党倾向于从实然的角度面对现实，表现出贴近现实的稳健态度，其立场往往偏向右的一端。这里，执着应然（偏左）往往代表有良心，立足实然（偏右）常常意味有头脑。这就无怪乎人们会说："如果在30岁以前不是一个左派，你就是个没良心的人；如果在40岁以后还是一个左派，你就是个没头脑的人。"如果说，革命党乃至在野党的贡献在于用青春和激进将理念高扬到天上，那么执政党或者在朝党的任务是要用成熟和稳健将理想落实到地上。李光耀说："你们从理想主义开始，你们应该以实现为这一理想增光的许多精致成熟的特点告终。"③这里，激进的理想主义可以给人动力，保守的务实主义能够给人定力。激进与保守，理想与务实，如鸟之两翼、车之两轮，对立但不对抗，相反却又相成。新加坡国家信约包含"建设公正、平等的民主社会"的内容，为此，在对于民主的内涵进行了正向追问之后，还要对它进行反向思考。

民主的内涵，必须从正反两个方向加以把握。前者是要思考民主是什么，后者则要反思民主不是什么；前者的功能在于对民主的理念给予阐释肯定，以便将民主的价值高扬到天上；后者的作用则在对民主的狂热进行降温纠偏，从而让民主的程序落实到地上。建设民主既须仰望天上的理念，也要

---

①②　周殊钦：《李资政罕有地参加国会辩论并提出修正动议》，《联合早报》，2009年8月20日。

③　[英]亚历克斯·乔西：《李光耀》，上海人民出版社，1976年，第82页。

关照地上的现实。现实中的民主都有不够民主之处,那个没有任何缺陷的纯粹的民主,只有民主的理念。这里,民主的理念就是它们的"应然",即应该的样子。一方面,建设民主必须秉持其应然的理念,并借此对现实不断给予批判、校正。唯其如此,才能建成日臻完善的民主。另一方面,建设民主只能在现实中进行;假如容不得一丝缺陷,就只能让民主停留在抽象的想象,而不能将民主落实为具象的事实。

一般来说,革命党或在野党乐于站在应然的立场,期望通过"民主是什么"的正向追问来高扬民主的理念,以便让现实瞄准理想;反之,执政党或在朝党倾向站在实然的立场,力图通过"民主不是什么"的反向思考去质疑民主的教条,从而让理想符合现实。从革命到执政,或者说从在野到在朝,是一个将民主的价值高扬到天上转变为将民主的程序落实到地上的过程。前者需要抬头举起民主理想,后者需要埋头观照客观现实。正向追问"民主是什么",有益于热拥丰满的理想;反向思考"民主不是什么",有助于冷对骨感的现实。

一、特性反思:民主不是"意谛牢结"

李光耀在反驳维斯瓦解读国家信约的国会发言时指出,国家信约不是意识形态,而是一个抱负;他不肯定这一抱负能够真正实现,而只认为"必须一直努力尝试"。意识形态(ideology)作为在一定的经济基础上形成的人们对于世界和社会的系统的看法和见解,既可以成为统一人的思想、鼓舞人的斗志的武器,也容易沦为禁锢人的思维、束缚人的行动的藩篱。正是从后一种意义上,有人将ideology音、义兼顾地译为"意谛牢结"。李光耀说国家信约不是意识形态,是因为意识形态具有容易沦为禁锢思维、束缚行动的"藩篱"的特性(或副作用);说国家信约不是意识形态,也就是在说国家信约不是"意谛牢结"。

由于"建设公正、平等的民主社会"是新加坡国家信约的核心内容,结合李光耀的上述论述和一贯思想,我们可以认为,他也反对视民主为意识形态,而是把民主当作抱负。反对视民主为意识形态,也就是反对把民主当作禁锢思维、束缚行动的"意谛牢结";把民主当作抱负,也就是只认为"必须一直努力尝试"地去建设民主,但不肯定可以完全意义地建成民主。原则民主主义者之所以喜欢民主,是因为他们相信民主与自由、平等一样,是人类追求的目标;程序民主主义者之所以推崇民主,是因为他们认为民主是治理一个复杂社会的最好方式。程序民主主义者承认民主程序并不能保证做到公正,但坚信在民治政府领导下,比在其他政体下有更好的机会,并坚信民治政府通常产生民享政府。程序民主主义者并不是根据执行政策结果来判断民主。他们关心的是决策过程,而不是做出的决策是否正确。李光耀说民主不是"意谛牢结",而是一个抱负,其民主观既有别于原则民主主义,也不同于程序民主主义。

(一)与原则民主主义者的区别

李光耀等新加坡政府领导人同意民主是美好的理想,但并不像一些原则民主主义者那样,将民主视为至高无上的目标,而是更多地强调民主是治理国家的手段。将民主视为手段,民主只有外在价值;将民主视为目标,民主才有内在价值。由于强调民主是治理国家的手段,李光耀认为人权高于民主。

由于强调民主是治理国家的手段,李光耀说:"虽然民主人权都是可贵的意念,但我们应该相信,真正的目标是好政府。"[1]在李光耀看来,作为近代民主产物的"代议制政府也是让人们建立一种新的共识,一种社会契约的方法之一,使他们能对进一步的快速经济增长和个人自由两者之间的权衡问题取得一致的意见"[2]。时任新加坡贸易与工业部部长的杨荣文也说,民主不应只是抽象理想,而应该是个解决生活问题的途径。例如,人们需要关注,民主是否能给国家带来好政府?民主是否带来社会和经济的发展?少数民族是否得到照顾?人民出门是否觉得安全?杨荣文常常想,对于那些因贫困而被

---

① 李光耀:《李光耀40年政论选》,现代出版社,1996年,第571页。
② 同上,第557页。

迫离乡背井的菲律宾女佣,菲律宾式的民主对他们有什么意义？①

解读李光耀等新加坡政府领导人的上述论述,一方面,民主表现为人民当家作主的原则,自有其内在价值,是一个值得人们追求的目标。李光耀说"民主、人权都是可贵的意念",其实也在一定意义上肯定了民主的内在价值,肯定了民主是值得追求的目标;另一方面,民主表现为产生好政府的程序,又只有外在价值,是一个用以达到目的的手段,所以民主"不应该是个抽象的理想,而应该是个解决生活问题的途径"。由于李光耀等新加坡政府领导人始终把民生问题作为政治的头等大事、重中之重,民主作为原则或目的的内在价值就显得相对次要;民主作为程序或手段的外在价值,则必须以其能否产生好政府以及解决民生问题,作为其价值轻重大小的衡量标准。

由于认为民主不是至高无上的目标,而是治理国家的手段,李光耀反对发展中国家无视实际效果地盲目引进民主。他认为,这种盲目引进的民主,实际上只是一些抽象的概念、空洞的口号。这些西方民主的概念会"把问题弄得复杂起来,以为西方民主制度必可带来进步和发展。东欧现在有民主制度了,但有进步有发展了吗？混乱的局面逐渐出现"②。因此,对于那些盲目崇拜西方式民主的人来说,西方模式的民主只是"西方口号"。

(二)与程序民主主义者的不同

李光耀等新加坡政府领导人同意民主是一种治理方式,但并不像一些程序民主主义者那样,将民主视为最好的治理方式,而是更多地将民主视为最不坏的治理方式。李光耀对哈耶克的观点多有赞同。作为自由主义思想家,哈耶克也曾提醒人们对民主的赞扬不要超越了应有的范围。他认为,时下的人们往往不分青红皂白地将"民主"一词用成赞美之词。这并非没有危险。因为这种用法暗示我们,民主是好东西,如果民主扩张的话,将往往为人类之

---

① 参见《民主不纯粹是推行一人一票制》,《联合早报》,1992年10月23日。
②《李光耀总理接受香港〈明报〉总编辑的访问》,《联合早报》,1990年9月25日。

福。哈耶克说，乍看起来，这一说法是不证自明之理，但是并没有这种民主。实际上，民主作为治理国家的手段，往往不是好中求最好的产物，而是坏中求不坏的结果。有比喻说得好，专制政体有如机帆船，可以乘风破浪；民主政体则像木筏，摇摇晃晃。但是，木筏却可以渡过机帆船所渡不过的险滩。专制政体有如一盏光芒四射的强光灯，灯火通明。但是，因为灯光只有一盏，一旦熄灭，便一团漆黑。民主政体有如万支蜡烛，烛火昏黄。不过，因为烛有万支，即便吹灭了许许多多支，总有那么几支烛火还在闪亮，一般也就可以避免没有一点火光的最坏局面。

　　有关民主的上述比喻告诉人们，拥抱民主不仅是理想主义使然，更是现实主义使然。前者特别强调比优，后者更为强调比劣。比优是好中求最好，其目标是要实现最好；比劣是坏中求不坏，其目的是要避免最坏。革命时期要高举理想主义的旗帜，思维方式往往强调比优，以鼓动人民好中求最好地追求远大理想；执政时期要解决具体的问题，思维方式往往注重比劣，以提醒人们坏中求不坏地落实现实目标。用比劣的眼光看问题，民主不是好中求最好的目标，而是坏中求不坏的结果。这时候，与其说民主是个好东西，不如说民主是最不坏的东西。说民主是个好东西，就可能过高估计民主的作用，一旦民主实践遇到挫折，反容易丧失对民主的信心；说民主是最不坏的东西，就能够清醒认识民主的特性，即便民主实践碰到不尽如人意的情况，也能够早有预料，冷静应对。

二、效能反思：民主不是无所不能

　　以美国为首的西方国家往往认为，民主政治对世界各国一律有效。非西方国家要进步，要成为工业社会，要实现现代化，就必须实行民主。美国前总统克林顿曾说，民主的推广是亚太地区实现区域和平、繁荣与稳定的最佳保障之一。他将毫不后悔地在亚洲和全世界推动这些权利和价值。与上述观点不同，李光耀反而认为："西方要把它大力推行的民主与人权，作为世界各国一律可行的解决问题的办法，不论各国的历史背景、传统、文化价值或经济状况有何不同。因此，第一个问题是：民主政治是否放之四海而皆准？"①对于上述问题,李光耀等新加坡政府领导人的回答是否定的。李光耀否定民主政治可以"不论各国的历史背景、传统、文化价值或经济状况有何不同"地"放之四海而皆准",也就是说民主不是无所不能,其具体理由如下:

第一,民主不是无所不能,是因为民主的标准并非可以不计条件地"放之四海而皆准"。《世界人权宣言》第21条第3项表明,人们的同意是政府权力的基础,而这种同意是通过定期和真实的选举,由人民依据普遍和平等的投票权不记名投票表现出来。李光耀认为,对于许多国家来说,这并非一个实际而可实现的标准。一些国家的政府拒绝西方国家强加的民主。例如,印度尼西亚总统苏哈托要求荷兰退出负责印度尼西亚事务的政府组织。换句话说,印度尼西亚宁可舍弃援助也不屈服荷兰在民主和人权问题上所施加的压力。1991年,当欧洲经济共同体尝试把人权问题加入新的《东盟-欧洲共同体合作协定》时,遭到东盟的一口拒绝。上述情况的出现,是因为各国的历史、文化和背景不同。李光耀说:"没有人可以忽视一个社会的历史、文化和背景。几千年来,各个社会都以不同的速度和不同的方式发展。他们的理想与标准也各不相同。20世纪末的欧美标准并不是放之四海而皆准的。"②

由于民主的标准并非可以不计条件地"放之四海而皆准",所以当记者问及"有没有一种民主可以在世界上任何地方适应"的问题时,李光耀回答没有,并认为民主的概念,一定随着一个民族的文化、历史和精神而改变。他以日本为例说,虽然日本也实行选举制度,强调公民自由,但其形式却与西方大不相同。由于日本许多年都没有换过政府,所以很多西方人都认为那不是民主。其实,日本真的是一种异常独特的民主,甚至他们的自由民主党也是独特的。受起源于明治维新时代的制度的影响,当政的自由民主党的派系领袖和幕府将军一样,每个人手下养有一批武士,他必须满足武士的要求。一个派系领袖每年必须找150万元给手下的每个议员,大选时则必须找300万元

① 李光耀:《李光耀40年政论选》,现代出版社,1996年,第554页。
② 同上,第573页。

给他们。受继承制度的影响，日本国会的600名议员当中，议员的儿子竟然占150名。这在世界上属于绝无仅有，是纯粹的日本制度。

第二，民主不是无所不能，是因为民主的模式并非可以不计条件地"放之四海而皆准"。民主政治在西方取得了成功，但并不意味也能在其他地区取得同样的成功。如果发展中国家简单照搬西方模式，民主就不能发挥应有的效应。李光耀举例说，第二次世界大战结束后，英法两国相继在20世纪40至60年代放弃它们的帝国事业，让其殖民地独立，并以本身为模式，为这些新兴的独立国家制定了民主宪法。但是，在此后的年代里，其效果不但有欠理想，而且参差不齐。与此同时，美国式的宪法在菲律宾这个唯一的美国前殖民地也行不通。菲律宾在1946年宣布独立后举行大选，即开始试行民主政治。但是，到1972年，当菲律宾实行军事管制，这项民主政治的实验便宣告失败。1987年2月，菲律宾新上任的科拉桑·阿奎诺总统又颁布了一套美国式宪法。但是，就在宪法委员会开始制定这个宪法时，菲律宾军人先后发动了数次政变。1987年5月，菲律宾举行了参众两院选举，但这依然解决不了该国武装部队效忠对象的问题。选举过后，菲律宾又接连发动了三次政变。

说民主的模式并非可以不计条件地"放之四海而皆准"，也就是说民主没有可以完全照搬的统一模式。实际上，就连所谓的西方式民主本身也是多种多样的。李光耀说，如果研究人类的历史，就会发现民主形式有一定的发展轨迹。在最早的农业社会是由封建领主管理大片农地，当英国人进入工业化社会之后，欧洲则相继出现不同形式的民主；法国经历了革命之后，建立了共和政体；英国则采取君主立宪制。因此，每一个国家都有不同的民主形式。只是由于冷战，人们才把整个西方的民主统称为西方式民主，并误认为西方各国的民主都是同样的。

立足上述认识，所谓的西方式民主当然不能照搬到亚洲各国。因为"一个社会的熊掌可能是另一个社会的砒霜"[1]。"对亚洲国家来说，问题并不单单是该怎么样或要怎么样才能模仿美国、英国或西欧的宪法，来制定

---

[1]《不能把亚洲社会想象成跟西方一样》，《联合早报》，1992年5月26日。

一种制度。"①"实际上,一个国家如果能自由调整和修改美国或欧洲的民主作风,以适合本身的情况,成功的希望就更大。"②因此,"我们将如何演变,须由我们自己决定和自己负责,而不是由美国的学者、人权分子或国际特赦组织来决定。一旦我们跟随他们的制度,如果我们失败了,就像南越那样,他们不会前来援助我们。他们只吸收了一些难民,但3000多万南越人民却必须吃苦"③。

第三,民主不是无所不能,是因为民主的方法并非可以不计条件地"放之四海而皆准"。民主是建构权威的方法,但是新加坡第二任总理吴作栋认为,采用民主方法并不一定就能选出最好的国家领袖。如果人民单凭外观印象去选领袖,可能产生偏差。他以足球队为例,说明选贤任能必须精挑细选的重要性:球队要取胜就得选派最好的球员。要选派最好的球员,遴选委员会就需要对候选的球员有深入的认识,了解他们的长处和短处,而不能单凭表面功夫就让他当射门员。但是,如果选择国家队球员的工作,就像大选那样由人民来决定,那么在国家体育场的数万名观众将选出谁可以代表新加坡出赛。每一名要成为国家队球员的人只要在观众面前亮亮相,由观众凭他们的体型、外表和自称的能力来评选,那么观众看到的只是表面,而忽略了内涵,就不能做出明智的选择。

可是,一般人选择国家领袖的方法往往只是根据简短的履历、照片、群众大会上的表现和激烈的演说。这种制度是有缺陷的,因为他们只凭对候选人的表面认识和印象,而不是根据他们的才干、性格和从政的动机来决定。吴作栋说,如果人民行动党没有遴选委员会来确保候选人有很好的素质,新加坡早就有麻烦了。人民行动党的遴选委员会再三复查,千挑万选,才推出它认为可以信赖的候选人。换句话说,它预先为选民选出候选人。在这种制度下找到的人选保证能跑,能接球,能得分,也能集体协作。在此基础之上,再

---

① 李光耀:《李光耀40年政论选》,现代出版社,1996年,第557页。

② 同上,第558页。

③《饮水思源,继往开来》,《联合早报》,1996年12月7日。

让他参加国会选举,在政党与政党之间的竞争中赢取胜利。因此,新加坡的选人模式,是伯乐相马与制度赛马相结合。但是,许多国家并没有采用伯乐相马的方法严格挑选候选人,等到当选之后,才发现他们无法胜任。有时候,它们甚至选出掠夺国家财富的骗子和强盗。

菲律宾前总统埃斯特拉达的上台和下台,很能印证吴作栋的上述观点。埃斯特拉达本是一位专演"劫富济贫"救星角色的电影明星。正是通过银幕建立的英雄形象,他顺利登上了总统宝座。菲律宾的不少有识之士曾一再指出,埃斯特拉达并无治国才能,政治也不同于演戏。但是,埃斯特拉达仍然以菲律宾历来大选的最高得票率当选。当然,人民最后通过示威暴动将埃斯特拉达这位不合格的总统赶下了台。不过,即使"人民的力量"改变得了"人民的抉择",国家却必须为此付出沉重代价。上述情况十分清楚地表明了民主作用的局限性,其结局不妨称作民主的吊诡。

进一步说,民主不是无所不能,是因为即使在发达国家,民主是否牢固也存在疑问。李光耀举例说,在20世纪30年代世界发生经济大萧条时,民主政体在欧洲坍塌,取而代之的是独裁政体。在意大利,20年代的大萧条导致了墨索里尼和法西斯党的崛起。在德国,希特勒和纳粹党于1932年起而执政。日本则由军人掌权。在军人领导下,日本于1931年悍然入侵中国东北,接着于1937年全面入侵中国。1941年,东条英机公然出任首相。在他的领导下,日本于1941年12月进军东南亚。在西班牙,佛朗哥实行独裁统治。在葡萄牙,出现了莎拉扎尔独裁政权。因此,"如果世界出现持续的经济萧条,没有人可以保证目前的民主政体能够持续生存"[1]。

1956年,李光耀在伦敦参加一次宪法会议后顺道前往巴黎。的士驶过法国国民议会时,法国司机一边用手指在耳边绕圈,一边对李光耀说:"哇啦哇啦!"他想要李光耀看到法国的民主乱象。这次经历为李光耀上了"政治现实的第一堂课"。可惜,国会没有记录下李光耀叙事时的细微变化,将"哇啦哇啦"写成"voilà"(法语"瞧")。李光耀的上述演讲在《星期日时报》发表时,

---

① 李光耀:《李光耀40年政论选》,现代出版社,1996年,第569页。

因为编辑不解其意，便把它删掉了。李显龙后来在讲述了上述细节后指出："这个鲜明的例子展现了在政治中事情是怎么出错的，高度文明的国家也会发生制度无法运作的问题。"①

三、来源反思：民主不是人为制造出来的

李光耀在阅读奥地利出生的英国著名经济学家哈耶克的著作时，颇有心心相印、豁然开朗之感。他说，哈耶克"清楚而权威地帮助我将一桩一直心有所感、却无法表达的事实一吐为快，亦即包括爱因斯坦在内，多位公认一方权威的睿智之士，都以为好头脑就能设计更好的制度，创造比历史演化或经济达尔文主义更多的'社会正义'，其实是非常不智的"②。这就是说，人虽然自认为是"理性的"，但其实只是"有限理性的"人，而非全知全能的神。再聪明的人脑，也创造不出十全十美的制度。实际上，包括民主在内的种种制度大多都不是人为制造出来的，而是自然演进而成的；不是自觉地、有意识地精心设计出来的，而是自发地、无意识地随机生长出来的。正如人在自然面前应该保持谦卑而不能狂妄自大一样，人在社会面前也应该保持谦恭，而不能为所欲为。

马来西亚前首相东姑阿都拉曼曾在自己的办公室里递给李光耀一本精美的绿色皮质书册——巴基斯坦宪法。这是巴基斯坦总统阿尤布·汗献给东姑阿都拉曼的礼物。就在李光耀尽情欣赏该书的时候，东姑阿都拉曼对他说："光耀你知道吗，他们制定良好的宪法，有很多优秀的律师。而每次更换领导人，就要制定新的一套。"的确，那些原本是殖民地的许多国家在第二次世界大战结束后取得独立，往往以全新的宪法重新开始。但是，1965年独立建国的新加坡却没有这么做。由于无论是自1959年成为自治邦后的时期，还是自1963年加入马来西亚的时期，新加坡的制度系统都运作良好，于

---

① 黄顺杰、陈婧等：《李总理阐述政府施政五大原则，民主政治和选举模式须不断改进》，《联合早报》，2016年1月28日。

② 韩福光、华仁、陈澄子：《李光耀治国之钥》，天下远见出版股份有限公司，1999年，第167页。

是新加坡的建国元勋决定保留现有宪法制度，而不是制定新的宪法。当然，这一保留而来的宪法及其相关制度，也在时代的变迁中进行过多次的修修补补。①

根据李显龙后来的叙述，沿用至今的新加坡宪法是新加坡于1965年独立时"凑成"的，即在新马分家后，由新加坡建国先驱们从以往的自治邦宪法和后来的马来西亚联邦宪法中采纳、融入和加以修改而成。这份宪法如此"杂乱"，以至于李光耀在1970年不得不委托英国公署让英国宪法专家将它整理好。果然，经过专家整理的宪法光鲜亮丽，李光耀也认为英国专家做得非常好。但是，李光耀并没有采纳英国公署专家们修订过的新版本。他认为，专家们并未理解当地情况，也不明白新加坡政府做出的一些基本决定。李光耀于1984年修改宪法以推行非选区议员制度时向国会解释这点。当时，他借用托马斯·杰斐逊的"套装比喻"阐释说，就像套装必须量身定制才能合身一样，宪法也要根据国家的历史文化"量身定制"才能符合国情。②

进一步说，即使"量身定制"，也难以设计出完美的宪法。只有在实践中不断修修补补，法律制度才能越来越"合身"。这就像鞋子，即便是再精巧的工匠，也难以制作出一双完全合脚的鞋。倒是那些穿旧了的鞋子，才会因不断磨合而越久越"合脚"。李光耀认为，新加坡自治乃至独立之后的"人民已习惯和了解现有的系统，这花了很长的时间……任何本质上的改变需要很长的时间。但最重要的是，宪法确实有效。许多国家自独立以来多次更换了宪法，却并没有带来安定和法制。我相信当我们知道年轻一代需要不同的尺码和形状时，伸展和舒缓一双旧鞋总来得比较好"。新加坡政府领导人认为，制度就像鞋子，"偶尔伸展它、软化它、补上鞋垫、调适它，总比一双新鞋来得好"。李显龙指出："新加坡的政治制度在不断发展，我们从经验中学习，伸展并调适这双旧鞋。例如我们保留了最高票者当选的选举制度，这是为什么

---

① ② 参见黄顺杰、陈婧等：《李总理阐述政府施政五大原则，民主政治和选举模式须不断改进》，《联合早报》，2016年1月28日。

我们在国会中对立而坐,政府在一边,反对党在另外一边。我们不像美国和欧洲议会一样,坐成半圆形。""我们保留了这个制度,但我们也设立了新制度,包括非选区议员、官委议员、集选区制度,以及民选总统制度,每一个制度都与我们的政治原则相符,并有各自意义。"①

李光耀视制度变迁为物竞天择的过程:"如果采纳西方价值观会削弱一个社会的生存机会,西方价值观将被排斥。比方说,如果过分强调个人主义,对一个像中国这样人口稠密的国家的生存没有帮助,那它行不通。"②相反,"如果它们认为一些成功的国家有某些特色和特质,能帮助它们成功,它们将会采纳和修改。如果这些特点行得通,能够加速它们的发展步伐,就会被永久地并入它们的制度里。……这和达尔文的社会进化论相似,也就是在一个反复试验的过程中,适者生存"③。

第一,由于民主不是人为制造出来的,而是自然生长出来的,所以发达国家的民主发展是一个渐进发展的过程。李光耀在指出"发达国家的民主历史显示民主是一个非常缓慢的过程"的时候举例说,西方民主建设最典型和最成功的英国、美国虽然拥有长期不断的民主政府的纪录,但是直到这两个国家取得高度经济增长和人民受过教育之后才全面地享有普选权。英国的民主历史可以追溯到1215年导致英国国会产生的《大宪章》签署。但是,直到1911年,才实现上议院的世袭贵族同下议院的人民代议士享有同等权力;直到1928年,英国妇女才获得投票权;直到1948年,英国牛津大学和剑桥大学毕业生和商人所拥有的额外投票权才得以废除。美国在1776年宣布独立,其独立宣言强调人人平等。但是,美国1788年的宪法规定,只有缴纳产业税或人头税的人士,也就是富有人家,才拥有投票权。当时,投票权还受到年龄、肤色和性别的限制。直到1860年,入息和财产这两个条件才被取消。但识字测验和人头税等其他障碍,仍然对黑人和其他社

---

① 黄顺杰、陈婧等:《李总理阐述政府施政五大原则,民主政治和选举模式须不断改进》,《联合早报》,2016年1月28日。

②《李光耀谈中国问题》,《联合早报》,1991年12月5日。

③ 李光耀:《李光耀40年政论选》,现代出版社,1996年,第557页。

会地位低下的族群有所不利。直到1920年,美国妇女才获得投票权;直到1965年,投票权法令才取消了阻止黑人投票的识字测验和其他选民限制措施。因此,在英国和美国,分别直到1948年和1965年才先后建立了全面的民主体制。①

第二,由于民主不是人为制造出来的,而是自然生长出来的,所以发展中国家的民主发展是一个渐进发展的过程。李光耀举例说,1994年,正当苏联解体不久和美国人踌躇满志之际,美国企图让海地一夜之间民主化,重新扶植已被拉下台的民选总统。但是,五年后,美国人悄然退出海地,私下承认失败。李光耀曾引用美国作家沙可斯基发表在《纽约时报》的文章中的质问,来说明海地民主化失败的原因:"究竟是哪儿出了错?暂且不论海地领导层有多大过失,华盛顿的决策人应该知道强行民主化会有多大的风险。海地民主不足月早产,它不可能在没有真正多党制度的情况下继续生存。多党制度不可能在没有稳固的中产阶级的社会里建立起来。中产阶级要形成,不能少了充满活力的经济体。充满活力的经济体,不能少了强大贤明,有能力率领国家走出低谷的可靠领导人。"②一句话,海地民主化失败的原因,就是美国企图让它一夜之间实现民主化,忘记了民主是一个渐进的过程。

20世纪末,韩国在政治、经济和社会方面出现了重重困难。李光耀认为,重要原因就是韩国"从军法统治到完全自由的民主政治的转变太仓促了"③。韩国没有早已确立的执法传统来控制公众集会,也没有任何条例管制工会,规定它们须在罢工或采取工业行动之前举行秘密投票表决。新加坡的情况则不同。1959年,人民行动党政府接管新加坡的时候,英国留下了一套轻罪法规,因此在紧急法令终止后,碰上事件发生能通过其他途径加以约束,以免示威行动超出可以容忍的范围而扰乱治安。"如果韩国能把民主

---

① 参见李光耀:《李光耀40年政论选》,现代出版社,1996年,第565页。

② 转引自李光耀:《李光耀回忆录(1965—2000)》,新加坡《联合早报》,2000年,第550—551页。

③ 李光耀:《李光耀回忆录(1965—2000)》,新加坡《联合早报》,2000年,第604页。

进程的速度放慢一些,在那期间制定所需的法律来调控示威和抗议,或许人民在示威抗议时,就不会那么肆无忌惮,像愤怒的工人同学生跟警察对峙那样。"①因此,西方的错误在于"英国和美国经过了200年的时间才发展出来的民主制度,那些既缺乏经济、教育和社会先决条件,又在殖民地统治期间没有举行过大选和建立民主政府的新兴国家,却被指望在独立后实施这些民主制度"②。

新兴发展中国家急于赶超发达国家,容易超越发展阶段去追求民主的高级形态,从而犯下拔苗助长的错误。李光耀对此忠告说:"每个国家都面临不同的问题,我最不愿意提出放之四海而皆准的解决方案。就我的经验,我要说的只是'慢慢来!'"③他强调:"你不可能完全摆脱你的文化。你可以把个人分散到另一种文化里去。如果你把一个日本人送到美国,再过一两世代,他将变成美国人。但是,如果你把美国的价值观介绍给日本,结果将是极不相同的。文化是很根深蒂固的东西;它虽然不是有形的,却非常真实。价值观、概念、态度以及衡量准则等等,都在人们心中占据着显著地位。"④

四、程序反思:民主不是只有一人一票

民主的原则之一是一切公民应有同等选举权。这并不是说所有人应有或会有相同的政治影响。有些人由于财富、才能或地位的原因,比别人有更大的权力。在民主政体中应当允许关键人物施加多大额外影响,是民主主义者面临的问题之一。但是,无论是总统还是采矿工人,知名教授还是无名小贩,都只能在选举时投一票。在当今世界的绝大多数人的头脑中,一人一票制是不容置疑和不可动摇的民主原则。

---

① 李光耀:《李光耀回忆录(1965—2000)》,新加坡《联合早报》,2000年,第604页。
② 李光耀:《李光耀40年政论选》,现代出版社,1996年,第565页。
③ [美]法里德·扎卡里亚:《文化决定命运——李光耀访谈录》,载于《经济民主与经济自由》,生活·读书·新知三联书店,1997年,第203页。
④ 李光耀:《李光耀40年政论选》,现代出版社,1996年,第562页。

李光耀并不认同上述这一当今世界绝大多数人认可的观点。一方面,李光耀强调必须透过一人一票制的形式而把握其实质:"为适应我们立场的实际情势,西式的议会民主必须做出若干的剪裁和修正。确保多数人利益而无须摧毁反对势力的一人一票制,唯有经过不但保存其形式,更保存其唾弃暴力而在秩序中确保社会及经济改变的政治制度的精髓,才能在新加坡奏效。"①这就是说,一人一票只是民主的形式,保证社会变更或权力更替可以和平有序地进行才是民主的精髓。形式可以变化,精髓不能变更。实际上,李光耀并不认为一人一票是不可动摇的民主制度,甚至也不认为它是最好的制度。他说:"具体是一人一票制,还是某些人一票而其他人两票,这都是形式问题,只要行得通就可以了。从理智上讲,我并不信服一人一票的民主制度就是最好的制度。"②其理由如下:

第一,一人一票制所立足的人人平等的假设是错误的。李光耀说:"对民主所做的假定有一些缺点。男人和女人被假定是平等的,或者应该平等。因此才有一人一票。但是平等是否是实际的呢? 如果不是,那么,坚持平等必定导致退步。"③李光耀大胆假设说:"如果在这个互相依赖的小世界中有一个世界政府,一人一票是否会带来进步或导致退步? 每个人都会立刻看到,发达国家里受教育的人民将被落后国家里没有受教育的人民所淹没,因此进步是不可能的。实际上,如果英国和美国在19世纪时让它的人民都享有普选权,那这两个国家所取得的经济和社会发展或许没有那么迅速。"④

再以联合国为例,"基于平等的理由,联合国大会所实行的是一国一票。可是,联合国大会的决议案并没有制裁的威力。只有联合国安理会有制裁权力。在安理会里,虽然在十五个理事国中只要有八个赞成就有足够多的大多

① 越明:《为李光耀三辩》,《联合早报》,1993年2月3日。
② [美]法里德·扎卡里亚:《文化决定命运——李光耀访谈录》,载于《经济民主与经济自由》,生活·读书·新知三联书店,1997年,第202页。
③ ④ 李光耀:《李光耀40年政论选》,现代出版社,1996年,第575页。

数,但理事会中五个常任理事国中的任何一个都可以加以否决。"①在引述了有关"联合国安理会当初或许可以实行一枚飞弹一票制,而联合国大会则实行一元一票制"的半开玩笑半当真的话之后,李光耀说:"我不能肯定这是否会被世界各国接受。不过,这比世界政府的一人一票制或甚至联合国大会的一国一票制更加行得通。这会更加符合现实。""民主政体的弱点是,人人平等而且都有能力为共同利益做出相等贡献的假定是错误的。这使我们进退两难。当理想不能符合我们所了解的世界现实,我们是否要坚持这些理想?或是做出妥协,以适应现实?"②

第二,一人一票制在许多国家往往行不通。李光耀说,经济发展需要提高投资率。在发展中国家,它要求人们长期(至少五年)付出较大努力却获得较少报酬。如果连续两年都能达到要求,在第四年能够看到效果,在第五年享受成果,就是最好的结局。不幸的是,经济发展的过程往往远为缓慢和更为痛苦,五年、十年都不一定能够见到成效,人民也难以感到愉快。如果人口大部分是半文盲,就只喜欢甜头,不愿意吃苦。这时候,政客在竞选时就不能谈吃苦。谁给的好处多,谁就能够获胜。政客们为了在选举中获胜,不仅会承诺无须保持投资率增长,还将进而把已经储蓄的资金花掉,造成经济崩溃。因此,在有必要更加辛苦地工作、报酬却相对减少并须增加投资的时候,一人一票的效果就会适得其反。李光耀指出:"经济成长阶段非常缓慢时,一人一票制有个与生俱来的缺点;如果英国早在18世纪就实施一人一票制,就不可能有产业革命。你不能把煤矿工人找来,告诉他为了国家工业化,他必须工作更努力,赚的钱却要减少。"③

英国人在统治殖民地时,从不实行一人一票制。但他们走后,却留给殖民地在欧洲国家行得通、但在亚洲行不通的西方民主制度。在斯里兰卡、印度、巴基斯坦、孟加拉等国,实行这一制度都失败了。李光耀认为,只有当全国人口中有60%至70%受过教育,一人一票制才有意义。他在1962年说:

①②李光耀:《李光耀40年政论选》,现代出版社,1996年,第575页。
③韩福光、华仁、陈澄子:《李光耀治国之钥》,天下远见出版股份有限公司,1999年,第140页。

"一人一票制的不可预测性，使得未开发或教育水准低的地区实施此一制度时，面临极大风险……这种制度将国家的成年公民人数依特定比例分割，令他们选举代表，然后再由他们互选观念类似的人组成内阁，然后再从中选举一位领袖。这一连串行为往往取决于很多不存在的基本条件……结果徒然使某一个人或某一群人有机可乘，无限地大权在握。""政府要有效治理，起码要予人持久的印象。而对投票结果发生的变数无能为力的政府……在取得统治权之前，力量已经打了折扣。"①因此，"如果我能无限期统治新加坡，凡事不必征询被统治者的意愿，我确信我一定能更有效率地造福人民。受过教育的人都可以理解这个事实，但我们都深陷在这套英国人向全世界输出，并致力扎根在某些地区的制度之中"②。

实际上，李光耀甚至认为，即使在发达国家，一人一票制也未必行得通。例如，在美国，人们要权利，却不肯纳税；在英国，人们花更多的钱买燃料，却要求改善医疗服务；在法国，工人有那么多社会津贴，大家要找工作，先得降低基本工资才行，但学生还是罢课；在德国，老百姓要统一，却不肯付更多税。因此，全民投票并不能做出理性的选择，应该根据个人的经济贡献来决定投票权。"如果你对经济毫无贡献，就没有资格提任何要求。谁做了哪些贡献？英国和美国在基层建设、建设首都的年代，就是实施限制投票权的。直到20世纪过了一大半，它们才实施普及投票权。"当然，限制投票权的做法会遭到来自自由主义思想家的反对。他们会说，这么做不平等。不过，李光耀指出："实际上我们并不平等，做出来的贡献也不相当。"③

第三，一人一票制不完全适合新加坡。首先，一人一票制并不完全适合新加坡的现实国情。李光耀认为，在新加坡，一人一票制是一种不稳定因素。其缺点表现为如下两个方面：一方面，相当数量的新加坡选民既期求有一个稳定的政府，又希望国会中有反对党。有选民把吴作栋总理或人民行动党比

---

① ② 韩福光、华仁、陈澄子：《李光耀治国之钥》，天下远见出版股份有限公司，1999年，第135页。

③ 同上，第148页。

作"父亲",把反对党比作"情人"。他不愿意失去吴作栋或人民行动党这位"父亲",又难以割舍反对党这位"情人"。一人一票制使得每个选民只有一票,也就只有一个选择。在鱼与熊掌不可兼得的情况下,选民难以做出取舍选择,即选民如果投执政党的票,则担心国会里没有反对党的声音,执政党可能一意孤行;选民如果投反对党的票,则担心执政党垮台,影响国家稳定与前途。另一方面,在选民投给反对党的票中,有相当数量的票是抗议票。这种抗议票往往只是抗议执政党的某项具体政策,而不是要支持反对党上台执政。由于选民每人只能投一票,在大选前的情绪左右下,这种抗议票很可能使执政党一夜之间垮下来。为了避免新加坡一人一票制的上述缺点,有人设想过如下改进方案,即让每个选民可以投三票,每个选区可以选出三名国会议员,每个政党在每个选区可以提名三位候选人。这样,选民将不再有鱼与熊掌不能兼得的问题。全力支持执政党者可以投三票给执政党,既期求稳定又希望国会中有反对党制约者可以投两票给执政党,投一票给反对党。同时,当选民具有多种选择的时候,投下的选票便更具理性,更不容易为当时的情绪所左右,也更容易产生一个稳定的好政府。

其次,一人一票制并不十分利于新加坡将来发展。李光耀认为,到了2020年,当已超过60岁的退休人口达到30%的时候,老人的利益将对政策产生不相称的影响,现有的制度将和欧洲与美洲一些国家出现的情况一样,变得无法正常操作。美国前任总统里根为避免国家经济破产,曾在1982年尝试削减社会保障开支。但是,这一举措遭到老年人强有力的抗拒。老人们一致投票反对。新加坡也一样。人民行动党政府告诉国民:因为你们将活到75岁,所以应该把公积金存起来,以应付将来的需要。但是,民众并不相信政府。即使相信,他们也会把此事抛诸脑后。20年后,他们将超过70岁,而且也把公积金储蓄花光。到时候,他们将投票支持承诺给他们更多福利的政党成立政府。那时候,只能由就业的年轻纳税人来承担这笔费用,而没有工作的人却不用缴税。李光耀指出,如果对年轻人课税太重,他们就会移民。例如,英国已有数以千计的杰出专业人士移民至外地。当最优秀的医生都移往美国,英国只好吸收印度和巴基斯坦的医生作为弥补。如果不小心,新加坡的情形也会如此，体制将变得没法运作。①

李光耀多年来一直思考如何确保代议制度既能有效运作、又不至于滥用等问题。他认为，新加坡目前没有必要改变现有制度，但将来可能必须更加重视那些意见较有分量的人。理由是他们的贡献更大，责任也更重。因此，社会应该考虑给予年龄在35岁到60岁之间、已婚有子女的人一张额外的选票。这一年龄层的人士对社会、经济贡献最大，还必须同时既为自己、也为子女投票。这些人拥有额外一张选票，就能让子女的利益得到保障。这就是说，处于35到60岁关键性年龄的人，肩负双倍的责任，也应该拥有双倍的决定权。一旦过了60岁，他们的子女也已成年，可以为自己投票，而无须别人代表。这时候，父母的选票就还原为一张。李光耀相信，"这种制度应该更有效，能使社会更稳定。纯粹主义者对此一定会大表不满，他们一口咬定，不论对社会贡献大小，只能一人一票。但到头来，我们需要的是一种运作完善的制度，使我们代议制政府发挥最佳效能"②。

当新加坡处在反帝反殖斗争的风口浪尖的时候，追逐时代潮流的李光耀及其领导的人民行动党，总是要用民主的理念去批判尚不民主的现实。在逐步取得反帝反殖斗争胜利之后，执政了的人民行动党实施了与当年宣传的理念并不完全一致甚至有些相反的种种举措。这也许自相矛盾，却并非不可理解。一方面，李光耀是人不是神。只要是人，李光耀所处的位置，当然会影响乃至决定他的视点和观点。另一方面，李光耀是领导革命的现实主义的政治家，而不是讴歌革命的理想主义的诗人。这就像鲁迅先生所说的那样："凡有革命以前的幻想或理想的革命诗人，很可有撞死在自己所讴歌希望的现实上的运命。而现实的革命倘不粉碎了这类诗人的幻想或理想，则这革命也还是写在布告上的空谈。"必须承认，李光耀执政之后的一些举措，往往有碍于理想的丰满；也要看到，李光耀执政之后的许多做法，常常

---

① 参见韩福光、华仁、陈澄子：《李光耀治国之钥》，天下远见出版股份有限公司，1999年，第150页。

② 韩福光、华仁、陈澄子：《李光耀治国之钥》，天下远见出版股份有限公司，1999年，第148页。

有融于现实的骨感。

中国古代政治家晏子在阐释"君子和而不同，小人同而不和"的道理时曾说，"同"是"若以水济水"的千篇一律、"若琴瑟之专一"的众口一声，"和"是融合不同方面的五音相成、五味调和。因此，和谐的君臣关系，不应该唯唯诺诺，而必须直言敢谏。例如，"君所谓否而有可焉，臣献其可以去其否。""君所谓可而有否焉，臣献其否以成其可。"[①]意思是说，国君认为不可行而其中有可行之处，臣子指出其中的可行之处，正可以去除国君所谓的不可行；国君认为可行而其中有不可行之处，臣子指出其中的不可行之处，正可以促成国君所谓的可行。借用晏子有关"君臣之和"的上述描述，我们可以这么理解：正向追问"民主是什么"，有如对民主"献其可"，其功效是"去其否"（即去除其不合乎民主理念的方面），其思维方式是好中求最好，从而让民主更为"超世"而纯洁；反向思考"民主不是什么"，有如对民主"献其否"，其功效是"成其可"（即促成其可行的方面），其行为模式是坏中求不坏，以便让民主更能"适世"而圆融。

---

① 《左传·昭公二十年》。

第三章

面的展开：协调阴与阳

梦想空间在点引成线之后,继而线展成面。按照《几何原本》的解释,面是"直线自身的均匀分布"①。线有正负两端,面在平面坐标系中则可以区分为四个象限。在数学中,定量地描述物体在某一平面的位置及位置的变化,需要建立平面坐标系。在平面内画两条互相垂直并有公共原点的数轴,其中横轴为 x 轴,纵轴为 y 轴,就建立了平面直角坐标系,两坐标轴的公共原点叫作直角坐标系的原点。x 轴和 y 轴把坐标平面分成四个象限,右上面的叫作第一象限,其他三个部分按逆时针方向旋转依次叫作第二象限、第三象限和第四象限。

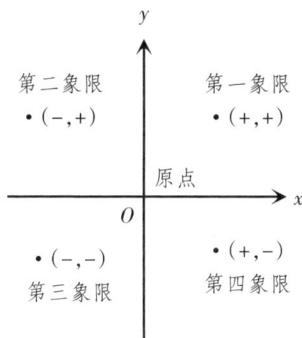

图3-1 平面直角坐标系

线展成面的西方科学术语,可以转化为"两仪生四象"的中华文化话语。"两仪生四象"是指阳分而为阴阳,曰阳中之阳,阳中之阴;阴分而为阴阳,曰阴中之阴,阴中之阳。阳中之阳,是为太阳(⚌);阳中之阴,是为少阴(⚍);阴中之阴,是为太阴(⚏);阴中之阳,是为少阳(⚎)。因为太阳、太阴、少

---

① [古希腊]欧几里得:《几何原本》,燕晓东译,江苏人民出版社,2011年,第2页。

阳、少阴分别代表日、月、星、辰，"两仪生四象"的过程，就如"天地玄黄，宇宙洪荒"之后的"日月盈仄，辰宿列张"。青黑黑的是天，灰黄黄的是地，宇宙形成于混沌蒙昧；太阳正了又斜，月亮圆了又缺，星辰布满在无边太空。进一步说，少阳、太阳、少阴、太阴还分别代表春夏秋冬、木火金水，木火金水又都藏于土中。于是，四象就位，便四时和顺（如春暖、夏热、秋凉、冬冷，春生、夏长、秋收、冬藏），五行生克（如金生水、水生木、木生火、火生土、土生金，金克木、木克土、土克水、水克火、火克金），循环往复，以至无穷。

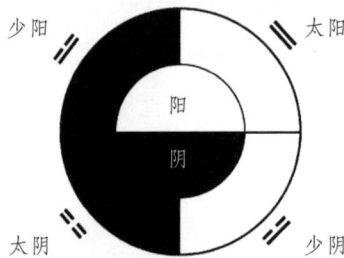

图3-2　两仪生四象

值得一提的是，平面坐标系中的"象限"一词，源于"四象"之象。这是学贯中西的清末翻译家对来自西方的平面直角坐标系中相关词汇的最为精妙的翻译。因为象有四个，于是清末翻译家在翻译西方数学著作时就借用"四象"的概念，将平面上四个分区称为象限。四象中二爻相叠，意味着二维空间的展开。这里，阳爻（—）代表正号（＋），阴爻（——）代表负号（—）。于是，太阳、少阳、太阴、少阴就分别对应平面直角坐标系中的第一、二、三、四个象限，其对应关系如下：

表3-1　四象与四个象限的对应关系

四象	象限
太阳（⚌，阳上加阳，即阳中之阳）	第一象限（＋，＋）
少阳（⚎，阴上加阳，即阴中之阳）	第二象限（—，＋）
太阴（⚏，阴上加阴，即阴中之阴）	第三象限（—，—）
少阴（⚍，阳上加阴，即阳中之阴）	第四象限（＋，—）

　　线展成面,面则是"直线自身的均匀分布"①。正如线有正极负极,面也有阳面阴面。如何协调阴阳,拿捏平衡,是进一步实现梦想的关键。2012年11月至12月,人民行动党举行的研讨会、干部大会分别就"竭尽所能—积极分享"(giving our best-sharing our nest)、"迅速向前—坚守信念"(moving fast-staying firm)、"实现个人抱负—达到社会目标"(fulfilling individual aspira-tions-achieving societal goals)、"全球竞争力—本土联系性"(globally competi-tive-locally connected)和"包容政治—果断政府"(inclusive politics-decisive government)等五个主题进行了探讨。上述五个主题都包含对立着的两个概念,有如线的正负两端。五个主题的并排而列,有如线与线的"均匀分布"而构成平面。面的展开要达到平衡,就必须让"均匀分布"的每条"直线自身"也要平衡,即上述每个主题对立着的两端必须平衡,如"包容政治"与"果断政府"乃至"实现个人抱负"与"达到社会目标"必须平衡。

　　《几何原本》云:"想一线横行,所留之迹即成面也。"②没有一定时间的运动,线还是线;有了一定时间的运动("横行"就是花费了时间的运动),线展成面("所留之迹"就是面)。同样,固定在某个时间点上静态地分析,上述包含对立概念的五个主题有如包含正负两端的五条直线;连续在多个时间点上动态地展开,上述五个主题又可以线展成面地成为有阴(含太阴、少阴)有阳(含太阳、少阳)的五个平面。李显龙总理在上述会议的发言中指出,人民行动党政府必须代表新加坡人民的"中间立场"(middle ground),而不是偏向一边。"在美国,各州不是蓝色(民主党)就是红色(共和党),找不到中间点,也就无法取得共识。"相反,"正因为我们有中间观点,才会有一个主导的政党,拟定能取得共识的政策"③。这是静态分析。李显龙又说,人民行动党为了实现建设国家、服务人民的目标,"需要阴阳两面的配合,并随着时间达到平

①　[古希腊]欧几里得:《几何原本》,燕晓东译,江苏人民出版社,2011年,第2页。
②　[古希腊]欧几里得:《几何原本》,[意]利玛窦述、[明]徐光启译、王红霞点校,上海古籍出版社,2011年,第18页。
③　《李总理:每个国民都是国家一分子,争取中间观点拟定共识政策》,《新明日报》,2012年11月24日。

衡"①。这是动态展开。

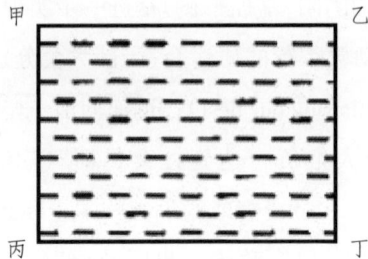

图3-3　一线横行所留之迹②

李显龙所说的"需要阴阳两面的配合",体现了不同于现代西方思维的东方思维。海外新儒家杜维明指出:"笛卡尔以后的现代西方文明,有很多抗衡的,或者是绝然冲突的价值,就是非此即彼的二分法,譬如身和心、精神和物质、天和人、个人和社会,都是冲突的。但东方的思想,却是即此即彼,是这个又是那个,儒家有很多基本的信念,如本末、内外、先后、上下、浅深、部分或群体,它们之间的关系都是你中有我,我中有你的。譬如《易经》里提到的阴阳,阴阳一定是互补的,当然也有冲突,但却是既相克也相生的辩证的关系。总之,从基本的思维模式,从人与社会的关系,从人与自然的关系,从人与天的关系,乃至对于家庭,对于人的社会角色等各方面讲起来,亚洲伦理和现代西方伦理有所不同。"③

阴阳两面配合,才能避免走向极端。避免走向极端的道理,可以在四象图得到具象显现。在四象图中,白色为阳,黑色为阴,阴与阳之间的分界线纠缠为一条S形曲线。透过这条阴阳纠缠的S形曲线,我们可以看到,当阴为最大值时(黑鱼头),阳便萌芽了(白鱼尾),是为阴极生阳;当阳为最大值时(白鱼头),阴便产生了(黑鱼尾),是为阳极生阴。上述道理在生活中处处都有体现。例如,日中则昃,月满则亏,是天之常道。于是,因为花全开了就谢,所以

---

① 陈慧敏、邓伟坚:《行动党新中委今早出炉》,《新明日报》,2012年12月2日。

② [古希腊]欧几里得:《几何原本》,[意]利玛窦述、[明]徐光启译、王红霞点校,上海古籍出版社,2011年,第18页。

③《杜维明教授谈东西方价值观》,《联合早报》,1995年4月9日。

要能常有花看,最好是花开而未全开;因为月圆满了就亏,所以要能常有月赏,最好是月圆而未圆满。

又如,势积则损,财聚必散,年盛返衰,乐极生悲,是人之常态。因此,曾国藩将自己的居所命名为"守阙斋"。"守阙"就是守缺。其追求的不是圆满,而是有缺。因为留有缺口,没有圆满,才能避免月满则亏的结局。清代学者李密庵的《半半歌》

图3-4 四象图

云:"看破浮生过半,半之受用无边。半中岁月尽幽闲,半里乾坤宽展。半郭半乡村舍,半山半水田园。半耕半读半经廛,半士半民姻眷。半雅半粗器具,半华半实庭轩。衾裳半素半轻鲜,肴馔半丰半俭。童仆半能半拙,妻儿半朴半贤。心情半佛半神仙,姓字半藏半显。一半还之天地,让将一半人间,半思后代与沧田,半想阎罗怎见。酒饮半酣正好,花开半时偏妍。帆张半扇免翻颠,马放半缰稳便。半少却饶滋味,半多反厌纠缠。百年苦乐半相参,会占便宜只半。"

阴阳配合才能达到平衡。而李显龙所谓的"随着时间达到平衡",指的是阴与阳之间的动态平衡。这种动态平衡可以用波浪形前进、周期性变化的正弦曲线来描述。截取正弦曲线的一个周期或回合,让这段正弦曲线成为四象图中的S形曲线,这段正弦曲线(也即太极图中的S形曲线)上的A、B、C、D四点,就可以分别代表少阳、太阳、少阴、太阴,或更为具体地分别代表一天之中的早晨、正午、黄昏、午夜,一年之中的春分、夏至、秋分、冬至。其中,从A到B意味着正(阳)增长,有如从晨到午,从春到夏;从B到C意味着正(阳)减少,有如从午到昏,从夏到秋;从C到D意味着负(阴)增长,有如从昏到夜,从秋到冬;从D到E意味着负(阴)减少,有如从夜回到晨,从冬回到春。而四象图中的圆周,正代表着日复一日、年复一年的绵延不断,无有已时。其中意味,就如古人所说的"阴阳周而复始,万物死而复苏"。

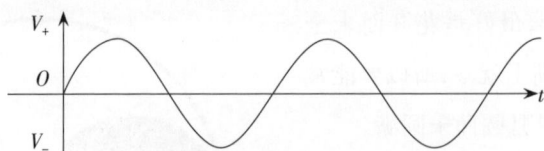

图3-5　正弦曲线

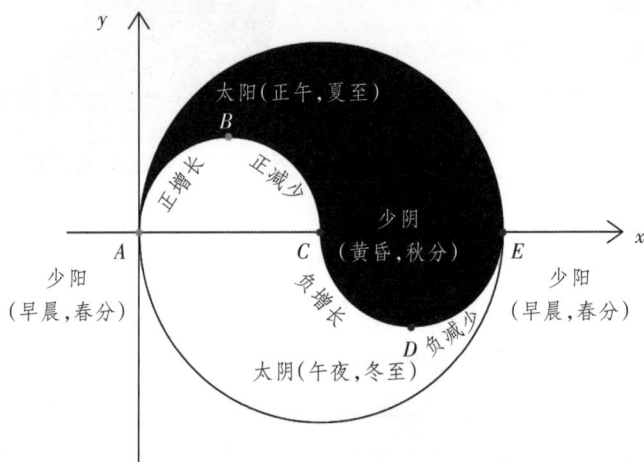

图3-6　四象图中的正弦曲线示意图

进一步说，我们可以将X轴代表时间（t），将Y轴代表亮度，正弦曲线（或S形曲线）中的A、C两点处在亮度不正不负的X轴上。它既代表一天之中的早晨、黄昏，也代表一年之中的春分、秋分。因为早晨、黄昏正处在平分白昼与黑夜的交界点上，而春分、秋分也正好"日夜平分"。处在正弦曲线（或S形曲线）上最高或最低的B、D两点，就分别代表一天之中的日最高的正午、夜最深的午夜，也分别代表一年之中的昼最长的夏至、夜最长的冬至。同样，我们也可以将X轴代表时间，将Y轴代表温度，曲线与X轴相交的A、C两点，就分别是不凉不暖的早晨、黄昏和不冷不热的春分、秋分；处在曲线上最高或最低的B、D两点，就分别是最暖的正午、最凉的午夜，也分别是最热的夏至、最冷的冬至。于是，在S形曲线的阴阳消长中，时间就这样昼夜交替，日复一日；在正弦曲线的正负增减中，时节就这样寒来暑往，年复一年。

四象图中的白鱼代表阳，黑鱼代表阴。将四象图的圆心作为平面直角坐标系的原点，二者重合，就可以得到一个四象图平面直角坐标系。从图中可以看出:(1)阴与阳共生共存,相扶相伴,孤阴不生,独阳不长,即无 A 不 B。
(2)在白鱼大头处,黑鱼的小尾巴出现了;反之亦然。也就是说,当阳强盛到
极致,阴萌生了;反之亦然。因此,阴或阳要保持自己的主导地位,就必须留
有余地,否则物极必反。它要求阳不阳过头,阴不阴过头,即 A 而不 A+。(3)
阴与阳必须保持平衡,如总体上大小相当、正反对应,不可偏倚,即亦 A 亦 B。
(4)阴与阳虽然总体平衡,不可偏倚,但并不意味任何地方都是绝对平等。例
如,在第二、第四象限,可以是阳主阴辅,或阴主阳辅,即 A 而 B。(5)在特殊时
空,如第一、第三象限,前者纯阳,后者纯阴。这意味着时中有权,当阳则阳,
当阴则阴,即可 A 可 B。当然,这种特殊时空的或阳或阴,并没有否定总体而
言的阴阳平衡和避免极端。

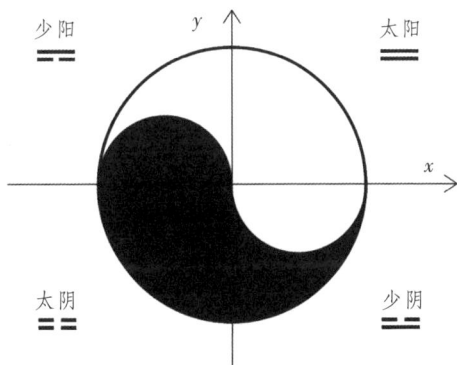

图 3-7 四象图平面直角坐标系

平衡需要阴阳两面的协调配合。四象图平面直角坐标系蕴含的上述前
四种寓意,都表现出阴与阳或 A 与 B 不同方式的配合,只有第五种寓意的当
阳则阳、当阴则阴,即可 A 可 B,是有阴时无阳或有阳时无阴,有 A 时无 B 或有
B 时无 A。这种当阳则阳、当阴则阴之所以是平衡的一种特殊表现,是因为
实现平衡必须时中有权,适时而中(中即平衡)。被称为"圣之时者"(即圣人
中最识时务的人)的孔子曾将自己与春秋时期一些被遗落的贤人进行过比
较。他在肯定伯夷、叔齐的"不降其志,不辱其身"①之后,自我评价说:"我则

①《论语·微子》。

异于是，无可无不可。"①即可以这样做，也可以那样做。"无可无不可"的人生态度或处事方式，表现在对君、对友等多个方面。就对君而言，孔子的态度是："所谓大臣者，以道事君，不可则止。"②"邦有道则仕，邦无道则可卷而怀之。"③"用之则行，舍之则藏。"④"天下有道则见，无道则隐。"⑤就对友而言，孔子的方式是："忠告而善道之，不可则止，毋自辱也。"⑥当然，孔子所谓的"无可无不可"，并非没有原则的坚定性，而是更有策略的灵活性，即在具体道路的选择上，不做猛撞石墙的山羊——固执一途而不知趋避和迂回。用孟子的话说，就是"可以仕则仕，可以止则止，可以久则久，可以速则速，孔子也"⑦，就是可左可右(可 A 可 B)的适时而中。

孟子同样赞同适时而中。他曾这样评价杨朱和墨子："杨子取为我，拔一毛而利天下，不为也。墨子兼爱，摩顶放踵，利天下，为之。"⑧意思是说，杨子奉行"为我"，拔根汗毛能对天下有利，他也不干；墨子提倡"兼爱"，哪怕从头到脚都受伤，只要对天下有利，他也愿干。孟子认为，杨子和墨子都各执一偏，从而有失中道。有一个叫子莫的人，为了矫正杨墨之失，便执中于二者之间。具体地说，他并不是不"为我"，但不至于像杨子那样"绝物"(断绝人事交往)；也不是不"兼爱"，但不至于像墨子那样"徇人"(曲意阿谀他人或屈从他人)。执中如此，似乎近于道。但是，道无定形，中无定在，应该随时而变，与世推移，即当为我时就为我，当为人时就为人，才能恰到好处。反观子莫，他以不杨不墨为中，却不知道随时权变为中。孟子说："执中无权，犹执一也。"⑨即执守在二者的中间，但不知变化，其实也沦为一偏之见。因此，不知权变的固守一中，反而是失中的表现。反之，当左则左，当右则右，才是更高

---

① 《论语·微子》。
② 《论语·先进》。
③ 《论语·卫灵公》。
④ 《论语·述而》。
⑤ 《论语·泰伯》。
⑥ 《论语·颜渊》。
⑦ 《孟子·公孙丑上》。
⑧⑨ 《孟子·尽心上》。

意义的中(中即平衡)。

　　正是为了协调好阴阳,适时而中,新加坡国会才会在2012年11月16日成为多位担任政治职务者施展"平衡术"的"竞技场"。《联合早报》"国会侧记"报道说:"尽管无须在离地超过一公尺的横木上单足立转或空翻,他们所面对的苛刻要求,不亚于运动员在指定时间内完成高难度动作。"例如,在谈论经营包含赌场的综合度假胜地时,必须在为新加坡经济增长制定新战略和减低社会成本之间取得平衡;媒体发展管理局允许部分影片通过随选服务在付费电视台播放时,必须在提供更多内容选择和符合社会行为准则之间取得平衡;允许艺术家在受保护店屋的墙壁上"涂鸦",则要在保留文化遗产和表现艺术才华之间取得平衡。由于平衡的拿捏需要瞻前顾后,左右掂量,社会及家庭发展部代部长陈振声指出:一方面,"一刀切"的做法不能帮到最需要帮助的群体,因此必须精确推出保障社会安全的措施;另一方面,太精细的措施又要用上大量资源,因此精细也要适可而止。针对一些议员建议为人们的赌本设上限,陈振声坦言,不希望人们把个人应负的责任推给国家。他担心,这会让人以为只要不超过规定的金额就很"安全",从而忽略了每个人的经济情况和家庭负担都不一样。他强调,不是只有低收入者才是经济方面"脆弱"的一群,任何入不敷出的人都可能陷入财务困境。冗长的辩论不时出现轻松的小插曲。当公路交通法令(修正)法案辩论接近尾声时,裕廊集选区议员洪维能要求做出"最后一个澄清"。这时,议长柏默一改辩论滥用毒品和刑事法典等攸关生命法案时的严肃,不乏幽默地说,是否是"最后一个澄清",其实由他定夺。而交通部政务部长杨莉明也顺势一笑说,让她为"最后一个澄清"做出回应。于是,四天的国会在轻松的气氛中画上句点。由此看来,"如何在严肃的论政议政氛围中制造'笑果',也是议员们应掌握的'平衡术'"①。

---

①　何惜薇:《在国会表演平衡术》,《联合早报》,2012年11月17日。

第一节　无 A 不 B:"竭尽所能—积极分享"

在"竭尽所能—积极分享"这两个对立概念中,竭尽所能(即充分调动人的潜能和工作积极性)有助于提高竞争力,往往要拉开贫富差距,其特性是阳(刚);积极分享(即让经济发展所得广泛地分摊给普通民众)有利于增进凝聚力,一般要缩小贫富差距,其特性是阴(柔)。不过,过大地拉开贫富差距,势必造成两极分化,也就难以实现"积极分享";同样,不容许任何差距存在,难免走向平均主义,也就难以做到"竭尽所能"。

面对上述情状,李显龙在 2012 年 12 月举行的人民行动党干部大会上说,新加坡不能太过强调增长,建立社会和满足人们的精神需求同样重要。以当前的情况来说,新加坡若能取得 3% 至 4% 的经济增长已算是表现良好;随着劳动力增长逐渐减缓,即使 2% 至 3% 也算好的。但是,新加坡贸易与工业部公布的经济调查报告显示,新加坡经济在 2012 年第三季仅增长0.3%,2012 年全年的经济增长预测在 1.5% 左右,2013 年的经济增长动能也预料将持续滞缓。一些欧洲国家若能取得 1.5% 的经济增长,人民就很开心了。但李显龙说,新加坡民众不会对这样缓慢的经济增长感到开心。如果增长率持续低迷,将会影响新加坡的活力、经商气氛和个人信心,也会影响低收入工人和求职的年轻人。①

根据李显龙的上述论述,竭尽所能与积极分享存在着相反却又相成、相对而又相依的关系,与四象图平面直角坐标系蕴含的第一种寓意相吻合:在四象图平面直角坐标系中,阴与阳总是共生共存,相扶相伴,意味着无阳不

---

① 参见《李总理:经济增长目标定在 2% 至 3%》,《新明日报》,2012 年 12 月 3 日。

阴，无阴不阳。上述寓意与老子"难易相成，长短相形"①的观点异曲同工。在老子列举的两相对立的关系中，没有难，就无所谓易；没有长，就无所谓短。换句话说，无难不易，无长不短。概而言之，无 A 不 B。A 与 B 相反相成，相对相依。用无 A 不 B 的思维处理"竭尽所能—积极分享"的关系，一方面，未能实现竭尽所能而导致的经济持续低迷，终将影响积极分享，也难以体现公平公正。只有"竭尽所能"以推动经济增长，才能为"积极分享"提供丰富的物质基础。另一方面，未能实现"积极分享"而导致的人心不断涣散，终将影响"竭尽所能"，也难以促进增长发展。只有"积极分享"以缓解社会矛盾，才能为"竭尽所能"提供和谐的环境支持。"竭尽所能—积极分享"存在的无 A 不 B 的关系，可以从林崇椰教授提出进行"第二次经济重组"的建议及其引发的学术争论和政策调整中得到体现。

一、"第二次经济重组"：遏制收入不平等情况恶化

2012 年 4 月 9 日傍晚，新加坡南洋理工大学温斯敏经济学讲座教授林崇椰先生在讲座中指出，新加坡存在的收入不平等情况恶化以及对廉价外国劳工过度依赖的问题是"两个致命弱点"，也即新加坡的"阿喀琉斯之踵"（Achilles' heel）。根据古希腊神话故事，阿喀琉斯是凡人泊琉斯和美貌仙女忒提斯的宝贝儿子。母亲忒提斯为了将儿子炼成刀枪不入的"金钟罩"，在阿喀琉斯刚出生时就将他倒提着浸进冥河。冥河水流湍急，母亲捏着儿子的脚后跟不敢松手，阿喀琉斯被母亲捏住的脚后跟便不慎露在水外。脚踵成了阿喀琉斯最脆弱的地方，也在他的全身留下唯一"死穴"。在激烈的特洛伊战争中，阿喀琉斯单挑特洛伊主将赫克托尔，将他杀死后拖尸示威。但很快，阿喀琉斯被太阳神阿波罗一箭射中了脚踝，轰然倒地。后来，人们常以"阿喀琉斯之踵"比喻强大英雄的致命软肋。

按照林崇椰教授的说法，新加坡存在的收入不平等情况恶化以及对廉价外国劳工的过度依赖，已成为有如"阿喀琉斯之踵"的"两大致命弱点"。以收

①《老子·第二章》。

入不平等情况恶化为例，一些高管的薪金比手下300名员工的薪金总数还要
多。而且，总裁进一步加薪，会导致连环效应，促使财务总监和运营总监等也
一并加薪。这将对公司的成本造成很大压力，甚至影响竞争力。林崇椰指
出，高管收入如今越来越高，而低薪阶层却面对薪金滞涨的情况。上述情况
的出现，既因为新加坡正陷入全球性的达尔文式资本主义，也因为大量低薪
外国劳工流入导致社会过度依赖这些低廉劳动力。于是，新加坡的基尼系数
不断上升，从1980年的0.422上升至2001年的0.454，再增至2011年的0.473；
薪金占国内生产总值比也从2001年的46%下降至2010年的42%。①

　　基尼系数是20世纪初意大利经济学家基尼根据洛伦兹曲线所定义的判
断收入分配公平程度的指标。要理解基尼系数，有必要先读懂基尼系数测算
办法示意图。图中横轴代表累计人口百分比，纵轴代表累计收入百分比，对
角线则代表收入分配绝对平等直线。收入分配绝对平等线上每一个点的横
坐标与纵坐标的数值都相等，即当该线上的某点的横坐标为某个数值时，其
纵坐标也为同样数值。这就是说，在这条线上，1%的人口正好占据了1%的

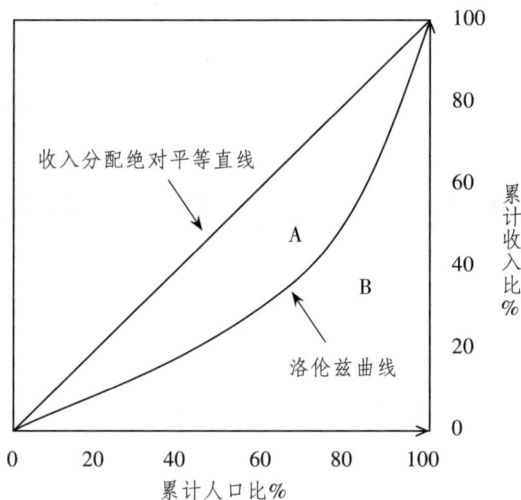

图3-8　基尼系数测算办法示意图

① 参见华京京、周文龙：《林崇椰教授：解决薪水两极化仍需"休克疗法"》，《联合早报》，
2012年10月26日。

收入分配,2%的人口正好占据了2%的收入分配……99%的人口正好占据了99%的收入分配,100%的人口正好占据了100%的收入分配。一句话,每个人的收入分配绝对平等。当然,这条代表收入分配绝对平等的直线只存在于人们的想象之中,代表实际收入分配的线只能是一条曲线。基尼用洛伦兹曲线代表实际收入分配曲线。

由于代表实际收入分配曲线的洛伦兹曲线一般不会与收入分配绝对平等直线重合,两条线之间就会存在一定的平面空间。如图3-8所示,设洛伦兹曲线和收入分配绝对平等直线之间的面积为A,洛伦兹曲线右下方的面积为B,以A除以(A+B)的商表示不平等程度,所得数值就是基尼系数或洛伦兹系数。收入分配越是趋向平等,洛伦兹曲线的弧度越小,面积A也越小,基尼系数也随之越小;反之,收入分配越是趋向不平等,洛伦兹曲线的弧度越大,面积A也越大,基尼系数也随之越大。

当洛伦兹曲线与收入分配绝对平等直线重合,则A为0,基尼系数也为0,表示人与人之间的收入完全平等,没有任何差异;当洛伦兹曲线与代表累计人口百分比的横轴与代表累计收入百分比的纵轴重合,则B为0,基尼系数为1,表示收入分配绝对不平等,即100%的收入被1%的人全部占有了。代表累计人口百分比的横轴与代表累计收入百分比的纵轴所形成的直角线,也就是代表收入分配绝对不平等曲线。

需要说明的是,基尼系数为1或为0的情况,只能是存在于理论上的绝对化形式,生活中一般不会出现或不可能出现。基尼系数的实际数值只能介于0—1之间,越接近0就表明收入分配越是趋向平等,越接近1则表明收入分配越是趋向不平等。基尼指数通常把0.4或更为准确的0.382作为收入分配差距的"警戒线",大于这一数值,容易出现社会动荡。这里,更为准确的0.382数值来源于黄金分割的结果。黄金分割是指将整体一分为二,较大部分与整体部分的比值等于较小部分与较大部分的比值,其比值约为0.618。这个比例被公认是最能引起美感的比例,因此被称为黄金分割。根据上述分割,较小部分与整体部分的比值则为0.382。这正是收入分配差距"警戒线"准确数值的来源。

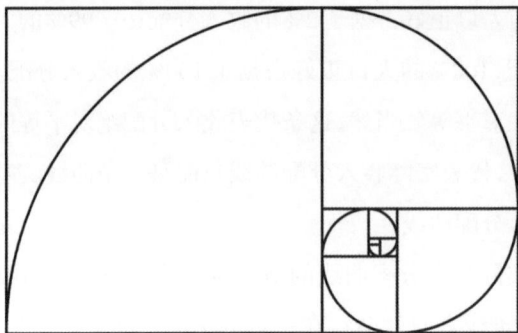

图3-9 黄金分割

由于新加坡的基尼系数在2011年已达到0.473,远远超过了"警戒线";其薪金在国内生产总值的占比降低,则意味着新加坡国民并没有通过薪金充分分享到经济增长的成果。这就是代表新加坡经济致命弱点之一的"阿喀琉斯之踵"。为了克服上述致命弱点,林崇椰教授狠下"猛药",提出了进行"第二次经济重组"的建议。1979年开启的"第一次经济重组"是由新加坡全国工资理事会(NWC)推动进行的,当时的理事会主席就是林崇椰。那是一次通过大幅度加薪迫使经济转型的计划。当时,连续三年每年加薪20%,是收入分配政策的重大转变。与上述做法一脉相承,林崇椰建议的为期三年的"第二次经济重组"计划如下:

第一,月薪低于1500元的本地及外地员工,第一年加薪15%,第二年加薪15%,第三年加薪20%。上述薪金增长配套的三分之一可拿回家,三分之一纳入公积金退休户头(RA),三分之一纳入技能发展基金。同时,政府也应以1元对1元的比例为技能发展基金注入资金。外籍工人的薪金增长则以特惠金的形式,让他们在合同期满后离开新加坡时领取。

第二,月薪介于1500元至15000元之间的员工,每年加薪4%—5%,其中一部分加薪应被纳入公积金退休户头。

第三,月薪15000元或以上的员工,三年内"冻结"加薪。①

————————

① 参见王阳发:《林崇椰建议"第二次经济重组",低薪者加薪三年,高薪者冻薪》,《联合早报》,2012年4月10日。

林崇椰认为，对低收入人士的加薪幅度之所以那么大，是因为要取得"震撼"效果。他相信，只要同时提高低薪工人收入和冻结高收入阶层薪金，便能确保在无须征收富人税以及不会推高失业率的情况下，改善贫富差距越来越大的局面。

二、"双林"之争：先加薪还是先提高生产力？

林崇椰于2012年4月9日提出"第二次经济重组"的建议，如一石激起千层浪，上至部长、国会议员、工商界巨头，下至小市民、小职员，都纷纷发表意见，并"屁股决定脑袋"地大体形成了两个阵营：高官与雇主站在同一阵营，多数都说林崇椰的建议行不通，并且强调加薪应与提高生产力联系；小市民、小职员站在另一阵营，强调"钱不够用"，埋怨雇主"加辛"积极，"加薪"消极。[1]在讨论中，"先给低薪工人加薪"还是"待提高生产力后再给低薪工人加薪"的问题，引起了较为广泛的关注和较有深度的思考。

林崇椰的建议是立即给低薪工人大幅度加薪。对此，总理公署兼全国职工总会秘书长林瑞生于2012年4月13日回应说，自己并不是代表政府回应林崇椰教授所提建议和反驳其观点，而是要对这个"发人深省"的建议表达如下隐忧：薪金大幅度上涨，但生产力未必相应增长。根据林崇椰的建议，低薪人士三年提薪的额度累积达到50%，但这三年中的生产力不可能提高50%。"提高生产力需要多方努力，包括提升工友技能、重新设计工作、改变商业营运方式。""采纳工资推动生产力的方式，其风险是如果生产力没能相应提高，我们将失去竞争力。失业率可能因此上升，更重要的是结构性失业率会越来越严重。"[2]

针对林瑞生的上述看法，林崇椰教授于4月16日致函媒体回应说，他完全理解加薪幅度得跟生产力增长挂钩。但据他计算，与其他同等富裕的国家如日本和澳大利亚相比，新加坡最低薪者的工资少了超过一半。即使是拿其

---

[1] 参见韩山元：《加薪与提高生产力》，《联合晚报》，2012年5月4日。
[2]《林崇椰"第二次经济重组"追踪，林瑞生：跟不上步伐员工会被裁》，《新明日报》，2012年4月14日。

他人均收入较低的国家如韩国来比较,新加坡最低薪工人多年来领取的薪水仍然过低。上述情况出现的主要原因是新加坡引进了大量廉价外来劳工。1991年,非居民劳动队伍共有300800人;10年后扩大超过一倍至686200人;到了2011年,外来劳工人数迅速增至1157000人。在外来劳工人口中,只有1.7%的薪金符合缴纳所得税条件的工资水平。假定未来三年为他们加薪50%,他们届时的工资仍然少了50%。他提议,雇主应该按照员工对生产力的贡献来支付薪金,或至少根据实际生产力贡献的更大一部分来支付他们的薪金。此外,林崇椰还通过比较各地区的工资成本占国内生产总值比率来进一步说明本地最低薪员工薪金过低的现象。一般来说,随着经济的发展,工资会逐渐提高,其占国内生产总值的比率也跟着增加。新加坡的经济发展处于国际领先地位,但是其工资成本占国内生产总值比率则是全球最低的一个,只有42%。相比之下,日本是63%,韩国是51%。①

4月18日,即在林崇椰教授致函媒体的第三天,林瑞生代表劳资政三方阐明立场。这是他一周内第二次对林崇椰的建议给予回应。林瑞生说,林崇椰认为本地员工生产力已达到理想水平,薪金却没有增长。"但我担心的是,工友薪金提高后,生产力却维持不变或下降,会使中小型企业的营运成本居高不下,竞争力陷入低迷。""谈论提高薪金,却不提生产力,根本是在模糊焦点,会陷入'必输'(no-win)的局面。"由此带来的最糟情况是本地中小型企业结业或离开新加坡,造成低薪工友失业。由于低薪工友来自各行各业,因此需要运用全面而有渗透力的方式来提高生产力。"②

林瑞生是在当天早上参加"增长与同惠计划"(IGP)分享活动时发表上述观点的。当时,他走访了4家在此计划下受惠的中小企业。其中一家名为豆先生的企业从2011年4月开始在旗下62家分行引进电子扫描销售系统。过去,该企业准备销售与产品报告书需要1小时,提升设备后只需18分钟。

---

① 参见蔡永伟:《经济重组建议引热议,林崇椰澄清两重点》,《联合早报》,2012年4月17日。

② 蔡依桃:《指林崇椰模糊焦点,林瑞生:生产力、薪金应同步提升》,《新明日报》,2012年4月18日。

在豆先生的430名员工中，有285名月薪1500元以下者在计划下获得9.5%的加薪。又如，人民米粉厂在过去20多年都是以手工包装米粉，每分钟只能处理3包商用米粉和2包家庭用米粉。2021年，该厂引进了半自动化包装机器，一分钟能包装10包商用米粉和12包家庭用米粉。随着生产力水平提高，人民米粉厂的35名员工中有15名包装工友获得12%—22%的加薪。①

职工总会推行的"增长与同惠计划"是要让本地中小型企业通过机械化提高生产力，进而使工友获得加薪。计划自2010年8月推出，2012年3月已经拨款3000万元给543个项目。林瑞生说："目前已有33000多名工友从中受惠，其中三分之二的工友，已经获得超过10%的加薪。"他指出，薪金与生产力应以可持续性的方式并肩同行。"如果提高薪水，生产力却没有提高，企业将难以生存。反之，生产力提高，薪水却没有增加，就是剥削员工。"②

总结林崇椰与林瑞生的两种观点，有学者认为，先提高工资还是先提高生产力的问题，是个先有鸡还是先有蛋的问题。进一步说，如果低收入者领取的工资太过低下，很不合理，人们是否还能期望他们的工作具有生产力？著名经济学家恩斯特·费尔教授长期从事行为经济学研究，探讨的课题包括：工资高工人是否会做更多工作？人们感知不公平会影响他们的努力程度吗？他的小组试验获得的答案是"低工资的工人不会努力工作"。反之，提高低收入者的工资，其生产力也可能因此而提高。这里，提高生产力代表着竭尽所能，提高低收入者的工资意味着积极分享。恩斯特·费尔教授的上述答案，正好说明了竭尽所能与积极分享存在相反相成的无A不B的关系。一方面，提高生产力固然可以为提高低收入者的工资创造条件；另一方面，提高低收入者的工资也可以促进他们的工作积极性，从而有利于提高生产力。

诺贝尔经济学奖得主乔治·阿克洛夫认为，雇佣关系存在着一种"礼尚往来"（gift exchange）的现象：作为"礼品"，雇主付给员工高于劳动机会成本的

____

① 参见蔡依桃：《指林崇椰模糊焦点，林瑞生：生产力、薪金应同步提升》，《新明日报》，2012年4月18日。

② 蔡依桃：《指林崇椰模糊焦点，林瑞生：生产力、薪金应同步提升》，《新明日报》，2012年4月18日。

薪金；作为"还礼"，雇员将努力工作，而不是消极怠工。作为上述现象的反面，乔治·阿克洛夫和同为经济学家的妻子珍妮特·耶伦夫妇也提出过"公平工资与努力程度假说"（Fair Wage-Effort Hypothesis）。他们在"互惠互利"之外，又引入"公平"和"报复"行为动机解释工资刚性（wage rigidity）和失业的关系。在这个假设下，当工资不能因应劳动力市场的供求变化而升降时，如果雇员觉得没有得到应得或公平的待遇，便会产生消极怠工、偷工减料等"报复"行为。这就是俗话所说的"吃蛇"。

与经济学家的上述观点相一致，针对林崇椰与林瑞生之间的不同看法，新加坡时评专家指出："当实际工资低过工人认为的公平水平，他的努力程度会少过原本可以贡献的程度；而工人若认为所得工资并不公平，他的生产力也会低于原本可以达到的水平。因此，究竟应该先提高工资才提高生产力，还是先提高生产力后才提高工资，在争论先有鸡还是先有蛋之外，应该加入探讨本地低收入者是否领取公平工资的议题。要持续改善国人的工资和生活水平，提高生产力确实是唯一的途径，这个目标已毫无悬念。也许我们最终可以达致一个相同结论：当工人觉得自己的工资过低，生产力不会提高；而公平地提高低收入者的工资，最终不仅会缩小贫富之间的收入差距，还可能找到我国多年失落的生产力。"①

进一步说，提高低收入者的工资，不仅有利于提高低收入者的积极性，甚至还有利于提高高收入者的积极性。最新科学研究发现，天生的道德感不仅在人身上存在，也在动物界中存在。灵长类动物及一些哺乳动物同人类一样拥有同理心、合作意识、正义感，以及互惠互利这些支撑道德生活的基本元素："在一个著名的实验里，科学家把两只僧帽猴放在两个相互看得见的笼子里，用平淡无味的黄瓜作为奖励，让它们把小石子交到实验者手里以换取黄瓜。如果待遇一样，即使要它们连续做25次，它们也很乐意。接着，实验者给左边笼子的猴子黄瓜，却给右边笼子的猴子甜美的葡萄作为奖励。左边的猴子吃下第一片黄瓜，可是当它发现邻居做同样的工作，却获得更好的奖励时，便把

---

① 傅来兴：《先有鸡还是蛋之外的考虑》，《联合早报》，2012年5月6日。

黄瓜丢还给实验者以示抗议。更惊人的是,在对黑猩猩做同样的实验时,拿葡萄的黑猩猩在发现不公后,就拒绝接受奖励,一直到同伴也得到葡萄为止。"①

林崇椰与林瑞生的看法虽有不同,但通过讨论,官方和民间、雇主和工人大抵取得了如下两个共识:第一,由于低收入者的收入无法赶上日益上涨的生活费,所以应该刻不容缓、千方百计地改善低收入者的待遇和生活水平;第二,在提高低薪工人工资的同时,也必须提高工人的生产力。否则,工人工资的大幅上涨将加重企业(尤其是中小企业)的薪金负担,最后可能导致企业倒闭和工作消失。于是,剩下的分歧只有一个,即应该像林崇椰教授所建议的那样,采取休克疗法的加薪方式,还是采取循序渐进的加薪方式。

三、低薪阶层渐进加薪:防止欲望型相对剥夺感

2012年5月1日,李显龙总理在"五一劳动节集会"上发表演讲时说:"我不赞同林崇椰教授最近的提议。他说我们应该大幅度提高低薪工人的工资,三年内增加50%。如果我们做得到,何乐而不为呢?"他表示,自己理解林崇椰教授是出自一片好意,但政府在处理时要非常小心。李显龙回忆说,20世纪70年代末、80年代初进行第一次经济重组时,新加坡还是发展中国家,只面对另外三只"小龙"的竞争。当时,工资由全国工资理事会控制,又有飞利浦及惠普等跨国公司进驻,创造了成千上万的工作机会,导致了工资的急剧上升。但是,伴随而来的问题是生产力跟不上工资水平,使得新加坡在1985年陷入经济衰退,后来只好通过大幅度减薪来复苏经济。李显龙指出,今天新加坡的工资不再由全国工资理事会控制,国家更面对已经崛起的中国及印度的激烈竞争,电子业则无法负担区区5%的成本上升,出口导向的行业一旦无法维持就会开始裁员,甚至迁出新加坡。按照林崇椰教授的建议去实施政策,势必影响新加坡出口工业的竞争力,也会加重中小型企业的负担。中小企业是低薪工友的主要雇佣者。中小企业的盈利不高,往往一个公司只有4个工人。如果薪金涨得太快,可能不胜负荷,导致许多工友

---

① 叶鹏飞:《公道自在人心》,《联合早报》,2014年11月9日。

失去工作，从而弄巧成拙。因此，政府应该推行那些可持续的改善民生的政策，而不是冒险地在短期内进行大幅度加薪。李显龙说，林崇椰教授的建议会让公众产生不切实际的期望。只有明白无误地向大家解释这项建议不可行，工友才不会困惑。①

李显龙所谓通过解释有关建议不可行来防止公众产生不切实际的期望，是要防止欲望型相对剥夺感。格尔在《人们为什么要造反》一书中指出，每个人都有某种价值期望，而社会则有某种价值能力。当社会变迁导致社会的价值能力小于个人的价值期望时，人们就会产生相对剥夺感。相对剥夺感越大，人们造反的可能性就越大，造反行为的破坏性也越强。他把这个过程称为"挫折-反抗机制"。根据价值期望和价值能力之间的不同关系，格尔定义了三种类型的相对剥夺感，其中，欲望型相对剥夺感是指社会能提供的价值总量（即价值能力）未变，但由于人们的价值期望变强而产生的相对剥夺感。

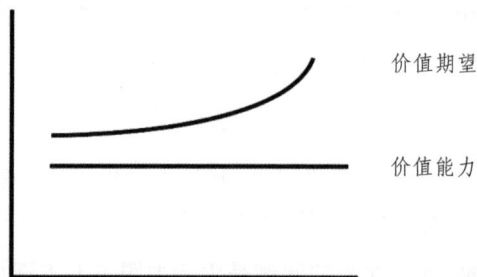

图3-10　价值期望变强了所产生的相对剥夺感②

领会李显龙的讲话精神，套用格尔的欲望型相对剥夺感理论，林崇椰教授休克疗法的加薪建议如果被人们认同接受，无疑会推高低薪阶层的价值期望；但是，由于生产力水平尚未提高，即社会的价值能力或所能提供的价值总量未变，当社会不能满足低薪阶层提高了的价值期望，低薪阶层就会产生欲望型相对剥夺感，并由此引发他们对政府、社会的不满，甚至产生"造反"行

---

① 参见《总理不赞同林崇椰加薪建议》，《联合晚报》，2012年5月1日。
② 参见赵鼎新：《社会与政治运动讲义》，社会科学文献出版社，2006年，第78—81页。本图依照书中插图重新制作而成。

为，给社会带来破坏。为此，新加坡政府的应对之道包括两个方面：一方面，通过解释有关建议不可行来防止民众产生不切实际的期望，即防止低薪阶层产生欲望型相对剥夺感；另一方面，循序渐进地提高低薪阶层的薪金，以逐步满足低薪阶层不断增长的价值期望。

2012年5月23日，新加坡全国工资理事会公布2012年、2013年工资指导原则。此次公布的工资指导原则特别把重点放在提高低薪工人的收入上，即建议雇用基本月薪不超过1000元工人的企业为这些员工加薪至少50元。这是全国工资理事会自1984年以来首次提出具体的最低加薪数额建议。林崇椰教授提出的第二次经济重组建议或第二次休克疗法虽然远未被政府接受，但确实给人带来很大刺激，起到了催化作用，引发大家关注低薪工人处境，激发各界广泛讨论提高工人薪金的方法，并最终促成全国工资理事会在当年5月公布工资指导原则。根据全国工资理事会的建议，工人的基本月薪不超过1000元工人的企业，应为这些员工加薪至少50元。林崇椰说："这项建议可让工人获得至少5%加薪，或许比我提出的15%至20%加薪幅度少，但至少他们考虑了我的建议。整体而言，政府也朝着正确方向发展，竭尽所能让低收入者获得提升。"①

不过，林崇椰教授于2012年10月25日在"新加坡经济政策论坛2012"上讲话又说，当初建议应该让低薪工人连续加薪三年，以及将高薪者的薪金冻结三年。如今，他觉得前者已受到广泛讨论及一定程度的落实，但后者却没有引起足够重视。他认为，全国工资理事会应该同时建议公共和私人领域的高管在未来三年冻结薪金。只有这样，才能避免高收入者的薪酬在低薪工人收入有所提升的同时冲得更高。林崇椰相信，只要能同时提高低薪工人收入和冻结高收入阶层薪金，便能够确保新加坡可以在无须征收富人税以及不会推高失业率的情况下，改善贫富差距越来越大的局面。如果两三年后低薪工人的薪金水平依然维持在低点，便有必要认真考虑推行最低薪金制，并以至

① 周文龙：《获授南大终身荣誉教授，林崇椰："激进"建议达效应》，《联合早报》，2012年8月25日。

少月薪1000元为起点。按照最低月薪1000元的标准，当时约有12万名全职新加坡本地工人（约占工人总数的6.7%）没有达到。林崇椰指出，最低月薪1000元大约相当于5.25元的最低时薪，可以说是"比上不足，比下有余"。它比澳大利亚（20.10元）、法国（14.95元）、日本（11.70元）等发达国家低，也略低于韩国（5.40元），但比中国台湾（4.33元）和中国香港（4.40元）等新兴工业化经济体高，更比最低月薪约为322元至362元的马来西亚高。这样，最低月薪1000元，社会就能具备足够的竞争力。林崇椰说："我们在参考其他国家的最低薪金时，需要注意这些国家的中位数薪金、人均收入、收入分配状况等都与我们不同，汇率也在不断变化。"①

---

① 华京京、周文龙：《林崇椰教授：解决薪水两极化仍需"休克疗法"》，《联合早报》，2012年10月26日。

第二节　Ａ而不Ａ+:"迅速向前—坚守信念"

在"迅速向前—坚守信念"这两个相互对立的概念中,一方面,"迅速向前"要求适时求变,与时俱进,强调策略的灵活性,其特性是阴(柔);另一方面,"坚守信念"要求择善固执,矢志不移,注重原则的坚定性,其特性是阳(刚)。事业要成功,既需要策略的灵活性,也需要原则的坚定性。但是,灵活过头就会有违原则,偏离正确轨道,从而让事业走向歪门邪道;坚定过头,又会缺乏灵活,变得封闭僵化,最终让事业走向窒息死亡。

过去,新加坡教育过于强调学业成绩,影响了年轻一代的全面发展。有鉴于此,新加坡教育部和新加坡考试与评鉴局于2012年开始取消公布小六会考、O水准、N水准和A水准等考试的优秀生名单,希望借此淡化人们对学业成绩过分重视的心态,鼓励学生在学业以外取得良好表现。李显龙在2012年12月举行的人民行动党干部大会上指出,学业成绩固然很重要,但它并非唯一衡量才能或决定成功的标准。不过,令李显龙感到担心的是,有人却因此质疑任人唯贤制度,认为这种制度是错的。他问道,如果国人不相信任人唯贤制度,培养有才干的人,并根据他们的才能让他们担任重要职务,大家又能依据什么呢? 是个人财富、关系,还是种族呢? 李显龙强调,任人唯贤是人民行动党的基本原则,新加坡仍然必须认可才能,不过要扩大成功的定义。李显龙说,在朝着目标前进时,"我们须注意别矫枉过正,舍弃了我们过去赖以成功的价值观和原则"①。

---

① 周文龙、杨萌、孙伟伦:《经济放缓虽是现实,总理:追求增长仍有必要》,《联合早报》,2012年12月3日。

李显龙要求避免"矫枉过正"的思维方式,与上述四象图平面直角坐标系蕴含的第二种寓意相吻合:在白鱼大头处,黑鱼的小尾巴出现了;反之亦然。也就是说,当阳强盛到极致,阴萌生了;反之亦然。因此,阴或阳要保持自己的主导地位,就必须留有余地,否则物极必反。它要求阳不阳过头,阴不阴过头。上述寓意与孔子赞赏的"惠而不费,劳而不怨,欲而不贪,泰而不骄,威而不猛"[1],以及今人所说的"省事不怕事,脱俗不矫俗,顺时不趋时"的中和思维具有相通之处。从"威而不猛"或"省事不怕事"等范例出发,避免矫枉过正的思维方式可以表述为 A 而不 A+。这里,A+ 是指 A 的极端形式。不 A+ 就是要避免走向 A 的极端。作为中华文化集大成者的曾国藩,其立身行事就是 A 而不 A+ 的典范,即"有宗教家之信仰,而无其迷妄;有道德家之笃实,而无其迂腐;有艺术家之文采,而无其浮华;有哲学家之深思,而无其凿空;有科学家之条理,而无其支离;有政治家之手腕,而无其权诈;有军事家之韬略,而无其残忍"[2]。将 A 而不 A+ 的思维方式用以处理"迅速向前—坚守信念"的矛盾关系,就是要在迅速向前的时候不偏离正道,在坚守信念的时候不封闭僵化。

一、服装的变与不变:变装不能变质

在与年轻一代的接触中,李显龙真切地感受到,人民行动党作为一个长期执政的政党难免作风保守,甚至有点"老土"。他发现,新加坡年轻一代的价值观、想法和生活方式,已经和年长一代拉开了距离,并在随着时间推移继续发生转变。在出席了一次人民行动党竞选群众大会后的回家途中,年龄介于十来岁和二十多岁的孩子们告诉父亲李显龙,他们觉得人民行动党举办的群众大会太沉闷、太逻辑化,不够活泼,其呈现方式一点都不吸引他们。与此同时,李显龙也从其他年轻人的口里听到相同的批评。李显龙说,这不单是针对人民行动党的群众大会,也针对党如何向群众传达信息,以及号召支持者参与我们的活动。为了改进党的形象,李显龙发出指示,要改善党与年轻

---

① 《论语·尧曰》。
② 萧一山:《曾国藩传》,海南国际新闻出版中心、海南出版社,1994年,第4页。

一代的联系，并提出新鲜的计划，以便打造一个更时髦的人民行动党。

打造一个更时髦的人民行动党，不仅是第三任总理李显龙顺应新形势发出的号召，甚至是第一任总理李光耀面对新时代做出的回应。李光耀说："如果你在50年代告诉我人们会在教堂里弹吉他、唱歌，我会说你疯了，因为我所看到的教堂向来都只有庄重的音乐、风琴及合唱团。但现在却有人在弹吉他并唱现代圣歌。……所以，如果一个宗教必须改变，使自己更有吸引力，更能适应年轻一代，那么政党也必须朝着这个方向前进。"①李光耀说，如果政党不能适时而变，就会变成一个发霉的政党。

以前，人民行动党每临重大活动，都穿着象征纯洁、廉洁的白衣白裤，是为党服。但是，在有人质疑这种装扮是否过于呆板后，女党员们在重大活动时就在白色衣服之上套上一件红色的马甲，在严肃中透着靓丽、活泼。2004年10月的某个晚上，人民行动党在新加坡新达城设千人宴会庆祝建党50周年，党的干部和普通党员甚至都卸下一身白色的党服，改穿庄重又不失轻松的便装出席，让人感到好像不是去出席这个执政党的聚会。人们评论说，这个严肃了50年的政党，现在放轻松了。就连晚宴上的8道菜，都被拿来玩文字游戏，力求贴近民众。例如菜单上的爆虾球取名"环球竞争，历经考验"，红烧鸡丝翅被称作"政治清廉，有福共享"，五香脆皮鸡被叫作"杜绝禽流，有鸡可吃"，蟹肉扒津白卷因螃蟹横行而巧妙地被称作"各族互信，打恐防恐"，飘香荷叶饭形象地被称为"政策扭转，保住饭碗"，红豆沙汤圆则被唤作"全力以赴，抗沙成功"，而喝的中国茶也不忘赋予政治提醒意味地被叫作"交棒接班，饮水思源"②。

为了进一步接近年轻一代，新一代的人民行动党领袖打破多年来的禁忌，竟然在迪斯科舞厅办起党庆。2004年9月，一群身着白色党服的人民行动党青年团员就在新加坡Zouk迪斯科舞厅庆祝人民行动党青年团（简称行青团）成立18周年及人民行动党创党50周年。李显龙总理是这项庆祝会的

---

① 《人民行动党（1954—1999）》，人民行动党，1999年，第72页。

② 《行动党放轻松！》，《联合早报》，2004年10月25日。

特邀嘉宾。他受到场上热情的气氛感染，也步下舞池，轻移舞步。他在唱片骑师(disc jockey)的音乐播放台上大声对团员们说："让大家尽情舞个痛快，把人民行动党摇滚起来吧！"李显龙告诉大家，人民行动党虽是个严肃的政党，却没有食古不化，党员也都懂得放松心情，享受生活。①一名年轻基层领袖对记者说："跳个舞，出来闹一下，又何妨！都什么时代了，难道要我们开个研讨会来庆祝生日吗？"②有关报道指出，上述行动说明人民行动党正在努力翻新形象，贴近年轻群众。当然，报道也说，人民行动党年轻领袖、基层党员即使在迪斯科舞厅内摇滚，都那么叫人放心。人们知道，他们无论怎样摇滚，都会摇滚得很得体，很有分寸，摇滚得很政治正确。"放而不浪，乐而不淫"应是人民行动党"打摇滚牌"的基本原则。③

新加坡的有关报道将人民行动党"打摇滚牌"的基本原则总结为"放而不浪，乐而不淫"，体现的正是 A 而不 A+ 的思维方式。A 而不 A+ 要求在"迅速向前"的时候不要偏离原则，在"坚守信念"的时候不要封闭僵化。个中平衡，颇难把握。这就难怪思想前卫的新加坡媒体人李慧敏在看到"总理和一些年轻部长穿着一身白衣白裤到迪斯科舞厅"蹦迪"的画面时，"觉得很感动却又有说不出的滑稽感"。之所以感动，"是因为这些政要竭尽所能要贴近年轻一代国人的心，也许他们很少踏进舞厅，也许他们根本不喜欢吵闹的音乐，但为了除去与年轻一代国人的距离，他们还是做了尝试"。之所以感到滑稽，"是因为他们原本给人的气质以及严肃的形象，还有他们那身白衣白裤与舞厅的格调，似乎与舞池的昏暗灯光显得有些格格不入"④。

1959年，人民行动党首次登台执政。在内阁宣誓就职典礼上，李光耀等9名内阁成员一反过去西装革履的礼仪惯例，与200多名党员一起，身穿象征纯洁的白衣白裤，其意是要树立廉洁政府的形象，表达铲除贪污的决心。当时，身穿白衣白裤的内阁成员和其他党员感受到的是骄傲和使命感，而民众

---

① 参见《李总理：把行动党摇滚起来吧！》，《联合早报》，2004年9月24日。

② 蔡添成：《与民共舞》，《联合早报》，2004年10月2日。

③ 参见严孟达：《难得摇滚》，《联合早报》，2004年9月25日。

④ 李慧敏：《除了玩滑板的空间》，《联合早报》，2006年9月2日。

投来的目光也是期许和期待。2007年11月11日,正在举办人民行动党常年大会的新加坡国立大学文化中心礼堂内虽然也是一片皆白。但是,就在人民行动党执政将近50年的那次大会上,作为党服的白衣白裤却成了党员与领导人对话会上谈论的话题。一些党员表示,穿着白衣白裤走在街上,随时都会有人上前来批评人民行动党,因此得先做好心理准备,克服心理障碍;还有的党员说,作为人民行动党党员,也会受到同事的猜疑,以为他们是政府派去的"间谍"。这时候,身为人民行动党秘书长的李显龙总理勉励党员说:"你穿上全白党服,并不是在盲从,而是象征着你关心国事,愿意参与,不会坐在一旁,等着别人掌舵。"①

在2012年以前的所有新加坡国庆庆典上,尽管许多与会民众可能穿着与国旗颜色相一致的红白颜色的衣服,出席庆典的人民行动党议员则毫无例外地穿着白衣白裤的党服。这似乎在提醒别人,我与你们不一样;又像在告诉世人,新加坡的骄人成绩是在我们的带领下取得的。但是,2012年8月9日的国庆庆典上,人民行动党首次打破身穿白衣白裤出席国庆庆典的传统,全体人民行动党议员的上衣都换成红白相间的颜色,让人眼前一亮。当建国总理李光耀出现在典礼现场,全场掌声雷动。李光耀满面笑容,气色不错。他身穿红色的"新加坡团队"Polo衫,搭配白色长裤,突破了以往的全白装扮,让人感到焕然一新。而李显龙总理的红白衬衫更被网友称赞为很有时尚感。身为人民行动党组织秘书兼党督的卫生部部长颜金勇告诉记者,这次转变是为了配合国庆日的喜庆,和全体新加坡人一起穿着红白颜色的衣服庆祝国家生日。虽然人民行动党议员身穿带有红白二色的上衣,但是他们的裤子或裙子还是保留了作为人民行动党标准颜色的纯白色。由于没有硬性规定红白色上衣的款式,结果人民行动党议员们的上衣款式五花八门——有的是红白格子的上衣,有的是红白线条的上衣,还有的上衣颜色接近粉红。财政部政务部长兼交通部政务部长杨莉明受访时指出,上述变化显示了人民行动党一贯在必要的时候做出适当调整的务实作风。她认为,许多公众都穿红白二色

---

① 《白衣白裤党服穿上街得"克服心理障碍"》,《联合早报》,2007年11月12日。

出席庆典，人民行动党议员和民众穿相同颜色的衣服，会更让人感到亲切。她说："这个改变在某种程度也显示了人民行动党的政治理念虽然可以维持不变，但贯彻理念的方式却可以随着时代和社会的变迁做出调整。"①

　　无独有偶，在这次庆典上，工人党议员也把一向穿着的浅蓝色衬衫换成红衣服。工人党发言人、非选区议员严燕松说，这次改变纯粹是党内议员自己的集体决定，而不是因为人民行动党改变服色才跟着做出调整。他说："今年，我们认为和其他出席庆典的新加坡人一样，穿上红色的上衣和观众打成一片是适当的做法。"②他也表示，今后出席国庆庆典应该也会继续这样的衣着。《海峡时报》刊登了坐在国庆庆典席位上的人民行动党、工人党议员的图片。由于两党议员各自卸下了具有蓝白之分的党服，一同穿上了与新加坡国旗一致的红白色服装，从而让人分不清他们各属于哪个政党。转载这张照片的《新明日报》在图片下写着"不分党籍同欢庆"的文字，让人感到朝野两党不分彼此，议员、民众打成一片。

　　虽然包括李光耀、李显龙在内的人民行动党全体议员在2012年国庆庆典上对白衣白裤的一贯服饰有所改变，但是一些从政资历较浅的人民行动党议员、党工和义工，却开始自动自发地在接见选民活动中穿上白衣，在社区中形成一道独特的风景线，也在一定程度上标明这个举动背后的政治意图。西海岸集选区议员胡美霞自2011年大选当选后，就选择穿白色上衣接见选民。后来，她又决定穿着上下全白的服饰、佩戴闪电的党徽出席每周四进行的接见选民的活动，并表示只要还服务选区，她就会这么装扮。她说："接见选民活动的地点是人民行动党支部，所以穿上代表党的白色服饰和党徽是很好的提醒，提醒我也提醒民众，人民行动党在这个国家的意义。那就是，它能为人民带来重大改变。"又说："我们在接见选民活动上，接见任何需要帮助的居民，并给予他们支援。穿上全白，是凸显党的价值。"③

　　胡美霞身穿白衣白裤接见选民完全是她个人的选择。她说自己成为议

---

① ② 郑景祥：《新衣着，新纪元》，《联合早报》，2012年8月10日。
　　③ 沈越：《穿白衣是因为"感觉对了"》，《联合早报》，2013年3月30日。

员前曾服务过的其他选区没有这样的惯例,她也没和人民行动党同僚谈起过这一做法。因此,她不清楚其他人是否也这么做。实际上,笔者曾观摩人民行动党议员黄根成(时任副总理)和杨莉明议员接见选民。当时,黄根成穿的是蓝色T恤衫,杨议员穿的是白底红色条纹的衬衫。而笔者从人民行动党议员接见选民的图片中也可看到,这些议员并没有固定的服装。胡美霞说:"我是一名新议员,在进入这个角色的当儿,感觉对了,就想回归党的本质,穿上全白。"①深具代表性的白衣白裤虽在国庆庆典的国家场合中统一被卸下,却在接见选民的基层场合中不规则地披上。这也许是要显示,为民排忧解难的接见选民的活动,是人民行动党提供的服务,从而有助于提升党的为民服务的形象和表达党为民服务的决心。

随着时代的变迁,白衣白裤的党服也许令人感到刻板严肃,身穿党服的党员也许会令人感到与众不同。但是,由于人民行动党强调将诚实廉洁作为必须坚守的核心价值观,因此白衣白裤的党服不会变,其所象征的纯洁廉洁更不能变。2013年1月,工人党秘书长刘程强在榜鹅东补选的群众大会上批评说,人民行动党的理念和目标已经改变,其诚信以及象征清廉透明的白色党服也已变质,而新加坡人所能得到的帮助也少了。他认为,如果新加坡人仍然对人民行动党抱有绝对信任,将是危险的事情。面对批评,李显龙在后来的群众大会上反驳说,人民行动党的理念、目标和诚信始终如一,刘程强说错了二又四分之三,对了四分之一:"我们的社会政策确实改变了,不过是从少变多,而不是刘程强说的从多变少!"②

面对新环境和新诉求,李显龙在2013年的人民行动党代表大会上指出,人民行动党不能墨守成规,必须思考如何为党的使命和愿景做出新的阐述,展开战略性的改变。有观察家指出,人民行动党的种种改变因应了从李光耀时代到后李光耀时代的转变,前者的思维是"听我们说,跟我们走",后者的思

---

① 沈越:《穿白衣是因为"感觉对了"》,《联合早报》,2013年3月30日。

② 萧佳慧、陈慧敏等:《榜鹅东补选投票日》,《新明日报》,2013年1月26日。此处意指新加坡人所能得到的帮助变得更多了,而不是变得更少了。

维是"相信我们，携手前进"①。这次大会的决议强调，该党"决心成为应对得
当且负责任的政府"②，即既要迅速回应眼前的挑战，也要确保新加坡取得长
远的成功。这是人民行动党政府针对舆论认为它为争取选票变得更为"民
粹"的回应，即"它不会为了解决眼前的问题无视未来，而是在正视眼前问题
的同时，放眼如何制造在未来取得成功的有利条件"。概而言之，就是"既坚
持信念、捍卫信仰，又适时回应人民不同的需求；既灵活地给人民一些'小甜
头'，又能阐明'良药苦口'，政府面对的大挑战自然是在不变中求变，又从变
中求不变"③。这里，"不变"意味着"坚守信念"，"变"则是为了"迅速向前"。
"不变中求变"，是要在"坚守信念"的时候避免走向固执迁腐、封闭僵化的极
端；"变中求不变"，是要在"迅速向前"的时候避免走向随波逐流、失去原则的
极端。

二、行为的行与不行：行动心不能动

在国际透明度组织发表的《2010年度贪污印象指数及全球贪污情况报
告》中，新加坡与丹麦、新西兰在廉洁排行榜中并列世界第一。但是，该报告
却显示新加坡在过去一年有9%的民众曾经行贿，高于韩国的2%。上述数
据是对86个国家和地区的9万多人进行调查访问得来的。根据调查所设标
准，受访者只要在过去12个月中曾向警方、登记与执照核发、司法、海关、公
共事业、医疗服务、教育体系、地政和税务等9类部门进行贿赂，就算曾经行
贿。新加坡的廉洁排名超过韩国，但其行贿人员的比例却超过韩国。这难免
让世人感到疑问困惑。

带着上述疑问困惑，笔者在查阅新加坡相关新闻报道后得到了似乎能够
释疑解惑的如下答案：原来，绝大多数新加坡人虽然在本国不会也不敢行贿，
但在贪污风气相对严重的周边国家和地区就难免行贿。而且，新加坡是一个
经济发达的城市国家。新加坡人出国旅游和经商的机会比其他国家和地区

---

① 蔡裕林：《解读行动党的新决议》，《联合早报》，2013年12月12日。
② 王翊顾：《李总理：建公正平等社会照顾年长国人》，《新明日报》，2013年12月8日。
③ 何惜薇：《变与不变》，《联合早报》，2013年12月15日。

的人更多。这便让那些出国旅游或经商的新加坡人比别的国家和地区的人们有了更多的行贿可能。在上述背景下，既有新加坡人在国外公职人员的索贿下不得不行贿，也有新加坡人在国外为做生意主动行贿。当然，还有新加坡人即使在上述情况下仍然拒绝行贿。如此等等，不一而足。

以在对方索贿的情况下不得不给钱了事的行贿为例，2008 年 2 月 9 日晚上 8 点，新加坡的蔡先生到马来西亚拜年后从马来西亚的新山关卡出境回国。当他来到关卡的柜台前摇下车窗后，一名移民厅官员热情地对他说"恭喜发财"，然后，面带微笑地接过了他手中的 4 本护照。当时，蔡先生及其家人都惊讶于对方的热情，还以为适逢农历新年，马来西亚的官员都会向华族说一些吉祥话，于是也礼貌地回了一句"新年快乐"。可是，护照在那名官员的手中超过 10 分钟，那名官员却始终不检查护照，而且还不断对着蔡先生一家微笑。蔡先生觉得不对劲，问对方护照是不是有问题。对方的回答竟然是："我说了'恭喜发财'，为什么没有红包？"蔡先生吃了一惊，他完全没有料到关卡人员会利用拜年向他讨红包。虽然蔡先生不想花冤枉钱，也觉得对方的行为分明是贪污，但是因为护照在对方手上，他担心如果坚持不给红包，可能会被刁难，于是便掏出身上面额最小的一张 10 元纸钞，找了一个红包封套，包给那位官员。对方瞄了红包里的钱，点了点头，几秒内盖了印，然后把 4 本护照还给了蔡先生，还对蔡先生说了一声"谢谢"。①

如果说，在对方索贿的情况下给个小红包了事是相对轻微的过错，那么为做生意而主动行贿则是更为严重的犯罪。印度尼西亚经济与金融发展研究中心的资深经济学家苏格玛指出，新加坡、美国等国的企业家，可能在自己的国家非常清廉，但到了发展中国家经商，会比当地的企业家更加助长贪污腐败。不过，在印尼有生意的新加坡企业家多数不认同这名经济学家的说法。他们认为，新加坡商家大多具有较高的道德标准，绝对不会助长腐败。不过，一家上市公司的新加坡老板也指出，印尼的商场有自己的文化和运作

---

① 参见《狮城商人投诉新山关卡职员拜年后讨红包，不给红包不盖印章》，《新明日报》，2008 年 2 月 11 日。

方式，新加坡商人有时不能太坚持，在一定的程度上，需要入乡随俗及懂得变通，才能成功融入当地市场。笔者理解，这位新加坡老板所说的不能太坚持，大概是指不能太过坚持诚实廉洁；所说的需要入乡随俗及懂得变通，大概是指需要适当地请客送礼，说得直白一些，就是难免要实施一些变相的行贿。①

李光耀的治国之道是以行得通为原则。这非常正确，也特别管用。但是，即便是正确、管用的原则，也不能过度理解和运用，否则就会变质为错误和滥用。换句话说，过于强调以行得通为原则，难免在行不通的情况下，放弃那些即便行不通也应加以坚持的原则。也许我们不能指责上面所说的那位蔡先生为什么不能拒绝索贿，不给红包；也不能苛求到印尼经商的新加坡商人不应入乡随俗及懂得变通。但是，从更高的标准来要求，我们又有理由期待：那位蔡先生能够拒给红包，那些到印尼经商的新加坡人能够坚持原则——因为诚实、廉洁是无论如何都应坚持的品质。

2017年12月23日，新加坡总检察署与贪污调查局发出的联合文告指出，为赢得巴西国营石油公司（Petrobras）和其他相关公司的合同，新加坡吉宝企业旗下吉宝岸外与海事公司（Keppel Offshore & Marine，简称KOM）在2001年至2014年期间向有关公司员工行贿。为了掩饰贿赂，KOM借合法咨询协议之名，向中间人支付佣金，再由中间人付款给巴西国营石油公司职员和其他方。文告宣布，鉴于KOM就调查给予实质合作，包括自行向总检察署与贪污调查局举报贿赂款项，并采取广泛补救措施，如显著改进整个吉宝集团的合规和内部控制系统，以及对涉及违规行为的个别人员采取相关行动，当局因此决定只发出"有条件警告"，而不提控。

在上述文告发布的同日，吉宝企业也发声说，涉及巴西贿赂案的KOM与其美国子公司已与美国、巴西和新加坡刑事当局达成被称为"延迟提控协议"的全球解决方案，包括同意向三国当局缴付总共4亿2200万美元（约5亿6700万新元）的刑事罚款。这里，"延迟提控协议"其实是把公司和个人分

---

① 参见《狮城商人被指印尼经商时常贿赂官员》，《新明日报》，2009年10月30日。

开，以罚款取代其他刑罚。它把行贿行为分为个人行为和公司行为两个层次。公司被处罚了，公司负责人就可能免于被追责。随着这个全球解决方案的达成，KOM得以从对前代理贿赂案的调查中解脱。

2018年1月8日，工人党议员在国会答问中就KOM涉及的巴西贿赂案提出质询。工人党主席林瑞莲在提问时询问，考虑到此案牵涉的巨额款项和对新加坡造成的声誉损害，当局在全球解决方案下仅向KOM发出"有条件警告"，是否会让坊间误以为政联公司即使贪污也只会受到轻罚，而那些人脉不广的人却因为贪污10到20元就得坐牢？总理公署部长英兰妮回答说，新加坡若是单方面提控KOM，根据本国防止贪污法令，每项控状的最高罚款仅为10万新元，惩罚力度远不及全球解决方案。如上所述，在已经实施的全球解决方案下，KOM被罚款4亿2200万美元。这个款额是公司原贿赂额的八倍。至于涉案的个人，调查还在进行中，还没有人逃出法网或被定罪。从历史的经验来看，新加坡政府过去也对个别人士采取行动，不论他们的地位有多高。这包括新加坡科技海事公司的七名高层以及政府官员和政治人物。①

工人党议员毕丹星提问说："前吉宝总裁和高级顾问朱昭明从2004年至2016年担任新加坡驻巴西大使。朱昭明是不是因为他涉及或知道贿赂案而被换掉？如果是，我强调，如果是，政府是哪一个月或哪一年得知朱昭明涉入？当局在调查朱昭明有没有利用他大使的身份，以不诚实的手段协助KOM在巴西取得合同？"针对上述问题，英兰妮回答说，调查还在进行当中，政府不透露当事人的身份和名字，这是所有法治国家的做法。②毕丹星对此提出质疑。他以宏茂桥市镇会前总经理黄志明为例指出，一些人在接受贪污调查局调查期间，公众就已通过媒体报道得知其身份。英兰妮就此回答说，新加坡和其他许多讲求法治的地方的标准做法一样，即不在刑事案调查期间公开被调查者的身份。之所以如此，是因为调查结果可能显示起诉毫无根据，或不足以构成犯罪行为。在此情况下，调查尚无结果时就披露被调查者

---

① ② 参见沈泽玮：《英兰妮舌战工人党，试图将政府与KOM贿赂案切割》，新加坡红蚂蚁网，2018年1月8日。

的身份，会对对方造成无谓伤害。至于其他人在外面说了什么、有什么信息浮出水面、社交媒体上出现了什么留言，那是另一回事。她也重申，政府作为调查机构，不公开受调查者的名字，是为了避免调查受个人偏见影响。①

毕丹星还询问："政府是吉宝的最大股东，淡马锡会不会召开特别股东大会，对'违反信托义务'的董事会成员采取民事诉讼并追讨赔偿？"毕丹星所说的淡马锡是一家新加坡的投资公司，全称为淡马锡控股私人有限公司（Temasek Holdings Private Limited）。新加坡政府财政部对该公司拥有100%的股权。针对毕丹星的上述询问，英兰妮指出，有关问题包含几个事实错误。对此，她进行了如下澄清：第一，政府虽然百分之百拥有淡马锡，但政府不是吉宝的直接股东；第二，淡马锡只拥有吉宝企业逾20%的股份，而且吉宝企业也不是受质疑的机构；第三，吉宝企业虽然拥有KOM100%的股份，但是，只有KOM才是受质疑的机构。将英兰妮的上述回答翻译成大白话，其意是说，从企业持股和企业治理的角度看，政府（淡马锡）不等同于吉宝企业，更不等同于KOM。而且，KOM的日常业务运作也不是由政府或淡马锡负责。因此，不要把什么事情都算到政府或淡马锡头上来。②

与新加坡华文报社有着密切联系的红蚂蚁网站发表沈泽玮女士的文章指出，英兰妮的上述回答"是一种相当巧妙且细致的切割，也不失为一种公关危机的止血手法"。英兰妮尝试将政府或淡马锡和KOM相切割的上述说辞虽然勉强说得过去，但还是有些牵强：这毕竟是一个长达13年的行贿行为。时间跨度那么大，即便政府或淡马锡不知情，吉宝企业或KOM的董事局难道也全不知情吗？根据《海峡时报》的报道，一名吉宝发言人称，现有吉宝企业和KOM的董事局对于贿赂行为不知情。这里，"现有"二字十分微妙。以此推测，"现有"的董事局也许不知情，以前的董事局也许就知情。进一步说，前吉宝总裁和高级顾问朱昭明从2004年至2016年担任新加坡在巴西的非常驻大使。人们有理由怀疑，朱昭明是不是因为涉及或知道贿赂案而被换掉？人

---

① 参见《证据散布数司法管辖区，无法确定何时审结》，《联合早报》，2018年1月9日。
② 参见沈泽玮：《英兰妮舌战工人党，试图将政府与KOM贿赂案切割》，新加坡红蚂蚁网，2018年1月8日。

们也有理由询问,当局是否在调查朱昭明有没有利用其大使的身份,以不诚实的手段协助KOM在巴西取得合同？ 最后,套用毕丹星在国会提问时使用的"如果是,我强调,如果是"的句式,沈泽玮化身看起来不大、咬起来挺疼的红蚂蚁,以幽默而且辛辣的口气质问:"如果,红蚂蚁强调如果,如果答案是'是'的话,政府能切割吗？"①

　　一般认为,对于发生在本国的贪污行为,新加坡政府能够秉持零容忍态度,坚决、果断地铲除腐败。 但是,对本国在国外经商的企业,新加坡政府是否也能采取同样态度,则有人对此尚存疑惑。沈泽玮在文章中指出:"在这起事件上,网民最不能接受的是,新加坡政府与其政联公司怎能持双重标准？ 在国内是一套廉洁做法,去到国外又是另一套做法？ 没有被抓到就是合法赚钱,被抓到就是非法送钱？ 这就像运动员吃禁药被抓到一样,查到就是禁药,查不到就是补药。"②对于上述质疑,英兰妮在答复工人党主席林瑞莲的口头询问时也有所回应。她说,全球许多地方都存在腐败现象,其经商环境与新加坡国内大不相同,新加坡并非国际刑警。"新加坡企业虽在各种环境中经商,但原则上,它们必须保持清廉,并遵守当地的法律。"③毫无疑问,英兰妮对新加坡企业在国外经商活动中的贿赂行为是否定的。更为妥当的说法,也许需要在指出了"原则上"必须保持清廉之后,更进一步强调将"原则上"的要求付诸行动,从而在"实际上"也不折不扣地保持清廉。

　　有观点认为,在许多发展中国家,政治领袖和高官收受贿赂已成为系统性问题,外来投资者不贿赂根本拿不到合同。处在如此险恶的国际商业世界里,新加坡企业没有议价能力,只能被动接受国际市场的潜规则。实际上,企业贿赂行为是国际商业世界里不难看见又不便明言的手段,KOM只是少数被曝光的不幸者。如果舆论对其大加鞭挞,只能显示新加坡人活在自命清高的世界里;而这也是国际主流媒体在这起事件被揭发后,没有集体围剿新加

---

① ② 沈泽玮:《英兰妮舌战工人党,试图将政府与KOM贿赂案切割》,新加坡红蚂蚁网,2018年1月8日。

③ 杨浚鑫:《英兰妮驳斥"认罪协商协议"说法,涉贿吉宝岸外与海事没被轻饶》,《联合早报》,2018年1月9日。

坡及其政联公司道德地位的原因。但是，代表新加坡正统态度的有关文章却不接受上述观点。文章指出："如果我们接受这些观点，这无异于说，我们作为小国在国际政治大环境里没有议价能力，只能随波逐流，接受大国为我们设定的命运。现实或许确实如此，但新加坡一直坚持尽可能独立的外交原则，重视国家主权独立不受摆布，不靠向任何大国。那为何在国际商业世界里，我们却甘愿与狼共舞，甘愿成为受价者？而更重要的事实是，KOM作为世界最大的岸外钻油台建筑公司，已形同国际政治里的'大国'，难道这个'大国'就真的没有议价能力，而必须接受其他'小国'的游戏规则同流合污？发展中国家缺乏完善制度，外来投资者确实面对要求贿赂的问题，这是到发展中国家投资时必须面对的风险和挑战，但不该成为企业在当地投资时行贿的开脱借口。"①

据说，一些新加坡人之所以认同诚实，是因为只有诚实才能取得别人的信任，做成事情。仅仅停留在这个层面理解诚实，还属于功利境界，即有所为而为。这里，诚实只是手段，仅有外在价值，取得别人信任以做成事情才是目的，才有内在价值。按照这种思路来想问题，一旦诚实不能取得别人信任并做成事情，就可以弃之不用，也必须弃之不用。由此可知，仅仅停留在有所为而为的功利境界，就不能将诚实、廉洁坚持到底；只有上升到无所为而为的道德境界，才能将诚实、廉洁贯彻始终。换句话说，唯有将诚实廉洁从功利境界上升为道德境界，人们才能更好地认清行为中"行与不行"的界限，从而"行动而不心动"，即在行动中不会因为外界诱惑而动摇初心。

---

① 吴汉钧：《不作恶和做正确的事》，《联合早报》，2017年12月31日。

第三节　A而B:"实现个人抱负—达到社会目标"

在"实现个人抱负—达到社会目标"这两个对立的概念中,实现个人抱负强调张扬个性,从而具有扩张力,其特性表现为阳(刚);达到社会目标注重相互扶持,从而具有凝聚力,其特性表现为阴(柔)。这里,个人与社会既相互对立,又相互统一。一方面,过于强调个人抱负,将有损于社会目标;过于强调社会目标,又会牺牲个人抱负。另一方面,没有一个一个具体的个人抱负的实现,则社会整体目标将成为抽象的幻影;没有社会整体目标的达成,则个人抱负也难以独存。

一般来说,西方社会强调个人,是为个人本位;东方文化注重社会,是为社会本位。新加坡虽为东方国家,但在西方强势文化的影响下,人们的社会观念日渐弱化,个人主义日益彰显,旧日甘榜里守望相助的精神渐渐流失。李显龙在2012年12月举行的人民行动党干部大会的致辞中以电梯翻新计划为例说,电梯翻新广受欢迎,但短短10年里,居民的态度有了微妙的改变,经常都会有一两户表示强烈不满。"他们提出的理由林林总总,有些说新建的电梯导致他们的隐私受到侵犯,另一些则埋怨电梯遮挡了阳光,影响到日照的程度。"对此,基层领袖会尽量调解,希望找到折中办法。但是,这些居民却非常在意个人得失,丝毫不肯让步。有感于此,李显龙指出,如果人人都以自我为中心,社会将会成为一盘散沙,国家的进步和繁荣将会变成空谈,个人也不可能有成就感和满足感。①

新加坡作为融合东西方文化的社会,其政府倡导"国家至上,社会为先;

---

① 参见苏世鹏:《李总理:人人自我中心将成一盘散沙》,《联合晚报》,2012年12月2日。

家庭为根，社会为本；社会关怀，尊重个人；协商共识，避免冲突；种族宽容，宗教和谐"的"共同价值观"。李显龙致辞的精神，与上述观念相吻合。这里，强调"国家至上，社会为先"以及"社会为本"，凸显出作为"大我"的国家、社会的主体地位；不忘"社会关怀，尊重个人"，体现了作为"小我"的个人的从属价值。概括地说，就是"大我为重，兼顾小我；社会为先，尊重个人"。

上述对立双方的主辅关系，与四象图平面直角坐标系蕴含的第三种寓意相吻合：阴与阳虽然总体平衡，不可偏倚，但并不意味任何地方都是绝对平等。例如，在第二、第四象限，可以是阳主阴辅，或阴主阳辅。上述寓意与《尚书》中的"九德"，以及《论语》中对孔子的描述颇为相通。中国古代典籍《尚书》曾列举"宽而栗，柔而立，愿而恭，乱而敬，扰而毅，直而温，简而廉，刚而塞，强而义"[1]等"九德"。以上文中的"宽而栗"为例，即仅有宽宏，不足以庄严；必得严栗以相济，方成一德。其他八德，也是如此。《论语》对孔子的描述是"温而厉"[2]，即仅有温和，不足以庄重，必得严厉以相济，方得中和。从"宽而栗"或"温而厉"等范例出发，我们可以将主辅相依的思维概括为 A 而 B。这里，A 是一面，是基本的；B 是另一面，是辅助的。如果光有 A 或总是 A，就是同。只有以 B 辅 A，即 A 而 B，才能济 A 之不足，以至于和。一主一辅、主辅相依的模式在生活中经常看到。例如，人双眼中的某一只眼往往在一定程度上占优势，成为定位、引起融合的主要负担者。此眼被称为主导眼。一般来说，主导眼不会变。但是，当人的双眼视力差别不大，而主导眼因受外伤或其他原因导致视力下降后，非主导眼会慢慢成为主导眼。用 A 而 B 的思维方式处理"实现个人抱负—达到社会目标"的矛盾关系，就必须在关注大我、社会的时候不忘小我、个人。

回顾历史，新加坡政府在处理社会与个人关系时，更强调大我为重、社会为先的一面，相对忽略兼顾小我、尊重个人的一面。吴作栋曾在 1992 年将一个国家的经济与文化发展区分为四个阶段：努力工作、累积财富、社会参与和

---

[1]《尚书·皋陶谟》。

[2]《论语·述而》。

个人成就。他说,欧洲人在20世纪初期处于努力工作阶段,50年代进入富裕阶段,70年代进入社会参与阶段,90年代欧洲和美国人都已进入个人成就阶段。总体而言,前三个阶段属于集体价值的阶段,最后一个阶段则是重视个人的阶段。具体来说,每进入一个新的阶段,工人对待工作的态度和价值观都会改变,国家的竞争力也会下降。例如,今天欧美国家的人民已不重视集体利益。这造成他们在许多方面都失去竞争力。而在受儒家思想影响的社会,人们都重视集体的价值和更努力工作。这使他们比重视个人价值的社会更有竞争力。日本人在20世纪90年代进入社会参与阶段;新加坡目前处于富裕阶段,工人平均每周工作44小时;韩国人则仍停留在努力工作阶段,工人每周工作54小时,因此竞争力是最强的。目前,虽然新加坡工人还勤奋工作,但已更重视工资的增长,而不是靠努力工作来增加收入。吴作栋指出:"太快进入重视个人阶段,新加坡将无法要求人民努力工作。"①从吴作栋发表上述观点的时间到现在已经过去快30年,新加坡也已超越富裕阶段而正迈向社会参与甚至个人成就阶段。但是,新加坡政府在因应时代潮流而更为关注个人的同时,也希望本国社会仍然保持注重集体利益的精神,以便让国家保有充分的竞争力。

个人与社会的关系,可以近态化地表现为少数与多数、个性与共性的关系。"大我为重,兼顾小我;社会为先,尊重个人"的原则,也可以近态化地表现为"多数为重,兼顾少数;共性为先,尊重个性"。实现个人目标往往需要尊重少数和弘扬个性,达到社会目标常常要求关心多数和维护共性。新加坡政府一贯推行精英主义,但也不能忽视普罗大众。协调理顺"实现个人抱负—达到社会目标"的关系,必须注意化解少数(精英)与多数(大众)、个体个性与集体共性之间的矛盾冲突。李显龙在2012年12月举行的人民行动党干部大会上说:"任人唯贤制度不应只是关于个人成就……,如果你在这制度中取得成功,你有义务回馈社会,让更多人像你一样取得成功,每个人都在制度中受

---

① 《加强竞争力是今后重要目标》,《联合早报》,1992年10月16日。

惠,也让大家了解这是一个公平制度,全力支持它。"①

一、精英与大众合美:维持开放又具同情心的任人唯贤

实现个人抱负有利于成就精英,常常强调唯才是用;达到社会目标有助于扶持大众,往往注重关心弱小。增进全球竞争力必须唯才是用,重视精英;加强本土联系性需要扶助弱小,关心大众。李光耀的治国理念与实践凸显出精英主义(即人才主义)的特征。在西方话语中,"精英"一词的原意是"年收获中的最佳部分",指用来酿造上等酒的葡萄,引申为经过挑选的及格者。精英主义(Elitism)则是从现实主义出发来理解和阐释政治与社会的结构及其发展的一种理论。其主要观点如下:第一,人们在知识、能力等方面并不平等。第二,社会区分为两类人,一是少数更具知识、能力等的精英,一是在上述方面相对缺乏的群众。第三,社会应该或实际是由少数精英统治,而不是由多数群众领导。当然,属于统治阶级的少数精英不一定是经济上占统治地位的资产阶级,而是包括社会各行各业最杰出优秀分子的社会精英。作为西方精英主义代表人物的帕累托在其代表作《精英与社会》中写道:"让我们假设,在人类每个领域的活动中,可以给每个人打一个分数,这个分数代表其能力,正像学校里的考试分数一样。例如,最优秀的律师给10分,则一个顾客也没有的人就是1分,而十足的白痴就是0分。给赚钱数百万的人——不论其手段正当与否——打10分,那些刚好处于救济院门口的人则得1分,而那些在救济院之内的人便是0分。"②在帕累托看来,无论哪个行业,只要是该行业中得分高者,就是社会精英。

精英主义强调少数精英的作用,其各家各派都对民主政治抱有不同程度的质疑。首先,民主政治必须基于大多数人的同意之上。但精英主义认为,作为人类社会普遍要求的政治权力过去未曾、将来也绝不会建立在大多数人

---

① 周文龙、杨萌、孙伟伦:《经济放缓虽是现实,总理:追求增长仍有必要》,《联合早报》,2012年12月3日。

② 转引自杨朝、孙金枝:《关于我国教育领域中精英主义思潮的思考》,《江西教育科研》,2007年第5期。

的同意之上。政治权力本质上是一种强制关系，它永远由极少数有组织的人们所行使。其次，民主政治以人人生而平等的理念为基石，并且致力于实现人人平等。但精英主义认为，人类社会始终是不平等的，而且永远也不可能平等。社会中总有极少数人在财富、素质、知识、道德等方面优于常人。正是由于这些不平等，才导致社会划分为精英与民众两大阶级。不平等不仅是必然的，而且是有利的。最后，民主政治的根本含义是主权在民，即人民是最高的统治者。但精英主义认为，一般的人民根本就没有能力取得和掌握政治权力。政治权力从来就集中在极少数人手中。极少数政治精英掌握政权从而统治绝大多数群众，是不可逾越的社会学法则。①

新加坡政府的精英主义表现为强调"任人唯贤"。新加坡以英文为行政语言，其对"任人唯贤"一词的使用，其实是英文 meritocracy 的中文翻译。这里，中文的"任人唯贤"与英文的 meritocracy 意思相通，却非等同。英文的meritocracy 只强调工具性的能力、成绩，中文的"任人唯贤"却包括价值性的道德、修养。换句话说，meritocracy 的本义应该是唯才是用。在极端的情况下，它甚至可以不问道德修养，只问能力成绩。反之，任人唯贤的本义则在强调才能、成绩的同时，也注重道德、修养。任人唯贤中的贤，应该是德才兼备的人。

meritocracy（唯才是用）的相关理念虽产生于17世纪启蒙运动的理性主义，但该词汇却是直到1958年才由英国社会学者和工党政治家迈克·杨（Michael Young）生造出来。meritocracy 的英文原意是指人们通过自己的能力、成就获得自己的社会地位与报酬，而不是依靠人脉、财富和家庭背景。迈克·杨在其讽刺寓言小说《能人统治之崛起》中设想英国现行的世袭体制被基于智商的精英统治取而代之，学业优异的工人阶级成员加入了精英阶层。但是，下层人士对新的精英阶层的仇恨，超过了对旧有贵族阶级的不满，并在2034年爆发暴力革命，推翻了所谓的精英统治。作品中的下层人士之所以

---

① 参见俞可平：《对民主政治的幻灭——政治精英主义述评》，《天津社会科学》，1990年第1期。

痛恨精英统治,是因为传统的贵族阶级自知靠血统上位,因而有所节制;反之,"凭借优异学业成绩爬上来的新贵却自以为是,迷信自身权位的道德正当性(全凭自己的努力和成绩),因而更加肆无忌惮地捞取好处,忘却并背叛了原有的出身,导致下层阶级失去民意代言人,逐渐在民主进程中失声,最终产生政治疏离感"。而"名校文凭取代家族血统,成为定义和筛选精英的新标准,正是贫富差距扩大,社会流动性下降的罪魁祸首"。新晋升的精英阶层自认为是靠 merit(优异、成绩)取得成功,缺乏 merit 的失败者则被视为咎由自取。而且,这些新精英阶层通过"门当户对"的相互通婚而日趋封闭,"更利用自己所享有的社会地位、政治权力及财富优势,继续让下一代维持精英身份,恶化了代际社会流动性"。于是,"强者越强,弱者越弱,乃至弱肉强食,社会陷入政治冷漠,进而激化为阶级对立,最后难免《能人统治之崛起》所预言的暴力革命"①。

迈克·杨的讽刺寓言小说预言的是"彼时彼地"的英国,却在"此时此地"的新加坡也有所表现。2013 年 4 月 27 日,时任荣誉国务资政的吴作栋指出,新加坡建国以来的成就,全赖实行了公平、透明的任人唯贤制度。在这种制度下,不论是入学的机会还是公共部门或私人企业录取职员的标准,都取决于个人能力和表现,而不是他的人脉、财富或身份。这样的机制,在经济强劲增长、水涨船高的年代,切合新加坡的需要。"不过,由于收入差距逐年扩大,引起人们的不满和羡嫉,任人唯贤的原则近期遭受不少人诟病。"例如,学校的竞争使孩子和他们的家长承受巨大的压力。于是,一些表现不那么好的人便把任人唯贤视为只对有资源者有利,但妨碍了其他人的社会流动性。②

吴作栋很能理解现今一些新加坡人不热衷于任人唯贤制度的理由,因为他们不能认可心目中不能让自己如其他人般受益的制度。事实上,不受控制地推行任人唯贤不是件好事。吴作栋把只顾全一己私利而不体恤他人、甚至牺牲他人利益的作风称为"自私自利的任人唯贤制度"。他认为,人们不应该

---

① 叶鹏飞:《虽有粟而不得食》,《联合早报》,2013 年 8 月 4 日。
② 参见何惜薇:《吴作栋:重视任人唯贤不能忽略社会关怀》,《联合早报》,2013 年 4 月 28 日。

为争取平等结果而不让表现更好的人持续晋升,或彻底摒弃任人唯贤的做法;相反的,应该要求从中受益的人们回馈社会。因此,在继续推行任人唯贤制度以造福社会的同时,不能忽略打造关怀社会的重要性。正如铜钱有两面,社会也要有两面:一面是任人唯贤的制度,一面是关怀与怜悯。他说:"有能力者是要协助落在后头者一起攀爬(取得成功的)梯子,还是要进一步把后头的梯子拉高,断了其他人的后路? 这全赖个人的决定。取得成功者应负起拉社会弱势者一把的责任。以关怀社会为本的任人唯贤制度,有助建设坚韧和包容的社会,自私自利的任人唯贤制度则会分化社会,使社会毁灭。"①

2013年7月27日是新加坡莱佛士书院校友会成立90周年纪念日。作为毕业于1960年的莱佛士校友,吴作栋出席了当晚的庆祝晚宴。他在宴会上再次指出,任人唯贤尽管不是最完善的制度,却是让国人充分发挥潜力和才华的最好途径。不过,在以个人表现和成就给予认可和奖励时,任人唯贤的做法也分化国人,带来社会上的不平等。他在晚宴上回忆自己在从政初期的1980年听过李光耀和经济顾问温斯敏博士及前总统蒂凡那对收入不平等、社会流动及如何给所有孩子制造平等机会等课题进行的一次生动的讨论。据吴作栋回忆,"李光耀当时说,从理想和哲学层面而言,一个人的所有财富应该在他死后归还给国家。这将确保每一代人都能在一个平等的基础上起步,因为他们没财富可以继承。这么一来,一个人的成功将纯粹取决于他个人的努力和能力。其他两人同意这样的说法,认为这对每个新一代来说是公平的。但他们同时指出,这个想法实际上不可行。"②

"每个父母都希望自己的孩子能赢在起跑点上。"吴作栋说,这符合自然,也无可厚非。但是,如果社会最聪明、能干的一群人认为自己生来便优于他人,不肯与社会分享他们的成就;如果经济不平等造成社会无法流动,任人唯贤制度的获益者和普罗大众之间的社会差距愈拉愈大——这便产生了"精英主义"。吴作栋指出,这种精英主义有可能分化政府一直倡导建设的具有包

① 何惜薇:《吴作栋:重视任人唯贤不能忽略社会关怀》,《联合早报》,2013年4月28日。
② 胡文洁:《吴作栋:我国须调适和强化任人唯贤政策》,《联合早报》,2013年7月28日。

容性的社会。当任人唯贤制度过度强调个人表现并达到极度自私的程度，就会产生所谓的"螃蟹思维"（crab mentality）。篮子里的螃蟹争先恐后想爬出来，落在后头的螃蟹则千方百计要把领先它们的螃蟹拉下来。这样的情况将破坏让新加坡成功的政治和社会结构。吴作栋说："我们一定要调适和强化任人唯贤政策，确保它继续让整个社会受惠，而不只是帮助那些精英。"[1]他认为，那些成功人士应该明白，他们有责任以同理心去帮助较不幸和能力较差者，通过金钱上的捐献、分享技能和知识以及花时间让其他人有更好表现来回馈社会。他也呼吁，包括莱佛士书院在内的新加坡的顶尖学府，应该确保它们的学生不会有精英主义和优越感。他说："那些从社会中受益较多的人，对社会的亏欠是最多的，特别亏欠那些无法获取同等机会者。"[2]

为了克服极端的任人唯贤制度带来的副作用，新加坡副总理尚达曼在政府倡导"文凭不是一切"之后，又提出了"终身尚贤制"（meritocracy through life）和"持续的英才制度"（continuous meritocracy）的新概念。其意是说，在上述新概念下，18岁或24岁时所取得的文凭不会决定一个人的终身，"因为每个学习阶段的结束也是另一阶段的新起点，每一个人都可以在不同阶段接受雇主、上司以及社会的评估。新名词的提出明显是对固有的'任人唯贤'思维的修订，目的很清楚，就是朝一个'更具包容性的社会'目标发展"[3]。也有新加坡文化界人士指出，推行任人唯贤也要注意对"非贤能者"给予照顾。以美国的一些名校招生为例，如果两个申请者分数、课外活动、体育等基本相当，而其中一人出自中产家庭，另一人的父母则是没受过教育的失业救济金获得者，则后者进入名校的机会要远大于前者。"这就是一种重要的'资源补偿'，也是我们要重视的'纠偏'。"[4]

2013年12月7日、8日，一连两天的人民行动党代表大会通过了《2013年人民行动党决议》。决议要点包括"维持开放又具同情心的任人唯贤制度"。

---

[1][2] 胡文洁：《吴作栋：我国须调适和强化任人唯贤政策》，《联合早报》，2013年7月28日。

[3]《让持续教育成为一种价值观》，《联合早报》，2014年9月19日。

[4] 纪赟：《精英与草根政治的制度性博弈》，《联合早报》，2013年8月14日。

上述要点又在次年修改党章时融入了新的党章。这里,"维持开放又具同情心的任人唯贤制度",就是对极端的"任人唯贤"的一种纠正。首先,"开放"与"封闭"相对而言,其意是说贤者与不贤者、能者与不能者的身份可以流动,而非固定。在新加坡的语境中,任人唯贤或唯才是用强调公平的竞争和自由的社会流动性。如今,出生在社会最底层的20%的人员要能升上社会最高的20%阶级,英国的概率为4%,美国的概率为8%—10%。在新加坡,利用一代人的时间从社会最底层攀上最高层的概率则是17%。但是,新加坡也存在着对任人唯贤原则的定义过于狭隘的问题。尚达曼指出,一个人在18岁时的学业成绩不应决定他的一生。就算一个人已输在起跑点上,他日后是否还有机会取得进步,以改善生活才是更重要的。①因此,政府要提供一个从学前教育、求学时期乃至工作场所的"持续晋升的梯子",持续提供提升、转行、学习新技能和掌握优异技能的机会。换句话说,政府要推行持续不断的任人唯贤,而不只是以学校资历为依据的制度。②这里,开放是就空间而言,持续不断是就时间而言。只有在空间上开放、在时间上持续不断的任人唯贤,才是更为完备的任人唯贤。

其次,"同情"与"冷漠"相对而言,其意是说被视为贤者、能者的成功者应该关心那些不够成功的人士。摩绵-加冷集选区议员潘丽萍女士就是这样一位具有同情心的人。有一次,潘丽萍上巴刹(菜市场)买鱼,看到其他摊位门庭若市,唯独一对老夫妇经营的摊位无人问津。这触动了她帮助弱者的本能,便向老夫妇买了一袋鱼。回家后,她将鱼煮来吃后才发现,那个摊位的鱼不新鲜,难怪没人买。不过,潘丽萍并没有马上断定是老鱼贩的错,而是认真分析说:"也可能因为太少人来光顾,鱼卖不出,放久了就变得不新鲜。这是个先有鸡还是先有蛋的问题。"她说:"老公常笑我傻,总喜欢支持胜算较低的足球队或人气较不旺的小贩。不过,这就是我。"③

---

① 参见《定义过于狭隘,任人唯贤制度须蜕变》,《联合早报》,2013年4月20日。

② 参见《需兼顾低收入老少两群体》,《联合早报》,2013年3月8日。

③ 游润恬:《新任中区市长潘丽萍——天生的弱势扶持者》,《联合早报》,2014年5月30日。

二、个性与共性相协:同一条河中各按自己的速度游泳

实现个人抱负必须勇于竞争,强调张扬个体的个性;达到社会目标需要相互协作,注重维护集体的共性。在人的一生当中,孩童时代本该顺其天性地快乐生活、全面发展,将来才能尽其天赋地长大成人、培养成才。但是,当进不了好小学就进不了好中学,进不了好中学就进不了好大学,进不了好大学就找不到好工作、升不上好职位,于是为了进一个好小学,竞争在幼儿园甚至从刚出生就开始了。上述情况大体符合新加坡的现实。大约从20世纪80年代开始,新加坡在小学三四年级便根据成绩对学生进行分流,即根据成绩将学生编排到学业成绩有别的不同的班次。这一做法也许可以因材施教,甚至能够鞭策后进和鼓励先进,但对那些分在差班的小学生,无疑是一种打击。幼小的心灵就要承受这种优劣好坏的分类对待,会给人一生带来阴影。小学毕业后,孩子们根据学业成绩的不同层次,又将分别进入不同源流的中学,如快捷源流(express)、普通学术源流(normal academic)和普通工艺源流(normal technical)等三种类型的中学,以后则还有名牌大学或非名牌大学乃至上不了大学的区别。于是,人们在少儿时代就被区分为优者与劣者、精英与草民,人与人之间的沟壑从此形成。李光耀的女儿李玮玲与其父亲有着同样刚硬、好斗的个性。她自己在读书期间学业成绩都很好,并在后来发声说,既然人生难免要面临各种分流、分类,那么早一点承受这种冲击,未必不是一件好事。不过,她也说过,自己成绩越好,同学越对她敬而远之;倒是有一次她的成绩考砸了,反而让同学们欢天喜地要对她表示亲近。

每年8月,新加坡全国所有三年级小学生会参加一场"天才班(gifted education program)"选拔考试。两轮考试之后,成绩进入前1%的学生,会被录取到设有天才班的九所学校完成其四到六年级的学习。①这就有如"一个孩子在8岁时考的两场试决定了他是否是一个天才"。新加坡教育部为天才班的

---

① 据说,成绩进入前5%但低于前1%的学生则进入所谓的高才班。新加坡每个小学都设有高才班。因此,高才班的学生不必前往特别的学校,就在原来的学校就读。

学生设定了如下目标:"为那些天生智商高(intellectually gifted)的学生的教育提供楷模,帮助实现他们最高的潜能。"

2016年1月23日发表在《联合早报》,由伍治坚撰写的《天才班选拔制度的利与弊》一文,通过列举国外有关体育竞赛和智力竞赛的各项研究数据,质疑上述做法。文章说,加拿大心理学家罗杰·巴恩斯利(Roger Barnsley)在对加拿大少年冰球联赛队员进行研究后发现,在16岁至20岁的加拿大顶级冰球运动员中,70%左右的少年出生在1到3月之间。按道理,这些少年的出生月份应该是1月至12月平均分布。但是,为什么绝大部分的顶级运动员出生于每年的头三个月呢?"原因很简单,加拿大冰球竞赛的年龄组划分以12月31日为界。也就是说,被划入同一年龄组的孩子,他们最大的年龄差距可能高达整整一年。而1月到3月出生的孩子,相比于下半年出生的孩子,最大的优势就在于年龄。"类似的情况并不仅见于加拿大冰球界。在参加2007年足球少年世界杯的捷克国家队队员中,76%的球员出生于1月至3月之间;由于美国棒球联盟划分年龄段的截止时间是7月31日,因此2005年美国棒球联盟的所有职业球员中,8月份出生的球员数量比7月份出生的球员数量多出61%。美国两位经济学家凯莉·贝达(Kelly Bedard)和伊丽莎白·杜伊(Elizabeth Dhuey)在研究了多个国家的国际数学和科学竞赛的成绩后得出结论:"在四年级同龄小学生中,大月份比小月份的小学生的考试成绩要好4%到12%之间。"这就是说,年龄(月份)优势在智力竞赛中也相当明显。

在列举了有关科研数据之后,伍治坚指出:成年之后,年龄对人在成年之后的智商的影响似乎并不明显,但在学童阶段的影响却非常大。实际上,"在8岁至9岁这个年龄段,智力竞赛比的除了智商以外,更重要的是成熟度。成熟度指的是孩子能否听话专心看书,反复练习,按时完成作业等等。这些能力并不是智力,但是出生月份大的孩子有明显的优势。"文章建议教育部对1984年开始的所有天才班学生的出生月份进行统计,"如果最后发现他们的出生月份并不是在1月到12月之间平均分布,或者有绝大部分的学生出生于每年头几个月,那么就能验证上面提到的推理。如果我们费了很大力气在全国范围去甄选天才,到头来选出来的只是一群年龄更大的孩子,是不是有点违背初衷呢？"①

为了改变那种过于重视学业成绩和一考定终身的种种做法，新加坡教育部和新加坡考试与评鉴局于2012年开始取消公布小六会考、O水准、N水准和A水准等考试的优秀生名单，希望借此淡化人们对学业成绩过分重视的心态，鼓励学生在学业以外取得良好表现。2012年11月22日晚上8点，李显龙在个人脸书写帖子祝贺所有的小六毕业生。李显龙帖文的内容，体现了新加坡近年推行的教育改革的方向，即在坚持任人唯贤的同时，拓展"贤"的内涵，拓宽成为"贤者"的路径。李显龙指出，学业成绩固然很重要，但它并非唯一衡量才能或决定成功的标准。过去，新加坡政府可能过于强调学业成绩，现在则更重全面发展，并将成才的范围扩大到各个领域，"三十六行，行行出状元"。早在2005年，李显龙就在当年的国庆群众大会以"群峰连绵的山脉"的意象勾勒教育生态的愿景，希望打破社会"只有一座巅峰"的观念。与李显龙的上述观点相呼应，一些中小学老师也在学生中倡导"你会唱歌，我会跳舞；你比我聪明，我比你漂亮"的观念，鼓励大家不拘一格，各显神通。

将自己定位为"改革者"的前教育部部长王乙康认为，金字塔社会的时代早已过去，社会当然不会只有一座巅峰，甚至"连绵不断的山峰"的说法也已过时。王乙康说："连绵不断的山峰的假设是每个人都要爬山，而现实是并非每个人都要爬山。我们每个人的目的地、人生目标都不一样……现在也不是每个人都要爬山，有些人爬山会有惧高症，有些人有高山症。每个人的目的地不一样，有些人要去峡谷，有些人要去村庄，有些人要去大城市，有些人要去绿洲，有些人要去河岸。不只是目的地不一样，每个人的途径也不一样。所以，所谓skills future——未来技能，也要包含这些所有成功的定义，让社会唯才是用的定义不断扩充，不断宽大。"他指出，社会如何看待走不同路的人？是否尊敬他们？所有这些，都将影响成功的定义。②

王乙康不仅有改革的意识，也有改革的行动。2019年3月5日，时任教

---

① 伍治坚：《天才班选拔制度的利与弊》，《联合早报》，2016年1月23日。

② 参见黄伟曼、胡洁梅：《王乙康谈未来技能大方向：多方面学习，精专一领域》，《联合早报》，2016年3月29日。

育部部长的王乙康在国会宣布，从2024年起，新加坡所有中学将全面推行科目编班（subject-based banding），取代实施了近40年的中学分流制度。中学分流制度是根据小六会考的成绩，让入读中学的学生按照"快捷源流、普通学术源流和普通工艺源流来分班。成绩好的进入快捷源流，成绩较差的编入普通源流。分流制度的主观愿望是因材施教，却在客观上给学生贴上了"聪明学生"和"不那么聪明的学生"的身份标签。那些就读于被认为较为"低级"的源流的学生，很可能会带来一种自我限制的心理。他们可能会给自己如下心理暗示："算了，我只是一名普通源流学生，能力不可能变得再好的。"与分流制度不同，科目编班则是让学生根据所选的科目来编排班级，而不是根据小六会考的成绩来分班，表现为"统一的中学教育，多元的科目编班"：一方面，所有中学生都上同样一个课程，学生们的身上将不再出现不同源流的标签。这是"统一的中学教育"。另一方面，所有的中学生将按照自己的学习进度，选修不同难度级别的课程。这是"多元的科目编班"。①

在科目编班中，不同难度级别的课程将分为G1（基础水平，相当于普通工艺源流课程）、G2（标准水平，相当于普通学术源流）和G3（高级水平，相当于快捷源流课程）。G即general，普及的意思。看上去，它与分流制度很像是新瓶装旧酒，换汤不换药。但是，王乙康指出，其实不然，区别是很大的。他说："分流将教育区分为不同课程源流，然后将学生装进这些源流里。每一个源流就像一个大瓶罐，你可以将不同的饼干放入瓶罐内，但当你将罐子标上'黄梨塔'的时候，罐内所有的饼干都会被归类为同样的食品，不管是准确或不准确的。"全面科目编班的推出就是要"打破瓶罐"，让学生"恢复自由身"，根据各自的学术能力高低，选修不同难度级别的科目。选修基础课程的一两个科目并不会将学生标签为最低源流。这些学生也能同时选修一两个高级课程的科目，从而让整个新加坡教育制度变得更加个性化。这样一来，就可以继续享有因材施教带来的好处，同时减少负面的标签效应。

---

① 参见张丽苹：《教育部2024年取消中学分流制度，日后不会再有"普通源流"标签》，新加坡红蚂蚁网，2019年3月5日。

按照王乙康的说法,中学分流制度有如将学生们像鱼儿一样分到彼此隔开且级别不同的三条水道游泳。实行科目编班之后,"鱼儿"将"不是在三条隔开的水道往前游,而是在一条宽阔的大河里一起游,但每一条鱼是以自身速度来展开各自的旅途"。届时,完成中四课程后的中学生们将参加统一的全国考试,领取同样的毕业证书。当然,新证书也会列出学生所修读的科目(G1、G2和G3)级别及成绩。到时候,证书上可能会出现各种组合:它可能会是六个G3科目 + 一个G2科目,也可能会是五个G3科目 + 两个G2科目,还可能会是两个G3科目 + 三个G2科目 + 1个G1科目,等等。[1]这样,同样的证书就像是同"在一条宽阔的大河里一起游",可以增加大家的共性,从而有助于达到社会目标;不同的组合就像是"每一条鱼是以自身速度来展开各自的旅途",可以发挥各自的个性,从而有利于实现个人抱负。承接王乙康所说的"黄梨塔"的比喻,有人进一步指出:"以后如果还有罐子,不再叫黄梨塔、某某塔,只有单一口味,而是直接标示'新加坡塔',里面有不同的口味,甚至跟榴莲一样,每一颗都不同口感,给你惊奇——只要你懂得欣赏。"[2]

---

[1] 参见张丽苹:《教育部2024年取消中学分流制度,日后不会再有"普通源流"标签》,新加坡红蚂蚁网,2019年3月5日。

[2] 洪姨:《教改打破黄梨塔罐,弱势孩子天空更广》,新加坡红蚂蚁网,2019年3月6日。

第四节　亦A亦B:"全球竞争力—本土联系性"

在"全球竞争力—本土联系性"这两个对立的概念中,增进全球竞争力是要增进扩张的力量,其特性为阳(刚);加强本土联系性是要加强凝聚的力量,其特性是阴(柔)。二者相互对立,又相互联系,并具体表现为"流水"与"留水"、东体与西用、"大树"与"小草"等等的矛盾关系。例如,就"流水"与"留水"的关系而言,如果把国家比作一个湖泊,外来人才好比"流水",本土人士有如"留水",必须把握好二者的平衡。如果全是"留水",就会沦为一湖死水,国家也就没有生机;如果全是"流水",又形不成湖泊,国家也没有了向心力。一方面,增进全球竞争力往往需要引进外来移民(人才),但过快过多地引进移民,难免稀释人们的身份认同,进而削弱新加坡的本土联系性;另一方面,增加本土联系性才能加强新加坡人的身份认同,但过于强调"本土",就有可能排斥外来移民(人才),从而弱化新加坡的全球竞争力。面对上述矛盾,李显龙注意实现"流水"与"留水"的兼容。他在2012年12月举行的人民行动党干部大会上说:"国人担心外来移民及改变的原因之一,是担心新加坡人的身份认同被淡化。我们在加强身份认同的同时,也必须持续对外开放,否则将从一个蓬勃的城市变成博物馆。"①

李显龙处理"全球竞争力—本土联系性"矛盾关系所表现的兼顾左右的思维方式,与前文中的四象图平面直角坐标系蕴含的第四种寓意相吻合:总体而言,阴与阳都是大体平衡,不可偏倚。上述寓意与中国先哲倡导的"文武之道,一张一弛"的原则颇为相通。这里,张谓张弦,代表着紧张;弛谓落弦,

---

① 陈慧敏、邓伟坚:《行动党新中委今早出炉》,《新明日报》,2012年12月2日。

意味着松弛。弓弦只张不弛，则绝其弓力，所以"张而不弛，文武弗能也"，即一直把弓弦拉得很紧而从不松弛，是周文王、周武王也无法办到的；弓弦只弛不张，则失其往来之体，所以"弛而不张，文武弗为也"，即一直让弓弦松弛而从不紧张，是周文王、周武王决不愿去做的；只有有张有弛，才算张弛有度，所以"一张一弛，文武之道也"，即只有有时候紧张、有时候松弛，有劳有逸，劳逸结合，有宽有严，宽严相济，才是周文王、周武王的处事、治国之道。①从"一张一弛"的范例出发，我们可以将兼顾左右的思维方式概括为亦A亦B。A与B分别代表矛盾不同的两个方面。光有A或光有B都失之偏颇，必须兼顾左右，相辅相成，才能达到中和平衡。用亦A亦B的思维方式处理"全球竞争力—本土联系性"的矛盾关系，意味着既要加强全球竞争力，又要增进本土联系性。

一、"流水"与"留水"兼容：拥有活水源头的美丽湖泊

增进全球竞争力必须引进"流水"，大力吸收外来人才；加强本土联系性需要保住"留水"，在文化上把"根"留住。两者兼顾，新加坡才能成为拥有源头活水的美丽湖泊。为了增进新加坡的全球竞争力，吸纳外来"流水"，人民行动党政府有计划地引进外来企业家、专业人士、艺人、技术高度熟练的工人等。实际上，外来人才并不局限于上述领域，新加坡第一代内阁成员，就大部分来自新加坡以外的地方。20世纪70年代初期，李光耀已经为寻找接班人的工作困扰多年。1972年的某一天，长时间的苦思冥想让他一朝之间豁然开朗：算一算内阁和国会中的成员，可以看出本地出生的已经增多，成为外地出生的两倍以上。相反，在李光耀组织的第一届内阁，10人当中只有李光耀在新加坡出生并接受教育，其他9人都分别来自中国、马来西亚、斯里兰卡和印度。正是因为这个组合集合了来自更为广泛地域和领域的人才，新加坡才会成功。李光耀说："出海到太平洋捕鱼跟到圣淘沙人工湖钓鱼是有很大的不同。你捉到的是大鱼！"

就像新加坡第一届内阁大多来自于新加坡之外，新加坡的各行各业都注

---

① 参见《礼记·杂记下》。

意延揽各路人才。1999年,新加坡的大法官在吉隆坡出生,总检察长则在怡保出世。当时,新加坡高庭的20位法官中,有15位不在新加坡出生。李光耀说:"我们正设法从印度吸引更多精明的印度人……其中许多会利用我们作为前往美国的台阶,但我们相信……只要三分之一的人才留下来,他们将带来额外活力。因此,(我国的经济发展功能)将从奔腾2提升到奔腾3,进而提升到奔腾4。这是你的最终功能——它将取决于你的奔腾功能。"[1]在李光耀看来,新加坡有如一台电脑,外来人才就是这台电脑里的额外兆字节。如果不以外来人才来填补不足,新加坡就永远无法跻身第一世界的行列。新加坡也像美国的太空梭,应用两支火箭来推动进入太空。李光耀说:"我们有一支新加坡自制的火箭,为了有更大的力量,我们还有另一支用进口零件在新加坡装配的火箭,我们要努力继续拥有这两支火箭。"[2]为了招揽外来人才,新加坡于1980年成立了两个委员会:一个委员会专门负责物色人才,另一个委员会负责协助这些外来人才在新加坡安顿下来。

由于一贯强调引进人才,新加坡人普遍能接受外国人到新加坡开设公司,或者自己到外国人开设的公司工作。不过,当新加坡公司引进外国高级执行员时,新加坡人的不满便开始出现。海皇轮船公司丹麦籍总裁弗莱明·雅各布斯到新加坡后不久,便向时任总理的吴作栋坦白说,新加坡员工对他担任总裁以及有意多引进几名非新加坡人的事情感到不高兴。他说,有一个笑话正流传着。这个笑话说NOL不是Neptune Orient Lines(海皇轮船的英文全名)的缩略,而是"no orientals left"(意即没有剩下东方人)的缩略。吴作栋知道,海皇轮船不仅是一家国家船务公司,也是一家世界船务公司。它是世界第六大集装箱船队的营运者,其竞争对手是世界其他船务公司。掌握这样一家公司,自然需要杰出的人才。面对新加坡人的不满,吴作栋丝毫没有动摇引进外来优秀人才的决心。他这样告诫新加坡民众:"很自然地,如果能够找到适合的人选,我们会希望由新加坡人担任总裁。如果无法找到,海皇轮

---

① 林义明、陈怀亮等:《李资政谈新加坡成功要素》,《联合早报》,2002年2月6日。

② 天下杂志社编:《亚洲的小巨人——新加坡为什么自豪?》,经济与生活出版事业股份有限公司,1985年,第21页。

船就必须从国际选聘最好的人才。这个职位过于重大，不能够只保留给新加坡人。如果海皇轮船没有一个能为公司赚钱的总裁，那个笑话不会再是'no orientals left'，而是'no one left'（意即没有剩下任何人）。"①

为了加强新加坡的本土联系性，稳定住国内的"留水"，时任总理的吴作栋在2002年国庆群众讲话中提出了"守将"与"逃兵"的话题。他说，新加坡保持繁荣的一个关键因素是人民必须对国家有一份深厚的感情，愿意为国家的前途而奋斗。但是，他观察到有一部分新加坡人对国家的前景感到悲观。这些人担心新加坡无法与中国、马来西亚等国竞争，其中一些人还动了移民他国的念头。"这些'晴时同甘、风雨弃舟'的新加坡人，当国家一遇上风雨，必会逃之夭夭。这些人，我称他们为'逃兵'。"②

有关调查显示，当新加坡面对困难时，有75%的新加坡人"打死也不跑"，有25%选择当"逃兵"。值得注意的是，这25%的"逃兵"当中以专业人士、中年人和受高等教育者居多，而那些"打死也不跑"的则以小市民、妇女、学生和年长者居多。③新加坡一家媒体调查公司公布的一项调查结果显示，每十名新加坡人中，便有两人考虑移民。这些表示会移居外国的新加坡人，也以受高等教育的专业人士、经理和行政人员居多。这就是说，那些想离开新加坡的"逃兵"，并不是新加坡的底层民众，而是相对中高层人士。作为在经济上属于第一世界的新加坡的中高层人士，其生活水平一定不会低到饥寒交迫。换句话说，那些想离开新加坡的"逃兵"，不是为了简单的"逃命"或"逃难"，而是在经过冷静的权衡比较之后，选择一种自认为更有利于自己的生活。

从一定程度上说，这些"逃兵"的思维方式也许正是由新加坡政府以工具理性为导向的实用主义治理方式塑造而成。《动态治理——新加坡政府的经验》一书指出："在仔细检视过大多数治理的基础之后，我们发现，决定性的因素就是实用主义。""他们选择在哪里居住，更多考虑的是诸如他们是否能够

---

① 《吴作栋总理国庆群众大会讲话》，《联合早报》，2000年8月20日。

② 陈怀亮：《总理：要做"守将"不当"逃兵"》，《联合早报》，2002年8月18日。

③ 参见昱斌：《无奈"逃兵"不会回头》，《联合早报》，2002年8月23日。

买一所更大的房子,哪里的教育制度压力更小,哪里可以赚更多的钱——都是非常纯粹的实用主义考虑。一些软性的情感因素的问题,如对国家的认同,深切的归属感,亲人和朋友的陪伴,家的概念,看起来并没有得到重视。①这就像一位新加坡人所说的那样:"今日的新加坡,非常重视个人成就,是个物质至上的功利社会,个人生活享受的追求,不再是自私自利的代名词;'人不为己,天诛地灭'几乎已成为每个懂得面对现实的人'奉守'的原则。""富贵与贫穷之间,你有我无的状况下,当危机发生时,谁认为值得'守',谁认为必须'走',都是与切身利益攸关的取舍问题,不是一两句话就能把人给留住的。"②

　　吴作栋以闽南话形容自己这一代人是"打死不走"的一群。吴作栋所倡导的"打死不走"的精神,倒是与工具理性背道而驰。因为,按照工具理性"两利相权取其大,两害相权取其小""有利则行,无利则之"的思维方式,"死"正是无以复加的最大的害,是工具理性最要避开的选择。与"打死不走"的精神完全相反,工具理性的行为方式是"一打就走",其原则是"宁为瓦全,不为玉碎"。实际上,"打死不走"体现的是一种与工具理性截然不同的价值理性。拥有这种价值理性或具有"打死不走"的精神,需要一种超越物质利益的更为深切的文化认同。这种文化认同,正如黑格尔所说的那样:"一提到希腊这个名字,在有教养的欧洲人心中,……自然会引起一种家园之感。"③这种文化认同,也如冯友兰先生写于抗日战争时期的《中国哲学史》序言所说的那样:"值此存亡绝续之交,吾人重思吾先哲之思想,其感觉当如人疾痛时之见父母也。"④

　　有了源远流长的文化、文明作为心理基础的人们,即使身处异乡,也如树高千丈的参天大树,总忘不了自己的根。毕业于新加坡南洋大学并留校工作

① 梁文松、曾玉凤:《动态治理——新加坡政府的经验》,中信出版社,2010年,第125—126页。
② 凌庆荣:《"逃兵"与"守将",孰对孰错?》,《联合早报》,2002年8月23日。
③ [德]黑格尔:《哲学史讲演录》第一卷,贺麟、王太庆译,商务印书馆,1959年,第157页。
④ 冯友兰:《中国哲学史》(上册),中华书局,1961年,第2页。

的郑奋兴教授后来定居北美。在新加坡讨论"守将"与"逃兵"的时候，郑教授也提笔著文，在2002年8月24日的《联合早报》发表了如下文章。文中所说的"打死不走"，固然透露出他对远方故土的依依不舍，也深藏着他对精神家园的一往情深。

"打死不走"的故事

这是一段发生于六十年前的故事。当时我们家前有个小花园，种了许多水果花草。我向邻家的朋友讨了数粒鸡冠花种子，把种子种在花园的一角，每天一早便去看看我种的鸡冠花长大了多少。

有一天清晨，当我要去花园巡察我的小鸡冠花时，发现一只黑色的蜘蛛做了一个大蜘蛛网挡着我的去路。因为从小得到母亲的教训，不可心地残忍，所以不敢把蜘蛛弄死，而只用树枝把蜘蛛赶走，再把蜘蛛网打下，然后大大方方地去巡察我心爱的小鸡冠花。

第二天清晨，当我要去巡察我心爱的小鸡冠花时，发现昨天的黑蜘蛛在同位子上又做了一样大的蜘蛛网，又挡着我的去路。我这时心中真想把这可恶的蜘蛛弄死。然而母亲的教训却不可不听，只好又把蜘蛛赶跑，把蜘蛛网打下。

第三天清晨，历史重演，这只可恶的黑蜘蛛又在同位置上做了一个更大的网，好像在向我挑战，看看谁的斗志强。我真气了，跑进家中拿了一壶热开水，横着心，将开水倾倒在蜘蛛身上，看见蜘蛛被烫后挣扎逃跑时，心中忽然觉得自己好残忍，怎么可以忘了母亲的教训。然而错事已经做了，后悔也无补于事，只好把剩下的蜘蛛网打下。

第四天清晨，我一早便去察看昨天被我烫到半死的黑蜘蛛是否还活着，是否还能做网。一切都很平静，再也看不到黑蜘蛛，也再没有蜘蛛网挡着我的去路。照理我应该高兴才对，然而我心中忽然好难过，我竟然残杀了一条无辜的小生命。蜘蛛做网为了捕食，蜘蛛网也为我们捉蚊子，在乡村生活，最可恶的就是蚊子。

第五天，第六天，黑蜘蛛不再出现。然而第七天清晨，当我再要去看我心爱的鸡冠花时，挡着我去路的竟然又是一个大蜘蛛网，蜘蛛网中央竟然傲居着那只黑蜘蛛。啊，它没有被我烫死，我心中忽然好高兴，几乎要大声喊叫："你没死！你没死！"

是的，这只六十年前被我差点烫死的黑蜘蛛，到今天还未死。它活在我的记忆中，每想起它，我要向它致敬。

多少时候，自称具有百折不挠精神的人们，受了几次波折，就已灰心失志，再也振作不起来，哪像这只黑蜘蛛这么一言不发，不负生命所托，依旧做它的网，傲然地，默默地执行它的使命。

二、东体与西用并立：学习西方又以身为亚洲人为荣

中国近代有"中体西用"之说。它是"中学为体，西学为用"的节缩语，也是中国近代洋务派的基本主张。该观点以传统的"器变道不变"为依据，主张以中华文化即"纲常名教"为根本，吸收西方科学技术和具体文化措施以为用。改良派冯桂芬在《校邠庐抗议》中提出了"以中国之伦常名教为根本，辅之以诸国富强之术"的观点。王韬则说："形而上者中国也，以道胜；形而下者西人也，以器胜"，"器者取诸西国，道则备当自躬。盖万世不变者，孔子之道也"。[1]薛福成也说："今诚取西人器用之学，以卫吾尧舜禹汤文武周孔之道。"[2]郑观应认为："道为本，器为末；器可变，道不可变，庶知所变者，富强之权术而非孔孟之常经也。""中学其本也，西学其末也；主以中学，辅以西学。"[3]张之洞在《劝学篇》中进一步指出："中学为内学，西学为外学；中学治身心，西学应世事。"[4]面对西方强大的文明，中国近代改良派并没有抛弃自己的传统，而是在有选择地吸收西方的"富强之术"和"器用之学"的同时，坚守"中国之伦常名教""尧舜禹汤文武周孔之道"及"孔孟之常经"。就地位而

[1]《弢园文录外编》卷十一。
[2]《筹洋刍议·变法》。
[3]《盛世危言·西学》。
[4]《劝学篇·会通》。

言,西学为"器""用""末""辅"和"外学",中学则为"道""体""本""主"和"内学";就作用而言,西学是"应世事",中学则是"治身心"。

借用中国近代"中体西用"的说法并加以变通,李光耀融汇东西方治国理政之道,一定意义上可以称为"东体西用"。这里以东方之学为体,有助于加强本土联系性;以西方之学为用,有利于增进全球竞争力。新加坡曾是英国的殖民地,现在又以英语作为民众沟通的第一语言。其国民在自己的身份认同上也就容易出现西化倾向。要让新加坡人增进自己作为新加坡人的本土意识,首先要确立新加坡人作为亚洲人的本土意识。早在1959年8月16日,作为新加坡自治邦总理的李光耀就在记者联合会上进行了题为《受英文教育者及其前途》的演讲。他在演讲中将"受英文教育者"和"讲英语人士"加以区别。所谓"受英文教育者",是指"那些曾经在马来亚的政府英文学校或教会学校受教育的人。他们不仅能说英语,而且因为受过本邦英校教育而具有某些特性"。这些特性包括"他们不再视本身为华、巫或印度人",被灌输了"一种完全属于英人式的理想和价值观","他们丧失了自有的文化、理想和价值观,……使到他们丧失了一些自信心"。因此"我们未来所要拟定的一种教育制度,将使到出身于我们所有学校的人,都能具有共同的理想和价值观"。李光耀指出:"这是亚洲人民的历史过程。他们先是受西方教育,不想做亚洲人。后来则改变为亚洲人学习西方的语文、技术和理科,但他们仍然视本身为亚洲人,同时以身为亚洲人为荣。这就是我向各位所建议的未来之道。"①

从李光耀祖父到李光耀的取名观上的变化,形象地表现了亚洲人民从"不想做亚洲人"到"仍然视本身为亚洲人,同时以身为亚洲人为荣"的心路历程。李光耀的祖父李云龙出于对英国人的仰慕,给取名光耀的长孙多加了个洋名Harry(哈里)。光耀姓李,于是其全名就变成Harry Lee Kuan Yew(哈里李光耀)。但是,成年之后的李光耀却对这个洋名不以为然。由于李光耀出生证中所列的英文名字是Harry Lee Kuan Yew,他无法让中殿法学协

---

① 李光耀:《李光耀40年政论选》,现代出版社,1996年,第365页。

会或剑桥大学把自己注册名字中的 Harry 去掉,所以在李光耀的剑桥大学文凭和律师证书中,其英文名字是 Harry Kuan Yew Lee。1950年,李光耀在新加坡取得律师资格时,决定只用自己华文姓名的拼音,并把姓氏移到名字前面,改成 Lee Kuan Yew。这一次,他成功了。从此,Lee Kuan Yew 便成为李光耀在公开场合所用名字。它代表李光耀的主张,也是他把自己看成是一个左翼民族主义分子的标志。此后,报纸报道李光耀出庭的新闻时,都称呼他为 Lee Kuan Yew。不过,即便到了这个时候,李光耀的太太和他的一班知心朋友,依然叫他 Harry。20世纪50年代,李光耀开始涉及政治时,偶尔看到报上称呼他 Harry Lee,总是有点生气。这种称呼在政治上可能产生负面影响。不过,到20世纪60年代中期,李光耀经过政治的磨炼屹立不倒后,便克服了不舒服的感觉。他说:"其实这个名字并不反映我的为人和价值观,它也不是我自己取的。我始终没给自己的孩子取洋名,我的孩子也没给他们的孩子取洋名。"①

李光耀之所以要去掉姓名中的英文 Harry,可能有表明自己倾向左翼的考虑,更有将自己认同为民族主义者的考量。李光耀归纳的亚洲人的心路历程正如图3-11所示:起初,面对西方文化的冲击,弱势的亚洲人往往通过西化来实现现代化;后来,当亚洲国家政治上获得独立,特别是后来经济上获得腾飞之后,就会对西方文明独霸地位产生质疑,进而寻根亚洲传统文明,以寻找自己作为亚洲人的尊严。这时候,他们仍然要现代化,所以也需要继续学习西方文化中有利于亚洲现代化的东西,如"学习西方的语文、技术和理科";但是他们不要西化。李光耀说:"人们并不乐意接受'西化'这个概念。""如果说'现代化'那倒是可以,这表示他们已承认科技的必要性,也接受随之而来的生活方式的转变。"②所以,对那些仅仅属于西方却并非一定属于现代的属性,就不必完全照搬。于是,他们"仍然视本身为亚洲人,同时以身为亚洲人为荣"。

---

① 李光耀:《李光耀回忆录(1965—2000)》,新加坡《联合早报》,2000年,第161页。
② [美]约翰·奈比斯特:《亚洲大趋势》,外文出版社、经济日报出版社、上海远东出版社,1996年,第48页。

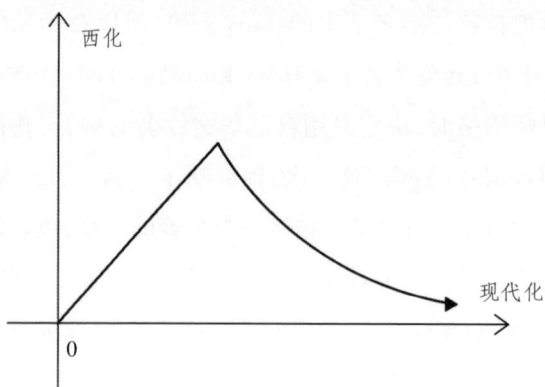

图3-11　李光耀归纳的亚洲人心路历程

　　李光耀所说的"亚洲人"的心路历程,大致相当于美国政治学家亨廷顿描述的非西方国家现代化进程的四种模式中的"改良主义"模式。亨廷顿首先把文化区分为两部分:一是工具文化,包括科学技术、经济体制、政治制度等;二是终极文化,它与一个文明的基本价值相联系。这些基本价值凝聚在那些伟大的宗教之中。在此基础之上,亨廷顿又把非西方国家的现代化区分为两个过程:一是工具文化的现代化,一是终极文化的现代化。最后,亨廷顿描述了非西方国家现代化进程的如下四种模式:

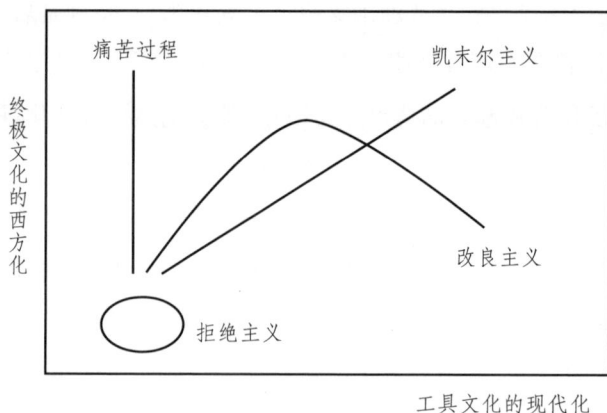

图3-12　亨廷顿描述的非西方国家现代化进程的四种模式

　　一是"拒绝主义"。选择这一模式的国家是在原地踏步。它们既不要工具层面的现代化,也不要价值层面的现代化,只是在圈内打转。美洲的印第安人就是选择了这种模式。二是"痛苦过程"。选择这一模式的民族在工具文化的现代化方面没有取得任何成就,但其终极文化却彻底西方化了。亨廷顿认为这是最不幸的一群。三是"凯末尔主义"。这一模式的特征是全盘西化。工具文化现代化,终极文化也西方化。四是"改良主义"。选择这种模式的国家,其工具文化的现代化非常成功,其终极文化的西方化则经历了一个倒U形曲线。起初,伴随着工具文化的现代化,其终极文化也迅速西方化。但是,随着工具文化现代化的成功,其科技、经济、政治、军事等获得飞速发展。这时候,西方化的进程出现逆转,本土文化开始回归,并出现拒绝、排斥西方价值的倾向。据说,西方人最欢迎全盘西化的"凯末尔主义",并号召第三世界国家实行这一模式。

读得懂华文,说得了华语,能够使人产生自信。反之,那些不懂华语华文的新加坡华人在国外受窘或被人嘲笑之后,往往感到自卑。李光耀年轻时候到英国伦敦求学时,通过电话向英国人租用房子。英国人听到李光耀流利的英语之后,在电话中往往一口答应。但是,在见到黄皮肤、黑头发的李光耀本人后,又往往改变主意,拒绝出租。这给李光耀很大的心理刺激。李光耀想,自己将对方视为英国人,也是平等的人;但对方却将他视为殖民地人,劣等的人。为此,李光耀感到过自卑。李光耀本是"受英文教育者",在留学英伦之初的他基本上不会讲华语。回想这段经历,李光耀说,没有五千年文明做后盾,就会缺乏自信。①

为了不让自己的子女重新陷入"那种感到不足和失落的心境",李光耀让他们从小读华校,学华语,从而增强了他们坚持传统、抵制"西风"的能力。1971年,李光耀的大儿子李显龙赴英国读书。当时,英国的嬉皮士运动风行一时,大学的学生都长发披肩。在每个人都长发披肩的一所大学里要剪短头发,是需要极大毅力的。李光耀并没有向儿子谈过是否应该留长发。他只是等着看事情会怎样发生。等了半年、一年,李显龙寄回了自己外出读书时的照片。照片中的李显龙仍然留着短头发。李光耀认为这很不平常,因为在全

---

① 参见李光耀:《李光耀40年政论选》,现代出版社,1996年,第390页。

大学一万个学生当中,可能仅有他是短头发。五年后,李显龙的弟弟也去英国读书,一年后寄回照片,也是短头发。李光耀认为,儿子能有这种表现,是因为他们持有一整套价值观念体系:"我就是我。我是来学你们的科学、你们的工艺,以及你们怎样突破工业生产而进入工艺时代。我并不是为了要留长头发,穿肮脏的牛仔裤,赤着脚走路,穿那些印有古古怪怪的口号的汗衫而来。这些东西跟你们在太空上的成就毫无关联。"①

当然,这"并不是说,掌握了一种语言,你就自然地吸收了它的价值观念","但大体上会有帮助"。李光耀认为,华语、华文的"心理价值是可以一再强调的。家长们希望孩子出人头地。他们也要孩子保存忠、孝、仁、爱的华族传统美德。通过华语,他们的孩子可以在感情上把自己看成是一个古老文明的一部分。这种文明源远流长,因为它建立在一种久经磨炼和考验的价值观念制度的基础上"②。当然,李光耀对于作为"根"的中华文化的认识,有一个由浅显到深入、由陌生到亲切、由自发到自觉的过程。也许正因为如此,一位新加坡的"受华文教育者"才会将李光耀形容为"政治上的先知,文化上的后觉"。

新加坡政府推行双语教育,即在让国民以英语作为第一语言的同时,也以自己的母语作为第二语言。应该承认,新加坡人在学习母语甚至新加坡政府在号召国民学好母语的时候,常常带有功利色彩。例如,为了搭上并搭好中国经济发展的顺风车,新加坡华人有必要学习华语。有这种想法无可厚非,但仅仅停留在这种想法之上,就很难真正掌握母语,也难以在文化上把"根"留住。母语是自己的根。以什么态度看待自己的根,会产生不同结果。

与马来西亚华人以想抓住自己的根的渴望对待华文、华语不同,许多新加坡人更多抱持实用主义的态度——即为在世界的经济竞争中赚钱而去掌握英语和华语。为了改进上述状况,有必要重温李显龙总理的如下观点。他曾说,华人学习华语,天经地义。可以这样理解,将华人学习华语视为了搭

① 李光耀:《李光耀40年政论选》,现代出版社,1996年,第390页。
② 同上,第420页。

上、搭好中国经济发展的顺风车，是"有所为而为"，是把学习母语作为手段，将经济发展视为目的。这种工具理性的学习态度，就容易漠视"两个黄鹂鸣翠柳，一行白鹭上青天"的诗情画意，容易忽略"夜来风雨声，花落知多少"的愁思忧怀，也难以理解"只在此山中，云深不知处"的空灵淡泊。而不够了解、不能欣赏这种诗情画意、愁思忧怀和淡泊空灵，就不能认为懂得了一丁半点的中华文化，也就收获不到中华文化中的那种"朝闻道，夕死可矣"的价值理性精神。相反，说华人学习华语，天经地义，是"无所为而为"，即学习华语本身就是目的，而不是为了达到其他目的的手段。只有用"无所为而为"的态度对待母语，才能真正抱住自己的根。

三、"大树"与"小草"共生：适当修剪国家机构的大榕树

为了说明小国生存的困难，曾先后担任过新加坡贸易与工业部部长、外交部部长的杨荣文于1991年引述过如下比喻：假如拔掉威士忌酒瓶的瓶塞，将那瓶威士忌扔到游泳池，一定时间之后，瓶内的酒就会与瓶外的水混合，酒瓶内外的成分终将毫无差异，酒瓶内的东西也会失去自身的价值。同样，小国要想生存，就要保持与众不同。杨荣文接着说，新加坡的经济基础是贸易，与全世界保持千丝万缕的联系。每年有超过一百万新加坡人出国，超过五百万外国人降落在樟宜机场，还有数百万人经由新柔长堤来到新加坡。新加坡社会是完全袒露、开放的。在新加坡，可以看到来自全世界的电视、电影、书籍和杂志；新加坡的金融与其他机构通过网络与纽约、伦敦、苏黎世和东京建立联系。换言之，新加坡便是那瓶塞子完全拔出并投入到游泳池的威士忌。于是，要保持这瓶品牌为新加坡的威士忌瓶中成分的浓度，就要在瓶中建起酿酒厂。这样，瓶内的威士忌一边渗出瓶外，瓶中的酿酒厂又一边在生产新的威士忌。这些酿酒厂就是社会上各种传递文化和价值观的组织制度，包括家庭、学校、庙宇、清真寺、教堂、国民服役、国会、法定机构、企业、咖啡店、宗乡会馆、博物馆、本地大众媒体等。这些组织制度，会时时刻刻分泌出维系新加坡成分特质的精华素。这些组织制

度,就是能够变酒店为家园的新加坡灵魂。①

杨荣文将作为灵魂的新加坡元素区分为国家和公民生活两部分。首先,就国家层面而言,新加坡已建立起服务世界的公务员体制、国民服役制度、中央公积金、保健储蓄计划、建屋局、双语教育、多种族集选区、全国职工总会等制度和机构。上述制度是为应对20世纪六七十年代的严重问题而设立的新加坡独有制度。作为国家层面的制度的构建几近完成,也基本融入新加坡灵魂。其次,就公民生活而言,新加坡灵魂还在发育。新加坡国家强盛,家庭稳定,但介于国和家之间的社会生活层面的公民组织却依然薄弱。没有强大的公民组织,就无法塑造完整的新加坡灵魂。如果说,建设一个强盛的国家是上一个阶段的任务,那么构造一个强大的公民组织必须成为下一个阶段的使命。只有舒适的酒店或有序的国家还不足够,因为管理完善的酒店并非无从寻觅;只有稳固的家庭也不足够,家庭可以从一个酒店搬到另一个酒店,家庭仍旧完整。新加坡最为需要的是"介乎两者之间",即"需要那些视酒店的建造与运营为己任的家庭和个人。他们能把酒店变为家园"。②

因此,新加坡需要各类公民组织,把新加坡人,包括个人和家庭,牢牢地与国家联系起来。杨荣文指出,这并不是说国人对国家的直接感情不重要。但是,人类情感升华到抽象的国家层面相当罕见,往往只有到了危难时刻才会显现。即使在战争年代,士兵对战友以及所在的班、排、连的感情,也比对所在的旅或师的感情更深厚。人很需要成为小团体、小队伍中的一员,因为小群体的成员关系更为亲近和直接。公民团体让处于大群体中的个人和家庭有归宿感和参与感。③

杨荣文举哈佛大学为例说:"学校太庞大、太冰冷,学生和校友对哈佛大学的忠诚并非直接针对大学本身,而是假道大学下属的哈佛学院、法学院、肯尼迪政府学院和商学院等院系。"杨荣文毕业于哈佛大学商学院。他说:"我

---

① 参见李慧玲、阿莎拉迪夫主编:《榕树下的沉思——杨荣文言论集》,八方文化创作室,2015年,第54—55页。

② 同上,第65页。

③ 同上,第66页。

敢保证,对哈佛商学院,我至死不忘。"哈佛商学院每届毕业生约七八百人。其中,九十人组成一个毕业团组。离校前,每个毕业团组都要指定一位团组秘书和筹款秘书。毕业班简报定期编撰,校友状态定期更新,并通过校友录每隔三个月发送一次。这样,从毕业到离世,校友的情况都有迹可循,偶尔翻看毕业简报也成为一件有趣的事情:应届毕业生谈的是工作、结婚、生子,往届毕业生谈的是事业、班级聚会、子女结婚、健康问题。年龄大了,校友相继去世,毕业班的简报也就越来越短。此举的目的,就是要维持一个强大的社会网络,同时也为学院筹集资金。毕业生们会不时收到捐款提醒;毕业生列表中的同学每年也会收到一份列举了捐款者姓名及捐款数额的报告。同为哈佛大学毕业的法学院同学许通美教授说,他所在的法学院毕业班在第二十五次聚会时为法学院筹款数额达到100万美元。①

与新加坡一贯以来着力打造"强政府"的思路有所不同,杨荣文主张政府必须适当退出,以便为基层活动留出更大空间,让公民组织更好成长。他认为,如果政府大包大揽,插手干涉群体生活的方方面面,结果必定不堪,所有人都会沦为酒店的住客,而非家园的主人。新加坡在独立建国之后的最初一些年头,创建有力的国家机构是头等大事。为了尽快满足人民的基本需求,新加坡建立了教育、医疗、住房等国家制度。正是得益于这些统一实施的项目,新加坡才得以在国家发展的第一阶段取得令人瞩目的成就。杨荣文把新加坡政府比喻为根深叶茂的大榕树。它的确可以为民众遮风挡雨,却也遮挡住了阳光,从而导致榕树底下寸草不生。其具体表现是,国家机构无处不在,公民组织难以繁荣。杨荣文引述他的香港朋友的话说,新加坡政府照顾人民无微不至,反而导致人民变得更为软弱。因此,现在的任务是要修剪国家机构这棵大榕树的枝叶,以便腾出空间,让其公民组织的花花草草茁壮成长。②

当国家减少干预,民众自己就必须多做,新加坡人民就需要积极主动,

① 参见李慧玲、阿莎拉迪夫主编:《榕树下的沉思——杨荣文言论集》,八方文化创作室,2015年,第67页。

② 同上,第69页。

四方奔走，募捐钱款，并因此饱尝行事低效之苦。杨荣文指出，公民组织的内部政治非常琐碎繁杂。但是，因为大家为了事业之果都献出了心力，所以一旦完成任务，心头升起的满足感是美好甘甜的。当然，集权与放权之间应该保持适度平衡。为榕树修枝剪叶是必要的，但不可以将榕树连根拔起。"新加坡始终需要一个强大的中心，以迅速应对时刻变化的竞争环境。新加坡需要多元性，但不可过量。否则过犹不及。换言之，修剪时要小心翼翼。"①概而言之，新加坡如果不满足于仅是游客暂住的酒店，而要成为国民安居的家园，就必须为国家注入灵魂。而要孕育灵魂，就需要活跃的公民组织。因此，政府必须适当后撤，才能扩大公众参与的空间。"当属于一个个小群体的新加坡人，为自己和同胞建设更美好的生活而努力时，把酒店变成家园的情感和传统便会自然产生。如此一来，他们是否身居国内或国外，便不再那么重要。如此一来，在下个世纪，在环太平洋地区的卓越邦国中，我们必能拥有一席之地。"②

---

① 李慧玲、阿莎拉迪夫主编：《榕树下的沉思——杨荣文言论集》，八方文化创作室，2015年，第69—70页。

② 同上，第71—72页。

第五节　可Ａ可Ｂ:"包容政治—果断政府"

在"包容政治—果断政府"这两个对立的概念中,"包容政治"要求能容,特性为阴(柔)。它意味着对民众向往更多民主、自由、开放、制衡的思想和行为给予更多理解和空间,政府要采取更开放的方式治理国家,让国会听到更多反对的声音,让民众发出更多不同的声音。但是,没有原则地无所不容,又可能陷入一味讨好民众的民粹主义。"果断政府"要求敢断,特性为阳(刚)。一方面,它要求政府择善固执,敢于做对的事,而不是做那些虽能讨好民众却不利于人民长远利益或国家整体利益的事。另一方面,它要求政府当断则断。政府制定政策须更多征询民意,但不是每个决策都能有充裕的时间去等待征询民意。以处理金融风暴的危机为例,即便无法掌握完整信息,政府也必须快速果断地采取行动。但是,不加分析地盲目决定,又难免陷入武断专断。

面对上述矛盾,李显龙在2012年11月举行的人民行动党研讨会上指出,人民行动党的角色除了领导国家与人民,也要向国人说明所实施的政策,即不仅要让民众知道"政策是什么"(What),还要让他们知道"政策为什么"(Why),才能在大选中胜出。他同意有人提出的人民行动党需要与人民"心连心,手牵手,一起走"的形象说法,并以此方向为下一次大选做准备。①但是,他也认为,人民行动党不该只反映民众的诉求,而应承担引导并形塑民意取向的责任。李显龙说:"我们有理想、有想法、有政策也有建议;引导人民之

---

① 参见苏世鹏:《李总理:行动党要继续成为果断政府,须与国人心连心手牵手一起走》,《联合晚报》,2012年11月24日。

间的讨论，从而说服人们从我们的视角看待事物，并以具建设性的眼光，合理地看待个人和新加坡的情况，是我们的责任。""如果我们只是'好好先生'，一味附和别人的意见，我想我们将是失败的领导人。"[1]这里，执政党要与民众"心连心，手牵手，一起走"，强调的是"包容政治"，即在政治上要包容；不能"只做'好好先生'"，要求的是"果断政府"，即在行政时要果断。

综观李显龙的上述观点，可以理解为当包容时（处）则包容，当果断时（处）则果断。上述观点与四象图平面直角坐标系蕴含的第五种寓意相吻合：总体而言，阴阳平衡，不可偏废，但在特殊的时空，如第一、第三象限，前者纯阳，后者纯阴，也就是当阳则阳，当阴则阴。上述寓意与儒家适时而中的思想具有相通之处。孔子倡导中庸之道，但认为"君子之中庸也，君子而时中"[2]。这就是说，君子之中，并非一定就在与两端等距离的中心点，也不是老在一个点，而是根据时势的变迁有所变化，有所偏执。孟子称赞孔子是"圣之时者也"[3]，即孔子是圣人之中最识时务也即最能适时（势）而中的人。他说，孔子"可以仕则仕，可以止则止，可以久则久，可以速则速"[4]，即孔子当做官就做官，当辞官就辞官，当任职长一些就任职长一些，当赶快辞职就赶快辞职。从"可以仕则仕，可以止则止"等观念出发，我们可以将适时（势）而中概括为"可以 A 则 A，可以 B 则 B"，简称"可 A 可 B"。一方面，"可 A 可 B"可以理解为空间意义的"当 A 处则 A，当 B 处则 B"。古人云："治君子一个耻字，治小人一个痛字。"其治理之道就是"当 A 处（治君子）则 A（一个耻字），当 B 处（治小人）则 B（一个痛字）"。另一方面，"可 A 可 B"可以理解为时间意义的"当 A 时则 A，当 B 时则 B"。古人云："乱世用重典，盛世用轻典。"其治理之道就是"当 A 时（乱世）则 A（用重典），当 B 时（盛世）则 B（用轻典）"。

协调处理"包容政治—果断政府"的矛盾关系，可以运用可 A 可 B 的思维

---

① 何惜薇：《李总理：不该只反映民众诉求，执政党应负责引导民意取向》，《联合早报》，2012 年 11 月 25 日。

②《礼记·中庸》。

③《孟子·万章下》。

④《孟子·公孙丑上》。

方式,当容时(处)则容,当断时(处)则断。这里,政治与政府是两个并列的概念,包容与果断是两种对立的状态。包容政治与果断政府这两个现成的词组,恰好道出了包容与果断分别应有的时空定位:包容应当定位在政治运作之时(处),即当A时(处)则A;果断应当定位在政府行政之时(处),即当B时(处)则B。上述时空定位可以从法国思想家孟德斯鸠的如下论述中获得启示:"行政贵乎迅速,与其托付于多数人,不如托付于一人;立法要深思熟虑,与其托付于一人,不如托付于多数人。"换句话说,立法等政治事务追求民主,要求深思熟虑,应当托付给多数人或民众,比较适合委员制,从而也更强调包容。行政等政府工作追求效率,要求行动迅速,应当托付给一人,比较适合首长制,从而也更强调果断。进一步说,政治事务包括自下而上的选举,需要由民作主,敬民如天,当然强调包容;行政事务多为自上而下的指挥,需要为民作主,爱民如子,当然强调果断。

一、"当容时(处)则容":政治运作要包容

政治(运作)需要包容,可以从新加坡2006年大选期间的戈麦斯事件和2011年大选期间的肯尼斯事件得到正反两方面启示。戈麦斯事件是指工人党第二助理秘书长戈麦斯在2006年提名参加竞选之前,因未获得少数族群身份鉴定证书,从而指责选举局职员没有处理他的申请所引发的风波。人民行动党对此事件的处理方式表现为"得理不饶人"地穷追猛打,一定程度上影响了该党在大选中的得票率。肯尼斯事件是指2011年大选期间,革新党秘书长肯尼斯错误地指称李显龙总理在其父亲惹耶勒南去世时发来的唁文说,惹耶勒南想方设法摧毁人民行动党及政府,因此"必须被消灭"。李显龙对此事的处理方式颇为理性,很有分寸;对方的回应也是知错认错,有错就改。最后,此事件波澜不惊,水波不兴,政党间的互动表现为具有君子之风的良性循环。

(一)戈麦斯事件

戈麦斯是新加坡印度族人,从大学时代就开始涉足政治活动,组织过不

少政治讲座和研讨会。他曾创办一个超越政党的论政团体"思考中心"，也被《亚洲周刊》选为亚洲地区最有影响力的传播者之一。2001年，戈麦斯加入工人党，并在当年举行的大选中与党内成员计划角逐阿裕尼集选区议席，但因没有在提名表格上填妥所要竞选的集选区而无法成为候选人。2006年大选，时年41岁的戈麦斯再次成为工人党候选人。①

1. 戈麦斯声东击西

新加坡2006年的大选确定在4月27日提名，经过9天竞选之后，于5月6日投票。但是，就在提名前夕的4月26日，工人党传出消息：该党第二助理秘书长戈麦斯仍未获得少数族群身份鉴定证书。根据新加坡有关规定，参选集选区的团队中必须至少有一个包括马来族、印度族或亚欧裔人在内的少数种族候选人。当时，纳丹总统已指定阿裕尼等九个集选区为至少须有一名马来族候选人的集选区，宏茂桥等五个集选区则必须至少有一名是印度族或其他少数种族的候选人。人们认为，作为印度族人的戈麦斯将参选宏茂桥集选区。参选宏茂桥集选区的工人党团队还有另一位名叫哥巴·克里斯南候选人也是印度族。因此，只要哥巴·克里斯南获得少数族群身份鉴定证书，即使戈麦斯未能获得少数族群身份鉴定证书，工人党的这一组集选区竞选队伍也可以参加竞选。据悉，戈麦斯是在4月24日（星期一）向委员会提出申请。不过，他透露，截至提名日前夕的26日，他还没收到少数族群身份鉴定证书。而选举局则表示，它并没有戈麦斯提出申请的记录。②

出乎意料的是，在提名日（4月27日）到来之际，戈麦斯没有加入工人党角逐宏茂桥集选区议席的团队，而是加入了该党角逐阿裕尼集选区议席的团队。该团队已有一位马来族候选人。按照纳丹总统当时的指定，参选阿裕尼集选区的竞选团队至少须有一名马来族候选人，而不是印度族候选人，因此，作为印度族人的戈麦斯，即便未获少数族群身份鉴定证书，也不会影响戈麦斯和工人党团队角逐阿裕尼集选区议席。工人党秘书长刘程强在27日表

① 参见《工人党介绍最后一批候选人》，《联合早报》，2006年4月26日。
② 参见《提名日前夕戈麦斯未获少数种族身份鉴定》，《联合早报》，2006年4月27日。

示，工人党其实并没有赢得宏茂桥集选区议席的打算，派队伍到该区的主要目的是为选民提供选择，并且考验李显龙总理首次以总理身份领导的团队。他也指出，工人党曾打算让戈麦斯出战宏茂桥集选区的说法只是坊间的传言。①

2.选举局澄清真相

提名日（4月27日）当天，选举局召开记者会，就工人党第二助理秘书长戈麦斯在提名日前仍未收到少数族群身份鉴定证书一事做出澄清。当局说明，戈麦斯拿不到少数族群身份鉴定证书，是因为他没有提交申请表格，与选举局无关。原来，该局自2003年4月基于保安理由便装置闭路电视。当局是从查看闭路电视录像后得出上述结论的，并向公众叙述了戈麦斯申请有关证书的来龙去脉。

选举局于27日召开的上述记者会，并没有得到戈麦斯的即时回应。28日，选举局进一步公开了戈麦斯到选举局索取少数族群身份鉴定证书申请表格的闭路电视录像，以及该局人员向他查证时的电话录音，来证明该局是以一贯的作业方式来处理戈麦斯的申请，也让公众知道整个事件的真相。由于戈麦斯自提名日前夕以来就此事回答记者询问时，都不愿谈论他之前为何会指责选举局没处理他的申请，而且还轻描淡写地将这起事件形容为个人的"选举行政事务"，不愿再透过媒体置评。选举局因此发表文告说，这并非戈麦斯的"选举行政事务"。如今，戈麦斯对这起事件置之不理，只会使公众质疑选举局对处理他的申请是否有偏颇。②

根据闭路电视录像和电话录音，事情的经过大体如下：4月24日（星期一），戈麦斯向选举局柜台人员陈志荣索取少数族群身份鉴定证书的申请表格。对方把表格交给他后，他直接在柜台处填写。过后，他把表格放进他的手提包里，离开柜台去接受记者采访。后来，戈麦斯再次回到柜台，但并没有把表格拿出来。最后，他与工人党主席林瑞莲离开选举局。4月26日（星期

---

① 参见《刘程强》，《联合早报》，2006年4月28日。
② 参见《就少数族群身份鉴定证书选举局公布录像和录音，指戈麦斯未提交申请表》，《联合早报》，2006年4月29日。

三)上午9时30分,戈麦斯回到选举局,向陈志荣询问他申请少数族群身份鉴定的结果。陈志荣和同事黄再伟、陈媚音查找后向他表示并没有接到他的申请。但是,戈麦斯坚称,他在星期一当场填了表格交给陈志荣,要求他们再次检查,并警告陈志荣必须面对的"后果"。他后来把手机号码留下,要求选举局在午餐时间之前通过手机给他一个说法。当天下午1时,陈媚音拨电给戈麦斯,要求他复述事情经过。为免发生误会,选举局按常规将两人的对话录下来。戈麦斯在电话中的说法是:星期一他在选举局柜台索取一份少数族群身份鉴定证书的申请表格。有关职员问他是哪个种族,他回答印度族。对方于是给了他一份表格,他便在电视摄像机面前填写(选举局注:刚巧当时有一组摄影队在选举局进行拍摄工作)。填毕,他交给那名职员便坐在一旁。对方看后说了一句"两份都可以"(选举局注:两份指少数族群身份鉴定证书申请表格和一套政治捐款证书)。戈麦斯也说:"我在同志的陪同下呈交表格。我的同志一直和我在一起,我向她查证过,她也证实表格已经交了,而且(选举局)已经收下了。"在戈麦斯陈述了他的说词后,陈媚音便把选举局闭路电视所录到的情形告诉他。陈媚音说:"你填了(少数族群身份鉴定证书申请表格)后,你其实把它收进你的手提包里,然后离开接受采访。当你回到柜台处时,你再也没有把它拿出来。之后,你和另一名女士便离开了。"戈麦斯听完陈媚音叙述后,立即回说:"原来如此,我非常高兴听到你的说法。我会回去检查我的手提包,因为我现在在外头,正在处理一些行政事务。如果有任何进一步消息或我需要一些资料,我会联络你。"不过,选举局说,戈麦斯过后不再联络该局,也没向该局证实他已在他的手提包里找到那份申请表格,或是证实他的女同事是否仍坚持他已交上表格而且获得当局接收了。①

3. 工人党的道歉和辩解

戈麦斯声称他已提交少数族群身份鉴定证书申请表格却领不到证书,被执政的人民行动党及其政府认为是个很严重的指责。当选举局分别在27

---

① 参见《就少数族群身份鉴定证书选举局公布录像和录音,指戈麦斯未提交申请表》,《联合早报》,2006年4月29日。

日、28日向世人告知实情之后,戈麦斯和工人党全体领导层一直保持缄默。有鉴于此,副总理兼内政部部长黄根成于29日下午在人民行动党总部以人民行动党第一助理秘书长身份受访时指出,由于工人党主席林瑞莲也在24日陪同戈麦斯到选举局提交少数族群身份鉴定证书申请表格,因此也应该在戈麦斯公开作出指责之后,站出来澄清真相。他说,戈麦斯在同选举局官员的电话对谈记录中说:"我与我的同志一起提交了申请表格,所以我的同志一直都跟我在一起。我已向她查证,而她也确定申请表格已提交,并且被接受了。"对此,黄根成问道:"林瑞莲是否会公开解释她在这起事件中的角色? 如果戈麦斯没有清楚交代事情的经过,或继续躲避这个问题,工人党是否会向民众道歉,并且要求他退出竞选?"黄根成指出,工人党既然要成为第一世界的反对党,就应该针对这些重要的问题,向国人做出解释。此前,李显龙总理也于29日中午在沿户走访途中接受记者访问时说:"我给刘程强(工人党秘书长)的忠告是,他也应该非常严肃地去看待它、去处理它。不要掉以轻心,也不要随随便便说这是小事情,然后不了了之。"他指出:"最好的方法是把一切都摊开来谈,告诉新加坡人发生了什么事。"①

　　29日晚间,工人党在义顺环路举行竞选群众大会。戈麦斯在这次大会上首次公开承认自己没在24日向选举局提交少数族群身份鉴定证书申请表格。不过,他声称,这是"因为选举提名前繁忙的日程让他分了心,因此做出道歉"。戈麦斯也对选举局以及其职员因这起事件而受到困扰致歉。戈麦斯做出上述讲话时,工人党秘书长刘程强就站在他身边。刘程强以华语对在场的群众说:"当戈麦斯和选举局之间发生不愉快事件后,我向戈麦斯了解事情的来龙去脉。我认为这只是人民行动党小题大做。"他说:"当然,我负责,没问题。我问过戈麦斯事情的来龙去脉。这个事情的发生,只不过是忙中有错的无心之过。因为大选一来,大家都很忙。如果人民行动党以为用重炮手来压我,而我就回避这个问题的话,他们的判断是错的。"群众大会结束后,刘程强接受《海峡时报星期刊》记者访问时仍然坚持认为这起事件是"无心之过",

①《黄根成:戈麦斯的指责严重,工人党应澄清真相》,《联合早报》,2006年4月30日。

戈麦斯的诚信并没有受到质疑。①30日上午，刘程强在走访选民时回答了记者提出的为何戈麦斯迟至29日晚才做出道歉的问题。刘程强说："什么时候做出回应和要怎么回应由我们决定，什么时候(做出回应)并不是一门特别的艺术。有如人民行动党决定举行大选后，却每晚都下雨。"他也说，访问居民的过程中，不曾感受到居民因表格事件而对工人党产生不满。他说："(事情)是不是就此尘埃落定呢？我想你最好还是问行动党吧。挑起事件的、把事情做大的是人民行动党，不是我们。"②

4. 人民行动党步步紧逼

30日晚间，人民行动党同在义顺环路举行竞选群众大会。黄根成在会上指出，刘程强的声明和戈麦斯所做的道歉只会引来更多的疑问。他认为，戈麦斯前晚道歉声明是以精确的法律语言念出来的。"如果戈麦斯没有东西要隐瞒，为何需要律师替他起草声明？"他指出，戈麦斯承认他并没在24日提交少数族群身份鉴定证书申请表格。现在的问题是，他是否真的有意在24日提交申请表格，还是因为太多事情分心而遗漏这件事？他是否说到了26日，他还是确信自己已在24日提交了申请表格，而他是有意要向选举局领取少数族群身份鉴定证书？针对戈麦斯说自己是因为繁忙让他"分了心"的说法，黄根成步步紧逼地发问说："当他在上星期三(26日)抽空前去选举局领取他的少数族群身份鉴定证书的时候，是否还是被繁忙的事务所分心？在那里，他不但要求选举局职员再次查找，也警告这名职员要注意处理不当的后果。""当选举局打电话给戈麦斯，要他到选举局澄清事情发生的经过时，戈麦斯是否还是分心，以及还要领取少数族群身份鉴定证书，因此还没发现他未曾提交申请表格？"他认为，这虽是简单直接但却很重要的问题，新加坡人必须知道答案。与此同时，林瑞莲也必须针对此事把她所知道的部分说出来，而不是保持缄默。黄根成指出，刘程强既然表示所有的工人党候选人都必须通过信誉、能力和品格的严格要求，现在就不能说戈麦斯事件是行政上的问

---

① 参见《黄根成促工人党领袖交代戈麦斯事件真相》，《联合早报》，2006年5月1日。
②《刘程强：戈麦斯的道歉是诚恳的》，《联合早报》，2006年5月1日。

题,"无关候选人的诚信"。①

5.刘程强处之泰然

对于黄根成等人民行动党领导人的步步紧逼,刘程强似乎不以为然且处之泰然。5月1日上午,他到义顺地铁站附近拉票时被记者问起对戈麦斯事件的反应。当时,刘程强提高声量说:"到目前为止,我还不知道他们(人民行动党)所谓的诚信问题是什么,叫他们讲清楚一点,不要不清不楚。整天做人身攻击,对我们的候选人是不公平的,对整个竞选气氛和新加坡民主的进程也没有好处。"他说:"我奉劝人民行动党好好去想一想,做人身攻击对他们没有好处,他们也不希望我们做出人身攻击对吗?到底人民行动党还要怎样?"记者问及是否会要求戈麦斯退出竞选以保住工人党声誉时,刘程强回答说:"我们已提供人民一个选择,所以让他们自己去决定。"他希望黄根成副总理不要过于担忧,别指出这不好那不好,来侮辱选民的智慧,而应该相信选民有足够的智慧做出正确的选择。同样,林瑞莲在当天接受记者采访时也做出了大致相同的回应。针对黄根成把戈麦斯的道歉语言解读为"精确的法律语言",林瑞莲说:"我只能说那是他(黄根成)的假设,我对他们(人民行动党)花费这么多时间来设想各种情况,感到惊奇。"与此同时,戈麦斯受访时也不愿对黄根成的一番问题置评。他说:"我了解我自己是被'炮轰'的对象。我希望保持冷静的心情,并专注于进行竞选活动。过去几天来都是这样度过。"②

6.人民行动党不依不饶

不同于工人党领导人希望对戈麦斯事件息事宁人的上述态度,人民行动党领导人仍然不依不饶。5月1日下午,黄根成在接受电台采访时说:"如果戈麦斯没有东西要隐瞒,为何需要律师替他起草声明?"他也质问工人党主席林瑞莲是否也应该针对这起事件的经过,把她所知道的部分说出来?在一起涉及诚信的事件上,刘程强是否会立即要这名候选人退出竞选及做出公开道歉?国务资政吴作栋则在当晚建议刘程强于近日召开记者会,清

---

① 参见《黄根成促工人党领袖交代戈麦斯事件真相》,《联合早报》,2006年5月1日。
②《刘程强与林瑞莲不愿再谈戈麦斯事件》,《联合早报》,2006年5月2日。

楚交代事情经过和回答民众疑问，以便让整个事件早日尘埃落定。①不过，刘程强并不认同黄根成的上述指责和吴作栋的上述建议。5月2日上午，刘程强到勿洛北4街熟食中心和巴刹拉票时受访说，他已将戈麦斯事件解释得清清楚楚。选举局的录像机也把整个过程清清楚楚地录下来，事实就摆在眼前。而且，戈麦斯已就此事做出了道歉。因此，他已没什么好交代或调查的了，也没有必要按吴作栋资政的建议召开记者会交代此事。刘程强也要人民行动党向前走，不要像老太婆般唠唠叨叨地对戈麦斯事件纠缠不停，以此来迷惑选民。②

许多人无法理解为何人民行动党在竞选期间要紧抓着戈麦斯事件不放，并认为这么做可能会引起反效果。但是，5月2日上午，领导人民行动党团队在阿裕尼集选区竞选的外交部部长杨荣文在后港10道进行沿户访问时指出，正因为这是个非常重要的原则问题，所以即使戈麦斯是工人党的阿裕尼集选区候选人之一，自己谈论这起事件还可能得因此而赔上一些选票，也在所不惜。杨荣文认为，政府领导人揭露戈麦斯事件，并不是要针对某个人，而是要维护整个选举制度的公信力，保护民主政治的"心脏"。针对戈麦斯对记者问及"你是否不诚实"，只答说"不愿置评"，以及工人党主席林瑞莲和秘书长刘程强也表示不愿再谈论这起事件，杨荣文指出这让他倍感困惑。"问题其实很简单。林瑞莲是戈麦斯到选举局当天的主要目击者。她人在现场，目睹了整个过程，戈麦斯也说她能证实他已提交了表格。她如今为何要回避这些简单的问题？他们回答后，大家便可往前看。"杨荣文说："凡在紧要关头，我们都要凭着自己的良知去做该做的事。我希望他们（刘程强和林瑞莲）也会这么做，因此失去些选票也无所谓。基层一些人便提醒我不要再谈这件事，否则会失去选票。就由它吧，因为这更加重要。"③

---

① 参见《吴资政建议刘程强召开记者会解答疑问》，《联合早报》，2006年5月2日。

② 参见《刘程强要行动党尽早亮底牌》，《联合早报》，2006年5月3日。

③《杨荣文：维护选举制度公信力，谈论戈麦斯事件可能流失选票在所不惜》，《联合早报》，2006年5月3日。

7. 工人党不想炒作

对于人民行动党的紧追不放，林瑞莲于5月2日到后港1道访问选民时对记者表示，选举局并未要求她重述事发当天的经过，而工人党自始至终也从没把这起事件当成课题。"如果你按事件的顺序来看，我们从没炒作这个课题去针对选举局，其实是选举局和人民行动党的部长们一直在炒作。"她认为，如果大选是如工人党在政纲中所建议的由独立的选举委员会主持，一切便可由独立人士打理。她对人民行动党提出的"工人党理应要求戈麦斯退出竞选"的说法不以为然。她说："人们也都知道人民行动党候选人或议员本身并非完美，除非他们自认如此。"她认为，人民行动党提出这个课题的目的是要转移人们对它过去五年的政绩的视线。但是，多数人却能分辨这起事件对整个局势的重要性。她表示本人和刘程强都对得起自己的良知，会继续进行竞选活动，继续支持戈麦斯，同时吁请选民不要被人民行动党支开注意力。①

8. "戈麦斯是骗子"

为了进一步说明真相，副总理兼内政部部长黄根成于5月2日根据选举局的保安闭路电视和新传媒电视的录像记录，详细地追述了工人党阿裕尼集选区候选人戈麦斯同选举局官员交涉的过程，并且暴露他是故意在没提交少数族群身份鉴定证书申请表格的情况下，反而试图把过错归咎于选举局官员。他指出，这起事件只能说明戈麦斯是在撒谎，也是在表演一出经过精心策划的戏，有预谋地对政府玩弄肮脏的把戏，以此来破坏人民行动党政府和选举局的诚信。

在黄根成于5月2日发表了以上详细声明的晚上，李光耀在义顺中单选区举行的人民行动党竞选群众大会上指出，当他最初知道戈麦斯的事件时，他以为真的是选举局的失误，因此还感到不满，觉得是选举局对不起戈麦斯，使他拿不到少数族群身份鉴定证书。然而，经过黄根成一步步通过闭路电视摄像和亚洲新闻台的画面揭露戈麦斯事件的疑问后，他发现戈麦斯确实很可

---

① 参见《杨荣文：维护选举制度公信力，谈论戈麦斯事件可能流失选票在所不惜》，《联合早报》，2006年5月3日。

能是早有图谋策划整起事件。李光耀说："他（戈麦斯）在两名摄像员的面前签署申请表格以作为他确实有签表格的证据，再加上林瑞莲作为他的在场目击者，这根本就是一个策划好的阴谋！""他故意等到两名摄像员走开后才将信封放入手提袋中，因此就电视台（的画面）所拍到的，戈麦斯已经提交了表格。这是一种什么样的游戏？他到底是想要什么样的肮脏手段?!"李光耀强调，如果没有保安电视的摄像，戈麦斯蓄意以政府不发少数族群身份鉴定证书给他以阻止他参选，从而以此抹黑选举局和政府的阴谋就可能得逞。此外，李光耀认为戈麦斯在事件发生后的表现也有问题，例如即使黄根成给他三天时间来说明事件的真相，他却不回应；当他决定道歉时又不说明为了什么而道歉？他说："刘程强一直说要继续往前看，但是这么多问题都还没有获得回答时，为什么还一直坚持要往前看呢？"①李光耀因此发出挑战：如果工人党认为人民行动党对戈麦斯的指责是错误的，大可起诉他们诽谤。李光耀说："我们知道自己讲的都是事实，也有信心在法庭上就这些事实进行辩护。"②李显龙也于次日指出，工人党候选人戈麦斯的行为已经玷污了整个选举制度，"如果戈麦斯和工人党要起诉人民行动党，对象不止是黄根成、我或内阁资政李光耀，而是整个中委会。我们所说的是你（戈麦斯）是个骗子，起诉我们吧！"③

9.人民行动党转移话题

人民行动党就戈麦斯事件的穷追猛打被认为是典型的人民行动党作风，并引发不少民众的反感。有感于人民行动党在戈麦斯事件中表现出的得理不饶人的行为，新加坡著名博主李健敏在大选期间制作了一则音讯博客《肉脞面》，以"买肉脞面不要猪肝"来揶揄时政。它描述一名顾客在叫肉脞面时没有指明不要猪肝，熟食小贩把肉脞面捧到他面前时，他却说自己已

---

① 《李资政：遣词用字如律师，细心雕琢声明不可能是刘程强所拟》，《联合早报》，2006年5月3日。

② 《李资政：戈麦斯是骗子，批评刘程强不和他划清界限》，《联合早报》，2006年5月3日。

③ 《戈麦斯行为玷污整个选举制度》，《联合早报》，2006年5月4日。

讲明了不要猪肝。小贩通过闭路电视证明顾客并没有说明不要猪肝。顾客多番道歉，小贩却不原谅他，硬要他解释为何说自己先前曾说明不要猪肝。朗朗上口的福建话，让这则音讯博客迅速传遍新加坡的虚拟世界。听过这则音讯博客，观众对一时糊涂而出错的顾客并无太多指责，对纠缠不放的小贩却十分反感。这其实也反映了民众就人民行动党对于戈麦斯所犯错误"过多"的批评、指责表示不满。

民众的反感自然会影响选情的变化，导致人民行动党丢票。为了扭转上述态势，人民行动党决定转移话题，置换焦点。5月4日下午，李显龙在人民行动党总部以秘书长身份召开的记者会上说，由于竞选时间所剩不多，新加坡人不应该还因戈麦斯事件而模糊了焦点，忽略了大选的主轴应该是围绕着更重大的课题，如新加坡的前途及为国人创造更美好的家园等。他表示，原本是想给工人党更多时间就戈麦斯事件做出交代，但它却不断回避，才使整个事件延续至今。只要有时间和机会，政府还是可以在大选之后对此事做个公开交代。因此，他决定为大选辩论做个段落性的总结，并重新把国人的视线引回到大选的焦点议题上。李显龙指出，大选事关选民的前途、工作、发展和教育机会，也关系到他们在决策上的参与及政府重新向选民做出的承诺。为此，他和所领导的团队将在大选中向人民寻求强而有力的授权，而选民也必须为新加坡未来的发展方向以及是否支持政府领导层更新做出决定。这才是本次大选焦点所在。①

人民行动党在竞选接近尾声时才表示要把竞选焦点重新放在国家前途，让刘程强感到非常意外。他认为，人民行动党是个身经百战的政党，不应该犯如此低级错误。他在5月5日走访选民时说，从一开始，大选的焦点便应该是辩论新加坡的未来。大家只有九天进行竞选，而人民行动党到现在才改口说要重新对焦，表明它们曾经分心。刘程强指出，工人党在大选前就已提出政纲，而人民行动党也批评了它的政纲藏有"计时炸弹"。但是，在这次竞选中，人民行动党却没有对此给予正面炮轰。"我不晓得在大选期间它为何不辩

---

① 参见《行动党重新把焦点放到国家发展大课题》，《联合早报》，2006年5月5日。

论我们的'计时炸弹'，而是整天拿戈麦斯事件出来讲。是人民行动党自己把整个竞选的焦点从原本应该辩论的课题转移到戈麦斯身上，现在反而来怪我们。怪它自己吧。"①

10.大选揭晓

5月6日投票日晚上，每个政党及其支持者都在自己的集合中心等候各个选区的开票揭晓。阿裕尼集选区的竞选成绩是倒数第二个被揭晓的选区。随着时间一步一步逼近，候选人和支持者的情绪也跟着越绷越紧。7日0点40分，阿裕尼集选区的竞选成绩揭晓：由外交部部长杨荣文率领的人民行动党阿裕尼集选区团队获得74810张选票，得票率为56.08%，从而击败了被视为反对党"顶级团队"的由工人党主席林瑞莲率领的工人党竞选团队。后者共获得58585张选票，得票率为43.92%。

此次大选，人民行动党的总得票率为66.6%，该党阿裕尼集选区团队的得票率比本党总得票率低了10%以上。但是成绩揭晓之后，人民行动党团队及其支持者们仍然激动兴奋，说明拿下阿裕尼集选区并不容易。同样，工人党的阿裕尼集选区团队虽败犹荣。他们成功地从人民行动党手中夺走了相当多的支持票，成为败选的团队中得票率最高的团队。这就难怪在阿裕尼集选区成绩揭晓后，竞选阿裕尼集选区的工人党团队仍然笑容满面，神态轻松，并获得杨厝港体育场数千个支持者的热烈欢呼。一般认为，人民行动党对于戈麦斯事件穷追猛打的处理方式，对该党特别是阿裕尼团队的竞选产生了一定程度的负面影响。②

（二）肯尼斯事件

肯尼斯不仅是革新党秘书长，更是已故新加坡反对党精神领袖惹耶勒南的长子。2011年大选，肯尼斯率领本党团队参加西海岸集选区竞选。他在当年大选的群众大会上演讲时特别提及亡父临终叮咛他"别忘记小人物的心

---

① 《行动党现在才重调焦点，刘程强感到"非常意外"》，《联合早报》，2006年5月6日。
② 参见《杨荣文团队挫败反对党"顶级团队"》，《联合早报》，2006年5月7日。

声"。他说："革新党并不是要来销毁人民行动党，而是要跟他们合作，组织民主国家所具备的两党系统。"①该党也在这次大选中提出了 10 大改革要点：1. 增加组屋供给、建设更灵活户型，让国人有能力购屋，并永久化地契；2. 让国人自行决定雇员公积金缴纳率；3. 改革外来劳工体制，把工作机会优先提供给新加坡人；4. 实施最低工资制，时薪至少 5 元；5. 降低所得税率、减少或取消生活必需品的消费税率，鼓励人们消费；6. 让新加坡公民持有淡马锡和政府投资公司的股票，分享国家通过投资和经济增长所取得的回报；7. 设立统一化的医疗保险体系，让国人无需担忧年老后的医药费；8. 在不影响国家自卫能力的前提下，把国民服役逐渐缩短到 1 年，并要求新移民和永久居民也服役；9. 推行强制和免费的教育，直至中学水平；10. 降低部长薪金水平。②上述要点多是民众眼前看得见、身边摸得着并能博得民众一时喜欢的事情，与执政的人民行动党强调"做对的事，而不是民众一时喜欢的事"的思路不尽相同，甚至相反，的确反映了"小人物的心声"。

2011 年新加坡大选期间，参选的革新党秘书长肯尼斯在竞选群众大会上说，他父亲惹耶勒南去世时，李显龙总理发来的唁文写道：惹耶勒南想方设法摧毁人民行动党及其政府，因此"必须被消灭"。李显龙闻讯后指出，为了慎重起见，他特地把当年的唁文找来查证，结果显示文中并无上述说法。他当时的唁文写道，惹耶勒南想方设法摧毁人民行动党及其政府。这种激烈的做法无论是对建立有建设性的反对党或对国会传统而言，都毫无助益。唁文说："无论如何，惹耶勒南上了年纪后仍活跃于政治的不屈不挠斗志，还是值得敬佩。"叙述上述事实之后，李显龙说："我不认为肯尼斯的说法符合当年的唁文内容，所以我不理解他为何这么说。"后来，肯尼斯承认自己错误引述了唁文内容，并表示这是"无心之过"，还将正式发文告澄清。李显龙接受了肯尼斯的道歉，并对其道歉表示感谢。③

---

① 王瑞珊：《惹耶临终叮咛肯尼斯：勿忘小人物心声》，《联合晚报》，2011 年 5 月 2 日。

② 参见华京京：《革新党群众大会昨晚提出 10 个点》，《新明日报》，2011 年 4 月 29 日。

③ 参见郭丽娟：《总理：肯尼斯说法与事实不符》，《联合早报》，2011 年 5 月 3 日。

在以往的大选中，人民行动党对反对党人类似的"无心之过"往往穷追猛打。但这种得理不饶人的做法越来越引起选民反感，并让自己丢票。相比之下，李显龙在2011年大选中对待肯尼斯的上述态度显得格外温和。上述态度的转变，原因之一是"一报还一报"的博弈使然。一方面，人民行动党在大选中对于替民众发声的反对党过于强势导致选民反弹，其得票率在总体上呈现为节节降低的态势。这让人民行动党在对自己不利的"报应"中改变策略，对反对党的态度日益趋于宽容。另一方面，反对党在大选中的激进言论很可能遭到人民行动党的猛烈抨击，如有涉嫌诽谤的言论，还可能被人民行动党领导人告上法庭，被判罚款。与此同时，过于激进的言论也会引发民众不满，从而失掉选票。这就迫使反对党不断走向规范，从颠覆型、对抗型反对党日益走向"忠诚的反对党"。这里所谓的"忠诚"，是指忠诚于合法确定的体制和制度。有了宽容的执政党和"忠诚的反对党"，包容政治才有可能一步一步地日趋完备，日渐完善。

比较人民行动党对戈麦斯事件和肯尼斯事件的不同处理方式，我们会进一步领会做对的事情也要采取对的方式和力度的道理。回望戈麦斯事件，根据选举局以及人民行动党所公布的资料，不少人会同意，不能单纯地把戈麦斯事件当成一个"无心的错失"。问题是，人民行动党应该如何去处理这个他们自认为非常重要的课题？结果，人民行动党选择了惯用的方法，重炮式地向戈麦斯和工人党开火，而且开火的"射手"不只是直接相关的一两个人，而是包括总理、国务资政、内阁资政、副总理和部长等一群人；开火的"炮弹"不仅是就事论事的普通批评，而是上纲上线的"撒谎""阴谋""骗子""精心策划的戏"和"有预谋地对政府玩弄肮脏的把戏"等；开火的时间不只是一天，而是几乎整个竞选期间；开火的目标也不仅是一人，而是几乎整个工人党。一位当地媒体人从他的身边年轻朋友处得到的反馈是，几乎无人认同这种做法，即便是那些同他一样怀疑戈麦斯的动机可能没那么简单的人士，也抱此看法。他在引用了一名人民行动党部长针对戈麦斯事件所说的"应该做的事就得去做"的观点后说："这话没错，但应该做的事其实可以用很多方式去做。这次的选举结果其实就传达了一个信息——时代不同了，我们不只要做对的事，而且要选择对的方式，对的力度。"①由于人民行动党出击方式特别猛烈，工人党应对方式相对温和，从而一定程度地让前者失分，后者得分。

进一步说，在2006年大选中，同为在野政党的工人党和民主党，前者以合作的、体制内的反对党面目出现，成为得票率最高的反对党；后者以对抗的、体制外的反对党面目出现，成为得票率最低的反对党。正是基于上述原因，上面那位当地媒体人才会觉得2006年大选"接近完美"："因为投票结果显示了，选民真的是成熟了。不管是来自哪一个阵营，用煽情、恐吓、利诱等手法来争取选票，效果都是有限的。"他说："这届大选可说是为我国的政治发展，指出了一个新的方向。下一届大选，不管哪一个政党，如果想要继续走老路，用旧方法、旧策略来争取选票，都将会发现，他们就只能吃老本了。"②可以这样理解，正是因为李显龙接受了2006年大选中戈麦斯事件的教训，他才会更为理性、妥善地处理2011年大选中的肯尼斯事件。随着政治新常态的出现，人民行动党在2011年大选的总得票率再次下滑，成为1965年建国以来得票率新低。但是，李显龙本人在这次大选中所表现的理性和善意，让他领导的宏茂桥集选区人民行动党团队的得票率直线上升，成为2011年大选的票王。

二、"当断时（处）则断"：政府行政要果断

政府（行政）需要果断，可以从如下故事获得启示。2013年9月30日，李显龙在公共服务署常年计划研讨会上的讲话中，讲述了一个捉蛇的故事，并借以说明各公共部门及单位须通力协作来为人民提供无缝接轨的服务。故事的情节如下：

> 有一天，有人拨电话给国家环境局，告知东陵国际中心出现了

---

① ② 吴新迪：《"接近完美"的大选》，《联合早报》，2006年5月8日。

一条蛇。于是,在环境局职员和这名发现蛇的公民之间,出现了如下对话:

职员:"蛇是在公园还是在大厦内?"

公民:"都不是,它是在大厦附近。"

职员:"蛇正在朝大厦的方向移动,还是往反方向移动?"

公民:"蛇正朝大厦的楼梯移动。"

职员:"蛇现在在哪里?"

公民:"我不知道,我太害怕,所以跑开了。"

职员:"我需要知道蛇在哪里,才能通知正确的部门。"

公民:"可是我已经跑了。"

职员:"好的,先生,我会处理。"

职员放下电话后,拨电话叫人抓蛇。一直听着对话的实习职员问,为何需要问这么多问题? 职员告诉实习职员:"蛇的所在地点不同,就由不同的政府单位处理。如果是在公园,那可能是由国家公园局处理。如果是在水沟里,则由公用事业局处理。如果是濒危动物,就是农粮与兽医局。如果情况危险,我们还可能得报警!"

实习职员问:"那你最后找谁来处理呢?"

职员说:"关爱动物研究教育协会(ACRES),那是非政府组织!"①

上述故事中政府职员所表现的瞻前顾后、左思右虑,运用于立法讨论等政治事务也许值得嘉奖,运用于民事服务等政府行政则成为笑柄。现在,新加坡公共服务机构已解决了这类问题,所有动物相关的问题,都由农粮与兽医局负责,公众只需拨打动物热线1800−4761600即可。新加坡公共服务的上述改进,体现的正是"果断政府"的要求。

无独有偶,李显龙在2014年国庆群众大会上又讲述了一则与上述捉蛇故事相类似的故事:有人在通向武吉甘柏地铁站的走道上,发现一支串鱼丸

---

① 游润恬:《李总理:应激励前线职员提高服务水平》,《联合早报》,2013年10月1日。

的竹枝"躺"在那里,到第二天都没人清理。西南区市长刘燕玲接到投诉后,也不清楚走道的卫生由哪个部门负责。她一连打了好几通电话,还召开了几次会议,才找到问题根源。原来,走道的左侧是斜坡,归环境局管;中间是公园连道,属公园局管;右侧的人行道则由陆交局负责。每个机构都有各自不同的清洁日,竹枝刚好掉在右侧的人行道,每两天清扫一次。李显龙说,区区小事,却要市长打多通电话后才能解决,过程烦琐。可以想象,公众在请求政府部门解决问题时,会面对的种种困难。他指出,这一问题往后由环境局统一管理,居民可望拥有较干净的走道了。①与此同时,李显龙也宣布,政府将成立由多个机构组成的社区事务署,通过加强跨机构合作,简化公众求助程序,使公众反馈的问题能更快有效解决。

"鱼丸竹枝"事件虽小,却暴露出政府不同部门之间缺乏沟通协调的问题。上述故事中提到的西南区市长刘燕玲后来指出,在新加坡这样的情况并不罕见。例如,她曾为了在巴士站建斜道,出动市镇会和三个部门,才解决问题。原来,有居民向刘燕玲反映,希望在巴士站兴建有斜道的连道。为此,她找上市镇会。但市镇会研究问题后告诉她,因为连道衔接巴士站,必须和陆交局协调。陆交局了解问题后说,此事需要和建屋局合作——因为建造连道的工作是由建屋局负责的。于是,刘燕玲又把建屋局带入讨论之中。可是,建屋局加入后,当局却告诉她,斜道下有个水沟,所以公用事业局也必须参与其中。刘燕玲感叹道:"在我们来回讨论的过程中,这整个(连道)的问题一直停留在想法的阶段。"②刘燕玲的上述经验和慨叹,又从反面证明了"果断政府"的重要性。

(一)"一报还一报"

"果断政府"需要奉行最为简便也最富成效的博弈策略。按照博弈论观

---

① 参见《国庆群众大会2014:成立社区事务署,公众求助更方便》,《联合晚报》,2014年8月18日。

②《西南区市长刘燕玲:巴士站建斜道,市镇会+3部门才搞定》,《联合晚报》,2014年8月23日。

点,参加对局的双方或多方各自具有不同的利益或目标。为了实现各自的利益和达到各自的目标,各方必须考虑对手的各种可能的行动方案,并力图选取对自己最为有利或最为合理的方案。博弈讲究策略。经过反复验证,其最为简便也最富成效的策略是"一报还一报",即博弈主体首先向对方表示合作,如果对方也与你合作,则你也应该以合作回报之,从而鼓励对方继续合作;如果对方对你的合作不予理睬,反而对抗,则你也应该以对抗回报之,从而惩罚对方的对抗。当对方因对抗而遭到惩罚、吃到苦头,也许会转而进行合作。这时候,你再以合作回报之,以鼓励对方继续合作。综上所述,所谓"一报还一报",就是在首先采取合作策略之后,下一步如何出招就看对手如何出招。他合作时,你也合作;他对抗时,你也对抗。

运用"一报还一报"的策略,一般要遵守三个原则:第一,善良的原则,即从不首先对抗;第二,可激怒的原则,即对于对方的对抗行为一定要报复,不能一味地合作;第三,宽容的原则,即不能人家一次对抗,你就没完没了地报复,以后人家只要改为合作,你也要以合作回报之。

20世纪50年代,为取得民众支持和结束殖民统治,人民行动党曾以左翼面貌出现,领导民众起来斗争,反对帝国主义和资本家剥削。李光耀等人当时对工人说:"跟我们一起争取自由吧,英国雇主给英国工人什么样的待遇,我们就给你什么样的待遇。"[1]但是,当新加坡实现了自治和人民行动党掌握了政权,李光耀便促使工人运动进行急转弯,从对抗走向合作。李光耀说,过去许下的诺言无论如何必须兑现。但是要做到这点,就必须重新建立监管制度、纪律和工作准则,以提高工作效率。李光耀曾经指出,新加坡劳资政关系史上从对抗走向合作的转折点,发生在1967年初对一次违法罢工采取的针锋相对的处理,即以对抗惩罚对抗,让对抗者吃到对抗的苦头后,转而走向合作。李光耀曾描述过这一事件的过程[2]:

---

① 李光耀:《李光耀回忆录(1965—2000)》,新加坡《联合早报》,2000年,第99页。
② 参见李光耀:《李光耀回忆录(1965—2000)》,新加坡《联合早报》,2000年,第99—101页。

　　1966年10月18日,新加坡公共日薪雇员联合总会的主席苏巴耶向政府发出最后通知,要求了结所有引起不满却悬而未决的问题,并声称这些问题是1961年签署的一份集体协议没有落实的后果。他要求政府给15000名日薪工人每天加薪1元。苏巴耶出生于印度,没受过多少教育,善于以淡米尔语言发表鼓动人心的演讲,是个顽强而又固执的工运领袖。从反对殖民统治和反对资本家剥削浪潮高涨的20世纪50年代开始,苏巴耶便与李光耀结识并共事。苏巴耶领导的工会会员多为从印度移民到新加坡的非熟练工人,英国人把他们征聘过来当清洁工人。李光耀同苏巴耶和他的工会理事进行了40分钟的对话,并告诉苏巴耶,政府可以在制定1968年度财政预算案的时候考虑加薪,但1967年度不行。李光耀发出警告,他的工会有7000人是印度公民,现在需要领取工作准证才能继续工作。如果罢工,他们很可能失去工作,不得不离开新加坡而回印度去。苏巴耶对警告无动于衷,执意要按计划罢工。他号召公共日薪雇员联合总会成员在12月29日新年之前举行罢工。李光耀要求他们重新考虑这个决定,然后把纠纷提交工业仲裁庭处理。他发表文告提醒苏巴耶注意,这么一来,工人罢工等于犯法。

　　1967年1月,卫生部开始推行新的清洁工人工作制度。同年2月1日,公共日薪雇员联合总会下属的公共日薪清洁工友联合会大约2400名工人发动"野猫"式罢工。所谓"野猫"式罢工,是指未经工会批准或自行发动的罢工。苏巴耶以蔑视的态度警告政府,清洁工人的不满一星期内得不到解决,联合总会下属其他日薪工友联合会的14000名工人,将全体举行同情罢工。

　　这时候,李光耀及其政府断然出招。警方逮捕了苏巴耶和另外14名清洁工友联合会的领袖,控告他们号召非法罢工。职工会注册官发出通知,要求联合总会和清洁工友联合会拿出理由,说明为什么它们的注册不该被撤销。与此同时,卫生部宣布,罢工者的做法等于自我解雇,希望重新受雇的人可以在第二天提出申请。各方互相配合采取的坚决行动,使罢工工人慌乱起来。其中,90%的罢工工人申请重新受雇。两个月后,公共日薪清洁工友联合会和以苏巴耶为首的联合总会注册都被吊销。

　　李光耀后来评价说："这次罢工是新加坡劳资关系史上的一个转折点。政府针锋相对地应付罢工行动，赢得公众的支持，也导致工会文化产生了变化，从目无法纪转为讲理并互谅互让。"①李光耀用"针锋相对"描述政府针对罢工采取的行动，形象而且准确。意思是，你来针，我回锋，用锋芒对付针尖。这就是博弈中最常用也最管用的"一报还一报"策略，即用对抗来惩罚对抗，让对手因对抗而吃到苦头。当对手因对抗吃苦后转而采取合作的态度，又要以合作回报之，以鼓励对手继续合作。具体地说，就是"你"若非法罢工，"我"就抓捕罢工运动的头头，解雇罢工者，用对抗惩罚对抗；"你"不罢工了，转而愿意重新工作，"我"就给你工作机会，只要重新申请就可重新受雇，用合作奖励合作。

　　具体分析，新加坡政府针锋相对的举措之所以行之有效，是因为注意了以下原则：第一，事先告知，态度明确。如李光耀告诉苏巴耶，新加坡已不再处于工会权力如日中天、动辄发生暴乱的20世纪50年代。由于新加坡往后将自生自灭，脆弱非常，政府不能容许任何工会危及国家生存。在把纠纷提交工业仲裁庭处理后，罢工等于违法。第二，各方配合，行动坚决。如警方、职工会和卫生部相继采取了相互配合而又态度坚决的举措。如果政府内部出现两种不同声音，就不能以迅雷不及掩耳之势阻止罢工。第三，在坚决打击少数为首的违法者的同时，给予多数愿意悔改的人出路。例如，希望重新受雇的人可以在第二天提出申请，恢复工作。

　　需要指出的是，"一报还一报"中的以对抗惩罚对抗，不仅具有惩罚对手的功用，而且拥有拯救对手的功效。有个寓言故事说得好：一个狂躁的年轻人无端打了A一个巴掌。性格隐忍的A不仅没有用巴掌回敬对方，反而报以一笑。这让对方好不得意。第二天，他遇见力大无穷的B，又无端给了B一巴掌。B一怒之下，挥拳回击，一拳就将这个年轻人打死了。上述故事促使我们反思：到底是谁打死了这个年轻人？表面上看，当然是B打死了他；深层次看，也可以说是A打死了他。试想，如果A被打之后，便把他告上官府，即

---

　　① 李光耀：《李光耀回忆录（1965—2000）》，新加坡《联合早报》，2000年，第101页。

"以直报怨"。对方在得到官府惩罚之后,就可能得到教育,不敢再犯。甚至A在被打之后,也挥拳回击,即"以怨报怨",挨打的年轻人也可能会接受教训,下次不敢再打人,从而也就不会得罪力大无比的B了。而A的力气远远没有B大,即使挥拳痛击,也不至于将那个年轻人打死。这个年轻人的"小命",也许就因此保住了。

综上所述,"一报还一报"的博弈策略似乎可以表述为"以德报德,以怨报怨",从而否定了"以怨报德"或"以德报怨"。不过,孔子在否定"以德报怨"的做法后,建议取而代之的不是"以怨报怨",而是"以直报怨"。《论语》记载:"或曰:'以德报怨,何如?'子曰:'何以报德?以直报怨,以德报德。'"①即有人询问:"用恩德来报答怨恨,怎么样?"孔子说:"如果用恩德来报答怨恨,那么用什么来报答恩德呢?应该是用正直来报答怨恨,用恩德来报答恩德。""以德报德"固然符合当然之理,"以怨报怨"未必切合应然之则。换句话说,"以怨报怨"通过用对抗惩罚对抗可以让对方在尝到对抗的苦果后改而转为合作,但毕竟是以力服人的被迫接受,而非以德服人的心悦诚服。它也许很有近功,却往往难有远德。在一定情况下,以怨报怨也会导致冤冤相报而无有已时的结局。能够将近功与远德结合起来的博弈策略,应该是孔子倡导的"以德报德,以直报怨"。这里的直,意为正直。用朱熹的话说,就是对其所怨者是爱是憎,是奖是惩,完全按照至公无私的原则加以处理。因此,"以德报德,以直报怨"既保持了法家的赏罚手段,又引入了儒家的忠厚之心。实际上,它是以儒家忠厚精神驾驭法家赏罚手段,进而达到"怨有不仇""德无不报"的最好效果。

(二)"共同做出适当的牺牲"

"一报还一报"所表现的以合作回报合作,往往表现为用妥协来换妥协,用让步去换让步。妥协、让步对站在左与右两边立场的人们来说,都不是最好的选择,但也不是最坏的选择,而是可以接受的选择。之所以如此,是因为两者"共同做出适当的牺牲"。新加坡政府着力建设劳资政共生关系,其解决

---

① 《论语·宪问》。

劳资矛盾的经验之一,是让劳资双方共同做出适当的牺牲(即让步),在各方都能接受的地带达成协议,从而实现互利互惠,共存共生。

按照辩证法中的对立统一规律,事物间的斗争性是绝对的,同一性是相对的。因此,人与人、组织与组织之间的冲突,是一种不以人的意志为转移的必然现象。留给我们要做的或可以做的,就是如何妥善地处理这些冲突。美国学者斯蒂芬·P.罗宾斯所著的《组织行为学》曾描述过如下的冲突处理的行为意向维度模型。罗宾斯认为,行为意向介于一个人的认知、情感和外显行为之间,指的是从事某种特定行为的决策。下图根据两个维度,一是以合作程度——即一方愿意满足对方愿望的程度——为维度,二是以肯定程度——即一方愿意满足自己愿望(即自我满足)的程度——为维度,确定出五种处理冲突的行为意向:

竞争(competing),它意味着自我肯定但不合作。用竞争的方式处理冲突,指的是一个人在冲突中寻找自我利益的满足,而不考虑他人的影响。

协作(collaborating),它意味着自我肯定而且合作。用协作的方式处理冲突,指的是冲突双方均希望满足双方利益,并寻求相互受益的结果。

回避(avoiding),它意味着自我肯定且不合作。用回避的方式处理冲突,指的是一个人可能意识到了冲突的存在,但希望逃避它或抑制它。

迁就(accommodating),它意味着不自我肯定且合作。用迁就的方式处理冲突,指的是为了维持相互关系,一方愿意做出自我牺牲。

折中(compromising,即妥协),它意味着合作性与自我肯定性均处于中等程度。用折中或妥协的方式处理冲突,指的是双方都有所放弃,双方又都有所收获。在折中中,没有明显的赢者或输者。他们愿意共同承担冲突问题,并接受一种双方都达不到彻底满足的解决办法。折中的明显特点是,双方都倾向于放弃一些东西。①

---

① 参见[美]斯蒂芬·P.罗宾斯:《组织行为学》(第七版),孙健敏、李原等译,中国人民大学出版社,1997年,第391页。

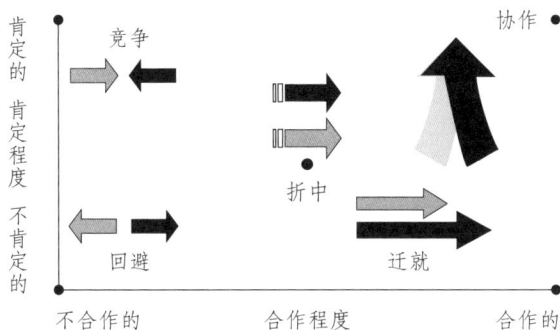

图3-13　冲突处理的行为意向维度模型①

在上述处理冲突的各种方式中,协作是最好的方式。但是,因为每个人的利益不一定都能达成一致,所以折中的方式则可能是最不坏的方式。新加坡政府在促成劳资政共生关系形成的过程中,强调矛盾双方"都要共同做出适当的牺牲,遵守纪律,付出努力以实现经济增长",表现的就是一种折中的方式。"共同做出适当的牺牲"包括如下三个原则:

第一,共同牺牲的原则,即牺牲不是仅由一方做出,而是由各方共同做出。

第二,适当牺牲的原则,即牺牲不是全部牺牲,而是适当牺牲,换句话说,必须将牺牲控制在各方都能接受的范围之内。

第三,共同受益的原则,即通过共同做出牺牲来实现经济增长,最后各方都能够受益。

上图中表示折中的两个齐头并进但尾部折断的箭头,形象贴切地表现了上述三个原则。第一,两个箭头的尾部都被同等折断,表现了"共同牺牲";第二,折断部分仅是箭头的小部分,表现了"适当牺牲";第三,两个箭头的主体齐头并进,表现了较大的"共同受益"。这里,折中固然让冲突双方共同做出适当牺牲,却赢得了比牺牲较多的收益。因此,采用折中的方式解决冲突,可以表述为不是我死,也非你输。它不是你死我活,而是自己活,也让对方活;它不是你赢我输,而是自己赢,也让对方赢。它不会为冲突着的双方或多方带来最好

---

① [美]斯蒂芬·P.罗宾斯:《组织行为学》(第七版),孙健敏、李原等译,中国人民大学出版社,1997年,第391页。

的结果,却会为冲突着的双方或多方带来都能接受的相对满意的结果。

以劳资关系为例,劳方付出劳动,资方付给工资,形成一种买卖关系。买卖双方要达成交易,做成生意,也需要"共同做出适当牺牲"。市场中买卖交易的过程就是讨价还价、相互妥协的过程:

买方   卖方

1元   4元   6元   10元

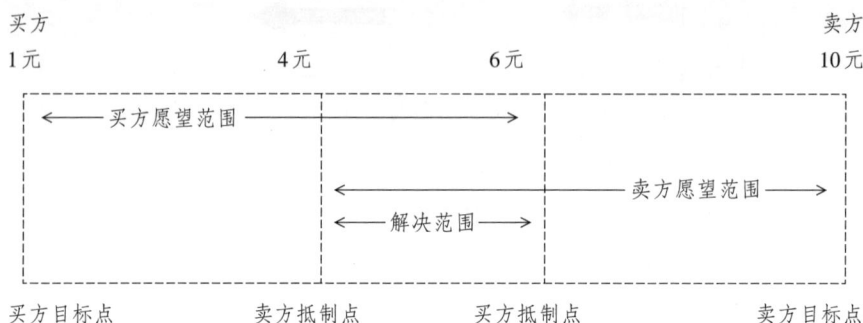

图3-14 买卖双方讨价还价示意图

如图所示,买卖交易中的买方和卖方都有着自己希望实现的目标点(买方目标点为1元,卖方目标点为10元),也有自己的抵制点(买方抵制点为6元,卖方抵制点为4元)。各方目标点与抵制点之间的区域,是各自的愿望范围(买方愿望范围为1元至6元,卖方愿望范围为10元至4元)。一方面,买卖双方虽然都有自己的抵制点,但他们的愿望范围却有一定的重叠(4元至6元)。在这个重叠部分,双方虽不能完全实现自己的愿望,却都能一定程度地实现自己的愿望。因为双方的愿望范围有一定重叠之处,所以双方就有了合作的可能,即有了实现买卖交易的可能。另一方面,买卖双方虽然各自都有自己的目标点,但不是绝对坚持这一目标点,而是可以在自己的愿望范围内让对方有一定讨价还价的余地,这就有了彼此妥协的可能性。于是,通过讨价还价,可能在5元左右成交。讨价还价的过程,就是"共同做出适当牺牲"以达到互利互惠的过程。

与上述买卖双方的交易方式相类似,新加坡政府在处理劳资矛盾的时候也鼓励双方"共同做出适当的牺牲"。新加坡人力部官员曾举例说明:按照原先的惯例,如果工人上班后工厂突然停电,导致工人不能工作。这时候,即使工人没有开工,雇主也要付给工人全天的工资。这对雇主显然不利。作为雇主来说，如果因停电而没有开工，无疑是希望一分钱不给；作为工人来说，尽管没有开工，但也希望能得到全天工资。如果双方各执己见，就不能达成协议。不过，实际上虽然雇主希望一分钱不给，但如果仅仅付出部分工资，他还能够接受；虽然工人希望能得到全天工资，但如果能够得到部分工资，他也能够接受。这样，就有了一个共同能够接受的地带。于是，新加坡后来对于此类情况改进为如下处理方式：如果工人上班后不到4个小时就停电不能工作，例如只工作半小时甚至还没开始工作，但只要来到工厂上了班，雇主就必须给4个小时也就是半天的工资；如果工人工作了4个小时以上，但还没有满8个小时，例如仅仅工作了4个半小时就停电不能工作了，雇主就付给工人8个小时也即全天的工资。这样，共同做出适当牺牲，劳资关系便能协调好，雇主、工人也能在和谐的关系中提高生产力水平，从而双方受益。

为了确保员工在休息日工作得到适当赔偿，也为了避免雇主随意在休息日将员工唤回工作一至两小时而仅付给少许加班费，从而变相剥夺员工的福利，新加坡政府曾在大约20年前修改雇佣法令，将原本员工在休息日工作可得双倍时薪的规定，修改为更为精确、具体的如下规定：休息日工作少过半个工作日可获一天薪酬，超过半个工作日至一个工作日可获两天薪酬，多过一个工作日则在获得两天薪酬的基础上，另加一个工作日以外的双倍时薪。例如，假设一个工作日的时间为8小时，员工在休息日加班4小时以内，则可获得一天薪酬；加班4小时以上直至8小时，则可获得两天薪酬；加班8小时以上，如加班9小时，则可获得两天薪酬，另加1小时的双倍时薪（即2小时的时薪）。①

政府修改雇佣法令的原意是为了保障员工的权益和福利，却给一些员工制造了"谋利"的机会。新加坡实行朝九晚五的五天制，星期六属于非工作日（off-day），星期日则是休息日。于是，为了获取更多薪酬，一些员工便不选择在周六回办公室处理未完成的工作，而是选择在星期天加班。而且，其在星

---

① 参见黄进辉：《防止员工利用雇佣法令"谋利"》，《联合早报》，2014年1月6日。

期日加班的时间往往只是5个小时，而不是8个小时。原因是非工作日所得加班费是时薪乘以1.5，而休息日的加班费则更多。例如，在休息日加班的员工，只要做足半天（4小时）再加1小时的工作（合计5小时），就可获得与加班全天（8小时）一样的薪酬（即两天薪酬）。面对上述情况，一方面，必须防止员工权益、福利受到侵害；另一方面，也要阻止一些员工钻法规空子赚钱。于是，有人本着让双方各让一步的原则提出了如下建议：员工在休息日加班少于半个工作日，应获得一天薪酬；员工在休息日加班多于半个工作日但不足一个工作日，则在获得一天薪酬的基础上，再获得一个工作日以外的加倍时薪的薪酬。这种折中妥协的方案，能更好照顾雇主、雇员双方的利益。①

---

① 参见黄进辉：《防止员工利用雇佣法令"谋利"》，《联合早报》，2014年1月6日。

第四章

体的构建：追求天、地、人和谐

构筑梦想的过程，有如点引成线、线展成面、面积成体，于是梦想有了长、宽、高的三维空间；实现梦想的过程，有如太极生两仪、两仪生四象、四象生八卦，于是梦想才有天、地、人的三才组合。所谓"四象生八卦"，是说"四象之阴阳复分，而八卦成列，则三才之画具矣。乾与坤对，离与坎对，兑与艮对，震与巽对"①。八卦代表各种事物，例如就天象、方位而言，乾(☰)代表天、南方，坤(☷)代表地、北方，离(☲)代表火(日)、东方，坎(☵)代表水(月)、西方，兑(☱)代表泽、东南，艮(☶)代表山、西北，震(☳)代表雷、东北，巽(☴)代表风、西南。于是，"天地定位，山泽通气，雷风相薄，水火不相射，八卦相错"②，八卦图从而应运而生。

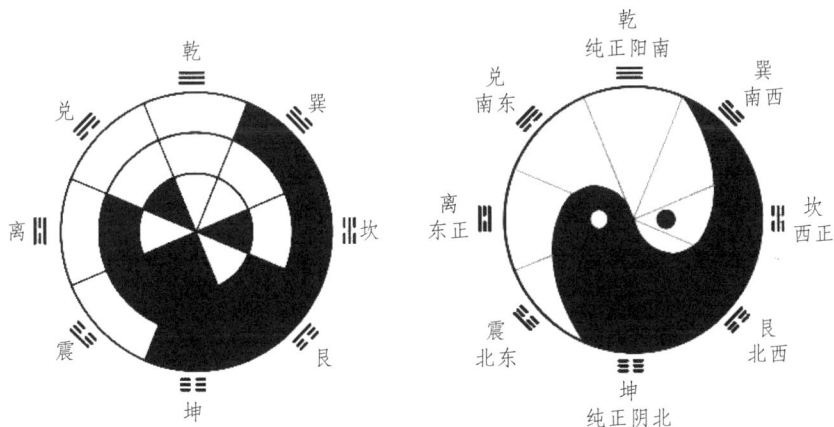

图4-1　四象生八卦，八卦浑然成

①《易禅传》。
②《周易·说卦传》。

图4-2　八卦图

与普通地图不同，八卦图的方位是上南、下北、左东、右西。八卦图也称伏羲八卦图，俗称阴阳鱼太极图。我们可以想象一下伏羲氏绘图时的如下情境：仰观则天（乾）在上，俯察则地（坤）在下，于是乾上坤下，"天地定位"。乾纯阳而当暖，温暖的南方自然上升到乾位；坤纯阴而当冷，寒冷的北方也就下降到坤位。日（离为火为日）出于东方，月（坎为水为月）隐于西方，日月分照于白天、晚上，于是"水（月）火（日）不相（照）射"。望东南茫茫海洋都是水（兑），看西北连绵大陆多有山（艮）。春夏时湿润的东南风吹向西北，秋冬季干冷的西北风吹往东南，于是"山泽通气"，寒来暑往。听震雷始发乎春季，乘巽风多起于秋天，于是，"雷风相薄"（雷与风相迫近，相搏击），春去秋来。①而"八卦相错"，则意味着八卦之间的相对相称、相反相成。

四象生八卦之后，其卦象和图像都有了变化演进。一方面，四象生八卦，其卦象从四象的两画相叠变成八卦的三画重叠，即"八卦成列，则三才之画具矣"②。"三才者，天地人。"③这里，下面一画（即初画）代表地，中间一画（即二画）代表人，上面一画（即上画）代表天。另一方面，四象生八卦，其图像从没有鱼眼的四象图演进成有了鱼眼的八卦图，也就是阴阳鱼太极图。在四象图中，阴就是阴，阳就是阳；在八卦图中，阴中有阳（即黑鱼有白眼睛），阳中有阴（即白鱼有黑眼睛）。四象生八卦的过程，也是天地（含日月星辰）生人的过程。由于人能参通天地、变化阴阳，于是有了人的参与而形成的八卦图，就如

---

① 在伏羲八卦图中，阳起于东而盛于南；阴起于西而盛于北。绘图者坐北向南。

②《易裨传》。

③《三字经》。

在四象图中加入了一个神妙莫测的莫比乌斯环。

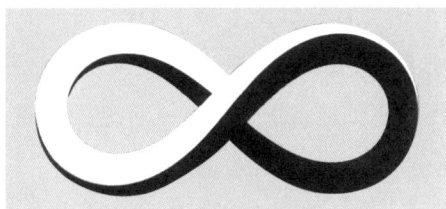

图4-3　莫比乌斯环

　　莫比乌斯环是一种只有一个表面和一条边界的曲面。它是由德国数学家、天文学家莫比乌斯和约翰·李斯丁于1858年分别独立发现的。取一张长纸条，把它的一个短边扭转180°，再把这个短边与对边粘贴起来，就形成了莫比乌斯环。有两种不同而又对称的莫比乌斯环。把纸条顺时针旋转再粘贴，就形成一个右手型的莫比乌斯环；反之，则形成一个左手型的莫比乌斯环。没有扭转短边粘贴起来的普通纸环会有正反两个面（即双侧曲面），莫比乌斯环则只有一个面（即单侧曲面）。用刷子油漆普通纸环，刷完一面后要刷另一面，就必须把刷子挪动跨过纸环的一条边沿，才能再刷另一面。用刷子油漆莫比乌斯环，则能连续不断地一次就刷遍整个曲面。如果有人沿着莫比乌斯环的环面走下去，永远也走不到尽头。由于无穷大符号"∞"的发明比莫比乌斯环的发现在时间上更早，后者便当然不是前者的创意来源。不过，与莫比乌斯环形似的"∞"之所以被人写作为无穷大符号，或许也因这一符号与莫比乌斯环具有某种神似，给人以循环往复、以至无穷的想象。

　　莫比乌斯环的上述特性，给了人们编织故事的遐想空间。有一则故事讲道，一个小偷偷了一位老实农民的东西后，被揪送到县衙审理。主审的县官发现，小偷正是自己儿子。于是，县官在一张纸条的正面写上"小偷应当放掉"，又在其反面写上"农民应当关押"，便将纸条交给执事官，由他宣读审理结果。聪明而又爱抱不平的执事官将纸条的一端扭了一下，再用手指将两端捏在一起，然后大声宣布："根据县太爷的命令，放掉农民，关押小偷。"县官听了大怒，责问执事官。执事官将纸条捏在手上给县官看，从"应当"二字读起，确实是"应当关押小偷"和"应当放掉农民"。县官不知其中奥秘，只好自认倒霉。事后，县官知道执事官在纸条上做了手脚，便怀恨在心，伺机报复。一天，县官又拿出一张纸条，要执事官一笔将正反两面涂黑，否则就将他拘役。这时候，执事官又不慌不忙地将纸条扭了一下，粘住两端，提笔便把纸条的正反两面都涂成了黑色。县官的毒计也随之落空。①

　　做一个如下的小实验，可以帮助我们理解有了鱼眼的八卦图，有如四象图加入了一个神妙莫测的莫比乌斯环：取一张狭长的白纸条，将其中一面涂黑，再按照白面朝外、黑面朝内的方式，将两端粘贴起来，就可以制成一个外面白、内面黑的普通纸环。如果让一只蚂蚁在这个普通纸环的白面沿中线行走，不能超越边线，那么这只蚂蚁爬来爬去也只能行走在白色一面；反之亦然。但是，如果我们改变这张纸条的粘贴方法，即将其中一端翻一个面，让黑色的一面翻转过来与另一端白色的一面粘贴起来，制成一个莫比乌斯环，那么这只蚂蚁不需要跨越边线，就可以黑面连着白面地走遍这个纸环的所有表面。将黑白两面相连的莫比乌斯环放置到空心圆之中，就可以得到图4-5左边的镜像；放置到四象图中，就可以得到中间的镜像；将四象图中的莫比乌斯环抽象化，就可以得到右边的镜像，即包含黑白两眼的阴阳鱼太极图。

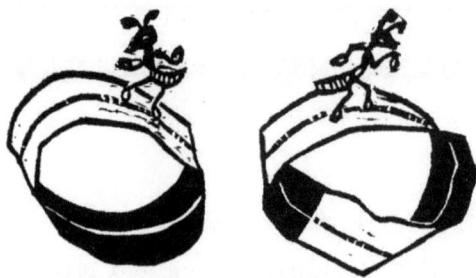

图4-4　蚂蚁在普通纸环上行走和在莫比乌斯环上行走②

---

① 参见《数学趣味知识："莫比乌斯带"的神奇》，豆丁网，2012年6月8。
② 叶眺新、吴长庚、罗以迪、李宏军、王新泉：《论太极思维的三旋数学模型》，《上饶师专学报》，1988年第1期。

图4-5 莫比乌斯环嵌入八卦图[1]

天地生人,"唯人也得其秀而最灵"[2]。即在万物之中,只有人得到天地的精华而最为灵光。天地之间的春夏秋冬、晨午昏夜,在四象图蕴藏的正弦曲线中已经得到展示;人世之中的起承转合、元亨利贞,在八卦图蕴含的莫比乌斯环中更能得到体现。(见图4-6)前者描状了自然的脉动、造化的节拍;后者展示出人文的律动、人事的节奏。以起承转合为例,《红楼梦》中的香菱要黛玉教她写诗。黛玉的如下教导深得诗中三昧,即写诗"不过是起承转合,当中承转是两副对子,平声对仄声,虚的对实的,实的对虚的,若是果有了奇句,连平仄虚实不对都使得的"。杜甫的《蜀相》一诗就是起承转合的典范。

起:丞相祠堂何处寻?锦官城外柏森森。(起句点题,开门见山)

承:映阶碧草自春色,隔叶黄鹂空好音。(承接前句,继续深化)

转:三顾频烦天下计,两朝开济老臣心。(转变视角,另立话题)

合:出师未捷身先死,长使英雄泪满襟。(合拢包围,呼应起句)

图4-6 起承转合在八卦图蕴含的莫比乌斯环中得到体现

---

① 叶眺新、吴长庚、罗以迪、李宏军、王新泉:《论太极思维的三旋数学模型》,《上饶师专学报》,1988年第1期。

②《太极图说》。

　　起承转合,各有讲究:(1)起是起始,起要平直。王勃的《九日》云:"九日重阳节,开门有菊花。不知来送酒,若个是陶家。"这里,标题为《九日》,首句第一个词也是"九日",开口便将题面说出。起得当然平直。(2)承是承接,承要发挥,即承是承接上文加以申述,要有所发挥、发展乃至递进。宋之问的《渡汉江》云:"岭外音书断,经冬复历春。近乡情更怯,不敢问来人。"这里,接着首句所说的诗人被贬岭南,在空间上与家乡隔断,次句又写常年杳无音讯,进一步指出时间上也与家乡隔绝。承得确有发挥。(3)转是转折,转要变化,往往表现为从另一方面立论。司空图的《江春即事》云:"钓罢归来不系船,江春月落正堪眠。纵然一夜风吹去,只在芦花浅水边。"这里,首句写夜钓归来,懒系渔船;次句承上说明地点、时间与人物心情,进一步补写不系船的原因;三句转换角度,用"纵然"宕开一笔,不再写钓鱼之人,而转写不系之船,并且从前面二句的由动到静,转变成为由静到动,达到翻过一层、另辟一径的效果。转得确有变化。(4)合是收尾,合要有味。贺知章的《咏柳》云:"碧玉妆成一树高,万条垂下绿丝绦。不知细叶谁裁出,二月春风似剪刀。"这里,首句正面描写,次句继续刻画,三句转而提问,末句答得离奇,从而合得有滋有味。

　　如果将起承转合看成一个回合,那么末句便看上去似乎回到起点,实际上已在新的境界。苏轼的《观潮》云:"庐山烟雨浙江潮,未到千般恨不消。到得还来别无事,庐山烟雨浙江潮。"上述四句不仅极尽起承转合之妙,而且首尾两句完全相同。不过,读懂了该诗的意思之后就会发现,这两句在字面上虽然相同,但在意境上又实不同。这就像《禅宗语录》所说的入禅三境界:起初"看山是山,看水是水";后来"看山不是山,看水不是水";最终"看山是山,看水是水"。不过,最终的"看山是山,看水是水",相对于起初的"看山是山,看水是水",是在经历了"山重水复疑无路"之后,来到了"柳暗花明又一村"。

　　四象生八卦的过程,就是面积成体的过程。从四象生八卦的意义来理解,面积成体就如具有四个象限的平面直角坐标系转换成具有八个卦限的立体直角坐标系。这里,八卦中三画相叠,意味着三维空间的形成。阳爻(—)代表正号(+),阴爻(--)代表负号(—),八卦中的八个卦象就分别对应于立体直角坐标系中的八个卦限中的八个坐标。以空间一点o为原点,建立三条两两垂直的数轴:x轴、y轴、z轴,就建立起空间直角坐标系。其中,点o叫作坐标原点,三条轴统称为坐标轴,由坐标轴确定的平面叫坐标平面。三条坐标轴中的任意两条都可以确定一个平面,称为坐标面。它们是:由x轴和y轴确定的xoy平面,由y轴和z轴确定的yoz平面,由x轴和z轴确定的xoz平面。这三个相互垂直的坐标面把空间分成八个部分,每一部分称为一个卦限,位于x轴、y轴、z轴的正半轴的卦限称为第一卦限,从第一卦限开始,在xoy平面上方的卦限,按逆时针方向依次称为第二、三、四卦限;第一、二、三、四卦限下方的卦限依次称为第五、六、七、八卦限。卦限与八卦的对应关系如表4-1:

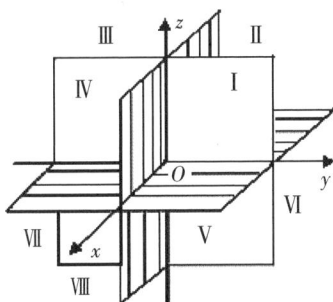

图4-7　立体直角坐标系

表4-1　卦限与八卦的对应关系

卦限(坐标)	卦名(卦象)
第一卦限 I (+,+,+)	乾(☰)
第二卦限 II (-,+,+)	巽(☴)
第三卦限 III (-,-,+)	艮(☶)
第四卦限 IV (+,-,+)	离(☲)
第五卦限 V (+,+,-)	兑(☱)
第六卦限 VI (-,+,-)	坎(☵)
第七卦限 VII (-,-,-)	坤(☷)
第八卦限 VIII (+,-,-)	震(☳)

综上所述,一方面,与平面直角坐标系中"象限"一词来源于四象之说一样,立体直角坐标系中"卦限"一词也来源于八卦之说。因为卦有八种,于是

清末翻译家在翻译西方数学著作时就借用"八卦"的概念,将空间中的八个分区称为卦限。因此,四象生八卦的生态过程,可以视为面积成体的更为形象、生动的展示。另一方面,与平面直角坐标系的功能一样,在立体直角坐标系中,模糊的形得以用精确的数加以描述,先进的代数方法也就可以应用于几何学的研究之中。于是,面积成体的科学演进,又可成为四象生八卦的更为科学、精确的展现。换句话说,有了八卦图,立体直角坐标系的长宽高的变化就有了较为形象、生动的展示;有了立体直角坐标系,八卦图的天地人的互动就有了更为科学、精确的展现。

面积成体,需要突破平面思维的单一,达到立体思维的多元。曾有测试考生是否具有创造性思维的如下试题:在一块土地上种植四棵树,使得每两棵树之间的距离都相等。受试的学生在纸上画了一个又一个的几何图形:正方形、菱形、梯形、平行四边形……然而,无论什么四边形都不行。原来,该题的答案是:将其中的

图4-8 正四面体

一棵树种在山顶上!这样,只要其余三棵树与之合成一个正四面体的话,就能符合题意要求。受试学生经过长时间思考却找不到答案,原因在于他们没有学会运用更加多元和更富创造性的立体思维。将立体思维运用于筑梦过程,梦想才会拥有经济、文化、政治或"物件""心件"和"软件"的三维空间。

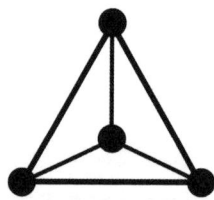

八卦成立,就有了天、地、人的三才组合。这里,天不仅是指头顶的苍苍之天,也可以象征为亘古亘今的天理;地不仅是指脚下的茫茫大地,也可以象征为此处此时的地势;人不仅是指尘世的男男女女,也可以象征为有血有肉的人心。李光耀在人民行动党建党50周年的献词中说:"外在的因素不断在变。我们也必须变。我们必须与时俱变,求取成功。但是由于人性不变,因此我们要建设一个更公正、平等社会,尽量广泛分摊进步的好处的使命,也就不能变。这些人民行动党的价值是永恒的。"这里,因应外在因素而"与时俱变",强调的是策略的灵活性,要求切合此处此时的地势(常常体现在经济发展);"建设一个更公正、平等社会"的使命"不能变",强调的是原则的坚定性,要求坚守亘古亘今的天理(往往体现在文化建设)。李光耀上述献词的标题

为"行动党：1954行动，2004新动"。它一点不像是一位年届八旬的政治老人为建党50周年所写的政论的标题，倒像是年方二八的青年音乐人所写歌词的标题。李光耀的献词之所以采用这样青春活泼的标题形式，目的就是要让普通党员容易接受，让年轻一代看着心动；用一句话说，就是要紧贴有血有肉的人心（时时体现在政治变革）。

建设天地人三才组合的生态空间，就必须坚守亘古亘今的天理，紧贴有血有肉的人心，切合此处此时的地势。这里，坚守天理，政治才有正当性。正当性强调正义、当然（事理之当然），回答的是"是不是"、"对不对"的是非性问题，属于道德学范畴。其原则为是所当是、非所当非。紧贴人心，政治才有认受性。认受性强调认可、接受，回答的是"好不好""中不中"（即中意不中意）的满意度问题，属于心理学范畴。其原则是好民所好，恶民所恶。切合地势，政治才有合理性。合理性强调理性、理智。理性的追求是以最小的成本获得最大收益。理智的选择是两利相权取其大，两害相权取其小；有利则行，无利则止。因此，合理性回答的是"行不行""可不可"的可行性问题，属于计算学范畴。其原则是行所可行，止所可止。

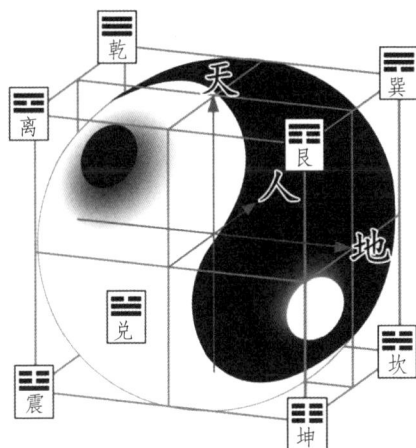

图4-9　八卦太极球（天地人三才组合的生态空间）

第一节　薪金改革:体现奉献、吸引贤能
　　　　　和无隐收入能否兼顾?

　　新加坡的部长和高级公务员享有比其他国家相同职位人员高得多的薪金。新加坡媒体也曾以"高薪养贤,厚禄养廉"来形容新加坡的相关薪金制度。新加坡高官的"高薪厚禄"已经引发一些民众的不满,并成为导致人民行动党在2011年国会选举中得票率下降的原因之一。为了反省政治职位的薪金状况,李显龙在2011年大选之后指示成立政治职位薪金检讨委员会。该会于2012年1月向新加坡政府提交了题为《一个能干并具奉献精神政府的薪金》报告书(下文简称报告书),提出对现有政治职位薪金制度进行改革。新加坡政府接受了报告书中的建议,并以白皮书的形式将报告提呈国会辩论,最终获得通过。根据报告书,改革遵循如下三大原则:

　　第一,政治职务者的薪金必须具有竞争性,让适合从政的人才不至于对踏入政坛感到怯步;

　　第二,从政意味必须做出牺牲,新的薪金制度应有可观的打折,以体现从政人士的奉献精神;

　　第三,实行"裸薪"(clean wage)制度,政治领导人除了领取公开的薪金,没有其他隐性收入。

　　这里,实行"裸薪",是为了公开透明,防止腐败,体现了追求诚实廉洁和公平公正的精神,其坚守的是亘古亘今的天理,以便让政策具有正当性;给薪金打折,以体现从政人士的奉献精神,为的是纾缓民怨,争取民心,其紧贴的是有血有肉的人心,以便让政策具有认受性;让政治职位的薪金具有市场竞

争力，以吸引能干人士参政，是新加坡空间上处于经济发达之地位和时间上处于消费、和平之时代的现实需要，其切合的是此处此时的地势，以便让政策具有合理性。遵循上述三条原则，才能实现天、地、人和谐。

一、保持合理性：坚持以具竞争力薪金吸引贤能从政

合理性强调切合地势、脚踏实地，也要求新加坡政府在吸引贤能从政时不能仅用高调的口号号召，还要给予可以同私人部门抢人才的有竞争力的薪金（即高薪）。当然，当政府高官的高薪厚禄引发民众不满和批评，新加坡政府也会做出相应调整。这种调整本身就是适时而变的务实表现。2014年11月，李显龙在接受媒体专访时指出，人民行动党执政55年以来，一直都坚持打造一个廉洁透明的政府，但高薪并非新加坡廉政体系建设的原则。他说："原则上我们要求的是，实际的正确的薪水。我们要任人唯才、唯贤，选正确的人做正确的工作，最重要的工作必须由最能干、最可靠的人去办。"李显龙坦言，外界常认为公务员必须具有牺牲精神和献身精神，愿意不顾自己的利益，奋不顾身地勇往直前。这个观点虽然正确，但"我们也知道，这个是太平盛世，不是革命时期，所以大家都需要养家，大家都需要照顾自己的前途"①。为此，新加坡建立了一个务实的制度，以"实际的薪水"吸引人才，但同时也对他们的工作表现有严格要求，一旦触犯法律，将受到严惩。②

李显龙所谓的"实际的薪水"，就是让薪金制度体现务实原则，如务实地看待人性和政治职位：既看到人是社会人，也看到人是经济人；既看到政治是让人献身的志业，也看到政治是养家糊口的职业。李显龙所谓的"正确的薪水"，就是根据政治职位的责任、付出和贡献来确定薪金，以便让薪金与担任政治职位者承担的责任、付出的劳动和做出的贡献相符相称。以今天的眼光来看，曾经在新加坡宣扬并奉行的"高薪养贤，厚禄养廉"，也许说法过于高

---

① 高健康：《李总理：我国廉政模式不能用"高薪养廉"概括》，《联合早报》，2014年11月11日。

② 参见高健康：《李总理：我国廉政模式不能用"高薪养廉"概括》，《联合早报》，2014年11月11日。

调，俸禄过于优渥。但是，给予政治职位"实际的正确的薪水"，仍然是当今养贤、养廉的必要举措。为此，不妨将"高薪养贤，厚禄养廉"改进为"以薪养贤，以禄养廉"。这种转变既包括说法上更为低调，也包括俸禄上更多打折，从而让新加坡政治职位的薪金既在实际上更为正确，也在政治上更为正确。如果说，1994年进行的部长、高级公务员的加薪改革体现了"高薪养贤，厚禄养廉"的理念，那么2012年进行的政治职位的减薪改革，表现的正是"以薪养贤，以禄养廉"的精神。

（一）1994年加薪改革："以具竞争力薪金建立贤能廉正的政府"

1994年，新加坡政府向国会提交了《以具竞争力薪金建立贤能廉正的政府——部长与高级公务员薪金标准》白皮书，并获通过。这里所谓的"具竞争力薪金"，就是能从人才市场中抢到人才、留住人才的高薪厚禄；这里所谓的"建立贤能廉正的政府"，与前面的高薪厚禄联系起来理解，就是所谓的"高薪养贤，厚禄养廉"。白皮书认为，有资格成为部长或高级公务员的，应该属于那些有能力登上私人企业界顶峰的人。因此，部长和高级公务员的收入，应该与本地私人企业界的顶尖专业人士相比较，并跟私人企业界保持一致的进度。白皮书提出了部长与高级公务员薪金标准的具体方案。其要点如下：

1.政府根据私人企业中六个专业的收入，为部长和高级公务员制定两个薪金标准；

2.所选定的6个专业是银行家、会计师、工程师、律师、本地企业和跨国公司执行人员；

3.第一个薪金标准（特级一）是为部长和特级公务员而设。其方程式是从上述六个专业中，各选出最高薪的4人，然后以他们平均主要收入的三分之二，作为这一级的薪金标准；

4.第二个薪金标准（超级G）是为刚升上超级薪金制的公务员而设。政府将从年龄在32岁而又从事上述6个专业的人中，各选出收入排名在第15位者，然后以他们平均主要收入作为标准；

5.由于资料取自国内税务局，薪金标准其实落后私人企业界两年；

6.所调整的薪金都将纳入薪金中"非养老金"的部分；

7.第一个薪金调整将在1995年开始；

8.政府每五年就会对薪金标准进行检讨。

2000年,新加坡政府对实行了五年之久的上述薪金制度进行全面检讨后,进行了一些调整和改进。主要内容如下：

1.白皮书提出的薪金标准所选的最高薪者基础不够广,每个专业所选的最高薪4人可能不能完全代表有关专业的最高薪者,他们或许刚好在这一年收成特好,因此新标准将以6个专业中最高薪的8人为基础,使人数达到48人,以便更具代表性。

2.从原来的24人平均薪金,改为用48个人的中位数,也就是排名第24、25者的平均薪金。这样,将不会因为有几个人的薪金特别高而较倾向于一端,能使所使用的标准较稳定。

随着经济、社会的进一步发展,人民行动党政府认为,新加坡已经超越了"高薪养贤、养廉"的时代,进入到"高薪抢贤、保廉"的时代。为此,2007年4月,新加坡国会又为超级公务员和政治职务的薪金调整展开辩论,并对部长及超级公务员加薪25%,总统年薪增至约319万元,总理年薪增至约309万,国务资政和内阁资政年薪增至约304万,副总理年薪增至约245万,部长/高级常任秘书年薪增至约159万,高级行政官年薪增至约38万,国会议员年薪增至约22万,等等。①

表4-2　超级公务员和政治职务的薪金调整②

职衔或级别	2000年调整后			2006年			2007年调整后		
	月薪(元)	年薪(元)	排名#	月薪(元)	年薪(元)	排名#	月薪(元)(增幅)	年薪(元)(增幅)	排名#
总统	88200	2006000	57	99660	2551700	156	104840(5.2%)	3187100(24.9%)	90
总理	85300	1940000	63	96240	2464000	164	101680(5.7)	3091200(25.5%)	102

---

① 参见《部长及超级公务员加薪25%》,《联合早报》,2007年4月10日。

②《部长及超级公务员加薪25%》,《联合早报》,2007年4月10日。

续表

职衔或级别	2000年调整后			2006年			2007年调整后		
	月薪(元)	年薪(元)	排名#	月薪(元)	年薪(元)	排名#	月薪(元)(增幅)	年薪(元)(增幅)	排名#
国务资政	84600	2159000	41	95390	2680600	144	100110(4.9%)	3043300(13.5%)	108
内阁资政	84600	84600	41	94530	2656600	147	100100(5.9%)	3043000(14.6%)	108
副总理	65200	1665000	90	73470	2064700	249	80670(9.8%)	2452500(18.8%)	166
部长/高级常任秘书*	37900	968000	367	42790	1202600	769	5242(22.5%)	1593500(32.5%)	438
高级行政官**	17500	363000	>1000	17530	371900	>1000	17530(0%)	384000(3.3%)	>1000
国会议员	11900	176000		11920	175500		13200(10.7%)	216300(23.2%)	

说明：*特级一级，也称为MR4；**也称为SR9；#表示在全国首千名高薪者当中的排名

　　针对部长等人的薪酬与全国收入最高人士挂钩的薪金制度，反对党议员刘程强曾于2006年提出将他们的薪酬与收入最低人士挂钩的新方式。刘程强说，目前最低薪20%家庭平均月收入为800元，以此乘以100，部长月薪就是8万元。采取这种方式，新加坡部长将会有动力去提高低薪国人的收入。假设最低薪20%家庭平均月收入增加到1000元，部长月收入就增加至10万元。如果增长更多，部长的薪水也就越多。这样，当经济增长和人民生活更好时，人们就不会抱怨部长的薪水增加了。反之，如果经济表现衰退，低薪家庭平均月收入下调，部长的薪水也自动减少。由于人民行动党在2006年大选提出的竞选口号是"心连心，向前进"，刘程强借题发挥地说："这才是所谓的'心连心，向前进'，而不是人民行动党向前进，我们其他人心连心落在他们的后头！"①

---

① 《刘程强：部长薪水应与最低家庭收入挂钩》，《联合早报》，2006年5月5日。

(二)2012年减薪改革:"一个能干并具奉献精神的政府的薪金"

2011年5月举行的新加坡大选,行动党得票率为60.14%,成为1965年建国以来历次大选的新低。得票率降低的原因之一,也包括民众对政府高官高薪的不满。例如,工人党举行的群众大会上,一位参会的选民便头顶着写有如下诗歌的牌子:"部长薪水几百万,做满一届花不完;人民只得苦命干,手握铁锤跟他算。"诗歌之所以称"手握铁锤跟他算",是因为该选民支持的工人党的党徽有铁锤标志,其意是要将工人党候选人选入国会,为民发声。针对民众对高官政要高薪的不满,也为了能够在下次大选中挽回失去的选票,从而更大胜算地赢得大选,李显龙在2011年5月21日的新内阁宣誓就职典礼上宣布成立政治职位薪金检讨委员会。他说:"我们永远都需要有献身精神和能干的部长。政治不单单是一份工作或升职加薪,它是一种为新加坡服务的感召。"不过,李显龙也说,部长也应获得适当的薪水。这样,新加坡才能长期由一批诚实能干的领导人带领。①李显龙上述讲话的精神,在《一个能干并具奉献精神的政府的薪金》的薪金改革报告书标题中得到集中体现,即薪金改革虽然要让政治职位者体现"奉献精神",却仍要以能够吸引人才以组成"能干"政府为前提。李光耀曾说,便宜没有好政府。因此,给予政治职位者适当(也即较高)的薪水,是脚踏实地的理性考量。

为了让改革后的政治职位薪金在体现奉献精神的同时仍然具有竞争力,报告书建议,部长薪金的新基准是将新加坡公民中收入最高的1000人,取其收入中位数后再扣除40%所得到的数字。中位数是一组数据从小到大排列后位居最中间的数据。例如,101、111、198的中位数就是位居最中间的111,101、111、198、213的中位数就是位居最中间的两个数字的平均数,即(111+198)/2=154.5。中位数不同于平均数。平均数是一组数字的总和除以数字数量。仍以101、111、198、213为例,其平均数是(101+111+198+213)/4=

① 参见郭秀芳、王翊颍、周自蕙:《新加坡国小民寡,减薪逾30%会吓走人才?》,《联合早报》,2012年1月5日。

155.75。根据报告书建议的部长薪金的新基准，以薪阶为MR4级别的初级部长为例，其薪金将是1000名最高收入者的收入中位数的60%。也就是说，将新加坡收入最高的1000人按收入从少到多排列后，部长的薪水将是第500人和第501人薪水的平均数乘以0.6。这1000名人士的收入将由新加坡税务局提供，只包括新加坡公民，不包括永久居民和在新加坡工作的马来西亚人。而且，这些收入只限于上述人士的基本收入，包括月薪、花红、购股权、伙伴关系费用和佣金等，非赚取或被动收入如红利、租金和利息等将不包括在内。虽然购股权被算在内，但在购股权的所得中，只有50%会被统计在部长薪金当中。①

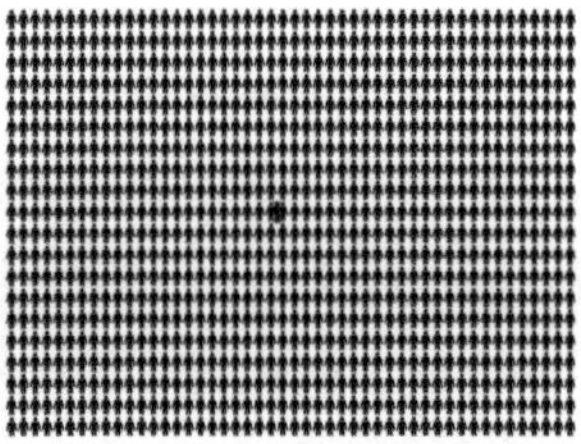

新的方程式：
收入最高1000名公民年薪的中位数，再扣除40%。

现有方程式：
从事六门行业（银行家、律师、会计师、工程师、跨国公司人员与本地制造业人员）的最高薪8人年薪的中位数，再扣除1/3。

图4-10　初级部长年薪标准新旧计算方式②

有关部长等政治职位的薪金基准应该以哪些人为参照范围的问题，存在着不同看法。有人建议，部长薪金可以采用新加坡人收入中位数的30倍或者最低10%、20%、30%新加坡人收入的中位数乘以更高倍数。对此，政治职位薪金检讨委员会未予采纳，理由是"这个基准与潜在的担任政治职务者的人才库没有直接联系"。其意是说，从人才分类的角度来看，担任政治职务者

①　参见《部长花红少13个月，以1000最高收入者中位数计算，部长薪金再打折40%》，《联合晚报》，2012年1月4日。

②　参见杨萌、蔡永伟等：《部长薪金基准参照范围扩大，从48人增至千名新加坡人》，《联合早报》，2012年1月5日。本图依照文中插图重新制作而成。

不能归于普通新加坡人甚至收入最低的10%、20%、30%一类，而应该归于收入排名前1000名的新加坡人一类。当然，报告书也认为，将政治职位薪金配套中的一部分与中等收入及较低收入水平联系起来，还是有益处的，因此建议把这部分的基准加入花红配套之中。也有人建议部长薪金可以采用市值超过10亿的新加坡公司总裁年薪中位数作为基准。报告书认为，由于这些公司的总裁人数很少，少数几个总裁的薪金波动会对基准带来很大影响。况且，这一基准考虑的职业也欠广泛，因此该建议未被采纳。①

报告书认为，以收入最高1000名新加坡公民的年薪中位数再扣除40%，作为部长薪金的基准，具有简单、透明和容易理解的优点。在如何制定恰当的薪金基准的问题上，政治职位薪金检讨委员会也曾考虑直接固定部长薪金、然后进行定期检讨的方式，但最后还是推荐部长的薪金继续和一个年度基准方程式挂钩。这将确保部长薪金保持竞争力，并能每年根据市场情况做出反应。②报告书强调，任何新基准必须反映出新加坡政府所需的优秀人才素质。这个基准将向潜在的担任政治职务者发出强烈的求贤信息，并保证薪金水平不会成为有才干的人争取政治职务的障碍。报告书建议，既然担任政治职务者可能来自各行各业，那么部长薪金的参照范围应当扩大。将基准的参照范围从48人扩展到1000人，既能降低基准的波动性，又可保持部长薪金和市场的联系。另外，原本基准的参照范围中包括新加坡公民、永久居民和在新工作的马来西亚人。新的参照范围则只包括新加坡公民。因为只有新加坡公民才能担任新加坡的政治职务，所以参照范围只包括新加坡公民，将能更好地反映担任政治职务者的遴选范围。③

为了让有能力的人加入政坛，并让他们在壮年时能担任职务和负起责任，有竞争力的薪金是必须的。报告书指出："我们不要人们只在经济上很富裕后才选择从政，或者是听其自然，而是希望会有足够的顶尖人才在高昂的

---

① 参见《若以外国政府为基准，委员会认为缺点不少》，《联合早报》，2012年1月5日。

② ③ 参见杨萌、蔡永伟等：《部长薪金基准参照范围扩大，从48人增至千名新加坡人》，《联合早报》，2012年1月5日。

机会成本面前还会挺身而出。"①虽然金钱绝不应该是任何人从政的动机,但其经济上的牺牲也不应该太大。如果牺牲太大,那些杰出及有献身精神的新加坡人,也可能不愿把人生最美好的年华奉献给政治活动。报告书说,从政是一种感召,也是一种荣誉,希望为民服务的人要对国家有责任感,也要有为民谋福祉的意愿。而一个国家要成功,就需要有才干的人愿意在黄金年华挺身而出。因此,"在制定薪金时,得考虑到我们希望吸引怎样的人才来治理国家,以及这些人决定从政所涉及的机会成本",还要看到那些"有意愿从政的人也得牺牲个人空间和隐私"。报告指出,有潜质的领导人需要时间累积经验及与民众建立默契;我们不能等到他们已建立足够经济能力及先照顾好自己和家庭需要后才从政。正因为如此,政府才会相信,应给予具竞争性薪金来吸引有才能的人认真考虑在黄金年华加入政坛并担任领导职务,而无须担心是否能应付家庭的经济需要或生活素质是否会锐减。②

在新的标准下,以2011年新加坡收入最高的1000名公民的收入情况为参照,初级部长的年薪为110万,这在全国收入排名中位列1400位。政治职位薪金检讨委员会领导余福金说,经过"折扣",初级部长的薪金将掉出全国收入前1000名,排在1400位。至于为什么是1000人和40%这两个数字,余福金说,这其实是参考多人意见采取的方式,并不是什么魔术数字。此外,除了薪金上做出牺牲,部长也必须做出许多个人牺牲,如个人的时间、隐私等。我们在探讨时,假设部长不担任这个职位,他所获得的薪金应该是多少。很多上市公司的总裁,年薪都超过200万元。担任部长所需的能力和所能发挥的影响不比这些上市公司的总裁低,甚至还要高。因此,相对来说,这个基准是比较低的。余福金说:"我们认为,110万这个数字,能够吸引人才之余,所做出的牺牲也在国人能够接受的底线之上。"③

报告书认为,对担任政治职务者奉献精神的预期以及薪水的折扣不适用于公务员及其他担任法定机构职务者和司法职务者。之所以如此,是因为担

---

①《若以外国政府为基准,委员会认为缺点不少》,《联合早报》,2012年1月5日。

② 参见《薪金检讨依三大原则》,《联合早报》,2012年1月5日。

③ 郭秀芳、叶炜娴等:《部长薪金建议出炉》,《新明日报》,2012年1月4日。

任政治职务者是经过选举产生，而其他人是在公共服务领域追求事业发展。国内外对这些人才的竞争非常激烈。新加坡不仅要有强有力的政治领袖，也需要得到能干的公共服务、国家机关和司法部门领导人的支持。因此，公务员、其他担任法定机构职务者和司法职务者的薪金必须具备市场竞争力。①

二、提高认受性：通过对薪金的可观打折体现奉献精神

认受性强调紧贴人心，也要求新加坡政府通过对政治职位的薪金给予可观打折来体现官员的奉献精神，并据此缓解民众对高官高薪的不满。新加坡在经济获得长足发展的情况下，仍然存在较大的贫富差距。新加坡人力部和统计局于2011年10月公布的数据显示，全职受雇新加坡公民的实际月收入中位数，2001年至2010年间每年平均增幅是1.2%；收入最低的20%的全职受雇新加坡公民，2001年至2010年实际月收入仅增加0.3%，每年增幅几乎是零。②在实际操作中，新加坡政府虽然不忘公平公正的大道理，但更强调增长发展的硬道理；虽然不忘扶贫济困，但更强调各取所值；虽然不忘分好蛋糕，但更强调做大蛋糕；虽然不忘增进凝聚力，但更强调加强竞争力。这势必造成国民的收入拉开差距，导致基尼系数一直偏高，例如多年以来新加坡的基尼系数常常都在0.45以上。较大贫富差距的长期存在，难免导致贫富阶层之间矛盾的存在与加深。

2009年初，新加坡报刊刊登了环境及水源部常任秘书的一篇2000字的文章。作者在文章中描述了自己于2008年底拿了五个星期年假，陪妻儿一家三口到巴黎投师著名烹饪学校参加密集课程学烧菜，带着满满的心得和体会回国。他也在文章里讲述了法国人对饮食的认真态度、法国餐厅的文化以及对巴黎新旧交错的感触。文中并没有明确说明课程花费，但编辑在刊登文章时，从烹饪学校的网站上查到每人学费15000元。按此标准，一家三口合计45000元。消息披露后，引来了网民的炮轰、民众的谴责和同僚的批评。

---

① 参见杨萌、蔡永伟等：《部长薪金基准参照范围扩大，从48人增至千名新加坡人》，《联合早报》，2012年1月5日。

② 参见《这笔账，怎样算？薪金结构考虑三大因素》，《联合早报》，2012年1月5日。

多数网民认为,高级公务员在经济艰难时期,无视面对裁员威胁的人民。这边叫大家勒紧裤带渡难关,那边却潇洒举家出游学烹饪。某网民认为:"表面上以烹饪课拉近亲子关系,但有人在为饭碗发愁的当儿,高级公务员却潇洒地享受假期,只能说'精英'离草根生活越走越远。"另一网民指出:"他说因为有好的团队支持,他这个'好领导'才可以拿长假。他是不是好领导,应该由别人评定,不是自己说了算!"在受访民众中,有人说:"儿女这阵子都在谈不被裁已是万幸,他作为公务员要体恤民情,我们俭朴谦虚的社会风气都不见了。"还有人说:"他一个人的半数学费,我就要好几个月才赚到,他在经济不景气时这么大手笔,叫人心里不是味道。"①民众的上述态度,反映了他们对高官高薪的不满。政治职位的过高薪酬,更可能影响大选时执政党的得票率。

(一)纾解民怨:对政治职位的年薪构成进行变革

为了纾解民怨,2012年薪金改革的核心内容就是降低政治职位薪金。实际上,通过对政治职位薪金进行打折来体现其奉献精神,是1994年开启的薪金改革乃至2000年、2007年进行的薪金调整所坚持的一贯原则。这次改革要对政治职位薪金的打折达到"可观"的程度,可以从初级部长年薪标准的新旧计算方式中看到如下变化:第一,部长薪金基准的参照范围从包括新加坡公民、永久居民和在新工作的马来西亚人缩小为只包括新加坡公民,从过去的六个专业中收入最高的前48名增加为新加坡公民中收入最高的前1000名;第二,打折幅度从过去的1/3扩增加到40%。

为了让新的薪金制度"有可观的打折",报告书还对政治职位的年薪构成进行了变革。报告书建议,部长的年薪将分为固定和可变动部分:固定部分是指12个月薪水和第13个月花红,可变动部分是指常年可变动花红、个人表现花红和国家花红。在旧薪金制度下,部长和总理除了享有第13个月花红和最多1.5个月的常年可变动花红外,还有相当于1个月薪金的特别津贴、2个月薪金的公共服务领导津贴、14个月的个人表现花红、8个月的国内生产

---

① 顾功垒:《高官奢侈游,反应两极化》,《联合晚报》,2009年1月20日。

总值花红,合计一年可领取12个月的薪水和27.5个月的花红。

    报告书建议,国家要员的薪金将主要同个人表现和社会经济状况挂钩,特别津贴与公共服务领导津贴也将被取消。除了保留第13个月的花红和最多1.5个月的常年可变动花红,个人表现花红和国家花红(取代国内生产总值花红)将分别限定在最多6个月。概而言之,他们一年最多可领取12个月的薪水和14.5个月的花红。新的薪金制度将初级部长(MR4级别)的年薪减至110万元(减幅37%)。不过,在这一级别中,资历较浅的部长的起步年薪是935000元。总理可选择委任起步阶段的部长作为代部长。这样一来,他的年薪将会是在MR4级别以下,即相等于高级政务部长的级别。[1]

表4-3　政治职位薪金检讨建议组成部分[2]

	成分	目前架构	修改后架构
固定部分	月薪	12个月薪金	保留
	第13个月花红	1个月薪金	保留
	特别津贴	1个月薪金	取消
	公共服务领导津贴	2个月薪金	取消
变动部分	常年可变动花红	0到1.5个月薪金,根据经济表现决定,一般都有1个月薪金。若经济表现优异,也可能发放一次性的特别可变动花红	保留
	个人表现花红	0到14个月薪金,表现良好一般可得9个月薪金,由总理评估后决定	0到6个月薪金,表现良好一般可得3个月薪金,同样因人而异,由总理评估后决定
	国内生产总值花红	0到8个月薪金,根据国内生产总值增长率2%到8%的范围决定,国内生产总值增长率少于2%没有额外花红,超过10%可得最高的8个月花红	由新设的国家花红取代

[1] 高健康、郭倩婷等:《政治职位薪金检讨委员会今早召开记者会宣布报告内容》,《联合晚报》,2012年1月4日。
[2] 参见高健康、郭倩婷等:《政治职位薪金检讨委员会今早召开记者会宣布报告内容》,《联合晚报》,2012年1月4日。本表依照文中图表重新制作而成。

续表

成分		目前架构	修改后架构
变动部分	国家花红	无	新设项目。0到6个月薪金，一般3个月薪金。根据4个指标决定：①实际收入中位数增长；②20%最低收入阶层的实际收入增长；③失业率；④实际国内生产总值增长。若达标则有3个月薪金；若超标，最多可得6个月薪金。

报告书建议，总理的年薪为初级部长（MR4级别）的两倍，即220万元。这比2011年的3072200元少了872200元，减幅达28%（若包括废除的养老金，减幅则达36%）。实际上，其他政治职务者的年薪都是以初级部长（MR4级别）的年薪为基准，再乘以不同的倍数而得出。例如，副总理的年薪是1.7倍，高级政务部长的年薪是0.85倍，如此等等。报告书也建议取消总理的个人表现花红，以较高的国家花红取而代之。之所以如此，是因为"没有人为他进行年度个人表现评估"。"如果国家花红的各项指标都达到，他可领取6个月国家花红；如果远远超标，他可以领取12个月国家花红。"[1]综上所述，调整之后，政治职位薪金变化如下：

表4-4 部长以上职务现有和调整后薪金[2]

等级	2010年总常年薪金	调整后总常年薪金	减少百分率	减少百分率（包括养老金）
总理	3072200元	2200000元	−28%	−36%
副总理	2437500元	1870000元	−23%	−31%
部长MR1级	2368500元	1760000元	−26%	−33%
部长MR2级	2145700元	1540000元	−28%	−35%
部长MR3级	1959700元	1320000元	−33%	−39%
部长MR4级	1583900元	1100000元	−31%	−37%

---

① ② 高健康、郭倩婷等：《政治职位薪金检讨委员会今早召开记者会宣布报告内容》，《联合晚报》，2012年1月4日。

表4-5 总统、议长和议员现有和调整后薪金①

等级	2010年总常年薪金	调整后总常年薪金	减少百分率
总统	3167500元	1540000元	−51%
国会议长	1172800元	550000元	−53%
副议长	96500元	82500元	−15%
议员	199200元	192500元	−3%
非选区/官委议员	30100元	28900元	−4%

(二)与民分忧:将国内生产总值花红改为国家花红

如果说,对政治职务的年薪构成进行上述变革是要纾解民怨,那么报告书建议将旧有的国内生产总值花红改为国家花红,即将担任政治职务者的花红与普通民众的收入和就业挂钩,则既可以与民分忧,也是在与民共乐。人们认为,旧有的以国内生产总值为标准的花红使得政府倾全力提高经济增长,从而富了最高收入人士,苦了中下层人民。在新的薪金结构下,总理和部长的国家花红可介于0到6个月,并取决于如下4个指标(每个指标各占国家花红的25%):

1.实际收入中位数增长:该指标跟踪了普通新加坡人的收入,采用实际增长率而非名义增长率,从而将通货膨胀的因素计算在内。

2.20%最低收入阶层的实际收入增长:该指标跟踪了低收入国人的收入增长,采用实际增长率的目的也是要将通货膨胀的因素计算在内。

3.失业率:政府的重要责任是确保国民有工作,以自给自足。因此,失业率提高,政治职位的薪金就应该降低。

4.实际国内生产总值增长:将旧有的国内生产总值花红改为国家花红,并让实际国内生产总值增长的花红只占国家花红的25%,让国内生产总值增长的花红在部长薪金结构中所占比重大幅减少。

于是,在新薪金架构下,部长花红将与新加坡公民收入中位数、低收入阶

①《从316万调至154万,总统减薪162万》,《联合晚报》,2012年1月4日。

层实际收入的涨幅、失业率和国家经济表现挂钩。①

通过上述挂钩,担任政治职务者所领取的年薪数目将可能出现三种情况:表现达标领取20个月薪金,表现超标可获26.5个月薪金,表现最差只得13个月薪金。以初级部长(MR1级)为例,上述三种情况所领取的薪金如下②:

1.表现达标情况下的薪金:若国家经济表现不错(新加坡人的实际工资中位数增幅和收入最低20%新加坡人的实际工资增幅为2%—3%,国内生产总值增幅为3%—5%,新加坡人的失业率为4%—4.5%),个人表现也不错,初级部长可领1100000元年薪。这包括12个月薪金和8个月花红,共计20个月薪金。8个月花红包括固定的第13个月花红、1个月常年可变动花红、3个月个人表现花红和3个月国家花红。

2.表现超标情况下的薪金:若国家花红的4个指标都远远超标(新加坡人的实际工资中位数增幅和收入最低20%新加坡人的实际工资增幅皆达到或超过4%,国内生产总值增幅达到或超过7%,新加坡人的失业率小于3.5%),个人表现极其突出,初级部长可获1457500元年薪。这包括12个月薪金和14.5个月花红,共计26.5个月薪金。14.5个月花红包括固定的第13个月花红、1.5个月常年可变动花红、6个月个人表现花红和6个月国家花红。

3.表现最差情况下的薪金:若国家经济低迷,国家花红的4个指标都不及格(新加坡人的实际工资中位数增幅和收入最低20%新加坡人的实际工资增幅皆小于0.5%、国内生产总值增幅小于2%,新加坡人的失业率达到或超过5%),个人表现差强人意,初级部长只能得到715000元年薪。这包括12个月薪金和第13个月花红,共计13个月薪金。所有的可变动花红,一概未得。③

---

① 参见《人民收入没实质增加部长花红也会受影响》,《联合晚报》,2012年1月4日。

②③ 参见高健康、郭倩婷等:《政治职位薪金检讨委员会今早召开记者会宣布报告内容》,《联合晚报》,2012年1月4日。

调整后的薪金结构

年薪
- 固定部分
  - ○ 12个月薪水
  - ○ 第13个月花红
  - ● 1个月特别津贴
  - ● 2个月公共服务领域袖津贴

  （股票）
- 可变动部分
  - 常年可变动部分　0—1.5个月
  - 个人表现花红　0—6个月，一般3个月　目前是0—14个月，一般9个月
  - 国家表现花红　0—6个月　目前是国内生产总值花红，0—8个月

国家表现花红四项指标，各占25%

计算方法

实际工资中位数增幅	20%最低收入阶层的实际工资增幅	失业率	实际GDP增幅	花红水平
<0.5%	<0.5%	5%及以上	<2%	0%
0.5%至<2%	0.5%至<2%	4.5%至<5%	2%至<3%	50%
2%至<3%	2%至<3%	4%至<4.5%	3%至<5%	100%
3%至<4%	3%至<4%	3.5%至<4%	5%至<7%	150%
4%及以上	4%及以上	<3.5%	7%及以上	200%

例如：
某年实际工资中位数增幅是0.5%，花红倍数=50%×0.25=A
20%最低收入阶层的实际收入增幅是0.4%，花红倍数=0%×0.25=B
失业率是3.8%，花红倍数=150%×0.25=C
实际GDP增幅是4%，花红倍数=100%×0.25=D
花红倍数=(A+B+C+D)=75%
国家表现花红75%×3个月*=2.25个月
（*3个月是计算国家表现花红的常数）

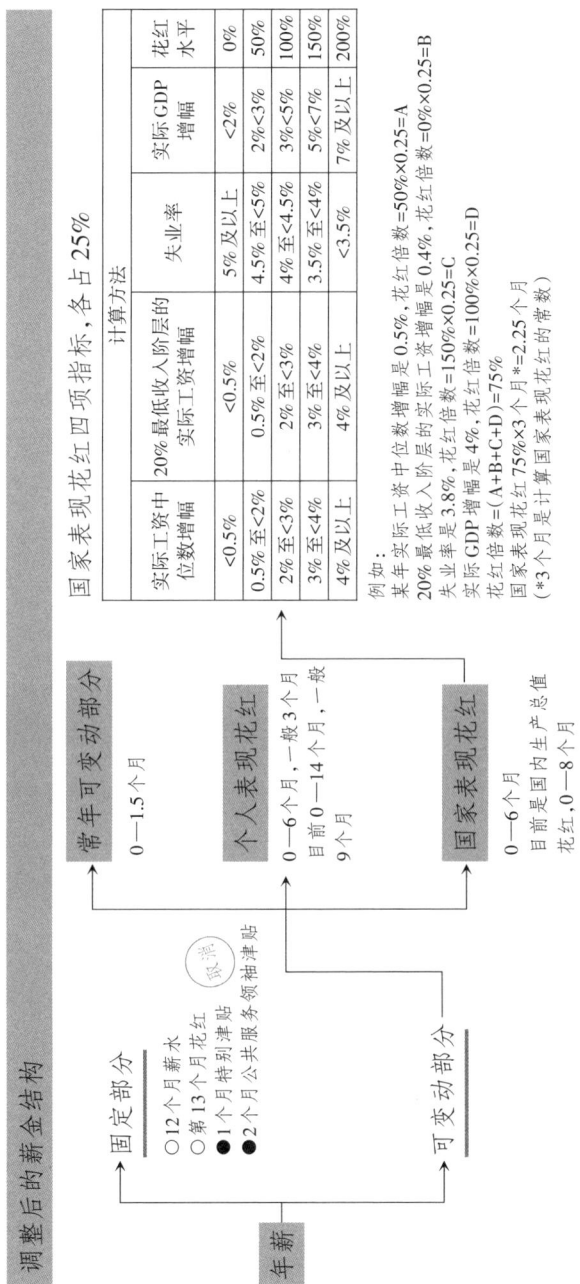

图4—11　调整后的薪金结构①

---

① 参见《政治职位薪金检讨委员会今早召开记者会宣布报告内容》，《联合晚报》，2012年1月4日。本图依照文中插图重新制作而成。

三、加强正当性：实行"裸薪"以减少隐收入

正当性强调坚守天理，也要求政府官员的经济收入公开透明。新加坡给予政府官员很高的显收入——即堂堂正正的薪金，却尽力减少乃至消除其他隐收入。2012年薪金改革的原则之一是实行"裸薪"，目的是要进一步减少隐收入，让担任政治职务者的经济收入尽可能地公开透明，以增进经济分配的公平公正，增强政治职位薪金制度的正当性。

（一）在政治职位的运用：以废除养老金制度为例

为了实行"裸薪"以减少隐收入，报告书建议对旧有的相关举措加以保留，又增加了一些新做法。保留的旧有举措包括：1.担任政治职务者无房屋、车子或税务津贴；2.除总统、国会议长有公务专用车外，其他政治职位都无公务专用车。即便是总统、国会议长的公务专用车，也必须缴付路税；3.即使拥有超过一个政治职衔，也只领一份政治职位薪金。增加的新做法包括：1.废除养老金制度；2.取消担任政治职务者特别津贴和公共服务领导津贴。

废除养老金制度是实行"裸薪"的重要举措。根据新加坡国会养老金法令，担任政治职务者（例如部长、政务部长）都能享有养老金，但必须服务至少8年才有资格领取。当初设立养老金制度，是为了认可担任政治职务者扮演的角色，肯定他们对国家政策带来的影响。此外，政策的持续也必须借助他们深厚的专长和长久的经验。报告书认为，很多国家基于舆论压力或政治局限，无法为政治人物提供具有竞争性的薪金，而是附加了许多其他方面的福利和津贴，使得整个薪金配套缺乏透明度，也给监控和问责带来一定困难。[①]有鉴于此，报告书建议废除政治职位的养老金制度。报告书解释说，虽然其他国家担任政治职务的人都有养老金计划，但新加坡的公积金制度是全国性的养老金计划。废除养老金制度，将有助于加强"裸薪"原则。这样，担任政

---

① 参见《薪金检讨依三大原则》，《联合早报》，2012年1月5日。

治职务者除了薪金之外，将没有其他福利，如房屋或供个人使用的车子等。①

报告书建议，在2011年5月21日及之后担任政治职务者，将不会获得养老金。在2011年5月20日及之前便已经担任政治职务者，其养老金将从5月20日起被冻结。这意味着他们退休时所能领取到的养老金，是以2011年5月20日之前所累积的数额来计算。在原有制度下，担任政治职务者只要服务至少8年，便能在满55岁时开始提取养老金。报告书也建议，被冻结的养老金只能在担任政治职务者引退或从政治职位上退休后方能领取，而不是在55岁时提取养老金。在现有的议员当中，有不少人担任多个职务，如尚穆根是外交部部长兼律政部部长，李奕贤是贸易与工业部政务部长兼国家发展部政务部长；许连碹博士既担任卫生部政务部长，也兼任西南区市长。由于政府推行"裸薪"制，部长即便身兼两个或两个以上职位，也只能领取一份薪水。

（二）在公共服务部门的运用：以取消免费停车为例

2012年薪金改革强调遵循的"裸薪"原则不仅运用于政治职务者，也推广到公共服务部门的公职人员（公务员）。2015年新加坡审计署报告反映，新加坡理工院和工教院向教职员提供免费或低于停车市场价的停车费。这在公共服务部门的"裸薪"准则下，等同于提供"隐津贴"。于是，教育部与公共服务署、财政部就如何为使用学校停车场的教职员制定一个适当的安排进行了讨论。讨论之后的看法是，由于多数学校附近都有收费停车场，而学校停车场却只供教职员和特定访客使用，不开放给一般公众，因此，允许教职员免费停车的现有做法涉及"应缴税利益"（taxable benefit）。为遵照公共服务署的"裸薪"准则，将向学校教职员收取适当的停车月票收费。每月的停车月票费将从教职员的薪水扣除。如果教职员在特定月份不需要停车位，可要求退出，不付月票，退出时间至少两个月。但他们之后要继续使用月票得重新申请。②

---

① 参见《部长薪金建议出炉》，《新明日报》，2012年1月4日。

② 参见胡洁梅：《中小学和初院教职员8月起须付校园停车费》，《联合早报》，2018年3月27日。

2018年3月底，教育部宣布，从当年8月1日开始，将对该部下属中小学和初级学院的教职员收取校内停车费。届时，校内有盖停车场的停车月票是100元，露天停车场的停车月票是75元，收费大概是政府组屋停车场非居民收费的三分之二。例如，建屋局下属露天停车场针对非居民的月票是90元，一年等于1080元。由于学校假期期间的露天停车场月票是15元，有盖停车场月票是20元，因此一整年下来，包括平时和假期，开车的教职员总共须支付720元（露天停车场）或960元（有盖停车场）停车费。教职员在上班地点缴付停车费后，为了工作走访其他学校时，无需再缴付停车费。电单车骑士有另一套收费。停车收费归入学校资金。

当教育部正在考虑向教职员征收停车费的消息披露后，就曾引起坊间舆论。反对者认为，教师工作时间长、开车到校能减少他们的通勤时间，应为他们保留停车福利；支持者则认为，教师也是公务员，当局应"一视同仁"。①而当有关决定在2018年3月底宣布之后，更是引发了持不同观点的各界人士议论。与此相关的一名教师无奈地表示说："学校停车场与一般商用停车场不同，既然当局说是为了符合公共部门的原则，我们也只能接受。"而"事不关己"的民众也纷纷为老师打抱不平。许多人认为，每一行业都有自己的苦与乐，也有不同的付出和所得，为什么要如此计较？有文章分析指出："如果说时间的付出难以衡量，那就说可以计算的金钱好了，教师除了自费购买消耗量巨大的文具（主要是原子笔），很多时候还自掏腰包制作教材教具、课室布置材料，还会花钱买贴纸礼物作为奖励，甚至请学生吃饭，有时还得在课后使用手机与家长和学生沟通（教师没有电信津贴）。如果要计较所谓的隐藏福利，那诸如上述的隐藏付出，是不是也应该报账由教育部买单呢？"②有感于民众的上述舆论，有时政评论家指出："人们为教师抱不平的现象至少让我们看到，社会上还对为人师者存有一份崇高敬意。事件主角若换作是其他公务

---

① 参见胡洁梅：《8月1日起教职员须付校园停车费》，《联合晚报》，2018年3月26日。
② 兰陵生：《学校收取停车费是划一做法，还是双重标准？》，新加坡红蚂蚁网，2018年3月27日。

员，我们也许反而会听到一片叫好声，说这样做才算'公平'。"①

2018年5月中旬，议员谢健平在国会举行的政府施政方针辩论中指出，基于"裸薪"准则而对学校教职员收取停车费，似乎意指老师们过去一些年来都享有隐藏的优惠。这是可笑且侮辱老师的做法。他表示，许多老师都会自掏腰包买贴纸给学生，或顺道载学生上课，老师们都是不求回报的。因此，向老师收取学校停车费的做法，属于在利益上过于计较，从而让生活失去意义。②针对上述观点，教育部部长王乙康在脸书上做出解释。他首先感激谢健平声援教师们，并同意不可以纯粹从经济角度来看待所有课题。王乙康指出，绝大部分的公共服务如国防、教育、住房、外交政策和土地规划等都是以公众利益为主，不是从经济角度出发的。但是，新加坡的治理体系也很注重制衡。他说，审计署在几年前就指出，在教育机构内的免费停车为员工带来福利，这违反了公务员的"裸薪"准则。"虽然这个结论有违教育部多年来的做法，但我们必须尊重我们的内部制衡系统，我们不能选择要遵从哪一个结论，所有的制衡结论我们都认真对待。这是维护自律的价值。"他强调，教育部花了很长时间与教育人员讨论与寻求谅解，最终决定遵从审计署的结论，不能只让驾车的教师受益。再说，免费停车也与其他政府部门的做法大相径庭。王乙康也说，虽然向教师们收取停车费，但教育部还是很感激教师和教职人员的付出。

教育部向教职员收取校园停车费的决定在广受议论之后，部分网民进而对议员执行公务或进行社区工作时是否有免费停车福利提出质疑。针对有关质疑，国家发展部发言人6月25日在回复媒体询问时说，为方便议员执行职务，只要他们支付停车年票，就可在执行公务时把车停放在全岛任何建屋局的停车场，并且也能抵消他们到国会大厦办公时的停车费用。议员支付的停车年票，刚在前年从260元调高至365元。发言人说，由于议员没有在选区内的建屋局停车场全天停车或停过夜，他们支付的停车费是现有建屋局停车月票收费的约三分之一。发言人也说，非选区议员和官委议员无法申请上述

---

① 严孟达：《大道理与小论述》，《联合早报》，2018年7月7日。
② 参见《王瑞杰：第四代领导团队与国会议员将与各阶层国人展开对话》，《新明日报》，2018年5月19日。

停车年票。另外，国家发展部会继续根据建屋局现行停车收费率检讨和更新议员支付的停车年票收费。公共服务署发言人受询时说，在公共服务部门的"裸薪"准则下，所有公务员必须在自己办公的场所支付停车费，以确保他们没有获取任何隐藏津贴。①

　　国会议员每年支付365元的停车年票就可在执行公务时把车停放在全岛任何建屋局停车场的消息披露后，民众的反应是：月薪过万的国会议员，每天的公务停车费用只需一块钱？为何教职员也是公务员就享受不到同等福利？有网民嘲讽道："原来我们的国会议员们都是穷苦人家，所以政府才需要接济议员们的停车费用。"另一位网民则指出："议员去各个选区和国会大厦执行公务，说白了不就是正常上班吗？既然是正常上班，不就应该支付正常停车费？""我们上班，将车子停在办公大楼的停车场也必须支付全额停车费……我们也没有在办公室过夜啊……"②

　　看来，国家发展部所说的"议员没有在选区内的建屋局停车场全天停车或停过夜"便只需支付365元停车年费的理由，的确不够充分。议员在执行公务时把车停放在全岛任何建屋局的停车场（还可以在办公时停在市中心的国会大厦停车场），相当于教师上班时到所在学校停车。教师也没有在校园里全天停车或停过夜，但开车的教职员在所在校园停车则总共须支付720元（露天停车场）或960元（有盖停车场）停车费，前者接近议员停车年票的2倍，后者接近3倍。由此算来，议员少交的部分，就可视为其获得的隐藏津贴。这就难怪有人会说，在收取停车费的问题上存在双重标准，新加坡公共服务部门倡导实施的"裸薪"制度也有着改进完善的必要。

　　回应民众有关议员停车费用的上述质疑，新加坡国会及有关部门进行了相应的制度改革。2018年11月30日，国会秘书处向全体议员发出通知，从2019年起正式当选的议员到选区执行公务时，将按计时方式支付组屋停车

---

① 参见许翔宇：《车子停建屋局和国会大厦停车场，议员须支付365元年票》，《联合早报》，2018年6月26日。
② 张丽苹：《国会议员公务停车费一年支付365元，网民疾呼不公平》，新加坡红蚂蚁网，2018年6月26日。

场费用。不过，他们仍旧可以把车子停在任何一个停车位，包括保留给月票持有者的红色停车位。另外，包括选区议员、非选区议员和官委议员在内的所有议员，都可申请国会大厦的停车年票，费用为每年250元。这张停车年票将允许议员在国会大厦执行公务时停车。[①]

　　综上所述，通过薪金改革，新加坡政治职位薪金虽有较大幅度降低，但是由于其基数很大，改革后的新加坡总理、部长等人的薪金仍是世界第一。例如，李显龙总理的年薪在减少到220万元后，仍然是美国时任总统奥巴马的4.2倍，更是印度总理辛格的46.6倍。因此，新加坡"高薪养廉"的政策并没有根本改变。不过，新加坡政府声称，由于美国总统拥有空军一号专机和戴维营总统度假胜地，一些发展中国家的官员则有很多灰色收入，而新加坡官员是"裸薪"，没有特权和灰色收入，所以其官员实际收入并不像人们看到的那样是世界最高。

　　毫无疑问，高薪厚禄并非养贤、养廉的充分条件——因为人的欲望没有止境，必须辅以配套的其他制度才能保证政府的廉能。但是，适当的薪金又是养贤、养廉的必要条件——因为悬之于头顶的境界并不是践之于足下的现实；相反，必须立足现实，才能不断提升人生的境界。笔者曾将新加坡廉洁体系归纳为"以德倡廉，使人不想贪；以薪养廉，使人不必贪；以规固廉，使人不能贪；以法保廉，使人不敢贪"。上述四个方面相辅相成，不可或缺。例如，光有使人不想贪的道德不行，因为良心不一定靠得住；光有使人不必贪的高薪也不行，因为人可能会放纵欲望；光有使人不能贪的防范措施不行，因为上有一个政策，下有百个对策，政策赶不上对策；光有使人不敢贪的惩罚也不行，因为人的贪欲就如马克思所说的资本："如果有10%的利润，资本就会保证到处被使用；有20%的利润，资本就能活跃起来；有50%的利润，资本就会铤而走险；为了100%的利润，资本就敢践踏一切人间法律；有300%以上的利润，资本就敢犯任何罪行，甚至去冒绞首的危险。"[②]

---

　　① 参见陈可扬：《明年起议员到选区执行公务将按计时付组屋停车场费用》，《联合早报》，2018年12月1日。

　　② ［德］马克思：《资本论》第一卷，人民出版社，1975年，第829页。

第二节　政治改革:制度公平、强大政府和多元声音如何协调?

　　为了顺应时代变化和回应国民对更多政治参与及制衡的要求,李显龙总理在2009年5月向国会宣布,政府决定推行旨在使新加坡选举制度"更加平衡"的政治改革。国务资政吴作栋强调政治改革所应遵循的如下三大原则,可以视为实现选举制度"更加平衡"的具体要求:第一,政治改革后的选举制度必须公平对待所有参加选举的政党。这就是说,有关变革绝不可偏袒任何一个政党,让它在日后参加选举时突然享有其他政党所缺乏的某种优势。第二,政治改革必须确保新加坡经过大选后能选出一个强而有力及效率高超的政府去治理国家。这就是说,新加坡的选举制度不应造成选举之后出现一个无法做出决定的软弱国会,各政党被迫组织联合政府。软弱国会和联合政府将导致政治不稳定,让新加坡失去政治稳定这一长期以来被跨国企业认定的重要优势。第三,政治改革必须使国会出现各种不同意见,包括能代表反对党的观点。①

　　上述第一条原则所说,政治改革后的选举制度必须公平对待所有参加选举的政党,强调的是制度的正当性,是坚守天理的要求;第二条原则所说,政治改革后的选举制度必须能够选出一个强而有力及效率高超的政府去治理国家,强调的是制度的合理性,是切合地势的考量;第三条原则所说,政治改革必须使国会出现各种不同意见,强调的是制度的认受性,是紧贴人心的举

---

① 参见周殊钦:《吴资政:政府正检讨政治制度顺应时代变迁》,《联合早报》,2009年5月25日。

措。综上所述，政治制度的"更加平衡"，就是要实现正当性（坚守天理）、认受性（紧贴人心）、合理性（切合地势）的协调均衡。三者平衡，"天地人和"。2010年4月下旬，新加坡国会通过了新加坡共和国宪法（修正）法案及其相关的国会选举（修正）法案。上述法案的通过，一定程度地落实了有关政治改革上述三大原则。

一、增进正当性："公平对待所有参加选举的政党"

新加坡国会于2010年通过的宪法（修正）法案和选举（修正）法案对选举制度进行了一定程度的改革。选举（修正）法案规定：缩小集选区规模，并减少6人集选区的数目，同时把单议席选区数目从目前的9个增至12个。改革之后的集选区竞选团队结构的情况如下：3至6人集选区规定不变；缩小集选区规模，减少6人集选区数目；将有更多小规模集选区；集选区平均人数不应超过5人。

2016年1月27日，李显龙在参加感谢总统施政方针演说的辩论中进一步指出，在过去两届大选中，新加坡已将集选区规模缩小，并增加了更多单选区。距离下届大选虽然还有较长时间，但李显龙表示，到时仍会指示选区范围检讨委员会继续减少集选区的平均议员人数，并划出更多单选区。上述改革较之先前更能体现公平对待所有参选的政党的原则，让选举制度朝着有利于扩展反对党发展空间的方向进行了一些松动，目的是要让制度更有正当性。

1981年，反对党成员惹耶勒南在安顺选区补选获胜。新加坡国会在连续几届没有反对党议员之后，又有了一个反对党议员。此前，新加坡实行的是单选区制，即一个选区只选举一个国会议员的制度。一般来说，每个族群的选民大多倾向投票选举本族候选人。新加坡是一个华人占据人口大多数的多元种族国家，华人在每个选区也都占据人口多数。于是，在一个选区选举一个议员的单选区制度下，少数种族的候选人要当选议员相对较为困难。为了平衡和保障各种族的政治权益，李光耀于1982年提出了"国会议员双人集体当选制"的构想，即在一些指定的选区，候选人必须是两人一组参加竞选，而其中一人必须是马来人，选举最终结果是两人一起当选或落选。上述制度可以确保国会议员中不会没有马来人。由于有人担心这种选举制度将损害马来人的自尊心、自信心，上述构想便被搁置而未予采纳。

1984年大选之后，选民投票选举本族候选人的倾向愈发明显。针对上述情况，人民行动党宣称，必须保障少数种族权益，确保国会中有一定数量的少数种族议员，确保所有政党都会考虑到少数种族利益，追求多元种族政治。于是，在人民行动党主导下，国会在1988年通过宪法（修正）法案，规定国会有权立法实行集体当选制度。从此，新加坡国会选举便实行单选区和集选区并行的制度。

集选区是集体代表选区的简称，由相邻的几个单选区合并而成。新加坡的选举制度把全国的选区区分为单选区与集选区两类。单选区中各党提名单一的候选人参加竞选；集选区的人口与幅员相当于几个单选区，因此由各党选出3到6人的一组候选人参加竞选。在集选区，选民不能选举单一的候选人，只能选举一组候选人。得票最高的一组候选人当选，共同进入国会。换句话说，在集选区，只要某个政党的竞选群体在选举中获得简单多数，该党就可以取得国会中相应的3到6个席位。按照当时的法律规定，集选区竞选团队的结构要求如下：竞选集选区议席的候选人必须以3至6人组成一队；每一个集选区必须至少有一名属于少数族群的候选人；每一队之成员须属于同一政党，或同属独立人士。在以后历次大选中，集选区制的具体规则又被不断修改，但基本原则不变。

在单选区，参选政党只要有一个优秀的候选人，就可能赢得这个选区的选举；在集选区，必须有多个优秀的候选人，才能赢得这个选区的选举。由于新加坡反对党力量相对较弱，较难寻找到多个优秀人才参加竞选，所以集选区制度客观上有利于力量强大的人民行动党。而且，长期执政的人民行动党还可以在每个集选区让一位原本担任内阁部长的候选人领衔参选，从而产生"燕尾效应"，即一位具有号召力的候选人，有如身穿燕尾服的知名人士，与他同一个集选区的其他相对无名的候选人，就可能拉着他的衣尾"扶摇飞升"。于是，在这位声名显赫的前内阁部长（大选胜利后仍将担任内阁部长）的带领之下,一些刚刚参选的缺乏名气的本党候选人也就容易借势获选。有人认为,实施集选区制度而未搭配其他措施(如比例代表制),其结果可能会扭曲民意,使反对党无法将得票率转化为席次。

表4-6 各政党大选成绩比较[①]

	1988		1991		1997		2001	
	赢得议席/竞选议席	得票率%	赢得议席/竞选议席	得票率%	赢得议席/竞选议席	得票率%	赢得议席/竞选议席	得票率%
人民行动党	69/70	63.2	36/40	61	34/36	65	27/29	75.3
工人党	0/32	38.5	1/13	41.1	1/14	37.6	1/2	39.3
新加坡民主联盟	—	—	—	—	—	—	1/13	27.6
新加坡民主党	1/18	39.5	3/9	48.6	0/12	33.1	0/11	20.4
民主进步党	—	—	—	—	0/2	12.3	0/2	14.3
新加坡人民党	—	—	—	—	1/3	27.2	—	—
国民团结党	0/8	34.6	0/8	37.9	0/8	30.1	—	—
新加坡正义党	0/8	26.2	0/4	22.8	—	—	—	—
新加坡马来	0/8	16.6	0/4	16.9	—	—	—	—
革新党	—	—	—	—	—	—	—	—
国人为先党	—	—	—	—	—	—	—	—
人民力量党	—	—	—	—	—	—	—	—
民主机构·独立人士	0/4	22	0/1	14.7	0/1	14.1	0/2	9.9

[①] 参见《李总理与尚达曼各司其职取佳绩》,《新明日报》,2015年9月12日。本表依照文中图表重新制作而成。在1991年、1997年、2001年、2006年四届大选中,人民行动党赢得议席的数量与其在国会中占据议席的数量相差甚多,人民行动党竞选议席的数量也与国会全部议席的数量相差甚远。之所以如此,是因为人民行动党赢得议席、竞选议席的数量,都不包括该党不战而胜地取得议席的数量。原来,在上述四届大选中,反对党主动退出一半以上(或接近一半)的议席的竞选,从而在提名日当天,故意让人民行动党在没有对手的情况下不战而胜地赢得多数议席(或接近多数议席)。这时候,其余选区的选举就基本失去了决定哪个政党执政的意义,而只有决定哪个候选人当选的意义。于是,大选沦为"补选"。这就是反对党变大选为"补选"的策略。在这种策略下,那些既希望人民行动党稳操执政大权,又希望国会中多一些反对声音的选民,就可以不必担心人民行动党输掉大选,从而在其余选区放心投票给反对党。反对党的上述策略在1991年的大选中颇有成效。它使得反对党赢得了自社会主义阵线退出以来数量最多的4个议席。

续表

	2006		2011		2015			
	赢得议席/竞选议席	得票率%	赢得议席/竞选议席	得票率%	赢得议席/竞选议席	得票率%		
人民行动党	45/47	66.6	81/87	60.14	83/89	69.86		
工人党	1/20	38.43	6/23	46.60	6/28	39.75		
新加坡民主联盟	1/20	32.52	0/7	30.06	0/6	27.11		
新加坡民主党	0/7	23.23	0/11	36.76	0/11	31.23		
民主进步党	—	—	—	—	—	—		
新加坡人民党	—	—	0/7	41.42	0/8	27.08		
国民团结党	—	—	0/24	39.25	0/12	25.27		
新加坡正义党	—	—	—	—	—	—		
新加坡马来	—	—	—	—	—	—		
革新党	—	—	0/11	31.78	0/11	20.6		
国人为先党	—	—	—	—	0/10	21.49		
人民力量党	—	—	—	—	0/4	23.11		
民主机构·独立人士	—	—	—	—	0/2	10.64		

　　由于人民行动党在总体上得到多数民众的拥护,因此集选区的范围越大,选民人数越多,人民行动党获胜的机会就越大。极而言之,如果整个新加坡成为一个巨大型集选区,本着赢家通吃的原则,占据优势的人民行动党就能够赢者全赢地囊括所有议席,整个国会就会出现只有人民行动党议员的局面。以上假定是从空间的扩大上加以设想的。其实,空间的扩大也可以由时间的延长来替换。打一个更为浅显的比方,由于中国的乒乓球水平在世界上占据绝对优势,所以每局分数越多(时间相应更长),中国队赢得该局的可能性就越大;每局分数越少(时间相应更短),则中国队赢得该局的可能性就越小。正因为如此,为了限制中国队,国际乒联将过去的每局21分制改变为现在的11分制。这就是说,当每局的分数越少时,偶然性就增大,弱队赢得某局比赛的可能性也就增加。极而言之,如果每局只有一分,则一个乒乓球水平很低的人也可能在某一局中战胜世界排名第一的乒乓球选手。因为如果

这名水平很低的乒乓球选手恰好发了一个擦边球，则很可能排名第一的选手也接不到球，从而输掉该局。反之，假定实行每局100分制，在正常情况下，水平很低的选手要战胜世界排名第一的选手，其可能性应该为零。

2009年5月，李显龙在国会中提出的政治改革宣示中，提议把单议席选区数目增加到至少12个，并且有意识地让集选区的规模缩小。对此，工人党主席林瑞莲表示，工人党欢迎把单选区从8个增加至12个，认为这是迈向正确方向的一步，因为工人党的立场仍然是主张把选举制度回复到原先的所有选区都是单选区制度。林瑞莲指出，人民行动党的论点是集选区制度能确保少数种族在国会的代表。不过，新加坡在实行集选区制度之前，已经有少数种族参选者在单选区制度下获选进入国会。这包括人民行动党的部长与议员，以及已故工人党秘书长惹耶勒南。因此，缩小集选区规模，是"迟到"的改变。她表示，这些改变将降低选举竞争的门槛。由于反对党曾放弃参选一些集选区，使得该选区的人民行动党参选人在不用选民投票的情况下不战而胜，所以林瑞莲也认为，增加单选区数量也能让更多选民有机会投票。林瑞莲说："总的来说，我的印象是执政党现在发现它已经过度推行集选区制度，而这已影响到它的议员的政治发展。执政党或许也发现，反对党没落对人民行动党和新加坡都不是什么好事。"①

民主联盟议员詹时中（波东巴西单选区）曾在2009年5月的国会辩论中建议政府废除现有的集选区制度，或者以两人集选区的形式取而代之。詹时中认为，集选区制度应局限在20个两人集选区。这样，以目前的国会席位来计算，填补剩余40个议席的将是单选区议员。两人集选区应由一名华族议员和一名来自其他族群的议员组成。这个做法的好处是更能确保国会取得最理想的代表性。②此外，团结党还吁请政府把集选区回复到最初的3人议席集选区，单选区则应该进一步增加，占国会议席总数的至少三分之一。它也认为政府应该把每名候选人的竞选按柜金减至人们较负担得起的5000

---

① 周殊钦、吴淑贤等：《维文：修订选举条例并非为让行动党继续执政》，《联合早报》，2009年5月29日。

② 参见《受访学者：政改应会受反对党欢迎》，《联合早报》，2009年5月28日。

元，以鼓励更多人参选；此外，也应该在大选前至少6个月公布经划定后的选区划分详情，以提高大选的透明度。①

为了回应反对党人乃至公众的上述要求，新加坡国会于2010年通过的宪法（修正）法案使得集选区规模缩小，单议席选区的数目增至最少12个。宪法（修正）法案公布后，无论是关注政治或对本地政治冷漠的新加坡受访公众都认为，上述改革在一定程度上让新加坡人对政治产生了更多兴趣，至少让下届大选更有看头。此前，集选区少有反对党参加竞争。在这些没有反对党参选的集选区，人民行动党团队就在提名日自动当选。这也导致这些集选区居民往往在达到有权投票的年龄之后的多届大选都没有投票机会。

截至2009年，当时36岁的荷兰-武吉知马集选区居民陆丽珊从来没在国会选举中投过票。她坦言，多年前曾觉得很愤慨，认为新加坡政治永远都是一面倒，现在她已认命。但是，这次政治改革却让她开始期待下届大选。她说："我的选区应该不会变成单选区，可能也不会有挑战者，但我觉得其他选区出现竞争的概率大大增加了，这会让整体选情更扣人心弦。"②还有人说："开放更多席位给反对党议员是好事，因为这会营造更热烈的讨论。我希望改革后不会每次出现'人民行动党说了算'的局面。增加单选区也有正面意义，执政党和反对党之间会有更多'单挑'的机会，这对反对党来说比较公平。"③

英文单词Party（政党）是以意为"部分"的Part为词根。按照这一词根透露的政党属性，政党行为总要考虑作为"部分"的本党的自身利益。记者游润恬曾在《联合早报》发表过如下言论："无论是执政党还是反对党，它们最关心的还是争取越多国会议席越好。所谓推动民主进程，只是漂亮的糖衣。"④的确，"执政党主动改变制度，增加反对声音的空间，是很少见的。哪有要执政党为反对党开桥铺路、帮助对方成长的道理？但是过于强势的执政党，完全依赖自我约束机制，缺少有效的督促、批评和激烈的选战磨砺，

① 参见《国民团结党：政府怕输掉大集选区》，《联合早报》，2009年5月31日。
② 《受访公众：下届大选将更有"看头"》，《联合早报》，2009年5月29日。
③ 《政治网站：只是表面动作获利的还是执政党》，《联合早报》，2009年5月29日。
④ 游润恬：《国会侧记》，《联合早报》，2010年4月27日。

长远来看也不是好事，民意也呼吁有更多声音的参与。执政党要如何在维护政党利益与回应民众需求、以及国家长远发展之间取得平衡，就成了一种拉锯。"①

进一步说，执政党执掌着公共权力。公共权力是一种在社会矛盾中产生、又凌驾于社会之上的力量。公共权力的公共属性，要求执掌了公共权力的政党（执政党）必须努力挣脱"部分"的羁绊，以公共利益为依归，以代表公共利益的面目出现。长期执政的人民行动党的领导人就曾强调该党不是代表某部分新加坡人的利益，而要代表全体新加坡人民的利益。针对记者游润恬在《联合早报》上发表的有关言论，时任律政部部长兼内政部第二部长的尚穆根在国会发言中回应说，政府改革选举制度的目的，是为了让新加坡一直都有个廉洁而强大的政府，能良好地治理国家，从而保障国人的长远利益。而考虑到国人希望有多元化的政治观点，包括有人在国会里表达反对的意见，政府也决定扩大并深化现有的非选区议员制度和官委议员制度。解读尚穆根的上述回应，是说人民行动党政府的改革举措，并不是考虑一党之利，而是着眼国家和人民利益。②

需要说明的是，在上述政治改革完成之后的2011年大选中，反对党参加了除李光耀所在的丹戎巴葛集选区以外的所有选区的竞选，并首次赢得了一个集选区；在2015年举行的大选中，反对党参加了所有选区的竞选，并守住了上届大选赢得的集选区；在2020年的大选中，反对党参加了所有选区的竞选，并赢得了两个集选区。实际上，随着时代的变化，反对党的参选人员也越来越优秀，集选区的"燕尾效应"不仅可以出现在执政党团队，也可以出现在反对党团队。例如，工人党团队之所以能够在2011年赢得阿裕尼集选区，在2015年守住该集选区，就因为该团队拥有深得民众好评的工人党秘书长刘程强领衔，有颇具人气的党主席林瑞莲的辅助，又有拥有哈佛学士、牛津硕士和斯坦福博士的亮眼文凭的陈硕茂加入。在他们三人的耀眼光环下，该团队

---

① 周兆呈：《过程的开放也很重要》，《联合早报》，2009年5月31日。

② 参见《尚穆根：塑造议会民主，建立可靠政治制度，选举制度改革着眼长期发展》，《联合早报》，2010年4月28日。

的其他人员也因此可以"借光"当选国会议员。

二、增加认受性:"使国会出现各种不同的意见"

新加坡国会于2010年通过的宪法(修正)法案及其相关的国会选举(修正)法案包括与非选区议员、官委议员相关的如下内容:

第一,此前的宪法规定,非选区议员人数最多可有6名;国会选举法则规定,国会在每一次大选之后,如有少于3名反对党议员当选,就必须委任得票率最高的落选反对党候选人为非选区议员,人数加上当选的反对党候选人,以3人为限。不过,总统在政府宣布解散国会之后,可下令委任最多6名落选的反对党候选人为非选区议员。2010年国会通过的宪法(修正)法案及其相关的国会选举(修正)法案则规定,在没有反对党人当选为议员的情况下,由落选的反对党候选人出任的非选区议员人数,从此前宪法规定的最多6名及国会选举法规定的至少3名,增至最多9名。这将确保国会未来即使在不足9名反对党候选人当选为议员的情况下,仍有多达9名反对党议员。为更贴切地反映新加坡选民的意愿,宪法(修正)法案也规定最多只能有2名非选区议员来自同一个集选区。

第二,此前的法律规定,每一届国会都必须在开幕之后的6个月内通过动议表决,才能委任官委议员。2010年国会通过的宪法(修正)法案及其相关的国会选举(修正)法案则规定,把官委议员制度定为永久性的制度,无须每一届国会通过动议表决。上述两项改变合起来,使非执政党阵营议员人数占国会议席的比重从过去的12.8%增至近20%。上述改革一定程度体现了改革"必须使国会出现各种不同的意见"的原则,目的是要让制度更有认受性。

新加坡多党并存竞争,但一党独大。国会中绝大多数议席都被人民行动党占领。非选区议员人数的增加,可以让国会里多一些反对党议员。非选区议员是指在国会选举中落选的候选人,因得票率比其他落选者高而被委任为议员。非选区议员制度在20世纪80年代推行。当时的新加坡法律规定,如果在国会选举中当选议员的反对党候选人少于3名,选举官将宣布得票率最高的落选反对党候选人为非选区议员。成功当选的反对党议员和非选区议员的总数以3个为上限。也就是说，如果大选中反对党候选人无人当选，就可以有3个非选区议员；反对党1人当选，就可以有2个非选区议员；反对党2人当选，就可以有1个非选区议员；反对党3人当选，就不能有非选区议员。例如，在1997年的大选中，有2名反对党候选人成功当选国会议员，因此，这届国会就只能有1名非选区议员。当然，法律也规定，要成为非选区议员，其得票率至少要在15%以上，从而限制那些战绩太差的反对党候选人成为非选区议员。非选区议员可以在国会中自由发言、提出动议推行新法令和投票表决更改法令，但不能对宪法（修正）案、拨款法案或补充拨款法案、关系到政府的财政法案以及对政府提出不信任等动议和投票做出表决，不能代表选民致函政府机构，政府机构也不承认非选区议员写的信件。

官委议员由国会的一个特别遴选委员会推荐，由总统委任，每任两年半，其目的是要使国会里有更广泛的非党派意见和言论。李光耀曾阐释设立官委议员的原因：由于人民行动党在国会中占绝大多数议席，加上反对党议员素质较低，导致公众产生一种感觉，好象另一类观点在国会中总是得不到充分的抒发。于是，新加坡在1990年修改宪法，让一小批非民选议员进入国会，以反映独立或超党派的观点。这些议员被称为官委议员。设置官委议员以及让官委议员制度成为永久性制度的目的，是要保证国会里能够发出不同于执政党的独立的声音。就如非选区议员可以增加国会中的反对声音，官委议员在国会辩论中往往提出建设性的建议和尖锐的问题，使国会辩论内容更为多元化。但是也有人认为，真正的民主制度应该是国会中只有当选的选区议员。非选区议员和官委议员的出现，本身就意味着国会中朝野力量失去平衡，是民主制度不够完善的表现。而且，非选区议员制度和官委议员制度的设立，可以缓解选民希望反对党当选以听到另类声音的心理期求，从而在客观上有利于维护人民行动党一党独大的地位。

（一）原则上反对，实际上接受

在2010年4月下旬进行的与政治改革相关的国会辩论中，工人党议员刘程强和非选区议员林瑞莲反对政府增加非选区议席和官委议员人数。但是，当副总理兼内政部部长黄根成追问他们下次大选后,是否会接受非选区议席时,他们却表示得视当时的情况决定。工人党在原则上反对增加非选区议席,却会在实际上考虑接受非选区议席的立场,使得工人党在理论与实际的关系上看上去自相矛盾。当时,副总理黄根成询问两位工人党议员,倘若下次大选时,反对党无法拿下9个议席,他们是否会接受非选区议席? 面对黄根成的追问,刘程强起身回答说,即使自己失掉议席,也不会考虑以非选区议员身份进入国会,至于其他党员能否接受,得由党去决定。他接着说:"如果工人党硬要我接受议席,那我可能就得辞职。"此话一出,立即在国会大厅引起哄堂大笑。黄根成继续追问:"刘程强表明不接受非选区议席,却让林瑞莲接受。而林瑞莲也说她反对这项修订,因为她也不喜欢非选区议员制度。那么,她今天又为何会以非选区议员身份在国会上就此展开辩论? 我想听听她怎么说。"他指出,在1984年大选后,第一名受邀成为非选区议员的是惹兰加由区的工人党候选人M.P.D.奈尔。不过,当时的党秘书长惹耶勒南代表他回拒邀请。他想知道,工人党目前原则上反对非选区议员制度,实际上却又能酌情接受非选区议席的做法,表现的是什么样的立场? [1]

对此,林瑞莲回答说,她当初之所以答应成为非选区议员,是因为工人党分析了上届大选的情况后,觉得他们在阿裕尼集选区的支持者相当多,还是有许多人希望看到他们当选。因此,在再三考虑之后,她决定让自己接受议席,以更好地服务选民。林瑞莲指出,"原则上反对"和"酌情接受议席"两者之间没有冲突。工人党之所以反对,是因为就长远而言,这一制度不能让新加坡的政治制度变得更为健全。刘程强接着解释说,这就和虽然工人党反对集选区制度,但不意味着该党就不派人到集选区竞选一样。此外,林瑞莲也表示,她并非否定非选区议员在现有情况下的作用,只是认为作用有限。因此,李显龙总理提出增加非选区议员人数的做法,只是对不好的情况在量上加以改善罢了。非选区议员虽然在某种程度上获得部分选民的支

---

① 参见蔡添成、郭书真等:《增加非选区议员人数? 官委议员制变永久? 你来我往,三方舌战》,《联合早报》,2010年4月27日。

持,却始终无法取代真正通过选票获得肯定的民选议员。例如,当她替民众向政府提出一些问题时,就往往因自己不代表任何选区而未获回应。同样,工人党一向不支持官委议员制度,也就不会赞同让它成为永久制度。相对于非选区议员,官委议员更是未通过任何选票的支持就进入国会。林瑞莲说,虽然总理对选举制度持有开明的态度是件好事,但国会并不是"民意处理组"(feedback unit),也不是单纯的"讨论会"(talkshop)。常保国会内有非选区议员以产生更多元的政治声音,只是权宜之计。问题应从根源解决,也就是人民行动党不再利用集选区选举制度和对选区划分加以保密去照顾自己的利益。①

面对反对党议员的反对,人民行动党议员伍碧虹用颇为尖刻的比喻进行了回应。她把反对党比喻为素质较差、又不勤于锻炼的运动员,每逢输了比赛就来申诉比赛不公平。于是,比赛主办方决定为反对党候选人增设9个奖,让那些以最佳成绩输了比赛的人,也能有机会上台领奖,接受支持者的掌声。上述比喻的"言下之意,是把非选区议席当成胜利者出于怜悯和慷慨而给失败者的施舍。其他人民行动党议员也强调世界上没有任何国家的执政党会像人民行动党这样宽容和勇敢,设计出一套制度来保证反对党人进得了国会。他们并不承认非选区议员制度是人民行动党为保住选票而设的制度。有这么以'恩人'自居的人民行动党议员,无怪反对党会反对非选区议员制度。非选区议员除了名分上矮人一截,在国会内外所享有的实质地位也比当选议员小。这正是工人党不希望自己人是通过非选区议员制度这个后门进入国会,而是要通过公平的选举堂堂正正地当选的理由"②。

此外,伍碧虹也提到信奉激进主义的政党在20世纪60年代把国会变成一个"血肉模糊的古罗马竞技场",使人民行动党疲于应战,无法专心于治理国家的大事。人民行动党议员何玉珠认为,新加坡应吸取外国的经验,避免反对党议员阻挠国会进程的事情发生在新加坡国会。对于两位人民行动党

①参见蔡添成、郭书真等:《增加非选区议员人数? 官委议员制变永久? 你来我往,三方舌战》,《联合早报》,2010年4月27日。

②游润恬:《林瑞莲的尴尬》,《联合早报》,2010年4月27日。

议员的比喻和观点，记者游润恬不以为然地指出："她们把反对党视为碍手碍脚的障碍物，而不是尊重民主的国会制度的必要组成部分，这种政见让人不敢恭维。"她说："打开天窗说亮话，无论是执政党还是反对党，它们最关心的还是争取越多国会议席越好。所谓推动民主进程，只是漂亮的糖衣。"①

国民团结党也对在国会中受到热烈辩论的非选区议员制度表达了自己的立场。该党认为，如果新加坡实行的是比例代表的政治制度，非选区议员就会顺理成章成为受选民直接委托进入国会的正式议员。该党秘书长吴明盛发表文告说，为了长远的政治稳定着想，新加坡应实行经过精心制定的比例代表制，它比现有的非选区议员制更切合国人的利益。他说，国民团结党虽然不反对非选区议员制，却厌恶"人民行动党利用这个制度以巩固它的政治霸权的策略"。针对工人党对于人民行动党政府试图利用增添非选区议席以说服选民不投票给更多反对党候选人的批评，国民团结党表示支持。吴明盛说，他同意林瑞莲的说法，即现在的问题其实是人民行动党不断随意修改集选区制度以及重新划分选区范围导致的结果。②

与选区议员相比较，非选区议员虽然有同样的机会在国会上提问、发言和参与辩论，并借此向选民展示自己的能力，但无权针对修改宪法、拨款法案、财政法案、不信任动议和革除总统职务等事项进行表决。提议实行非选区议员制度的李光耀对本党同新加坡社会主义阵线的议会斗争有着深刻的记忆。1961年，党内的激进派退出人民行动党，组成新加坡社会主义阵线。当时，人民行动党仅靠一个议席的优势保住了自己的执政地位。过后，有一名议员过世，又让它失去了议席上的优势。而在决定推行非选区议员制度的1984年，人民行动党内部对于领导层新老更替步伐的加快存在强烈的不同意见。这也让李光耀担心党内可能有人挑战领导人。由于非选区议员不能对不信任动议进行表决，在执政党出现领导人受到挑战的情况下，非选区议员就没有了决定政府的权利。

---

① 游润恬：《林瑞莲的尴尬》，《联合早报》，2010年4月27日。
② 参见《团结党：比例代表制更切合国人利益》，《联合早报》，2010年4月28日。

（二）李丽连弃权，吴佩松填补

2015年大选，参选的反对党只有工人党拿下6个国会议席。根据2010年通过的宪法（修正）法案及其相关的国会选举（修正）法案，最终的非选区议员人数是9人减去当选的反对党议员人数。而且，任何集选区团队最多只能有2人受委为非选区议员，而选举局只会邀请得票率超过15%的落选者。于是，2015年大选之后，除去当选的6名工人党议员，3名得票率最高的落选者可受委为非选区议员。这3名得票率最高的落选者都是工人党参选人，他们依序为李丽连（48.24%）、陈立峰（42.48%），以及贝理安、吴佩松、法洛兹和原非选区议员严燕松组成的东海岸集选区团队（39.27%）中的一人。工人党重申，该党主张废除集选区制度。这一主张一旦落实，非选区议员制度将没有必要存在。不过，工人党也说："出于认可这是赋予我们为国会辩论做出贡献的机会，工人党将接受个别符合条件参选者出任非选区议员的决定。"①

李丽连是2015年大选的最高票落选者。成绩揭晓当晚，李丽连曾在接受媒体采访时说，她不想担任非选区议员，因为她要尊重选民的决定。她会将这个机会交给工人党的其他同事，而工人党团队中也真的有一些不错的人选应该获得这个席位。不过，2015年大选的选举官曾宣布李丽连是三名非选区议员之一，2015年9月15日的宪报也对此记录在案。2016年初，新一届国会已通知包括李丽连在内的所有议员新的座位安排，并在1月4日发出详细的宣誓程序和位置图，李丽连的名字也出现在宣誓位置图上。第13届国会在2016年1月15日下午开幕。工人党非选区议员贝理安、陈立峰在国会开幕式上宣誓就职。但是，李丽连没有出席宣誓仪式。

法律规定，当一名非选区议员不希望出任该职务时，一名当选议员可提出宣告议席悬空的动议，并建议由下一个有资格的参选人出任非选区议员。但是，国会必须同意有关动议，秘书处将为任何有意提出动议者提供援助。只有在没有议员提出动议，而非选区议员又连续两个月不出席国会会议，该

---

① 《工人党三非选区议员坐在议长左侧第三排》，《联合早报》，2016年1月5日。

议席才会悬空。在这样的情况下，法律并没有规定悬空的非选区议员议席必须填补。①在第13届国会开幕的当日（1月15日），工人党秘书长刘程强向国会提出动议，请国会宣布李丽连的非选区议员议席悬空，并建议由上届大选中代表工人党出征东海岸集选区的吴佩松（新加坡国立大学社会学系副教授）填补。

刘程强应该猜到人民行动党不可能轻易让工人党的动议在国会上顺利通过，一定会咬着该党长期反对非选区议员制却"说一套，做一套"不放。果然，人民行动党多个议员对工人党的行为发起攻击。前两届大选都打败过工人党参选人的人民行动党议员张有福指出，2011年大选时，与他一同竞逐如切区的工人党参选人余振忠接受了非选区议席，但上届大选他在榜鹅东的对手李丽连却拒绝议席。他问道，工人党原则上拒绝非选区制度，但不同工人党人为何对于是否接受议席会有不同抉择？工人党真认为非选区议员是浮萍，又为何要接受国会里有浮萍？他甚至质疑，这是工人党要把戏、走后门，将他们想要的人放到非选区议员的位子上，提高他的曝光率。②

另一位人民行动党议员李美花指出，工人党在榜鹅东单选区的得票率比在东海岸集选区的得票率高出将近九个百分点，但工人党却建议，让榜鹅东的选民把在国会发出声音的机会让给东海岸的选民。这对榜鹅东的选民公平吗？她认为，工人党应该在大选前就确保所有的候选人做好准备，根据宪法和政治制度，竭尽所能服务选民。任何一名候选人都不该抱着"如果当选议员才服务选民"的心态。她说："刘程强先生两天前说非选区议员像是水塘里的浮萍，周五却提出动议，要把多一名"浮萍"带入国会，或"漂"入国会。我不明白，工人党真正的立场到底是什么？"③人民行动党党督陈振声提出修改工人党的动议。修改动议加入的条文是："但令人遗憾的是，反对党参选人中获得最高得票率的工人党参选人李丽连，决定放弃她的非选区议员议席。由她所属政党得票率较低的一名参选人代替，违背了选民的意愿。即使其秘书

---

① 参见《工人党三非选区议员坐在议长左侧第三排》，《联合早报》，2016年1月5日。

② 参见黄伟曼：《原则与无奈》，《联合早报》，2016年1月30日。

③《行动党议员：应认真看待非选区议员一职》，《联合晚报》，2016年1月30日。

长批评非选区议员只是水塘上的浮萍，工人党支持这项政治操弄以充分利用非选区议席。"①

(三)不认同某些制度，但遵照有关法律

面对人民行动党的上述攻击，工人党秘书长刘程强两度起身反驳，为工人党和李丽连辩护，并指人民行动党议员的论述不合逻辑。刘程强说，李丽连拒当非选区议员，并非不尊重选民和宪法。恰恰相反，李丽连正是因为尊重榜鹅东大部分选民的选择而决定放弃非选区议席。虽然李丽连获得榜鹅东48.24%选民的支持，但刘程强认为，这不代表她有义务代表这部分选民到国会发声。顾名思义，非选区议员的意思就是不代表任何选区。如果硬要说非选区议员应代表少数选民，那么新加坡大选就应该按比例代表制投票，让非选区议员和议员平起平坐，而不是采用现有的选举制度。而且，宪法里明确准许非选区议员放弃议席，因此，李利连放弃非选区议员资格的行为也就不值得大惊小怪。刘程强极力否认该党曾指示李丽连让出非选区议席，并怒斥人民行动党影射这背后存在政治操弄毫无根据。他说，工人党不会告诉自己的党员李丽连，要她回拒担任非选区议员，以便让工人党安插本党想要的人。工人党不是这样做事的。刘程强还批评人民行动党一再攻击他的"浮萍论"，并说坚称非选区议员和议员同等重要是虚伪的。他举了如下两个例子来证明自己的上述观点：第一，非选区议员虽能走访选区，但没法接见选民，代选民与政府沟通，从而无法充分理解政策缺陷何在；第二，由于李丽连已不是议员，她最近尝试租用公共场地举办活动就遭到拒绝。因此，"请不要虚伪地说，两者是一样的"②。

人民行动党议员在国会辩论中指出，刘程强所谓的非选区议员不能扎根的"浮萍论"是对该制度存在误解。管理市镇会和选区的权利是由所在选区的选民授权。这是人民的委托。如果选民在选举中不选择工人党管理他们

---

① 《陈振声提修改动议》，《联合晚报》，2016年1月30日。
② 《刘程强：影射政治操弄"毫无根据"》，《联合早报》，2016年1月30日。

的市镇会,那或许是因为选民觉得他们能力不够。大家必须尊重选民的决定。实际上,非选区议员制度从未剥夺任何候选人自由竞选管理选区或市镇会的权利或机会。如果你成功当选,那你就管理市镇会,在那里生根。但如果你败选,非选区议员制度依然给反对党候选人第二次机会。反对党候选人中最优秀的败选者依然可以拥有国会席位,以及国会议员的所有权利。①

由于刘程强将非选区议员比喻为无根的浮萍,人民行动党党督陈振声便在国会辩论中幽默地保证不会以浮萍形容在场的非选区议员。被逗笑了的工人党非选区议员在回应人民行动党的批评时说,人民行动党只是一味把工人党塑造成坏人,然后突出扩大非选区议员制度纯粹是因为执政党大方。但是,他看到了这个制度利于人民行动党、却不利于新加坡的地方。实际上,非选区议员制度将能让人民行动党向新加坡人发出一个强有力的信息,即除了人民行动党外,你无需将选票投给其他政党。如果选民接受了这个信息,那么真正的民主发展和政治平衡都将被否定。刘程强随后补充说,担任非选区议员参与国会辩论固然有其用处,但国会毕竟不是让人对话、发表意见以及与部长交锋以展示自己才智的论坛。他认为,真正的民主制度必须让反对党议员有确切的权力监督执政党,有能力向执政党发起挑战。因此,工人党虽然一直主张改进选举制度,以便让更多反对党代表有机会当选议员,但对非选区议员制度则不以为然。当然,尽管如此,工人党先后已有数名成员担任非选区议员。刘程强表示,工人党虽不认为新加坡政治体系应朝着非选区议员制度的方向前进,但工人党是理性和负责任的政党,对政治现实有清楚的认知。工人党知道,一个"忠诚的反对党"即便不认同某些制度,也必须遵照法律,从现有的体制内争取行之有效的民主。②

填补议席的动议原本是由工人党提出的。但是,人民行动党在辩论时提议修正动议,把"工人党支持充分利用非选区议席的政治操弄"和刘程强"批评非选区议员为池塘中的浮萍"的字眼都加进动议条文中。工人党不接受修

---

① 参见《精彩演讲摘录》,《联合早报》,2016年1月29日。
② 参见《刘程强:影射政治操弄"毫无根据"》,《联合早报》,2016年1月30日。

正动议,该党全体议员也在表决时放弃投票。最后,国会在工人党议员放弃投票权的情况下,宣布空出原本应由李丽连出任的非选区议员议席,由另一名合格的工人党参选人补上。受工人党推荐填补非选区议员悬空议席的吴佩松于第二天凌晨在脸书个人页面发布帖文,声明自己选择接受由李丽连空出的非选区议员议席。吴佩松指出,他完全同意工人党对非选区议员制度的反对立场,也赞成工人党秘书长刘程强提出的"浮萍论",认为非选区议员是漂亮却无法扎根的花朵,只能在水面上漂动,与和谐和群体的价值相违背。不过,他也强调说:"我在人生的这一刻,在国家这一历史节点上,为国家服务的原则大于反对非选区议员制度的原则。"①

放弃非选区议员资格的李丽连对于议席得到填补感到欣慰,但她批评人民行动党修正动议的举措不仅对工人党不公平,更对她构成人身攻击。李丽连在脸书帖文中说,她参加去年大选,不是为了要出任非选区议员,而是成为一个实质代表选民、为选民负责的国会议员。她指出,实行非选区议员制度的是政府,不是选民,人民并没有直接推选她出任非选区议员,把票投给她的选民是希望她当他们的选区议员。不幸的是,投票结果并非如此。议员要真正对选民负责,就得在选区里和国会上代表他们。但是,身为非选区议员,她无法做到这点。李丽连举例说,某年大选过后,她以候任非选区议员身份向人民行动党管理的白沙-榜鹅市镇理事会提出在榜鹅东举办食品分发慈善活动的要求,便遭到市镇会拒绝。她说,令人啼笑皆非的是,她出任榜鹅东议员时,从未拒绝人民行动党相关人士在工人党市镇会管辖的场地举办活动。但是,她向建屋局提出使用鲤河大厦来举办活动的申请却从没成功过。当选的反对党议员已在所属选区里面对重重挑战,遑论非选区议员?不过,李丽连也承认,非选区议员制度对有志成为当选议员的参选人确实有所助益。理由是非选区议员能在国会里向选民展现他为民发声的能力。②

---

① 罗妙婷:《今晨脸书帖文:吴佩松成为浮萍是荣幸,愿当非选区议员》,《联合晚报》,2016年1月30日。

② 参见黄顺杰:《吴佩松表明有意接受出任非选区议员》,《联合早报》,2016年1月31日。

有关非选区议员制度的上述论战，也延续到2020年大选前夕的华语辩论之中。工人党候选人符策涫说，一直以来，工人党在原则上都不支持非选区议员制度，但是被强势所逼，只好无奈地接受。身处既定的政治框架之内，反对党如果不在当中找寻出路，就无法生存。他用《三国演义》的如下故事来比喻工人党对于非选区议员制度的态度：关羽在兵败投降曹操时，曾与曹操约法三章：第一，"降汉不降曹"，即强调自己投降的是堂堂大汉王朝，而不是世人所责骂的曹贼。这就有如工人党候选人虽然可以成为非选区议员，但不赞成非选区议员制度。第二，"保护嫂嫂"，即保护好自己结拜大哥刘备的妻子。这就像工人党的出发点永远是捍卫新加坡人的利益。因此，非选区议员的责任非常重大。即便工人党不接受非选区议员制度，也会在担任非选区议员时倍加珍惜这一岗位，以图通过这一岗位为民服务。第三，"一旦找到刘备就辞曹归刘"，即当时关羽不知道刘备去向，所以才暂时投靠曹操。一旦找到了刘备，关羽就会辞离曹操阵营，回到刘备身边。这就像工人党的长期目标非常明确，那就是一定要争取人民的委托进入国会，成为当选的选区议员，而不只是受到执政党施舍而勉强进入国会的非选区议员。[1]

（四）设的是底限，而不是上限

2016年1月27日，李显龙总理在国会参与政府施政方针的辩论中透露，他有意在政府本届任期内修改宪法，授予非选区议员与选区议员同等的权利，并在下届全国大选举行前，提高国会反对党议员的保障人数，非选区议员将从最少9人增加到最少12人。一方面，因为非选区议员获得选民的委托，所以他们也应该如选区议员一样，对所有国会事项有表决权。这样，非选区议员不会再被视为"二等议员"。另一方面，按照现有规定，非选区议员人数是9人减去当选的反对党议员人数。2015年大选，反对党共有6名候选人胜选，因此本届国会有3名非选区议员。李显龙指出，每届大选至少有30%选民不会投票支持执政党。因此，在一个约有100名议员的国会中，确保至少

---

① 参见《工人党符策涫三国演义论引热议》，《新明日报》，2020年7月3日。

12人是反对党代表是合理的。改革后，再加上9名官委议员，国会将至少有21名非执政党的议员。李显龙说，上述改革其实等同于政府在帮助反对党成长。不过，从新加坡现阶段的政治发展看问题，这对政府和国家都有好处。新加坡最终将因国会上拥有不同观点的竞争而受惠。他说，增加非选区议员人数将让反对党有更多展现自己能力的机会。事实上，如果他们有能力，这样的曝光率将有助于他们获得肯定，并在接下来的大选中赢得选区。他强调，在推行这些改革时，他没有假设人民行动党会永远是执政党，也不一定会继续在国会中占有明显优势。这取决于人民行动党的表现和选民的决定。[1]

针对李显龙总理有关政治改革的上述观点，刘程强在当晚接见选民活动前接受媒体采访时说，非选区议员就像是水塘里的浮萍，没有根。而当选议员有选区，能管理市镇理事会，与居民近距离接触，并在选区扎根。因此，即使非选区议员与选区议员享有相同投票权，这个共同点也只限于议事厅。于是，非选区议员也就无法为政党增加政治实力，因为他们在选区里缺少竞争优势；非选区议员也不能为面对政治竞争的政党壮大力量，因为（党的政治）资源不会因此增加；他们也不像每周进行接见选民活动或管理市镇会的选区议员一样，可以深入了解民情，掌握区内情况。当然，非选区议员也能实地深入基层，搜集民意，但他们一般无法找到合适的场地接见民众。少了民意作为议事基础，非选区议员在国会参与政策讨论时，就可能变相为学术辩论。长远来看，要真正强化政治制度，就必须要有竞争。如果反对党未来参加选举只求赢得非选区议员席位，这对政治制度是一种讽刺。因此，以非选区议员形式出现的反对党只是个花瓶。这不是真正正常运作的民主体制和开放竞争的政治体制。[2]

非选区议员制度确立和实行中的孰是孰非，是朝野政党互不相让、纠缠不清的长期论题。在2016年11月上旬举行的有关宪法（修正）法案的国会辩

---

[1] 参见叶伟强：《非选区议员将与选区议员有同等表决权，人数也将增加》，《联合早报》，2016年1月28日。

[2] 参见胡洁梅、邓华贵等：《刘程强：非选区议员与当选议员不能相提并论》，《联合早报》，2016年1月28日。

论中,朝野两党再次对非选区议员制度进行了交锋。工人党非选区议员贝理安说:"如果反对声音只是象征性、非选举中胜出的非选区议员,执政党永远就不用害怕失去任何议席。它能为所欲为,不用在乎人民的想法……它能把新加坡逼入一个无止境依赖同一政党的(循环),并且长时间如此,就像没有备份的电脑一样。"副总理张志贤在总结辩论时纠正贝理安的说法。他说:"非选区议员制度能保证国会里一直会有反对声音。它设的是一个底限……不是上限。"工人党向来反对非选区议员制度。但是,人民行动党指出,工人党实际上是从该制度中获益,否则,它不会接受非选区议席。对此,贝理安反唇相讥地说,非选区议员制度如果不是对人民行动党有利,人民行动党也不会推出这个制度。张志贤回应时指出,人民行动党确实从制度中获益,但并非如贝理安所说的那样。他援引李光耀的看法说,有了非选区议员制度,人民行动党党员就不仅有机会在大选竞选时与反对党人竞争,也会有更多机会在国会议事中与反对党人交锋,并从交锋中得到锻炼。进一步说,设立非选区议员制度的另一个用意,是要让政府如反对党严格审视政府提出的政策一样,也能详研反对党的提议,而不是让反对党每到选举时提出竞选承诺,选后却销声匿迹。张志贤说:"我们想看到的不只是煽情的言论,而是实际的政策和计划……我们能在国会这么做,估量反对党在这些课题上的表现,而不只是跟忽隐忽现的幻影过招。到最后,国家和国人都能从这些辩论和多元观点(的交锋)中获益。"①

三、增强合理性:"选出一个强而有力及效率高超的政府"

新加坡国会2010年通过的宪法(修正)法案及其相关的国会选举(修正)法案,把国会选举和民选总统选举投票日的前一天定为冷静日(Cooling-Off Day)。在这一天,除了竞选广播之外,各政党不得进行任何形式的竞选活动,包括举行群众大会、登门游说拜票或在网上做竞选广告等。主流媒体则

①《工人党再批非选区议员制,张志贤:须确保留有反对声音》,《联合早报》,2016年11月10日。

可同以往一样，在冷静日对前一天的竞选活动进行报道。设冷静日的目的是让选民在候选人停止竞选活动之后，能有平静的一天沉淀情绪，以免投票时感情用事。不过，这将是额外的一天，不会对原本所规定的至少九天的竞选期造成影响。上述改革一定程度地体现了改革后的选举制度必须"能够选出一个强而有力及效率高超的政府去治理国家"的原则，目的是要让制度更有合理性。

人民行动党长期占据国会绝大多数议席。其政府一直强调为了国家长远利益，要敢于推行一些民众一时不理解、不喜欢的强硬政策。带有威权色彩的领导方式，可能让一些民众即使对这些政策心有怨言，也百口莫辩，有苦难言。大选期间的群众大会，是民众表达自己声音的难得机会。大选期间，长期执政的人民行动党举行的群众大会往往参加者寥寥，因为民众看惯了部长们的熟悉面孔，听惯了人民行动党议员的熟悉声音。反之，反对党举行的群众大会，往往人山人海，声势浩大。会场上，到会的民众往往义愤填膺，群情激奋。群众大会大多在晚上召开。如果在大会结束的第二天马上进行投票，选民们很可能因为带着前一天晚上的情绪和看法，投票给为他们出了气的反对党。但是，如果多有一天时间静下心来冷静冷静，一些选民很可能转念一想，又觉得人民行动党政府还是一个及格甚至良好的政府，其推行的政策虽不讨好民众却有利于国家长远利益，人民行动党议员也更有能力处理好选区的事务和解决好选民的问题，从而将凭着感性本会投给反对党的选票，转而理性地投给人民行动党。

听着议员们在国会议事大厅中对于冷静日改革的辩论，记者游润恬在《联合早报》发表的国会侧记中说："我若有个受不少男生同时猛烈追求的女儿，必会劝她不妨先跟他们约会，慢慢了解对方的为人。看中哪个，不妨尽情享受跟他拍拖时的浪漫与感动。但是，当对方在精心安排的烛光晚餐之后，捧着玫瑰花和钻戒跪在她面前问'嫁给我好吗'时，我希望宝贝女儿能够以万分清醒的脑袋，慎重地考虑是否要把终身幸福交托给他。我也会劝她不要当下给答案，最好是先回家想一晚，以免一时冲动，做了错误决定，以致覆水难收。"她认为，李显龙总理有关冷静日的提议，也是这个用意。"候选人在竞选群众大会上慷慨激昂的演说，台下大批支持者的喧哗，还有咖啡店和网络论坛里朋友之间面红耳赤的讨论，都会让人心跳加快。但是，如果这种兴奋或恐惧会导致选民的思路受到混淆，以致在投票站做出了日后会后悔的决定，那有些时间冷静下来是件好事。"①

除了冷静日之外，国会通过的宪法（修正）法案及其相关的国会选举（修正）法案也放宽了对互联网竞选广告的限制。今后，非政党网站也能在竞选期间为候选人宣传拉票。执政党议员对于互联网言论的杀伤力有所顾虑："假设有人在投票日前的最后关头，上网恶意散播中伤候选人的谣言，候选人是否会因为碍于需在冷静日保持沉默，而无法辩说，并平白失去一些选票？"与此同时，反对党议员则对主流媒体在冷静日当天的影响有所顾虑。新加坡民主联盟秘书长詹时中反对国会选举（修正）法案的原因之一，是认为人民行动党可以在冷静日当天通过主流媒体进行宣传，反对党则没有这个优势。游润恬认为，双方的顾虑各有道理，解除双方顾虑的"一个更根本的方法是在选举之前，就实在地透过教育，培养民众判断言论真伪的能力。那么到了竞选期间，即使有人散播诸如某领导人过世的虚假消息，民众也懂得凭消息的来源和散播方式去判断消息的可靠性。要培养民众冷静思考及判断的能力，除了教育之外，政府可做的是开放更大的讨论空间，允许民众提出不同的见解，并让人们透过互相讨论和不断的脑力激荡，以掌握判断和分析的能力。就像在大学里，教授并不告诉学生问题的答案，而是鼓励他们透过小组讨论或建议他们参考哪些资料，自己得出结论。因为答案往往没有简单的对或错，而是观点不同罢了。"②游润恬的上述言论，反映出她在维护政府权威和决定的同时，又用期待的方式很有分寸地表达了自己对于政府现有政策的温和批评。

新加坡的国会选举制度沿袭了英国的赢得多数票者当选（first-past-the-post）的制度。这一制度倾向于产生一个能取得压倒性胜利的执政党并能有效地治理国家。比较而言，比例代表制虽然能够让更多不同的声音在国

---

① ② 游润恬：《更多的宣导》，《联合早报》，2010年4月28日。

会里出现，但选出来的却是软弱的联合政府。以色列的选举制度就是这种情况的极端例子。李显龙指出，在以色列，只要能够获得1%的选票，任何政党都可得到一个国会议席。虽然以色列的政治看上去会比新加坡的精彩，但是在无力的联合政府里，持极端意见的小政党享有不成正比的影响力。谈判在选举结束后才刚刚开始。为了维护政治稳定及保持选民对政府的强有力授权，李显龙反复强调弊病百出的比例代表制不能作为政治改革的选项，否则必将出现不适合新加坡国情的弱势政府。为此，他表明政府只能对现行的赢得多数票者当选的选举制度进行修改，以使国会既拥有更广泛多元的代表，也能确保政府是赢得人民的明确授权来治理国家。①

阅读李显龙在2016年1月的如下国会发言，可以帮助人们理解李显龙的上述观点：比例代表制将造成以种族或宗教为基础的政党。它鼓励政治领袖主张以他们特定族群的利益为先，而罔顾国家更为广泛的利益。要在比例代表制中胜选，你必须要有自己的基本盘。这一基本盘可以是基督徒、佛教徒、伊斯兰教徒、印度人或其他各种特殊利益群体。你的利益就在于巩固这个基本盘。你必须采取一个强硬的立场，尽可能为这个群体发声，然后增加得票率。你无须赢得选区，只要得票率增多，就可以得到国会议席。因此，新加坡作为身处多变环境里的一个多元种族和多元宗教的国家，比例代表制只会造成社会的分裂，而不是把国民凝聚在一起。②

针对官委议员萧锦鸿在国会上发言时建议政府结合采用多数制和比例代表制。李显龙回应说，全世界目前有约30个国家沿用这种混合制度，但却避不开纯比例代表制所遇到的问题。例如，带领上一任新西兰政府的工党总理海伦·克拉克面对一个非常分裂的联合政府，联盟里包括不支持政府政策的政党。克拉克总理甚至得从联盟政党中委任两名部长为"内阁外的部长"（Ministers outside Cabinet），也就是只有在自己负责的政治职务范围内在集

① 参见《李总理：政治变更须谨慎进行》，《联合早报》，2009年5月28日。
② 参见《尽管面对攻防和不快，国会有反对党声音是好事》，《联合早报》，2016年1月28日。

体责任下做决定。①因此,"不管是什么样的政治制度,只有当选民能理智地行使他们的投票权时,才能良好运作"。"选民必须认真考虑个别政党和它所推出的候选人的条件,并以本身的利益为依归做出决定。如果人民行动党称职地为选民服务,选民理应投票给它。但是,如果人民行动党有负选民所托,他们就不应把票投给它。如此一来,人们才能确保治理国家的是一支最杰出的团队。"②

综上所述,新加坡旨在使选举制度"更加平衡"的上述政治改革,就是要让选举制度兼顾正当性、认受性与合理性。一位记者的如下评述,无意中切合了笔者的上述分析:"事实上,李总理前天宣布一系列政治改革方案,不能不算是个漂亮的动作,既能照顾到无私的目标,即建立一个更为健全的政治制度(增进正当性以坚守天理),并顺应民意以在某种程度上达到政治开放(增加认受性以紧贴人心),同时又让执政党能在政治上继续维持主导地位(增强合理性以切合地势)。"③三者平衡,天地人和。2016年1月,李显龙在国会发言中提出要进一步推进新加坡政治改革,内容包括让非选区议员与选区议员拥有同等的投票表决权,以及在下届大选缩小集选区规模并划出更多单选区。这是在原有政治改革基础上的进一步推进。总结新加坡的政治改革,其重要特征是审慎而且渐进。时任《联合早报》高级执行编辑的李慧玲曾以"掀掀锅盖"的比喻来形容:"小时候妈妈教我煮粥的时候,总是叮嘱我,看到锅盖蠢蠢欲动,就要稍微把锅盖掀一掀,让气透一透。但是妈妈也提醒我,掀一掀就可以了,不用把整个锅盖拿掉。"④

---

① 参见《李总理:政治变更须谨慎进行》,《联合早报》,2009年5月28日。

②《总理宣布修订选举条例》,《联合早报》,2009年5月28日。

③ 邓莉蓉:《球已踢到反对党场中》,《联合早报》,2009年5月29日。

④ 李慧玲:《掀掀锅盖》,《联合早报》,2009年5月31日。

结语

时空经纬

一、"来者"与"他者"

梦想空间的构筑,需要经济富足(物质文明)的一维、文化提升(精神文明)的二维和政治发展(政治文明)的三维,以便点引成线、线展成面、面积成体。上述梦想空间的构筑,是以"当下"的"我们"为主体,也就容易忽视"当下"之后的"来者"和"我们"之外的"他者"。因此,梦想空间的拓展,需要增添就时间而言的"来者"一维,增加就空间而言的"他者"一维,从而变三维空间为四维时空或四维空间。新加坡国立大学经济系吴庆瑞讲座教授黄有光指出:"终极而言,政府应该确保人民长期得到快乐。长期快乐极大化是政府正确的目标。"①根据黄有光下文强调的快乐不应该以破坏环境为代价的有关论述,可以推断其所说的"人民长期得到快乐",是指追求快乐不能纵欲挥霍而断掉子孙后路,而应细水长流以留给后人资源。这里,留给后人资源,就可以理解为在筑梦空间加上关怀"来者"(社会文明)的时间一维。而要不断子孙后路,留给后人资源,就不能鼠目寸光地只关心人类自我,还需要放眼全球以保护外在环境。这里,保护外在环境,就可以理解为在筑梦空间加上关心"他者"(生态文明)的空间一维。

有人认为,"幸福"应该排除不道德的快乐。其实,道德问题完全可以通过考虑其对"他者"和"来者"快乐的影响给予处理。把自己当时的快乐建立在"他者"(他人乃至于全球生灵)的痛苦之上,或者建立在"来者"(将来乃至于子孙后代)的痛苦之上,其快乐就是不道德的,必须受到谴责。之所以不道德,不是因为自己当时的快乐本身有问题,而是因为其对"他者"

---

① 郑英豪:《你快乐吗? 新加坡人》,《联合早报》,2002年10月5日。

和"来者"的快乐具有负面影响。一个国家如果极大化当年的GNH（总国民快乐），可能会对其他国家以及将来的人们造成危害。例如，人类为满足自己一时的贪欲而破坏全球环境，就会对其他国家的人们乃至全球生灵以及对将来乃至子孙后代造成危害。为此，黄有光提出了一个自认为比较容易接受的（尤其是每年度）国家成功指标——环保负责的快乐国家指数（environmentally responsible happy nation index，缩写为ERHNI）。因为ERHNI是有关美好的指数，所以他将ERHNI音译为华文的"娥妮"（美丽女孩）。黄有光认为，为了考虑对他国与将来的影响，必须从每个国家的平均净快乐（净快乐是快乐减去痛苦所得的差）年数中扣除掉这个国家的人均环保危害，即扣除掉对空间上的"他者"与时间上的"来者"的危害，才能得出该国当年的环保负责的快乐国家指数。因此，环保负责的快乐国家指数＝平均净快乐年数–人均环保危害。①

有如黄有光强调"政府应该确保人民长期得到快乐"，新加坡政府在关注民众眼下生活的同时，也注重确保人民的长期福祉，即关怀就时间而言的"来者"一维。多数发达国家的人民都在支付上一代人所需的花费，新加坡情况正好相反，喜欢未雨绸缪的政府总在想方设法储备好下一代人所需的花费。2001年，李光耀在国会立法允许政府动用国家储备金投资回报时指出："任何政府须向谁负最大责任？不是这一代，也肯定不是上一代，而是未来世代。"副总理王瑞杰后来以"前人种树，后人乘凉"的比喻来形容李光耀的上述观点。他说，如果政府动用储备金或过度依赖它的投资回报来应付经常性的支出，就等同于破坏甚至砍伐了这棵树。②

也如黄有光强调环境保护，新加坡人在照顾好自己的同时，越来越关爱人类以外的其他生命，即关心就空间而言的"他者"一维。2013年11月20日上午，李显龙在自己位于总统府的办公室发现了一名"不速之客"—— 一只漂亮的谷仓猫头鹰飞进府内后，正在人们够不着的高处舒服地栖身。李显

---

① 参见《黄有光：快乐、幸福与环保负责的快乐国家指数》，凤凰网，2010年12月31日。
② 参见《王瑞杰：必要时向总统要求动用储备金》，《联合早报》，2020年2月29日。

龙将猫头鹰的照片上载到个人脸书网页时打趣写道,大家致电农粮与兽医局和飞禽公园求助,但没有致电警方。工作人员成功捕获猫头鹰后将它放生,让它安全地重回大自然。这则猫头鹰到访总统府的消息上传一天之后,就有50万人点击及上千网民热议。在赞美猫头鹰清秀可爱之余,有网民担心是因新加坡的自然环境不断遭到破坏,从而导致动物无家可归。[1]将近两年后的2015年10月5日,这只猫头鹰故地重游。当天中午12时许,李显龙将他刚刚拍下的猫头鹰照片再度上传到脸书网页,并指照片中站在梁柱上的猫头鹰就是两年前到访他办公处的那一只猫头鹰。由于印尼烧芭造成的烟霾天气,李显龙在脸书上留言说:"它今天再度来访,可能是在躲避烟霾。"[2]据说,猫头鹰的头部可旋转270度,炯炯目光具有近乎全方位的视野。有感于此,有人撰文指出,在城市发展和维护更健康的生态平衡上,岛国也应该学习猫头鹰瞻前顾后的全方位视角,而不要在维护自然生态的工作中后知后觉,亡羊补牢。

二、从三维到四维

本书用点线面体来描述新加坡筑梦空间的动态过程。无独有偶,新加坡的李永乐先生也曾用点、线、面来阐释新加坡社会发展的思维方式。李永乐在20世纪60年代末到70年代初念中学。当时,他的母校在德明路上,40年后则搬到了崭新、现代的校舍。这让他回母校时生发不同感受,老有"实景对不上记忆"的失落,而他的学弟学妹则无此体会。李永乐认为:"发展的本身并没有错,问题在于当速度与效率成为主旋律,许多原先的色彩必然慢慢剥落,一些特殊的味道也渐渐变了样。""上了年纪回头一看,原先熟悉的景物、习惯的味觉,怎么一夜之间都不见了? 数十年的大刀阔斧,大动作的砍伐,旧的几乎已连根拔起,或因装上了新酒,变得面目全非,有人到这时候才来惋惜,才试图想抓回一点残渣。"[3]他由此获得了这样的体悟:社会发展既需要

---

① 参见李丽敏:《总理脸书上载照片猫头鹰飞进总统府》,《新明日报》,2013年11月21日。

②《猫头鹰再访总统府总理:它在避烟霾》,《联合早报》,2015年10月6日。

③ 李永乐:《共识》,《联合早报》,2012年10月2日。

从点到线到面的超越(如点引成线,线展成面),也需要面中含线含点的包含(如面与面相交成线,线与线相交成点)。

进一步说,人民行动党的治国原则之一是不迎合政治潮流,不迁就一时民意,择善固执地做有利于人民长远利益和国家整体利益的事。诚然,站高者看的是大局整体,用的是"面式思维",需要全面周到;居中者顾的是局部利益,用的是"线式思维",往往条条分割;成千上万的底层人士都是分散开来的"点",只能"点到为止"。"上中下之间,往往缺少贯穿的链条。"例如,"站在山脚,无法看清蓝天碧海,站在高峰,看不见地面的蚂蚁,两者之间存在距离与角度的落差,而处于'半山腰'的,大多致力再往上攀,所以也疏于顾及底下人群。沉默的大众人数虽不少,却因零散而显得微弱,难以凝聚分贝较高的声音"。由于"站的角度和处的位置不同,想要画出一条平衡的线并不容易"①。因此,政治眼光必须由点到线、由线到面,才能够高登远望;政治思维又要面中含线、线中含点,才能够细致入微。李永乐的有关论述虽然只提及点线面,没有涉及体。但明了了由点到线、由线到面的超越和面中含线、线中含点的包含,则由面到体的超越和由体到面的包含的道理自在其中,不难想见。

古人云:"上下四方曰宇,往古来今曰宙。"②李永乐的上述论述启发我们思考包含点线面体的三维空间(只是"宇"),颜金勇的如下观点则深入到了"深、高、阔、长"的四维时空(也含"宙")。在华社自助理事会赞助人李显龙总理委任下,时任卫生部部长的颜金勇从2012年6月25日起接替总理公署部长林瑞生,出任华社自助理事会董事会主席,任期两年。颜金勇表示,将通过"深、高、阔、长"的新战略方向,帮助社群中低收入者自力更生,力争上游。他说,"深"是深化和巩固华社自助理事会现有援助项目,例如补习计划、技能提升计划等,加强受惠者的求存应变能力。"高"是推出更多新援助项目,帮助低收入者继续向上攀"高",不断提升自己,争取更"高"的成就。"阔"是扩大延伸范围,通过与社区伙伴紧密合作,借助彼此的资源与网络,让更多人受惠于援

---

① 李永乐:《共识》,《联合早报》,2012年10月2日。
② 《尸子》。

助计划。"长"是借助华社自助理事会义工与合作伙伴的力量,增加力度和持续性,确保现有援助计划能长久和持续推行。①

　　颜金勇所谓的"深、高、阔",分别相当于立体空间的长、高、宽三维,其发展变化的分析就需要运用包含横轴、竖轴、纵轴的立体坐标系加以分析。颜金勇所谓的"长",是指时间上能够"长久和持续"。因此,这里的"长"就不是三维空间中长、高、宽之长,而是特指一去不复返的一维时间之长。有了长、宽、高三维的立体空间之后,再加时间的一维,政治眼光和思维就可以穿越上下四方并纵横古往今来,从三维空间上升为四维时空。

　　为了形象地表现四维时空,我们可以将加入了时间一维的四维正方体表现为一个存在了一定时间的普通立方体。下图中的正立方体是二维平面所表现的三维空间,翻动着的日历则代表一维时间。二者组合,就成了形象描述的四维时空。

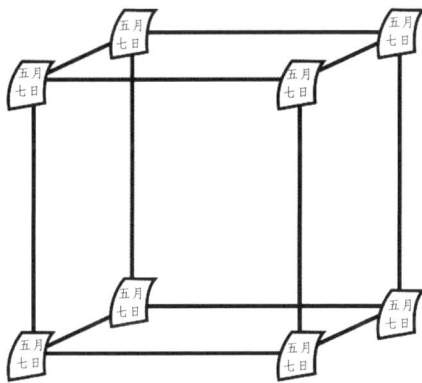

图结-1　形象描述的"四维时空"②

　　四维时空不是通常意义的四维空间。通常意义的四维空间不是在普通的三维空间之外加上时间一维,而是再加空间一维。这种再加空间一维的四维空间,不是可见之物,只是可思之物;或者说,它不是可以看见的物理空间,而

① 参见《卫生部部长颜金勇任华助会董事会主席,提四策略帮助低收入者》,《新明日报》,2012年6月26日。

② 参见[美]G.伽莫夫:《从一到无穷大——科学中的事实和臆测》,暴永宁译,科学出版社,2002年,第60页。本图依照书中插图重新制作而成。

是只能想见的数学空间。以下方法也许可以帮助我们理解这种可以想见但不能看见的数学意义的四维空间：当光从一"端"射向一维物体（线），将会产生零维阴影，即无光的一点；当光从一"侧"射向二维物体（面），将会产生一维阴影，即无光的一线；当光从一"面"射向三维物体（体），将会产生二维阴影，即无光的一面。以此类推，当光从一"方"射向四维物体，将会产生三维阴影，即无光的一体。可以设想，如果一个三维正方体的线框置于光源下，其阴影为一正方形位于另一正方形以内，并且相对的点相连。同样，如果一个四维正方体置于光源下，其阴影便会是一个三维正方体位于另一个正方体之内，并且相对的点相连。下图所示，就是四维正方体的三维阴影在二维平面上的投影。

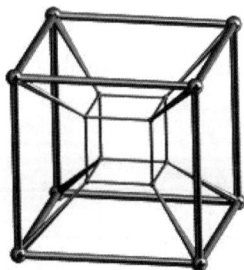

图结-2　四维正方体的三维阴影在二维平面上的投影①

如果将四维时空中的时间一维类比为空间一维，那么四维时空也就可以类比为通常意义的四维空间。与此同时，如果将人从现今的三维转换为四维，那么我们既可以穿梭于上下、左右和前后，还可以往来于过去、现在和未来。这样，将"四维正方体的三维阴影在二维平面上的投影"抽象化后，零维直至四维的几何体（从点线面体到四维时空）的演进过程，就可以呈现为下图：

零维几何体（点）	动成	一维几何体（线）	动成	二维几何体（面）	动成	三维几何体（体）	动成	四维几何体（时空）
●	⇨	│	⇨	□	⇨	⬠	⇨	⊛

图结-3　从零维到四维的几何体演进过程

—————————

① 本图引自百度百科"四维空间"条目。

三、太极=万物之理

新加坡筑梦空间既是点引成线、线展成面、面积成体的动态过程,也是"太极生两仪、两仪生四象、四象生八卦"的生态过程。太极的本义可以理解为万物之理,类似于西方科学界所谓的大统一理论。爱因斯坦在提出相对论以后,终其一生用了大约四十年时间,梦想着能找到一种统一的理论来解释所有相互作用,即解释一切物理现象。爱因斯坦的梦想并不完全荒唐可笑。正是因为怀揣梦想孜孜以求,牛顿发现,让苹果总是往下掉而不会往上飞,让月亮总是环绕地球转而不是离开,原来是同一种力,进而找到了解释有关现象的统一的理论——万有引力。不论是地球上的物体,还是天空中的天体,都可以用万有引力来解释它们的运动。

同样,电和磁曾被看成是两种独立的事物,但麦克斯韦研究证明,它们实际上是现在叫作电磁现象的同一种基本相互作用的两个方面,可以用同一组方程式加以描述。后来,人们发现微观粒子之间仅存在四种相互作用力,即万有引力、电磁力、强相互作用力、弱相互作用力。宇宙间所有现象都可以用这四种作用力来解释。进一步研究四种作用力之间的联系与统一,寻找能统一说明四种相互作用力的理论被称为大统一理论(grand unified theories,GUTs)。换句话说,大统一理论是试图用同一组方程式描述全部粒子和力(包括强相互作用、弱相互作用、万有引力、电磁相互作用四种人类目前所知的所有的力)的物理性质的理论或模型的总称。这样一种尚未找到的理论有时也称为万物之理,或TOE。思考大统一理论或探究万物之理,几乎耗尽了爱因斯坦后半生的所有心力,以至于让一些科学史学家断言,这是爱因斯坦的一大失误。但是,"统一"的概念扎根到了爱因斯坦的思想深处。他确信"自然界应当满足简单性原则",即可以用同一组方程解释一切物理现象。虽然"大统一理论"没有成功,可是建立大统一理论或寻找万物之理的思想却始终吸引着成千上万的科学家们。

与西方先哲试图建立大统一理论或寻找万物之理的追求颇为相似,中国先圣也在探寻总括各类事物之理(极)的最高道理(太极)。每类事物都有其理，如车有车之理，舟有舟之理。理使这类事物成为它应该成为的事物，而不是其他事物，如"舟只可行之于水，车只可行之于陆"[1]。理就是此类事物的极，即这类事物的终极标准。"至于宇宙的全体，一定也有一个终极的标准。它是最高的，包括一切的。它包括万物之理的总和，又是万物之理的最高概括。因此它叫作'太极'。"[2]这就是朱熹说的"事事物物，皆有个极，是道理极至。……总天地万物之理，便是太极"[3]。

很有意思的是，中华先圣说"总天地万物之理，便是太极"，西方先哲所说的大统一理论也被称为万物之理，中华太极学说也就相当于西方的大统一理论。西方先哲想用同一组方程解释一切物理现象的大统一理论并没有成功，中华先圣却已用另一种方式图文并茂地表达了总天地万物之理的太极。最早包含"太极"一词的《易传·系辞上》就阐释了太极的运作方式："易有太极，是生两仪，两仪生四象，四象生八卦。"这里，"易"的最基本含义是变易、简易、不易（不可变易）。意思是说，事物总在不断变化，故曰变易；变易之道，无非是阴与阳的对立统一，故曰简易；这种阴阳对立的变易之道，就是不变的常情、常规、常识、常理，故曰不易。所谓"君子居易以俟命"，说的就是君子应该据守着这种变易、简易、不易的道理，既积极地尽人力，又豁达地听天命。

易字的结构有如日月相叠。日象征阳，月代表阴。日月轮转，阴阳交替，即为易。"易有太极，是生两仪，两仪生四象，四象生八卦"的生成过程，可以理解为 n 个相同的因数 $2(1<阴>+1<阳>=2)$ 相乘的积的递进。在数学中，n 个相同的因数 a 相乘的积记做 a^n。求取几个相同因数的积的运算叫乘方，乘方的结果叫幂。在 a^n 中，a 叫底数，n 叫指数。a^n 读作"a 的 n 次方"或"a 的 n 次幂"。因为易经将世事变化归结为阴阳变易这一变易、简易而又不易的道理，所

图结-4 易字的结构如日月相叠

---

① 《朱子语类》卷四。
② 冯友兰：《中国哲学简史》，涂又光译，北京大学出版社，2010年，第240页。
③ 《朱子语类》卷九十四。

以从太极到两仪、四象、八卦乃至于六十四卦的演进,就可以写成现代数学的如下形式:

太极:2^0(2的0次方)=1

两仪:2^1(2的1次方)=2

四象:2^2(2的2次方)=4

八卦:2^3(2的3次方)=8

……

六十四卦:2^6(2的6次方)=64

如上所述,"易"的最基本含义是变易、简易、不易。这里,固定不变的底数(2)代表恒常"不易"的阴阳二理(孤阴不生,独阳不长),逐步上升的指数(0、1、2、3等)代表变化"简易"的维度(代表点的太极是0维,代表线的两仪是1维,代表面的四象是2维,代表体的八卦是3维),成倍增长的幂(1、2、4、8等)代表翻番"变易"的"限数"(代表点的太极是1个极限,代表线的两仪是2个仪限,代表面的四象是4个象限,代表体的八卦是8个卦限)。于是,"太极生两仪,两仪生四象,四象生八卦"的过程,就可以表现为下图:

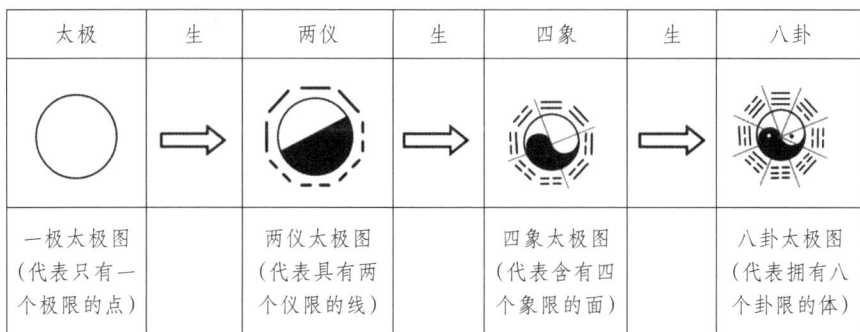

太 极	生	两 仪	生	四 象	生	八 卦
	⇨		⇨		⇨	
一极太极图(代表只有一个极限的点)		两仪太极图(代表具有两个仪限的线)		四象太极图(代表含有四个象限的面)		八卦太极图(代表拥有八个卦限的体)

图结-5 太极、两仪、四象、八卦生成图

古人云:"无极而太极。"按照冯友兰先生的解释,无极就是无形,太极就是有理。可以这样理解:因为太极无形,所以"冲漠无朕";因为太极有理,所以"万象森然"。在经过了太极生两仪、两仪生四象、四象生八卦乃至六十四卦之后,就推演出更为复杂的如下景象:

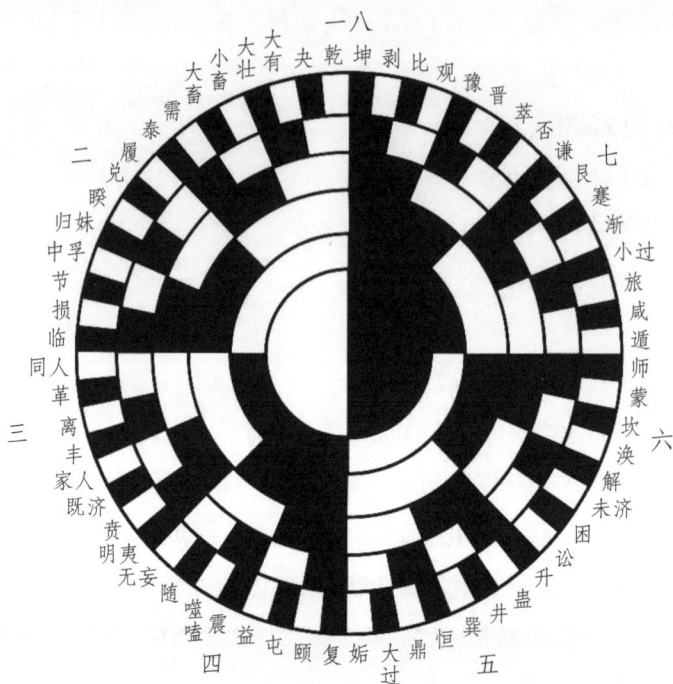

图结-6　南宋洪紫薇《六十四卦生自两仪图》

在讲完了"易有太极，是生两仪，两仪生四象，四象生八卦"之后，《易传·系辞上》紧接着说："八卦定吉凶，吉凶生大业。"换句话说，太极的生成到了八卦之时，就可以从这一八卦图中，体现出可以"定吉凶""生大业"的万物之理。用老子的话说，就是"道生一，一生二，二生三，三生万物"。这一万物之理，在周敦颐的《太极图说》中得到了经典的阐释："无极而太极。太极动而生阳，动极而静，静而生阴，静极复动。一动一静，互为其根。分阴分阳，两仪立焉。"在两仪生四象、四象生八卦之后，"八卦成列，则三才之画具矣"。这里，八卦中的每一卦都有三画，初画象地，中画象人，上画象天。三画的八卦成列之后，天地人三才就具备了。进一步说，"兼三才而两之，故六（爻），六者非它也，三才之道也。"[1]即将三画的八卦两两相重，重成六画的六十四卦，各卦也含有"三才"的象征，如初、二象地，三、四象人，五、上象天。因此，六画没有别

---

①《周易·系辞下》。

的意思，正是象征天地人的道理。《太极图说》认为："立天之道，曰阴与阳。立地之道，曰柔与刚。立人之道，曰仁与义。"这里，立天之道是阴阳，立地、立人之道也无非阴阳，是阴阳转换而成的另一形式。如在立地之道中，柔为阴，刚为阳；在立人之道中，仁为阴，义为阳。

图结-7 卦中天地人

四、阴阳鱼太极图可以证伪吗？

因为八卦图包含阴阳两鱼（形似有头有尾有眼睛的黑白两鱼），在省略了周边的八卦之后，人们就径直将该图称作阴阳鱼太极图（图结-8），并用以说明世界万象，代表万物之理。当阴阳鱼太极图与"易有太极，是生两仪，两仪生四象，四象生八卦"的数学形式（2^n）相联系时，其数学特性使得它不需要证伪也包含真理。卡尔·波普尔在其著作《猜想与反驳》提出科学和非科学划分的证伪原则，即非科学的本质不在于它的正确与否，而在于它的不可证伪性。于是，数学和逻辑学便被归为非科学的，原因在于它们并不需要经验去检验它们，是休谟所说的必然真理。当阴阳鱼太极图与上述数学形式脱离而独立地说明世界万象、代表万物之理时，它就变得不是数学的了。这时候，它还是不是科学，就要看它是否具有可被证伪的特性。占星说、骨相学等就都具有不可证伪的特性，因此它们不是科学。换句话说，可证伪性是科学之为科学的标志。

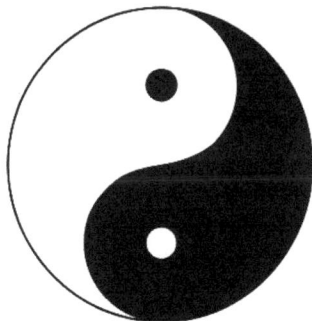

图结-8 阴阳鱼太极图

走江湖的算命学不是科学，是因为它不可证伪。例如，古代某人的三个儿子都去参加科举考试，便找一位算命先生替他算算三个儿子的前程。算命先生啥话不说，只举一指。这是一个包赢不输的回答。如果某人只有一个儿子考上，他说中了，因为举起一指的意思就是考上一人；如果两个儿子考上了，他也说中了，因为举起一指的意思就是只有一人没考上；如果三个儿子都考上了,他还是说中了,因为举起一指的意思是没一个考不上。这种不可证伪的特性,决定了这样的算命学非科学。

因为阴阳鱼太极图不是数学形式,而是图像形式,其说理达意便有了可供解读的广阔空间或充分余地,甚至可以横说横有理,竖说竖有理,几近于不可证伪。不过,说阴阳鱼太极图不可证伪,也许只是一面之见。换一个角度看问题,阴阳鱼太极图或许具有特殊意义的可证伪性。实际上,中国的太极图不止一种,而真正受到普遍接受和广泛认可的只有阴阳鱼太极图。它虽然具有可供解读的广阔空间或充分余地,却有大体相同的确定图案,即它一定不是方的而是圆的(代表周而复始,以至无穷),一定不是单色而是双色(代表孤阴不生,独阳不长),一定不是直线而是曲线(代表波浪前进,动态平衡),一定不是无眼而是有眼(代表阴中有阳,阳中有阴),一定不是两鱼大小不一而是大小相当(代表不偏不倚,无过不及)。这就是说,一旦改为方形而非圆形、单色而非双色、直线而非曲线、无眼而非有眼、两鱼大小不一而非大小相当,就不会被普遍接受,就难以被广泛认可,也就是会被大家认为不对,即会被证伪。从这一意义上说,即通过上述的"反证法"可以证明,阴阳鱼太极图又具有某种特殊意义的可证伪性。于是,有关阴阳鱼太极图的学问道理,也就不是跑江湖的算命学。它当然不是严格意义的科学,但绝不反科学。

阴阳鱼太极图虽产于中国,但属于世界。与爱因斯坦齐名的大科学家玻尔曾被丹麦国王破格授予荣誉勋章。按照惯例,勋章上应该镌刻获奖者的族徽。于是,玻尔亲自设计的族徽便采用了来自于(形同于)中国的阴阳鱼太极图。他以阴阳对立互补图案来表达作为其核心思想的并协原理,即波粒二象性是任何辐射与物质都具有的内在根本性质。这里,波粒二象既互相排斥,又确实同在。因此,在玻尔设计的勋章图案中,作为族徽的阴阳鱼太极图的上方写着意义如下的拉丁文箴言——"互斥即互补",或者说,"对立者是相互补充的"。

图结-9　玻尔设计的包含阴阳鱼太极图的荣誉勋章①

由于中哲西哲、古人今人都接受同样的图案，认可同样的道理，此图就成为共识，此理就成为公理。陆九渊说："东海有圣人出焉，此心同也，此理同也；西海有圣人出焉，此心同也，此理同也；南海北海有圣人出焉，此心同也，此理同也；千百世之上有圣人出焉，此心同也，此理同也；千百世之下有圣人出焉，此心同也，此理同也。"②这里，东圣西圣，人同此心，阴阳鱼太极图所呈之图，便属共识；古人今人，心同此理，阴阳鱼太极图所寓之理，便成公理。

图结-10　世界各地曾使用的与太极图相通相同的图案③

① 本图引自维基百科"太极图"条目。
②《陆九渊集》卷三十六。
③ 本图引自维基百科"太极图"条目。左为西罗马帝国步兵盾徽，中为西罗马帝国盾徽，右为公元前4世纪的凯尔特金饰。

五、化身虚拟世界人物

2018年4月在新加坡内阁改组之际,李显龙总理曾写信给即将卸任的人力部部长林瑞生,称赞他"在想出简单而有效的口号上的才华"以及并非无聊和差劲的"新数学"[①]。2018年11月举行的人民行动党中央执行委员会换届的党干部大会上,李显龙感谢即将卸下人民行动党财政职务的林瑞生,再次表扬他贴近普罗大众的能力很强;并说,他的最大长处是能够极有说服力地向人民说明政策。

实现竞争力与凝聚力的阴阳平衡,就是执政党及其政府必须向人民说明的政策要点。一方面,新加坡需要有比竞争者跑得更快的竞争力。为此,林瑞生说过如下生动比喻:有两个人在森林里。突然,一只老虎出现了,眼看就要从后面追过来。其中一人立即蹲下绑鞋带;另一人大感不解,质疑绑了鞋带难道就能跑得比老虎快吗? 对方回答:"我不需要跑得比老虎快,我只需要跑得比你快就行了。"林瑞生指出,科技是大势所趋。人没有办法比科技跑得快,但新加坡可以跑得比竞争者快。那些跑得慢的,会有更多工作被科技取代;跑得快的,则可以用科技制造新工作。[②]

另一方面,新加坡需要有合作双赢的凝聚力。为此,林瑞生讲过如下幽默故事:

> 鸡对猪说:"我们应该合作经营生意。"
>
> 猪问:"我们该做什么生意呢?"
>
> 鸡说:"来做火腿和鸡蛋三文治的生意吧,我可以下很多蛋。"
>
> 猪说:"但我会死掉。"

上述故事说明,一方得利却让另一方受害的合作肯定难以进行,更无法

---

① 《总理感谢林瑞生》,《联合早报》,2018年4月28日。
② 参见周自蕙:《雇佣对本地人不公,500公司被监督,60家屡劝不听》,《新明日报》,2018年3月5日。

长久。同样,雇主和员工之间也必须达到双赢。如果公司只想通过应用科技取代人力,给员工带来失落乃至失业,就会产生很多怨恨,新加坡也就没有了凝聚力。①

　　林瑞生曾透露过自己的人生哲学:做事会很认真,但对自己不会太认真。这就是"为什么我可以开自己玩笑,别人也可以开我玩笑"的原因所在。当然,对自己不会太认真的幽默感要能生效,前提是自己做事要很认真。只有这样,才会有足够的人相信自己所做的事,自己也就可以协同大家一起给社会带来真正的改变。②李显龙曾想把林瑞生说话时的模样和内容拍成视频后放上网。但林瑞生认为,这和在现场听他演讲有所不同,通过视频无法直接触动民心。不过,李显龙认为,日后可以把林瑞生化身为虚拟世界人物。李显龙所谓的虚拟世界到底怎样? 林瑞生会是其中的何等人物? 尚未揭晓,值得期待。可以确定的是,在新加坡筑梦空间,林瑞生早已化身"讲师",绘图讲课(参见本书引言"林瑞生绘图'讲课'")。

　　如前所述,新加坡筑梦空间必须从心出发,要求以民为先,因此化身"讲师"的林瑞生先生同样强调"以民为重"(resident centric),并将民的地位从三角形的下方提升到顶端。为响应李显龙总理在2013年国庆群众大会演讲中提出的重新调整政府、社区与个人之间的社会责任及义务的呼吁,时任人民协会(下文简称人协)副主席的林瑞生提出了"以民为重"的理念。他说,有些人觉得基层领袖是在为政府、人协和基层组织顾问效劳。其实,这并不是基层领袖的核心任务。基层领袖更重要的职责是为社区和居民服务。而人协与基层组织顾问的角色是支持及协助基层领袖更好地服务居民。人协的基层活动是以"人民—政府—人民"这个三角框架在运作,而且一向是把政府摆在三角框架的顶端,人民在下方。

---

① 参见《王瑞杰分享火腿与鸡蛋故事》,《联合早报》,2019年5月2日。
② 参见陈劲禾:《被林瑞生"讲故事"启发,姐妹被裁后开档卖油条,明星捧场》,《联合晚报》,2018年5月5日。

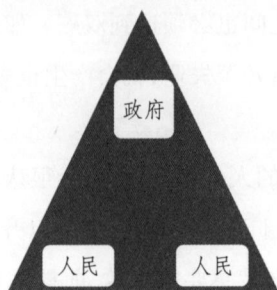

图结-11　把政府摆在三角框架的顶端,人民在下方

　　林瑞生认为,要真正做到以民为重,首先就要改变这个观念模式,把这个
三角框架倒转过来,即人民居于顶端,政府处在下方。而从最下方的政府开
始,中间通过人协、基层组织顾问、基层领袖、基层义工及社区伙伴一层一层
地往上推,从而全力协助、支持居于最顶端的居民。林瑞生说:"有人可能会
认为把三角框架倒转过来只是一个形式而已,但我认为它的意义不只这样,
这是人协基层活动的出发点与承诺的重新调整。"①

图结-12　人民居于顶端,政府处在下方

———————————

① 郑景祥:《人协基层工作转向"以民为重"》,《联合早报》,2013年10月13日。

六、S形曲线与动态平衡

太极图中的S形曲线表达的动态平衡的道理,与正弦曲线的寓意完全一致。中国先哲对阴阳之间的动态平衡论述颇丰。例如,董仲舒言:"阴与阳,相反之物也。故或出或入,或左或右。……有一出一入,一休一伏,其度一也。"[①]其意是说,阴和阳有相反的性质。因此,当一个出现时,另一个必隐没;当一个在左边时,另一个必在右边。若阴昌盛,则阳必衰败;若阳昌盛,则阴必衰败。仅从一时一地看问题,它或许只有A或只有B;如果全面完整地看问题,它其实既有A也有B。换句话说,它是通过跨越时空的相互配合,最终达到阴阳平衡,即李显龙所说的"随着时间(笔者认为也可以引申为空间)达到平衡"。

随着时间达到平衡的"一出一入,一休一伏"是一种动态平衡。这种动态平衡可以在社会生活中经常看到。如下图所示,价值规律的作用方式就表现为一种动态平衡,即价格围绕价值一起一伏地上下波动。所谓价值规律,是指商品的价值量由生产商品的社会必要劳动时间决定,不同商品的交换按照等价原则来进行。由于商品的价值是通过价格表现出来的,价值规律作为商品经济中的必然趋势,当然也要通过价格运动加以呈现。在商品供求平衡的情况下,价值和价格相一致。但是,这仅是偶然现象。实际的情况是:商品的供求往往并不平衡,从而导致价格或高或低的运动。当某种商品供不应求时,价格就涨到价值以上;当某种商品供过于求时,价格就降到价值以下。这就是说,随着供求关系的变化,价格有时高于价值,有时低于价值,价格总是围绕着价值上下波动。

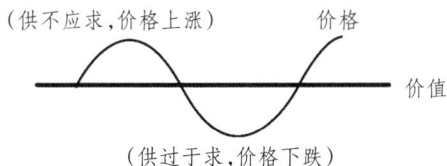

（供不应求,价格上涨）　　　价格

价值

（供过于求,价格下跌）

图结-13　价格围绕价值上下波动

---

①《春秋繁露·天道无二第五十一》。

这里，商品的价格时升时降，似乎偏离了价值，但其变动总是以其价值为轴心。从较长时期（就时间而言）来看，商品价格与价值的偏离有正有负，可以彼此抵消，商品的价格与价值还是相等的。价值规律也正是通过商品价格围绕价值的时起时落（即"一时起一时落"）发生作用。进一步说，这个或这里的商品的价格可能低于价值，那个或那里的商品的价格又可能高于价值，从整个社会（就空间而言）来看，商品价格与价值的偏离有正有负，可以彼此抵消，商品的价格与价值还是相等的。价值规律也正是通过商品价格围绕价值的或起或落（即"一处起一处落"）发生作用。表现为"一出一入，一休一伏"的动态平衡（或左右对称），甚至会是自然社会的普遍规律。根据《韦氏词典》的注释，symmetry 的意思是"均衡比例"或"由这种均衡比例产生的形状美"，它与汉语中"对称"一词的含义几乎完全相同。

七、政策的左右拿捏

人民行动党为避免一党长期执政容易出现的僵化、封闭等情况，注意身段柔软，积极求变，其政策变化呈现出类似于太极图中 S 形曲线或数学中正弦曲线的上下波动，以求在适时而变中求取平衡（动态平衡）。

人民行动党建党之初是以民主社会主义为宗旨。该党执政之前，李光耀曾担任过多个工会的法律顾问，替工人说话，反对资本家剥削。该党执政之后，其指导思想及政策导向经历了一个从左向右的转变，即从更多崇尚社会主义理想转变为更多运用资本主义手段。李光耀告诉工人，当年的承诺是要实现，但我们不能杀掉那些会生金蛋的鹅（资本家），因为人民需要金蛋。例如，全民就业和收入增加就是人民需要的金蛋。而要实现就业和增加收入，就需要有人投资设厂。人民行动党政府的观点是，在分好蛋糕之前，首先要做成蛋糕，做大蛋糕。这就必须利用被视为资本主义的私人企业、市场经济来发展经济，实现增长。一些国家只想到如何分好蛋糕，忘记了先要做大蛋糕，结果人民分到的只有痛苦。"在新加坡，社会公平可说是透过经济增长、创造就业机会、教育、住房、医药保健等，让全民分享国家繁荣进步的成果。李光耀过去常说,这就是'多数时候让最多人得到最多好处'。"①

　　曾任财政部部长的吴庆瑞是人民行动党政府中强调运用资本主义手段发展经济的著名代表人物。在一家钢铁厂到底应该国营还是私营的问题上,他与时任工业促进局(经济发展局的前身)局长的詹姆斯·普都遮里出现分歧。詹姆斯·普都遮里具有左派经济思想。他曾指着俯视新加坡河的莱佛士雕像说:"你们看,那是殖民主义分子的遗迹。假如我们把它换成马克思或是列宁的雕像,你们说好不好?"②詹姆斯·普都遮里主张钢铁厂应该国营。他认为,钢铁业是工业化的重要环节,不能将钢铁厂拱手让给一两个人或某些人。吴庆瑞则认为,在新加坡实现社会主义的空间其实很小。他说:"我们目前所有的工厂根本不值得国营化,应继续由私人企业拥有。人民行动党在调高税率之前,会先设法节省每一分钱。本地及海外的私人企业将获得鼓励及协助;经济发展局会向私人企业提供资本贷款,并不限制它们把盈利和资本转移到海外。"这是一番"再资本主义不过了"的言论。詹姆斯·普都遮里后来承认:"抗争时我对吴庆瑞很有意见。我非常尊重他。我的意思是,我不同意他对私人企业的信念,但我想他是对的而我是错的。新加坡从中获益了。"③

　　第二次世界大战之后,新加坡的人口增长率随着婴儿潮的出现而趋高。到了人民行动党执政之后的20世纪60年代,满足毕业青年的就业需求是政府亟待解决的重要问题。在那些有农业可以吸收劳动力的国家,高失业率不是世界末日。但是,当时新加坡的土地面积只有500平方千米,即使每座公园和足球场都变为耕地,其生产的稻米也只够4万人食用。"在没有工作机会的情况下,失业者就会在街道上闲逛,形成祸端;这股不安可能会为刚获选执

　　① 叶添博、林耀辉、梁荣锦:《白衣人——新加坡执政党秘辛》(中文版),新加坡报业控股,2013年,第580、582页。
　　② 曾振木等:《心耘—— 一群经济精英打造新加坡成为第一的关键历程》,戴至中译,上海教育出版社,2006年,第8页。
　　③ 叶添博、林耀辉、梁荣锦:《白衣人——新加坡执政党秘辛》(中文版),新加坡报业控股,2013年,第581—582页。

政的人民行动党政府带来威胁。"①这就需要有资本家前来投资建厂。当时,吴庆瑞常对担任财政部常任秘书和经济发展局主席的严崇涛说,不管用什么办法,每个星期都要三家工厂开张。严崇涛问道,制造冥纸的工厂也可以吗?吴庆瑞回答:"我不介意。"于是,新加坡出现了后来被视为低技术行业的制造冥纸、花生酱的工厂。正因为意识到分好蛋糕之前必须做成蛋糕,所以曾经高举民主社会主义旗帜的人民行动党,却在执政之后限制工人罢工的自由,注意保护雇主的利益,尽心尽力地发展了资本主义。

在人民行动党成立25周年并执政20周年的1979年,李光耀曾这样描述该党因时制宜、与时俱进的意愿和能力:"它(人民行动党)能完全脱离教条式的理论和政策……目前的领导人开始时是民主社会主义者……我们做好改变政策以应对新现实的准备……我们在政治原则和务实政策中维持平衡。"②换句话说,在人民行动党建党之初直到执政之前,该党给人的主要印象是一个很能高举旗帜(坚持政治原则)的党;执政特别是独立建国之后,该党又转变成为一个也能解决问题(施行务实政策)的党。

人民行动党在执政前后的上述变化,展现出高度灵活的政治身段和不受意识形态羁绊的行政作风。应该说,执政之后的适时而变是正确的。但是,当经济发展到较为繁荣之后,过多运用资本主义手段以做大蛋糕,忽视运用社会主义方式以分好蛋糕,就会造成社会分层、贫富分化。报人周兆呈先生对新加坡较长时间以来过于强调做大蛋糕、相对忽略分好蛋糕的现象进行了如下颇为形象的描述:"为弱势群体争取更多照顾,容易在'不能成为福利社会'的原则前碰壁;对公共交通弊端的批评,容易被'上市公司需要向股东负责'的说法一带而过;要求扶助低收入者,容易被简化为'应该提升生产力';希望缩小贫富差距,容易被转述为'须要符合经济规律'"。2010年,新加坡的国内生产总值虽然较前一年增长了14.5%,增长率名列世界第二。但是,

---

① 曾振木等:《心耘——一群经济精英打造新加坡成为第一的关键历程》,戴至中译,上海教育出版社,2006年,第4页。

② 何惜薇:《行动党撒大网选贤》,《联合早报》,2014年1月12日。

新加坡普通民众尤其是底层民众未能获得与此相对应的实惠,生活水平也没有得到与此相对应的提高。由于国家在市场大潮中破浪前行并走向繁荣的同时,民众更感受到了市场机制带来的贫富差距和生存压力,便通过手中掌握的选票发泄心中不满。

2011年大选之前的2010年,新加坡廉洁状况被总部设在德国柏林的国际透明度组织排名为与另两个国家并列世界第一。这些成绩的取得,长期执政的人民行动党功不可没。在外人看来,2011年举行大选,人民行动党必定占有优势,取得佳绩。但是,出人意料的是,在这次大选中,领导新加坡取得上述成就的人民行动党得票率为60.14%,成为1965年建国以来历次大选的最低;反对党则史无前例地赢得一个集选区,共获6个议席,创下了建国以来反对党赢得议席的最多纪录。这意味着以2011年大选为标志,新加坡的政治生态已经跨入"新常态",即民众不再满足于政府的廉洁高效,而更期待着政治的制约平衡;不再满足于经济的增长发展,而更呼唤着社会的公平公正。

面对新常态,人民行动党这一创造了连续赢得了十余次大选神话的富有战斗力的政党,也不能不感到危机四伏,不得不进行深度反思,从而进一步柔软身段,再一次调整方向。其工作重心从执政特别是独立建国以来特别强调竭尽所能以做大蛋糕,调整为更注重积极分享以分好蛋糕;其方针政策从特别强调运用资本主义手段,转变为更为注重体现社会主义方向。总的来说,其思维路向从偏右走向中间偏左,并注意在动态中保持平衡。2013年末,人民行动党在一年一度的党大会的决议声明中重申民主社会主义,让民主社会主义这个"尘封"多年的理念再次走入公众视线。形成于2013年的人民行动党决议指出:"我们是人民行动党党员,致力于维持民主社会主义理念,为国家服务,为国人改进生活。……我们决心建设一个公平和公正的社会,与国人分享进步的成果。我们依赖自由市场扩大收成,但是防止极端后果出现。以政府行动和社区支援配合个人责任扶助弱势群体。我们支持累积渐进式的福利与税收制度,让全体国人享有优质教育,良好住房和负担得起的医疗保健。我们尊敬长者,并且协助他们保持活跃,安享更有保障的生活。"①

　　一个在执政后淡化意识形态并回避高喊口号的政党,却在多年之后重申民主社会主义的初衷,难免会让外界感受到某种象征意义的变化。时任新加坡文化、社区及青年部代部长,也是人民行动党宣传与出版委员会主席的黄循财解释说:"正如当年人民行动党领导人调整目标和理想以适应现实,包括制定经济战略以及重视劳资政三方协作等,这次重提民主社会主义,不表示我们现在迷信意识形态,而是借此突出我们所珍惜的价值观,希望把这些价值观付诸行动,制定适合当前情况的政策。"②重申民主社会主义理念,正是人民行动党重塑公众形象的重要举措。当然,李显龙说,人民行动党不是人民讲话党。它一般不会将民主社会主义的口号天天挂在嘴上,却必须将民主社会主义的理念时时贯穿于行动。

　　在促进积极分享的一系列政策中,以李显龙总理在2013年国庆群众大会上宣布推出的"建国一代配套"(pioneer generation package)计划最为典型。新加坡政府对建国一代的定义是:生于1949年12月31日或之前,并在1986年12月31日或之前成为公民,在本地生活或工作的第一代新加坡人。新加坡2014年财政预算案声明公布了上述计划的具体举措:政府将耗资80亿元设立建国一代基金,终身照顾约45万名建国一代年长者。建国一代将在三方面获额外经济援助——更低廉的终身健保双全保费、更多专科及普通科门诊费用津贴以及更多保健储蓄填补额。上述举措既从年长者最为关心的医疗问题着手,实际解除他们对医疗费的后顾之忧;又展示了政府对于年长的建国一代的肯定和重视,在社会上形成了一种价值导向,从而产生了很好的社会效应。

　　政策、理念的调整,往往与形象、作风的转型相伴随。有学者指出,人民行动党这么做是要说明它是个"由群众组织起来的政党、为群众组织起来的政党",伴着新加坡人齐步向前,而不是如老大般走在大家前面。换句话说:"人民行动党正努力地从'人民行动党公司'走向'人民行动党政党',它需要

---

　　①　②　何惜薇:《行动党撒大网选贤》,《联合早报》,2014年1月12日。

重塑公众形象。"①新常态之后的改变,因应了从李光耀时代到后李光耀时代的转变——前者更多是家长式领导,后者更多是朋友式作风;前者更多一些"亲商""亲新加坡国家",后者更多一点"亲工友""亲新加坡人民";前者的思维是"听我们说,跟我们走",后者的思维是"相信我们,携手前进"。

2015 年 9 月 11 日举行的新加坡大选中,人民行动党的总得票率为69.86%,较上届的60.14%高出近十个百分点,成为该党自1980年以来的选举中取得的第二好成绩。与此同时,人民行动党还夺回了在两年前补选中失去的榜鹅东单选区的一个议席,赢得了89个议席中的83个。李显龙在9月12 日中午答谢选民时说:"大选成绩不会只取决于一个人,而是要有实质成绩,是否让人民的生活更好,是否赢得选民的信任等因素。"他指出,整个人民行动党团队都与人民合作,努力改善人们的生活,在这些方面取得的进展,让团队能在大选中取得亮眼成绩。②同日,李显龙又通过脸书发布题目颇为感性的总理告选民书——《给你留了位子》(I've saved a seat for you)。他说:"我们欢迎每一位想要参与打造我们的未来的新加坡人,与我们同席而坐。我给你留了位子,请加入我们,与我们并肩合作。"③

八、月印万川

不同于西方先哲探究用一组方程来说明万物之理的大统一理论,中国阴阳鱼太极图对于万物之理的表达,只是明了天意,却未道破天机。明了天意,才有可能达到天人合一的圣人的境界;识破天机,则有可能获得全知全能的上天的能力。(想象中的)上天不仅全知全能,而且至善至美。一当人们识破天机而获得了全知全能的能力,却又因为人性的弱点而缺乏至善至美的品德,就可能运用接近上天的能力,做出有害天理的事情,从而犯下常人难以犯下的滔天罪行。正是因为有此忧虑,道家老子庄子才会主张罢黜聪明,返璞

---

① 何惜薇:《行动党撒大网选贤》,《联合早报》,2014年1月12日。
② 参见《李显龙总理:大选结果反映人民拒绝分裂政治》,《联合晚报》,2015年9月13日。
③《李显龙总理告选民书》,《联合早报》,2015年9月13日。

归真；才会倡导能而不为，有而不恃。

进一步说，"太极不仅是宇宙全体的理的概括，而且同时内在于万物的每个种类的每个个体之中。每个特殊事物之中，都有事物的特殊种类之理；但是同时整个太极也在每个特殊事物之中"①。朱熹曾说："在天地言，则天地中有太极；在万物言，则万物中各有太极。"②但是，如果万物各有一太极，那不是太极分裂了吗？对此，朱熹解释说："本只是一太极，而万物各有禀受，又自各全具一太极尔。如月在天，只一而已。及散在江湖，则随处而见，不可谓月已分也。"③这里，朱熹用了佛家常用的"月印万川"的譬喻来加以解释：月亮只此一个，却印万川之中。万川川川有月，即此天上一月。

太极是天地万物总的道理，天地万物又各有太极。上述中华哲学在西方宇宙全息论中得到了科学展现。宇宙全息论认为，宇宙是各部分之间全息关联的统一整体。一方面，在显态信息上，系统是宇宙的缩影，子系统则是系统的缩影。例如，当一根磁棒折成几段，每一小段的南北极特性依然不变，即每一小段是其整根磁棒的全息缩影。再如，当一面镜子碎成几片，每一小片仍然能当镜子使用，即每一小片是其整面镜子的全息缩影。另一方面，在潜态信息上，子系统包含着系统的全部信息，系统包含着宇宙的全部信息。例如，人体中的每个细胞（子系统）都包含了这个人（系统）全部的遗传信息。以此类推，我们可以设想，作为系统的每个人，很可能包含了宇宙的全部信息。空间上的整体与部分的关系如此，时间上的过去与将来的联系也是一样。英国诗人布莱克曾说："在一粒沙中，见到全世界；在一朵野花中，见到天堂；将无垠，握在掌中；见永恒，于一刹那。"上述句子是诗，但未必有违科学。

九、空间与时间

六十四卦中爻数的数（位次），自下而上分别为初、二、三、四、五、上。这

---

① 冯友兰：《中国哲学简史》，涂又光译，北京大学出版社，2010年，第240页。
② 《朱子语类》卷一。
③ 《朱子语类》卷九十四。

里,初指初始,是就时间而言,对应的应是终;上指上面,是就空间而言,对应的应是下。爻数如表时间,其序数应为初、二、三、四、五、终;如表空间,其序数应为下、二、三、四、五、上。第一爻取表时间的初,第六爻取表空间的上,是要将时间与空间结合起来:既表时间,也表空间。

当然,爻数表示的时间或空间,其指示并不精细,而仅仅是指出一个大体的位置和大致的方向。例如,乾卦中"上九"一爻的义理阐释是"亢龙有悔"。它告诉人们不能志得意满,而要留有余地。正因为如此,身居高位的王公才会自谦地称呼自己为"孤""寡人""不谷"等。这实际上是要对自己的至尊之位给予减损,即从至高无上的"上九"减低到留有余地的"九五",以便花未全开故能长开(因为花全开之后便是谢),月未全圆故能长圆(因为月全圆之后便是亏)。

上述道理,老子已有明白的叙述:"物或损之而益,或益之而损。"[1]即事物有时候减损它反而是增益它,增益它反而是减损它。例如,从"上九"减损为"九五",就是"损之而益";从"九五"增益为"上九",就是"益之而损"。当然,"上九""九五"所述之数,只是概而言之,而非精确表达。它只是给人指出了一个大致的方向,如不要过于张扬,而应留有余地;而没有给予精确的定位,如张扬多少才算"过于"? 保留多少才算"有余"?

中华文明长于整体性把握,短于精确性辨识。庄子云:"六合之外,圣人存而不论;六合之内,圣人论而不议。"[2]这里,六合指天地和东南西北四方,即上下、前后、左右。六合之内,就是常人可以感受得到的经验空间(三维及三维以下的空间);六合之外,则是常人难以想象得到的分析空间(三维以上的空间)。按照庄子的意思,对于常人可以感受得到的经验空间,圣人虽然细加研究,却不随意评说;对于常人难以想象得到的分析空间,圣人就只好存而不论,即把它放在那里,不肯定、不否定也不争论。可以这样理解,老子所谓的"道生一,一生二,二生三"[3],就是对零维(道)、一维、二维乃至三维的经验

---

① ③《老子·第四十二章》。
②《庄子·齐物论》。

空间(六合之内)"论而不议";老子所谓的"三生万物"③,就是对三维以上的分析空间(六合之外)"存而不论"。

中国文化长于整体性把握、短于精确性辨识的特点是与长期处于小村落、慢生活的农业社会相关联。在那里,可以用"一袋烟工夫"表示时间,可以用"几步路程"表达空间。今天,时空已进入地球村、快节奏的信息社会,时间的认知已精确到普朗克时间(10的-43次方秒),空间的认识已经精细到普朗克长度(10的-35次方米)。它要求我们对于时空的度量必须给予更为精确的"数"的把握。

在日常生活中,我们往往对时空距离不必作"数"的精确计较。在向小朋友讲故事的时候,为表达时间久远,我们可以说"在很久以前";而要表述时间特别久远,则可以拖长语调地说道:"在很——久、很——久以前。"当然,上述表述具有很大的模糊性。时空距离到底有多长多远,只能意会,不能言传。

不过,在信息化社会的今天,即使是日常生活,在一些特殊领域,也要求对时空距离做"数"的精确把握。如今开车一族使用GPS导航仪就是如此。其空间部分是由24颗工作卫星组成。它们位于距地表20200千米的上空,均匀地分布在6个轨道面上(每个轨道面4颗)。此外,还有4颗有源备份卫星在轨运行。每颗卫星都携带原子钟,它们计时精准,每天误差不超过10纳秒(1纳秒等于十亿分之一秒),并不停地发射无线电信号,报告时间和轨道位置。由于卫星的分布使得在全球任何地方、任何时间都可观测到4颗以上的卫星,所以GPS导航仪就通过比较4颗卫星上发射来的时间信号的差异,计算出所在的位置。

精确的测量需要精准的时间,于是GPS就需要运用相对论。一方面,根据狭义相对论,当物体运动时,时间会变慢;运动速度越快,时间就越慢。由于GPS卫星以每小时14000千米的速度绕地球飞行,因此在地球上看GPS卫星,其携带的时钟比地球的时钟每天慢大约7微秒。另一方面,根据广义相对论,物质质量的存在会造成时空的弯曲,质量越大,距离越近,弯曲就越大,时间也就越慢。由于GPS卫星位于距地球表面大约20200千米的高空,受地球质量的影响,地球表面的时空要比GPS卫星所在的时空更加弯曲。这样,从地球上看,GPS卫星上的时钟就要比地球上的时钟每天快45微秒。在同时考虑了狭义相对论和广义相对论之后,加以折合,GPS卫星上的时钟比地球上的时钟每天快上大约38微秒。如不加以校正,GPS系统每天就会累积大约10千米的定位误差。为此,在GPS卫星发射之前,要先把其时钟的走动频率调慢一百亿分之四点四六五,把10.23兆赫(波动频率单位之一)调为10.22999999543兆赫。上述情况,真可谓差之毫厘,谬以千里。

十、象数理结合

筑梦过程既是点引成线、线展成面、面积成体的动态过程,也是太极生两仪、两仪生四象、四象生八卦的生态过程。用为动态过程的分析工具是坐标系。坐标系将数与形结合,可以对筑梦过程的难题、疑点进行科学、准确的分析。生态过程的描述工具是太极图。太极图将象(形)与理结合,可以对筑梦过程的物理、事理给予形象、生动的描述。这里,光有坐标系,分析就不够形象、生动;光有太极图,描述就不够科学、准确。二者结合,即将象(形)、数、理结合起来,就能相互补充,相得益彰。

新加坡几代领导人都曾将凝聚力、竞争力分别比喻为阴和阳,也时时用阴阳鱼太极图来说明道理。实际上,1973年至1990年间的新加坡空军机徽就包含着阴阳鱼太极图图案。"代表阴阳原理的符号好像两条大头鱼在一个圆圈里面,对称地各占半个圆圈。"①阴阳鱼太极图所包含的"孤阴不生,独阳不长""不偏不倚,无过不及""阴中有阳,阳中有阴""动态平衡,波浪前进"和"循环往复,以至无穷"的道理,也在新加坡领导人的如下论述中得到展现。

图结-14 1973年至1990年间的新加坡空军机徽

①《李资政南大演讲答问》,《联合早报》,1996年3月17日。

第一，每个社会都有"阴"和"阳"。"阳"指竞争，是社会前进的动力；"阴"则更有女性化的色彩，比如国人应当互相关爱照顾，整个社会共同发展。①这里，有阴有阳，不可或缺，意味着"孤阴不生，独阳不长"。第二，新加坡要在阴和阳之间寻求平衡。"如果过分追求竞争，就会削弱社会凝聚力和新加坡人团结一致的精神；如果完全不竞争，人人都是第一名，我想谁都成不了第一名，反而都将是失败者。"②这里，寻求平衡，避免极端，意味着"不偏不倚，无过不及"。第三，"要让新加坡成为温馨家园，发展必须阴阳调和，发挥互补和互通的作用。冷硬的发展效率不能少了政府的温暖和温柔怀抱。"③这里，互补互通，冷（硬）中有暖（柔），意味着"阴中有阳，阳中有阴"。第四，有人认为新加坡的阴阳比例是三七开，即经济发展占七成，社会建设占三成。李光耀回应说，新加坡的确兼顾经济发展与社会建设，但两者的比例并不固定。因此，是不是三七分不重要。它可以随时变动，即必须因时而变地取得二者之间的微妙平衡。④这里，比例不定，因时而变，意味着"动态平衡，波浪前进"。第五，李光耀在论述既要有竞争力、又要有凝聚力之后接着说，还要确保发展能够持续，因为国家建设的道路是一条没有尽头的路。⑤这里，持续发展，没有尽头，意味着"循环往复，以致无穷"。

每个国家"必须不断地在成功、竞争力强的社会，以及在凝聚力强又有温情的社会之间取得平衡。要做到这一点，需要很好的判断力，以达致某种协议或社会契约。每个社会都必须寻找最适合本身条件的平衡点"⑥。新加坡作为岛国，没有更大的国土作为腹地，也就难有较大的回旋余地。因此，李显龙指出："在国家认同和环球开放程度之间，在自由市场和社会团结之间，我

---

① 参见《谈我国社会的"阴"和"阳"》，《新明日报》，2014年2月18日。

② 《谈我国社会的"阴"和"阳"》，《新明日报》，2014年2月18日。

③ 杨萌：《维文：今年或再来袭，我国应对烟霾准备更充足》，《联合早报》，2014年5月19日。

④⑤ 参见沈越：《求大同，存小异，化解分歧》，载于《新中建交25周年回顾与展望》，新加坡"通商中国"，2015年，第51—52页。

⑥ 杨保安、张燕青、蔡添成：《李资政讲话摘录》，《联合早报》，1999年11月22日。

们都要找到精准和正确的平衡。"①这里，"国家认同"和"社会团结"可以加强凝聚力，是为阴柔；"环球开放"和"自由市场"可以增进竞争力，是为阳刚。"在国家认同和环球开放程度之间，在自由市场和社会团结之间"的平衡，也就是分别代表凝聚力、竞争力之间的阴阳平衡。

在阴阳鱼太极图中，白色的阳鱼代表天，黑色的阴鱼代表地，阴阳相交互抱而成的曲线代表人。因此，阴阳平衡，便蕴含着天地人和。而李显龙强调"平衡"必须"精准和正确"，又要求相关分析不仅有人文化的定性分析，更要有数学化的定量分析（数）。为此，有必要通过象、数、理的结合，把握天、地、人的节度。笔者因有诗云："有理无数难入微，有数无象不传神。一朝象成数亦得，与理共析天地人。"

十一、人民行动党党徽三色同心圆的意蕴

饶有趣味的是，一道红色闪电划过白底之上蓝圆的人民行动党党徽图案，颇似一张S形曲线刚化了的四象图。与此同时，人民行动党也曾以党徽三色组成三个同心圆，由内而外地展示该党的核心目标、基本价值观和特质。这种由内而外的有关展示，又近似"太极生两仪，两仪生四象，四象生八卦"的太极图体系。

图结–15　人民行动党党徽　　　图结–16　四象图

① 曾昭鹏：《李总理：作为全球都市我国各方面发展须达到精准平衡》，《联合早报》，2014年3月28日。

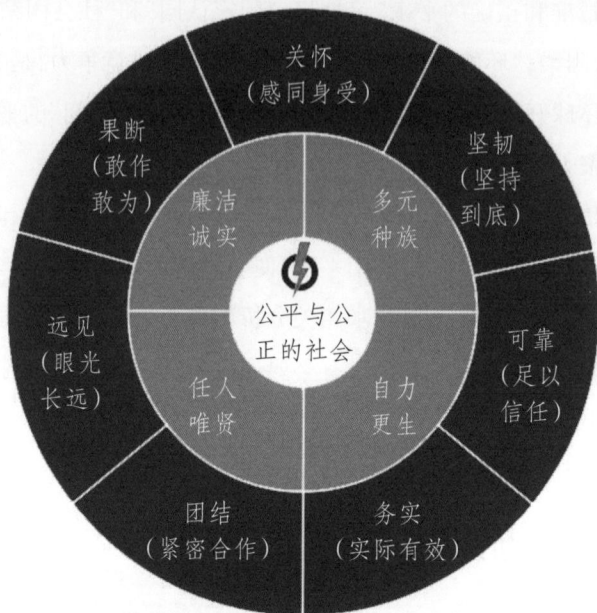

图结–17　人民行动党党徽三色同心圆

图结–18　太极图体系

　　上述太极图体系的形成，是一个随着时间推移在空间上由内而外的生发过程。其中，太极在时间上处于最先、在空间上处于最中的位置。如果将人民行动党党徽三色组成的同心圆比喻为太极图体系，那么太极就是位处内圆核心并富象征意义的党徽图案。将党徽图案置于核心地位，固然是因为该同心圆是要体现人民行动党的理念。不过，把同心圆比拟为太极图体系时，处于核心地位的党徽所代表的人民行动党却不能用以代表太极。由于人民行动党以"人民"嵌入党名,并在成立之后一直高举人民的旗帜,也在执政后提出了"以民为先"(就时间而言)、"以民为中心"(就空间而言)的理念,因此把同心圆比拟为太极图体系时,人民才是那个时间上最先、空间上最中的太极。它要求人民行动党在执政过程中必须从心出发,以民为先。

如果说,人民是那个时间上最先、空间上最中的太极,内圆中代表党的核心目标的"公平与公正"就是两仪。其中,公平可以理解为制度公平。有了制度公平,组织才有竞争力。因此,公平的功能属性是阳。公正当然指的是社会公正。有了社会公正,国家才有凝聚力。因此,公正的功能属性是阴。

四象是指中间圆中的廉洁诚实、多元种族、自力更生、任人唯贤的基本价值。人民行动党解释说:"廉洁诚实"是要坚持清廉、正直、光明正大、透明化、不腐败的情操。"多元种族"是要全民不分种族、语言、宗教,人人享有公正平等的待遇。"任人唯贤"是要人人皆有平等的发展机会:认可与赏识,基于个人的功绩。"自力更生"是要牢记"无人亏欠于我"这句话,绝不使国民滋生依赖心理,不走福利国家的道路。可以这样界定四者的功能属性:自力更生要求刚强勇猛,属于太阳;多元种族强调团结和谐,属于太阴;廉洁诚实和任人唯贤各有阴阳,可以分属于少阳和少阴。

而八卦缺一,外圆中只有关怀、坚韧、可靠、务实、团结、远见、果断等七项特质。人民行动党解释说:"可靠"是指重承诺、言出必行,赢得人民的信任;人民也因此对执政党及其政府的办事能力和才干具备信心。这有利于政府向人民解释政策和有效地推行政策。"务实"是指不被意识形态和美丽的言辞所迷惑,相反要灵活应变,以独创的方式解决国家面临的难题,同时坚持自己的价值观。这种方法被证实是行之有效的。"团结"是指团结、忠诚、守纪是党的凝聚力的体现,即便个性强烈的人提出不同的意见也无损于行动的有效统一。"远见"是指按长远规划办事,并防患于未然;要有预见能力,能带领人民走向康庄大道。"果断"是指具备大胆果断、迅速回应的优点,即使信息不完整时也能如此反应,要能为长远利益而做出痛苦但正确的决定。"关怀"是指一定要对人民充满爱心,设身处地理解他们的忧虑,关心他们的生活,理解他们的希望和梦想。如果人民感受不到政府的关心,就不可能认可政府的办事能力。"坚韧"是指在处境困难、个人面临危机或有失败的可能性之时,仍能坚定不移,意味着全体党员有能力为了人民的利益,忍耐煎熬,渡过难关。①

既然八卦缺一,那么能不能在上述七项之后再加"平衡"一项呢? 当新加坡政治职位的高薪引发民众不满,在人民行动党政府主导下,新加坡国会通过了《一个能干并具奉献精神的政府的薪金》的改革方案,其宗旨是既保持一定高薪以吸引能干人才,又进行可观打折以体现奉献精神。这里,能干才有作为,有竞争力,是为阳;奉献才得人心,有凝聚力,是为阴。阴与阳平衡,社会才能和谐。当一党独大日益受到质疑批评,人民行动党渐进推动了以制度平衡为目标的政治改革,期待改革后的选举制度能公平对待各个政党(坚守天理的要求,合天道)、有利于选出强大政府(切合地势的考量,合地道),让国会发出不同声音(紧贴人心的需要,合人道)。这里,天地人和谐(平衡),改革才能成功。

进一步说,点的定位必须中正(以民为中心),线的延伸要求对称(从上天到落地),面的展开需要协调(协调阴与阳),体的构建追求和谐(天地人和谐)。所有这些,都透露出平衡的精神。平衡是中,中就是静态的和;平衡是和,和则是动态的中。"中也者,天下之大本也;和也者,天下之达道也。致中和,天地位焉,万物育焉。"②

十二、孤阴不生,独阳不长

阴阳鱼太极图表达的一个重要原理是孤阴不生、独阳不长。"各尽所能,各取所值"有利于做大蛋糕,可以增强竞争力,属于阳;"扶贫济困,积极分享"有助于分好蛋糕,可以增加凝聚力,属于阴。二者相反相生,相辅相成。李光耀认为,没有哪个国家会实行让胜利者扫走所有"奖品"的制度,

---

① 参见《全面整体为人民》,《行动报》,人民行动党,2003年11、12月,第12页。
②《礼记·中庸》。

因为这将引起较不成功者的不满,导致社会分裂。不过,政府仍必须确保成功者得到足够的奖赏,以鼓励他们做出更大的努力,推动整个社会的发展。如果成功者的奖品被拿走太多,他们就会放弃精益求精,甚至移民他乡,最后造成国家无法进步。当然,让尽可能多的人得到参与的机会是重要的。例如,一些高尔夫球和网球国际大赛虽然只颁发前三名的奖项,但它们也不会忽略其他参赛者,以确保他们能在比赛中有所斩获。这是比赛能历久不衰的原因之一。①

《周易》中的六十四卦中开头两卦是乾和坤。这里,乾卦是六条连线,每条连线都代表阳,所以乾卦意味着纯阳;坤卦是六条断线,每条断线都代表阴,所以坤卦意味着纯阴。它表明,过程从简单的阴阳对立、奇偶对立开始,中间经过六十四卦的反复变化,或者说,经历了所有可能形式的矛盾,最后以既济和未济结束了整个行程。这结尾的两卦,从图像看,正好是开头两卦的交合错综,调和整合;或者说,是乾坤两卦各以己之所有,济彼之所无,各以己之所过,济彼之不及,从对立走向统一。

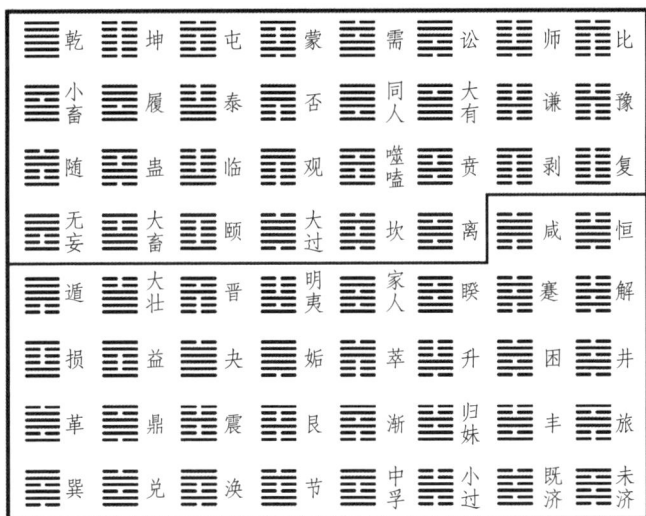

图结-19　六十四卦(上经三十卦,下经三十四卦)

---

① 参见《李资政与李光耀公共政策学院学生对话,照顾成功与较不成功者政府须保持平衡》,《联合早报》,2006年11月4日。

北宋张载指出："有象斯有对，对必反其为。有反斯有仇，仇必和而解。"①意思是说，有事物就会有对立，如民主与集中、计划与市场、社会主义与资本主义，等等，对立必然会导致相反的行为。有相反必然会产生仇恨，但仇恨必然通过互相融合、调和得到解决。最后结果是你中有我，我中有你。这就像明代书画家赵孟𫖯的夫人管道升所作的《尔侬词》所说的那样："你侬我侬，忒煞情多。情多处，热似火。把一块泥，捻一个你，塑一个我。将咱两个一齐打破，用水调和；再捻一个你，再塑一个我。我泥中有你，你泥中有我。"

十三、务实与务虚

新加坡政府特别强调务实而相对忽略务虚。务实关注物质世界，强调增长发展，追求扩其实力，属于阳；务虚关心精神世界，注重艺术人文，要求收其放心，属于阴。李光耀发现，新加坡本土国民明显冲劲不足，新移民则求知若渴，决心取得成功，以使生活过得更好。例如，许多新移民学生原先都不会英文。但是，他们深知学好英文在新加坡很重要，从而努力学习。很多新移民学生在中学毕业时，英文都是班上顶呱呱的。因此，失去冲劲的国人一旦被新移民赶超，就得加快步伐才能迎头赶上。李光耀说："我们常提醒他们必须勤劳点，否则会变得愚笨。他们总是看不透这一点。既然可以慢跑，又何必赛跑呢？何不保留力气，做点其他事情？比如搞艺术、芭蕾舞和体育运动。但是，新移民却整天待在图书馆或家里埋头苦读。"②

根据李光耀所说的上下文的意思，其对本土国民要求的"勤劳"之劳自然不属于"搞艺术、芭蕾舞和体育运动"之类的劳作，其赞赏的新移民的"埋头苦读"当然也不是读"搞艺术、芭蕾舞和体育运动"相关的书籍。可以想象，李光耀这里所说的"劳"，主要是对于个人发展和新加坡发展具有实用价值的劳作；李光耀这里所说的"读"，应该是对个人发展和新加坡发展具有实用价值

---

① 《正蒙·太和篇》。
② 《李光耀后悔没有早点关闭南大》，《星洲日报》，2010年1月3日。

的书籍。

在竞争激烈的社会和世界,强调个人发展和国家发展固然有其现实的合理性。但是,在经济上已经上升为第一世界的新加坡,其本土国民还不能够偷闲地"搞艺术、芭蕾舞和体育运动",还必须花大力气读有实用价值的书籍和从事有实用价值的劳作,难免会降低其认受性。"勤劳""埋头苦读"主要应该只是一种手段,目的是要过上一种能够"搞艺术、芭蕾舞和体育运动"的更为优雅的生活。忘记了这点,就会将手段异化为目的。顺便说一句,"搞艺术、芭蕾舞和体育运动"是一种既不挤压其他生灵空间、又不剥夺子孙后代资源的非常环保的活动,从而有合于天理,未陷于人欲,进而最有正当性。实际上,只有为"搞艺术、芭蕾舞和体育运动"留有一块闲得住身的大地、一片静得下心的天空的世界,才是更为幸福美好的世界。

李光耀及其政府在特别强调务实的时候相对忽略务虚,有如先秦诸子百家的有所"见"而有所"无见":"慎子有见于后,无见于先;墨子有见于齐,无见于畸。"①其意是说,慎子看到了在后顺从的一面,却没看到在前引导的一面;墨子看到了齐同平等的一面,却没看到等级差别的一面。按照上面的思路来分析,我们似乎可以说,李光耀及其政府"有见于实而未见于虚",即看到了实际实用的一面,却没看到(或相对忽略)虚文人文的一面。上述"有见"所带来或相伴随的"无见",自然会导致某些方面的"无果"或"不利"。这就像荀子指出的那样:"有后而无先,则群众无门;有齐而无畸,则政令不施。"②其意是说,只在后顺从而不在前引导,群众就没有向前行进的门径;只讲齐同平等而没有等级差别,政策法令就不能贯彻施行。

进一步说,人虽对这一方面"有见",却也可能被这种一偏之见蒙蔽,变得对那一方面"无见"。例如,荀子言:"墨子蔽于用而不知文,宋子蔽于欲而不知得,慎子蔽于法而不知贤,申子蔽于埶而不知知,惠子蔽于辞而不知实,庄子蔽于天而不知人。"③其意是说,墨子蒙蔽于实用,从而不知文饰;宋子蒙蔽

---

①②《荀子·天论》。
③《荀子·解蔽》。

于人的寡欲，从而不知人的贪得；慎子蒙蔽于法治，从而不知任贤；申子蒙蔽于权势，从而不知才智；惠子蒙蔽于名辩，从而不知实际；庄子蒙蔽于自然，从而不知人为。荀子接着说："故由用谓之道，尽利矣。由欲谓之道，尽嗛矣。由法谓之道，尽数矣。由埶谓之道，尽便矣。由辞谓之道，尽论矣。由天谓之道，尽因矣。此数具者，皆道之一隅也。夫道者体常而尽变，一隅不足以举之。"①其意是说，从实用的角度来谈论道，道就全是功利；从欲望的角度来谈论道，道就全是满足；从法治的角度来谈论道，道就全是律文；从权势的角度来谈论道，道就全是权势的便利；从名辩的角度来谈论道，道就全是花言巧语；从自然的角度来谈道，道就全是因循顺应。上述各种说法，都只是道的一个方面。道，本体经久不变而又能穷尽所有的变化，不是一个角度就能够概括得了的。

要实现虚实结合、阴阳平衡，就必须在追求经济发展的同时，提高人文素养。新加坡政府虽然在特别强调务实的时候相对地忽略了务虚，但并非完全不务虚，而是在务实地注重经济发展的同时，也一定程度地关心艺术人文。关心人文，首先要理解人文。人文主要表现在哲学、历史、文学等方面。哲学的功能是使不能超越的被超越，历史的功能是使不能理解的被理解，文学的功能是使不能看见的被看见。以文学为例，其最高典范是诗。文章写得好，我们会说，像诗一样美，因为诗就特别要求使不能看见的被看见，否则就不能算诗。

以两首写雪的诗为例，其一曰："江上一笼统，井上黑窟窿。黄狗身上白，白狗身上肿。"全诗四句二十个字，句句真实，字字不虚；没有亲身经历，难有这般文字。但是，由于它只写出了肉眼所见的东西，肉眼看不到的，一丝也没有透露，换句话说，它只是填空，而没有留白，所以也就不是真正意义的诗。实际上，它被人们称为"打油诗"。其二曰"千山鸟飞绝，万径人踪灭。孤舟蓑笠翁，独钓寒江雪。"这是被贬柳州的唐代诗人柳宗元的《江雪》。"全诗写景，没有一个字关涉到诗人的感受，但诗人的孤独凄苦，却又显现在每一个字里。

---

① 《荀子·解蔽》。

景也就是情。景是暗淡的,情也是暗淡的。渔翁,这样独守寒江,应当会感到寒冷的。但他就是不走,因为在这灰暗的最底层,毕竟还有一股倔强在支撑着他,使他咬紧牙关,抵御着环境的寒冷。"①这首诗,由于寓情于景,从而情景交融;因为余味无穷,所以诗意盎然。

再以一对恋人见面后的唱和诗作为例,唱者曰:"我站在你面前,你站在我面前。你来时我心花怒放,你走时我愁眉苦脸。"这首诗直抒胸臆,也把自己的情感表达得明明白白。但是,由于它只写出了肉眼所能看见的东西,没有使不能看见的被看见,所以严格地说,也就不能算是真正意义上的诗。但是,和者之作,就是真正的诗了。诗曰:"我站在你面前,你站在我心里。你来时满天星斗,你走时月亮缺了半边。"第一句是"我站在你面前",很平实。一般来说,诗的第一句不能起太高。起太高,后面就接不上来了。第二句"你站在我心里",就不一样了。它写出了肉眼看不见的东西。第三、四句"你来时满天星斗,你走时月亮缺了半边",则是通过描述肉眼看得见的景况,来状写肉眼看不见的心情,即以"满天星斗"状"心花怒放",以"月亮缺了半边"写"愁眉苦脸"。进一步说,第三、四句所写的根本就不是肉眼所能看见的风景,而是心灵所能感受的情景。因为眼前的风景完全可能是"你来时月亮缺了半边,你走时满天星斗";但是,心中的情景却会因恋人的到来而看到看不见的"满天星斗",因恋人离去而看到看不见的"月亮缺了半边"。

可以这样理解,假如没有文学,你只能看见岸上的白杨树;由于有了文学,你才能看见水中的白杨树。而只有在看见岸上的白杨树的同时,也看见水中的白杨树,你才算看到了整个的白杨树。概而言之,经济人文,一阴一阳。孤阴不生,独阳不长。这就要求新加坡政府在扩充经济实力的同时,一点也不能忽略艺术人文。没有经济实力,一打就倒;没有艺术人文,不打自倒。

---

① 康健宁总编导、樊修章撰稿:《唐之韵》第十六集《别调独弹》,宁夏电视台、山西电视台、北京三多堂影视广告公司,2014年。

十四、问题的解决和取消

新加坡政府既总是号召人民"刚强勇猛"，强调的是阳；也时常提醒人们要有"韧性"，注重的是阴。刚柔并济，阴阳兼备，就叫坚韧。它要求人们既勇于解决问题，也善于取消问题。人生在世，总会遇到各种问题。所谓问题，是指现实与理想的差距。比如，人的理想视力是1.5。如果某人实际视力也是1.5，现实和理想没有差距，其视力就没有问题；如果某人视力是1.4，现实和理想有一点点差距，其视力就有点不成问题的问题；如果某人视力只有0.1，现实和理想的差距很大，其视力就有大问题。面对问题，积极的态度是解决问题，即在现实中把差距消除掉，例如通过激光手术将视力从0.1变为1.5，或佩戴眼镜矫正视力为1.5，现实和理想没有差距，问题就解决了。但是，人生当中不是所有问题都能解决。当某个问题在我们经过努力之后仍然解决不了，我们不妨取消问题，即在心理上将差距给消除掉。比如，人人都想长生不老——这是我们的理想。但现实中的我们做不到，都得死，怎么办呢？没关系，我们可以"视死如归"，即在心理上把死等同于回家或回到本来状态。于是，现实中解决不了的问题，被我们从心理上取消了。这叫"以理化情"。

儒家强调解决问题，孔子的志向是"老者安之，朋友信之，少者怀之"①。这里，安、信、怀等词是使动用法，即对老者使之安，对朋友使之信，对少者使之怀。这需要付诸行动，以便在现实中把现实和理想的差距消除掉。道家主张取消问题，老子的理想社会是"甘其食，美其服，安其居，乐其俗"②。这里，甘、美、安、乐等词为意动用法，即以其食为甘，以其服为美，以其居为安，以其俗为乐。这就是说，吃的还是家常便饭，就以家常便饭为甘甜；穿的还是粗布麻衣，就以粗布麻衣为美丽；如此等等。这只要运用思想，从而在心理上将现实和理想的差距消除掉。

---

① 《论语·公冶长》。
② 《老子·第八十章》。

　　传统中国文化人的心理结构往往是儒道互济,从而既能够积极地解决问题,又可以达观地取消问题。例如,南宋词人辛弃疾"慷慨纵横,有不可一世之概"①。"当弱宋末造,负管乐之才"②,辛弃疾当然是要救国救民,大有作为,甚至于"醉里挑灯看剑,梦回吹角连营,八百里分麾下炙,五十弦翻塞外声,沙场秋点兵"③,体现的是儒家精神,是要积极地解决问题。不过,当他终于不能尽展其用,也只好"味无味处求吾乐,材不材间过此生"④。这里,"味无味"典出《老子》的"为无为,事无事,味无味"⑤,即以无为为为,以无事为事,以无味为味;"材不材"典出《庄子》的如下故事:"弟子问于庄子曰:'昨日山中之木,以不材得终其天年,今主人之雁,以不材死。先生将何处?'庄子笑曰:'周将处乎材与不材之间。'"⑥意思是说,弟子向老师庄子询问:"昨天遇见山中的大树,因为不成材而能终享天年;如今主人的鹅,因为不成材而被杀掉。先生你将怎样自处呢?"庄子笑道:"我将处于成材与不成材之间。"有了上面的背景知识,辛弃疾的后两句词就可以翻译成如下白话:"人世都在求味,我以无味为味;才与不才之间,快活了此一生",体现的是道家风范,是要达观地取消问题。

　　新加坡的发展经验证明了"靠天空米缸,靠人粮满仓"的道理。这里的人,就是既积极又达观的新加坡人(其中华人占据人口多数)。新加坡南洋大学郑奋兴教授讲述的如下故事,既是儒道互济的文化心理的通俗体现,也是积极达观的新加坡人的形象写照。郑奋兴教授说,有一个傻子,喜欢收藏破罐子。他时常跟拾荒者一起翻垃圾。别人在找还能用的物品,他却在找破罐子。如果有人送破罐子给他,他会欢天喜地,如获至宝。他家里各个角落都堆满了破罐子。他欣赏这些收藏多年的破罐子,就像古董收藏家鉴赏他心爱的稀世珍宝。当地没人能理解他,也没人跟他交往。好物品不收居然收藏破

---

①《四库全书总目录提要》。

②《词苑丛谈》卷四。

③《破阵子·为陈同甫赋壮词以寄之》。

④《鹧鸪天·博山寺作》。

⑤《老子·第六十三章》。

⑥《庄子·山木》。

罐子，不是傻子是什么？一天，几个好恶作剧的年轻人捉弄这个爱破罐子如狂的傻子。他们告诉傻子，某地有好多破罐子。傻子高兴地前往他们指示的地方捡取破罐子。趁着傻子离家的时候，这几个年轻人到他家中，把他多年来辛苦收藏的所有破罐子都偷走了。然后，大家躲在窗外偷看——看这傻子如何高高兴兴地带着新捡到的破罐子回家，在看到家里的破罐子不见后又如何捶胸顿脚、痛哭流涕。但是让人意想不到的是，傻子进门后，看到屋里空空如也，多年收藏的破罐子不翼而飞，却并没有像他人想象的那样痛苦伤心——只见他呆了一会儿，接着走出门外，把刚捡到的破罐子往垃圾桶一扔，然后说："本来就是些不值钱的东西！"

郑教授解释说，上述故事说明的道理是"认真，看破"，即对任何事都该绝对认真，认真的同时又须看破；而看破之后还要绝对认真，认真之后还要通通看破。试想，这位傻子惨淡经营地收藏破罐子的精神，体现的即是认真；收藏了多年的破罐子丢失后却不以为意，表现的就是看破。故事将主人公说成傻子，将收藏品说成破罐子，也富有寓意。这里的傻，既是儒家所提倡的"笨鸟先飞"的笨，也是道家所赞赏的"大智若愚"的愚。将收藏品说成是破罐子，而不是金银财宝、金牌银牌，实际上是说，包括金银财宝、金牌银牌在内的人间珍物，说到底都与破罐子无异。郑教授将故事的寓意总结为"认真、看破"四个字，意思是人生态度应该是先认真地做事，以求解决问题；在认真地尽力做了之后，对那些仍然解决不了的问题，就不妨看破，从而取消问题。

如上所述，郑教授固然说过认真之后又须彻底看破，但也说了看破之后还要绝对认真。顺着郑教授后一句话的意思，笔者认为应该对上述故事给予如下接续：傻子当天晚上安安稳稳地睡了一个好觉。不过，第二天一早，他一觉醒来，就像变了一个人似的，又回复到过去的那种傻劲：只见他飞似的冲到门外的垃圾桶前，将昨天扔掉的破罐子捡了回来，又开始了新的收藏破罐子的生活。

"认真而又看破，看破还能认真"的精神，其实就是新加坡人刚强勇猛而又坚韧不拔的精神的另类解读。它在李光耀的思维方式和行为模式中也有体现。李光耀说:"我们不应失去对生命的热爱,观赏日落之后,要好好睡一觉,恢复精力,醒来之后又迎接新的一天。"①这里,"不失去对生命的热爱",是要有解决问题的认真;"好好睡一觉,恢复精力",是又有取消问题的看破;"醒来之后又迎接新的一天",则是看破之后还要绝对认真。

十五、梦想没有完成时

六十四卦中最后两卦的卦名分别为既济(倒数第二)、未济(倒数第一),其字面意思分别是"已经渡河""没有渡河",其引申意思分别为"已经完成""没有完成"。这里,将六十四卦中的最后一卦命名为"没有完成"的"未济",而不是"已经完成"的"既济",并不是疏忽之失,而是有意之为。其意是说,宇宙自然或人类社会本来就是一个没有完成的状态。人之所以为人的价值所在,就是去完成它。所谓"天生之,地养之,人成之"②,所谓"人能弘道,非道弘人"③,说的就是这个意思。也唯其如此,人才"可以赞天地之化育",即可以赞助天地化育万物;才"可以与天地参"④,即可以跟天跟地鼎立而为三。

2015年8月9日,新加坡迎来建国50周年大庆。新加坡是个资源匮乏的岛国。其政府抱持事在人为的决心,其人民崇尚刚强勇猛的精神。这就像李显龙说的那样:"无论是清廉和有效率的政府、团结和谐的社会,以及安宁和清洁的环境,都是辛勤耕耘、周详策划和有效实施的结果。"⑤新加坡政府对于本国的生存、发展心怀忧虑。李光耀曾说,新加坡可以庆祝建国50周年,但未必能够庆祝建国100周年。换言之,新加坡能否再生存50年是个问题。不过,在2015年8月23日举行的国庆群众大会上,李显龙总理念出了某位友人在李光耀逝世后写来的一封信。信中描述,李光耀在该年年初出席朋友聚会时,被问及"接下来50年新加坡是否还会存在"。当时,李光耀一改一贯口

---

① 《李光耀80名言》,新加坡《联合早报》,2003年,第13页。

② 《春秋繁露·立元神第十九》。

③ 《论语·卫灵公》。

④ 《礼记·中庸》。

⑤ 吕元礼:《新加坡为什么能?》,江西人民出版社,2016年,第1页。

吻,斩钉截铁地回答说:"当然会,而且会更好!"①

这里,李光耀前忧后乐,亦忧亦乐。深入发掘中华文化的忧乐观,有助于更好理解李光耀的忧与乐。有人说,中华文化是忧患文化。《周易》中乾卦的爻辞对位处最下的"初九"一爻的解释是"潜龙勿用",隐喻初生事物宜小心谨慎,勿轻举妄动;对位居最上的"上九"一爻的解释是"亢龙有悔",告诫居高位者务必戒骄戒躁,以免招来后悔。其思维可谓下亦忧,上亦忧。范仲淹的《岳阳楼记》云:"居庙堂之高,则忧其民;处江湖之远,则忧其君。"其精神可谓进亦忧,退亦忧。也有人说,中华文化是乐感文化。《论语》首段便是"学而时习之"的愉悦之乐、"有朋自远方来"的欢快之乐和"人不知而不愠"的通达之乐。②由此观之,无论说中华文化是忧患文化还是乐感文化,都可以言之凿凿,顺理成章。

不过,中华文化的忧乐观不可以这样简单地认识。全面地看,中华文化既善于忧,也长于乐。其所谓善于忧,并不止在临深履薄的时候才忧,而更在于处顺履平的时候能忧。实际上,中华文化中的"临深履薄",说的不是真的面临深渊、脚踏薄冰,而是即便面对着平川、脚踏在实地,也能够"如临深渊,如履薄冰"。一个"如"字,表现出忧在事前,从而"先忧事而后乐",而不是"先傲事而后忧";甚至忧在无事,进而"生于忧患",以避免"死于安乐"。其所谓长于乐,并不止在凯歌高奏的时候才乐,而更在于处贫居困的时候能乐。所谓"孔颜乐处",是指圣人孔子"饭疏食饮水,曲肱而枕之,乐亦在其中矣"③;亦指贤者颜回"一箪食,一瓢饮,在陋巷,人不堪其忧,回也不改其乐"④。这样,顺利时能忧,从而"生于忧患";困难时能乐,进而"乐以忘忧",才是中华文化的忧乐观,是为忧乐圆融。

有了上面的发掘,我们更倾向于这样理解李光耀的忧与乐:回顾新加坡建国50年来的不凡成就,众人欢呼,李光耀却希望不骄不躁,更担心会骄会躁,从

---

① 黄伟曼:《放眼下一个50年,守护成果,再创无数高峰》,《联合早报》,2015年8月24日。

② 参见《论语·学而》。

③《论语·述而》。

④《论语·雍也》。

而生发"新加坡可以庆祝建国50周年，但未必能够庆祝建国100周年"的忧虑；面对新加坡今后50年的无数未知，有人担心，李光耀却希望不要消极退缩，而应积极进取，进而表现出新加坡"当然会"存在、"而且会更好"的乐观。李光耀曾以"追逐彩虹"的比喻鼓励新加坡人逐梦筑梦，并倾注一生精力来打造卓越不凡的新加坡。新加坡建国50年来的成就，让新加坡梦的筑梦过程有了一个阶段性圆梦；李光耀有关之后50年新加坡"当然会"存在、"而且会更好"的临终寄语，又将新加坡梦的筑梦工程推进到新的阶段。

2023年2月3日，一位笔者熟识并且尊重的新加坡朋友发来信息说，贫富差距是当前新加坡的最大社会问题。在此背景之下，新加坡副总理兼财政部部长黄循财2月14日在国会发表以"携手前进新时代"为主题的财政预算案声明，宣布税收制度的一系列调整，包括增加高档住宅的买方印花税和调高豪华车税率，同时也出台多项帮助弱势群体的措施。有人形容它是一份"罗宾汉预算"，政府是在"劫富济贫"。

对于这样的形容，工人党秘书长毕丹星觉得有欠妥当，因为它会加强人们心中"两个新加坡"的认知，导致高收入者与中低收入者的对立。2月22日，毕丹星在参与新财年政府财政政策辩论时，勾画出两个截然不同的新加坡：一个是高收入者的新加坡，它是"与全球接轨的金融中心，机会处处，无论是本地人或外国人都享有高薪，大家协力推动经济发展"；另一个是中低收入者的新加坡，它是"多数新加坡人生活的地方，人们觉得社会流动性不如过去，而且必须面对房价高涨的现实"。为让两个不同的新加坡变为大家共同的新加坡，毕丹星强调要把资源再分配置于政策制定的核心，努力消除社会存在的不平等现象，扶持处在社会底层的人民。他指出，新加坡是个小红点。由于人的本能会引发嫉妒之心和沙文主义，加上你有我无的论述会很快毒害社会和加剧分裂，"两个新加坡"很容易在人口稠密的岛国成为现实，造成人与人之间的擦撞，并以残酷的方式展现出来。①

---

① 参见魏瑜嶙、王康威、尹云芳：《毕丹星：重新分配资源，消除不平等，避免"两个新加坡"分裂》，《联合早报》，2023年2月23日。

　　面对上述挑战,必须运用市场这一看不见的手,通过"各尽所能,各取所值"来推动增长发展以做大蛋糕;最终走出困境,则要依靠政府这一看得见的手,通过"扶贫济困,积极分享"来实现公平正义以分好蛋糕。新加坡国会议员顾蔡矶的比喻很形象,就是"让自由市场养经济良驹,拉动满载佳品的政治马车"①。增长发展与公平正义是一对难以分解、相伴始终的矛盾。增长发展是硬道理,公平正义是大道理。大道理硬不过硬道理,因为它是软道理;硬道理大不过大道理,因为它是小道理。这里的公平,应该是关顾了子孙后代的代际公平;这里的正义,应当是关照了万物众生的全球正义。新加坡要不断实现新梦想,就必须化解不同道理之间的矛盾,拿捏大小软硬之间的平衡。梦想没有完成时,筑梦总在进行时。

①《顾蔡矶的妙喻》,《联合早报》,1992年1月14日。